한국 가정의 생활문화 2판

주영애 지음

Korean Family & Living Culture

신정

머/리/말

한국인은 유구한 역사와 전통을 이어온 문화민족이다. 우리 민족의 문화는 오랜 세월 동안 중국문화권에 속하여 영향을 받으며 우리 고유의 문화로 토착화되었다. 가정생활을 중심으로 한 문화전수와 토착화는 슬기로운 삶의 역사적 산물이며, 각 시대와 지역에 따라 독특한 형식을 갖는 생활문화가 되어 왔다. 한국 가정의 생활문화는 가족생활을 비롯하여 의식주생활, 소비 및 여가생활, 의례생활 등으로 이루어지며, 앞으로도 존속되어야 하는 한국인의 정체성을 담아낸다.

오늘날 한국 사회환경은 급속도로 변화하고 있다. 정치 · 경제 · 사회 · 문화 · 환경의 변화는 물론이고, 4차 산업혁명을 주도하는 사물인터넷, 인공지능 등의 과학기술문명의 발달은 우리의 생활문화를 획기적으로 변화시키고 있다. 오늘날 우리가 겪고 있는 수년 동안의 변화는 수천 년의 역사를 통해서 발전되어온 변화과정보다도 예측할 수 없을 정도로 빠르게 우리의 삶과 생활문화를 변모시키고 있다. 또한 한국의 가정은 1인가구가 증가하고, 결혼을 기피하며, 자녀출산이 감소하고, 초고령화되어가는 상황에서 과연 앞으로 어떠한 모습으로 존재할 것인지에 대한 위기감까지 밀려오고 있다.

그러나 또 한편으로는 한국 가정의 생활문화는 한류문화의 확산과 더불어 외국인들에게 높은 관심의 대상이 되고 있다. 이러한 시대적인 변화과정 속에서도 생활문화의 요소들은 한국의 가정에서 오랫동안 유지되고 계승되어야 할 가치 있는 것으로 존재하고 있다. 미래를 향한 숨 가쁜 몸짓으로 인하여 지나온 가정생활과 문화를 잊어버리는 시대적 인식의 과오를 범해서는 안 된다. 지나온 한국 가정의 생활문화는 오늘날 한국 가정을 존재하도록 만든 기틀이며, 미래의 재창조를 위한 초석이 될 것이기 때문이다.

본서에서는 체계론적 관점에서 접근하여, 한국 가정의 생활문화에 대하여 세부 영역별로 전통생활문화와 현대생활문화를 살펴보고, 앞으로 창조 발전되어야 할 생활문화의 지향성을 수록하고자 하였다. 지금까지 발행된 생활문화 관련 연구와 저서, 통계 및 연구기관의 자료, 관련 법규와 복지행정서비스 자료 등을 응용적 실천적 견지에서 파악할 수 있도록 생활문화의 변화 양상을 담고자 하였다.

본서는 총 12장으로 구성되어 있다. 1장은 생활문화의 이해, 2장은 생활문화연구 관점으로 한국 가정의 생활문화에 대한 개념과 특징을 비롯하여, 체계이론과 생활문화, 환경체계와 생활문화, 한국생활문화연구의 의의 등 생활문화의 기초 이론을 다루었다. 3장 가족생활문화에서는 결혼과 가정의 구성을 비롯하여, 자녀출산과 교육문화, 가족주기와 생활문화에 대하여, 4장에서는 예로부터 지켜왔던 한국의 가족윤리와 예의생활문화에 대하여 수록하였다. 5장에서는 오늘날 다양한 형태로 출현하고 있는 가족생활문화를 살펴보기 위해서 다양한 가족의 공존, 다문화가족, 한부모가족, 북한이탈주민가정, 1인가구에 대하여 소개했으며, 6장에서부터 8장까지는 각각 의식주생활문화의 이해를 비롯하여, 우리나라 고유의 한복, 한식, 한옥문화에 대한 기초 내용과 더불어 의식주생활문화와 삶의 질의 관계에 대하여 수록하였다. 9장에서는 여가 및 소비생활문화로 현대 한국 가정에서 중요한 이슈가 되고 있는 일과 생활의 균형을 다루면서 전통세시풍속과 지역축제를 통한 전통의 계승과 합리적인 여가소비생활에 대하여 서술하였다. 10장에는 한국인들의 통과의례에 대한 내용으로 일생의례생활에 대한 개념과 의의와 일생의례의 어제와 오늘까지의 내용을 담았다. 그리고 11장과 12장은 4차 산업혁명으로 변모되고 있는 가정의 생활문화를 비롯하여, 생활문화의 변화와 창조를 다루었고, 가정의 생활문화와 관련 있는 산업분야에 대한 이해를 돕기 위해, 전통생활문화와 문화콘텐츠산업, 연회산업과 의례전문가, 한국생활문화와 문화교육산업, 생활문화와 문화상품 개발 등의 내용을 수록하였다.

필자는 한국생활문화를 연구하는 전공교수로서, 한국 가정의 생활문화에 대한 전문서의 필요성을 느끼게 되어, 그동안 진행해 왔던 대학 강의내용과 연구결과들을 근간으로 본서를 집필하였다. 그리고 이번 개정은 사회적으로 큰 변화를 겪고, 많은 제도가 개편되었으므로 이를 반영하여 보완하였다. 본서는 이해가 쉽도록 서술하였으며, 앞으로 생활문화 전공자에게도 유용하게 읽히고, 국내 및 외국인을 대상으로 한국 가정의 생활문화교육을 담당하는 교 · 강사와 한국어교사, 해외에서 한국문화를 가르치는 재외국인 교사들도 활용할 수 있는 도서가 되기를 기대한다. 또한 한국생활문화지도사, 건강가정사 자격취득자나 가정과 교사 자격취득자들에게도 '가정생활문화' 분야 전문서로 유용하게 활용되기를 바란다.

끝으로 본서의 출간을 허락해 주신 도서출판 신정의 최용구 대표님과 부족한 원고를 좋은 책으로 엮어 주신 편집부 직원 여러분께 감사드린다.

2023년 6월

저자 梅江 朱英愛

차/례

Chapter 03 가족생활문화

Chapter 04 가족윤리와 예의생활문화

Chapter 05 다양한 가족의 생활문화

Chapter 06 의생활문화

Chapter 07 식생활문화

Chapter 08 주생활문화

Chapter 09 여가 및 소비생활문화

Chapter 10 의례생활문화

Chapter 11 생활문화의 변화와 창조

Chapter 12 생활문화산업의 이해

CHAPTER 01

생활문화의 이해

1. 생활문화의 개념과 특징
2. 한국생활문화의 범위

CHAPTER 01 | 생활문화의 이해

1. 생활문화의 개념과 특징

1) 생활문화의 개념

(1) 문화(culture)

문화(文化)란 인간의 삶을 인간답게 풍요롭게 만드는 핵심이다. 오늘날 우리의 삶이 다변화하고 글로벌 환경에 노출되면서 문화에 대한 관심은 매우 높아지고 있다. 문화에 대한 정의도 매우 다양하다. 표준국어대사전에 의하면 자연상태에서 벗어나 일정한 목적 또는 생활 이상을 실현하고자 사회구성원에 의하여 습득, 공유, 전달되는 행동양식이나 생활양식의 과정 및 그 과정에서 이룩해낸 물질적 · 정신적 소득을 통틀어 이르는 말이며, 의식주를 비롯하여 언어, 풍습, 종교, 학문, 예술, 제도 따위를 모두 포함한다. 교양으로서의 문화, 진보로서의 문화, 예술 및 정신적 산물로서의 문화, 상징체계와 생활양식으로서의 문화 등 다양한 관점으로 문화를 정의한다.

문화(culture)란 말은 '밭을 경작하다, 재배하다' 등의 의미를 갖는 라틴어 cultus(training cultivation)에서 유래했다. 즉 '인간이 자연현상에 인위적인 행위를 더해 적응하기에 좋은 것으로 만든 모든 것'을 '문화'라 한다. 인류가 진화하면서 창조해낸 모든 역사를 담고 있는 말이라고 해도 어긋나지 않는다. 그러므로 인류학에서 말하는 '문화'란 인간이 속한 집단에서 공유되는 생활양식을 뜻하는 것으로 매우 광범위하게 정의한다. 19세기 매슈 아놀드(Mathew Arnold) 같은 사람들에 의해 대표되는 서구 문학비평에서 문화는 흔히 인간 사고와 표현의 뛰어난 정수라는 의미로 정의되었다. 여기에는 위대한 문학, 미술, 음악 등 예술에 대한 지식과 실천을 통한 정신적 완성의 추구라는 열망이 포함된다. 예컨대 우리가 문화인이라는 용어를 쓸 때 흔히 뛰어나고 수준 높은 교양을 가진 사람을 의미하는데 바로 그 문화의 개념이 그것이다. 이런 문화 개념에 기초하여 오랫동안 비평가들은 최상의 작품을 찾는 데 몰두해 왔고, 문화란 뛰어난 것을 판별하고 감상할 수 있는 능력을 의미하는 것으로 이해되어 왔다(한국민족문화대백과, 한국학중앙연구원).

한편 문화는 그 사회의 정신적 · 물질적인 발전 상태를 의미하는 경우도 있어서, 1960년대 이후에는 문화란 곧 도시화를 일컫는 용어로도 사용이 되었다. 문화는 시대와 역사적 흐름에 따라 그 개념이 변화한다. 또한 예술과 정신문화의 산물을 중심으로 문화를 말하기도 한다. 한편 '문화'와 '문명'을 혼용하는 경우도 있는데, 두 개념 모두 자연상태에서 벗어나서 물질적 · 정신적으로 진보한 상태를 뜻하기 때문이다. 그러나 문화는 종교나 학문, 예술, 도덕 등 정신적 활동을 주목한다면 문명은 실용적인 생산이나 공업, 기술발전 등 물질적인 방면의 움직임에 초점을 둔다.

학자들이 정의한 문화에 대한 개념을 보면, 전경수(1994)는 문화란 인간이 집단을 이루어서 살아가는 삶을 말하며, 그 삶이 표현하고 있는 행위와 행위를 이루어낸 전 과정의 사고 그리고 그에 관련된 삶의 현상이라고 하였다. 이길표 · 주영애(1999)는 문화란 언어나 관습, 제도와 같이 한 사회의 구성원들에게 공유되고 학습되는 지식의 체계로 유구한 역사를 통해 유형(有形) · 무형(無形)으로 민족의 특성을 형성하는 것이며, 그 중에서도 가장 가깝고 보편적인 것이 생활을 통해 형성되는 것이라고 하였다. 한편 유태용(1999)은 문화란 주어진 환경에 인간이 어떻게 적응하면서 그들의 삶을 영위해 나갈 것인가 하는 그들의 생활 지혜이며 삶의 적응 방식이라고 하였다. 그리고 그것이 정신적 · 행위적 · 물질적 측면으로 반영되어 나타난 것으로 보았다. 중앙건강가정지원센터(2005)에서는 문화란 상호작용하는 사람들이 소유하는 의미, 가치, 규범, 의미를 객관화하고 사회화하여 전달하는 매체, 사고방식과 생활양식의 총체라고 하였다. 이승신 · 김시월(2004)은 문화는 사회의 한 구성원으로서 인간이 획득하게 되는 지식 · 신념 · 기술 · 도덕 · 법 · 관습 이외의 많은 다른 능력과 습관을 모두 포함하는 복합적인 개념이라고 하였으며, 소속되어 있는 사회 사람들이 갖고 있는 독특한 생활양식으로 가치, 태도, 인간행동과 그 행동요소를 형성하기 위해 만들어내는 의미 있는 상징이라고 하였다. 문화인류학자인 이광규(2009)는 문화란 한 민족에게 고유한 것으로 우열이 있을 수 없는 것이라고 하면서 그 고유성을 인정해야 한다는 점을 강조했다.

이와 같은 학자들의 견해를 종합해 보면, 문화란 그 시대의 문화권 속에서 생활하는 사회성원인 인간에 의해 획득되고 공유되고 양식화되는 고유성을 지니면서 다음 세대로 이어지는 사고방식과 행동양식 등 삶의 총체적 양식으로 지역, 역사, 사회, 정치, 경제상황에 따라 소멸되기도 하고 생성되고 다른 문화와 접목되면서 변용되기도 한다.

문화의 유형은 구분 기준에 따라 몇 가지로 나눈다. 문화는 대상에 따라 물질문화와 비물질문화로 구분하며, 사회의 성인집단들이 향유하는 정도에 따라 중핵문화와 주변문화로 나눌 수 있다. 문화의 내용에 따라서는 경험문화, 심미적 문화, 규범적 문화로, 문화적 행위를 하는 사람들이 거주하는 지역을 중심으로는 한국문화, 미국문화, 유럽문화 등으로 구분할 수 있다. 또한 문화적 행위가 이루어진 시기에 따라 전통문화, 현대문화 등으로 나누고, 문화적 행위를 하는 사람들의 성별에 따라 남성문화, 여성문화로, 연령과 시기에 따라서는 청소년문화, 청년문화, 중년문화, 노년문화로 구분한다.

표 1-1 문화의 유형과 내용

유형 구분 기준	내용
대상별	물질문화, 비물질문화
성인집단 향유 정도별	중핵문화, 주변문화
내용별	경험문화, 심미적 문화, 규범적 문화
행위자의 지역별	한국문화, 미국문화, 일본문화, 유럽문화 등
행위발생의 시기별	전통문화, 근대문화, 현대문화
행위자의 성별	남성문화, 여성문화
행위자의 연령과 시기별	청소년문화, 청년문화, 중년문화, 노년문화

보들리(J. H. Bodley)가 제시한 문화의 특성은 주체적, 역사적, 행위적, 규범적, 기능적, 정신적, 구조적, 상징적인 것으로 나누어진다.

표 1-2 보들리(J. H. Bodley)의 문화특성

주제적 (Topical)	문화는 주제나 범주 목록들의 구성물이다. (Culture contents of everything on a list of topics, or categories, such as social organization, religion, or economy)
역사적 (Historical)	문화는 사회적 유산이나 전통이다. (Culture is social heritage, or tradition, that is passed in to future generations.)
행위적 (Behavioral)	문화는 공유되고 학습된 인간 행위, 삶의 방식이다. (Culture is shared, learned human behavior, a way of life.)
규범적 (Normative)	문화는 관념, 가치, 또는 삶의 규칙들이다. (Culture is ideas, values, or rules for living.)
기능적 (Functional)	문화는 환경에 적응하기 위한 문제 해결의 방식이다. (Culture is the way humans solve problems of adapting to the environment or living together.)
정신적 (Mental)	문화는 관념들이나 학습된 습관들의 복합체이다. (Culture is Complex of ideas, or learned habits, that inhibit impulses and distinguish people from animals.)

구조적 (Structural)	문화는 유형화된 관념, 상징, 행위의 구성물이다. (Culture consists of patterned and interrelated ideas, symbols, or behavior.)
상징적 (Symbolic)	문화는 사회가 공유하는 임의적인 의미들에 토대를 둔다. (Culture is based on arbitrarily assigned meaning that are shared by a society)

문화는 학습되고 공유되며, 상징성을 갖고 있다. 또한 상호 유기적으로 통합되어 있고, 합리성과 적응성, 역동성을 갖고 있으며, 축적되는 역사성을 지니고 있다. 문화는 기준에 따라 많은 하위문화를 지니고 있으며, 상대적이고 개인과 집단에 따라 차이가 존재하는 특성을 갖고 있다.

(2) 생활문화(living culture)

인간은 생존을 위해 생활(生活) 활동을 한다. 생활이란 생존을 포함한 행위의 총화(김양희 외, 2009)를 말한다. 한 민족이 오랫동안 일정한 문화권에서 생활하면서 갖게 되는 하나의 공통된 생활방식으로 관습적으로 행해지는 사회계약적인 생활규범이 형성된다. 생활은 생명유지와 지속적 기능을 갖는 것이며, 자율적 의지로서의 사유 활동과 가치, 윤리적 과제를 포함하고 있다. 생활은 같은 문화권에서 장기간 계속 반복됨으로써 이루어지는 생활방식을 만들게 되고, 시대의 흐름과 변천에 따라 변화한다. 다만 그 문화를 유지하고자 하는 근본정신은 오랜 세월 이어지며, 그것을 지켜온 민족 나름대로의 독특한 생활문화를 형성하게 된다. 이러한 생활문화는 주로 가정생활을 통하여 습득하게 되므로, '생활문화'를 가정생활문화로 표현할 수 있다. 인간은 1인가구든 다인수가구든 누구나 삶을 영위해 나아가기 위해 필요한 일련의 행위를 하고, 그것이 하나의 생활방식으로 나타나기 때문이다. 생활문화 관련 문헌과 연구자료를 보면, 생활문화의 내용을 가정생활문화에 초점을 두고 구성하면서 두 개념을 분리하지 않고 사용한다. 즉, 생활문화(生活文化)는 삶을 영위하면서 만들어내는 문화를 통틀어 이르는 말이며, 삶을 풍요롭고 아름답게 만들어 가고자 하는 사회구성원들에 의해 습득되고 공유되며 전달되는 행동양식 내지는 생활양식의 과정, 그 과정에서 완성되는 물질적 · 정신적 소산이다.

박명희 등(2003)은 생활문화란 일상생활에서 나타나는 개인 또는 가족들의 구체적인 삶의 모습과 특성 그리고 그들이 공유하는 상징과 의미의 체계라고 하였다. 이러한 생활문화는 개인이나 가족에게 일정한 생각과 행동을 하도록 하는 행위 원리 규범 또는 규칙을 말하며, 그 내용으로는 의식주, 가족, 소비, 여가생활문화 등이 포함된다고 하였다. 한편 계선자 등(2009)은 개인이 일상생활을 통해 살아가는 방식으로서 일상생활을 영위하는 동안 각 집단에 따라 형성되는 의식과 양식의 총체이며 일상적인 삶이 행해지는 소재, 즉 공간과 시간, 의복, 주거, 음식, 출산 등으로 구성되는 총체라고 하였다. 가정생활문화는 가정생활에 관련된 가치나 태도 등 의식의 측면과 아울러 실제의 의식주생활, 시간관리, 경제 및 소비생활, 가족관계, 가정의례, 가족여가 등의 양식을 포괄하는 개념이다. 생활문화의 핵심은 바로 가정생활이며, 생활문화의 탐구는 곧 가정생활문화의 탐구이기 때문이다.

생활문화는 생활양식이라는 가시적인 현상으로 나타나는데, 생활문화의 도구들이나 정지되어 있는 생활문화 현상만을 의미하는 것이 아니라, 인간-시간-공간이 이루고 있는 생활문화의 여러 요소들의 변화까지 포괄하는 문화적 상징행위로 해석되어야 한다(김양희 외, 2009). 생활문화는 개인과 가족이 속한 공동체의 특성과 계층에 따라 매우 다양하게 나타나며, 보편성과 다양성 독창성이 발현되는 생활양식으로 표현된다.

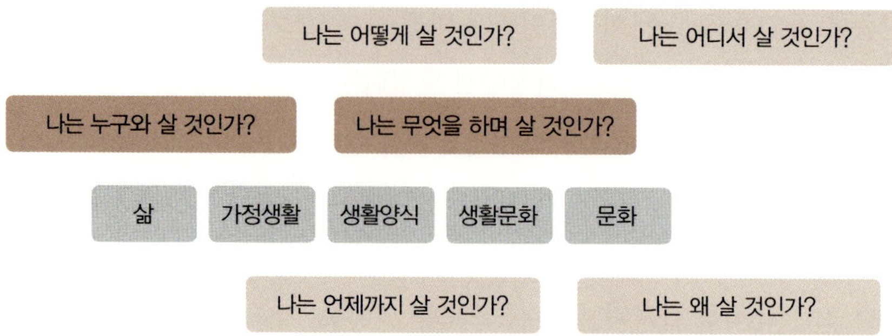

그림 1-1 생활문화와 본질적 질문

생활양식은 라이프 스타일이라고 하며, 집단적 성격과 개인적 특징을 동시에 갖는다. 생활양식에 영향을 미치는 요소는 가치, 태도, 개인의 사회 인구학적 특성 등 매우 다양하다. 생활양식은 사람들의 구체적인 삶의 모습을 담고 있으므로 동시대의 라이프 스타일을 보면 그 사회문화 환경에 존재하는 생활문화를 설명할 수 있다. 최근에는 1인가구의 라이프 스타일에 주목하고 있는데, 이에 따른 생활문화는 개인화, 축소지향성, 실용성, 개성추구, 경제적 효율성 추구, 현재 지향적 특성들로 집약된다.

우리는 생활문화를 생각하기에 앞서서 삶에 대한 물음에서부터 논의를 시작해야 한다. 삶에 대한 본질적인 질문을 통해서 우리가 만들어가는 생활문화의 내용과 지향점을 찾아갈 필요가 있다.

2) 생활문화의 특징

생활문화는 생성, 변용, 소멸, 창조, 계승되는 일련의 과정을 겪는다. 따라서 매우 유동적이고 살아 숨 쉬는 유기체적인 특성을 내포한다. 이는 생활문화가 다음과 같은 특징을 갖고 있기 때문이다.

① 생활문화는 역사성을 갖고 있으며, 학습되고 계승된다.

한국 사람들은 '밥'을 주식으로 하는 식생활문화를 갖고 있다. 이는 오랜 세월 동안 가정의 일상생활에서 한민족이 지켜온 생존을 위한 문화였다. 현재까지 존재하는 세계의 다양한 음식문화도 그 사회의 축적된 생활문화를 학습해온 결과이다. 즉 인간은 학습을 통해서 배우고 익히며, 위대하고 다양한 문화유산을 만들어 왔다. 특히 가정생활을 중심으로 한 민족마다의 생활문화는 조상으로부터 학습되어 이어지는 가족규범과 의식주생활문화로 나타난다. '사돈댁 오이지 먹는 방식도 다르다'라는 말이 있듯이 일상의 생활문화는 자연스럽게 조부모에서 부모로, 자녀로 학습되어 하나의 가정생활문화로 계승된다. 이뿐 아니라 가정에서 사용하는 부모의 언행은 일부러 '학습'시키려 하지 않아도 자연스럽게 그대로 자녀에게 전달되고 학습되어, 가정교육이 되며, 가풍이 된다. 따라서 일상생활에서 생활문화교육과 실천은 세대를 이어가는 문화전수의 초석이 된다(주영애, 2015). 예컨대, 가족이 함께하는 식사는 단지 함께 먹는 행위만이 아닌 함께 상호작용하는 과정을 포함하여 가족공동체의식과 세대 간 가족문화의 전달과 창조, 자녀교육 및 사회화, 행복한 가족을 만들 수 있는 기회가 된다(조희금 외, 2011). 전통이라 일컫는 바도 오랜 기간 동안 축적되고 전수되어온 습관과 풍속으로 세대에서 세대로 이어진 결과이다. 생활문화는 역사성을 바탕으로 하며, 가정을 통해서 학습되고, 계승되는 특징을 갖는다.

② 생활문화는 사회와 집단에서 추구하는 보편성과 합리성을 갖는다.

한국 사회에서는 일상에서 지켜야 할 질서와 예법 등을 강조한다. 어른을 모시고 길을 걸을 때 어린 사람이 앞서서 먼저 걸어가지 않고 어른이 앞서서 가신 뒤를 따라 걷는다. 그러나 어른의 거동이 불편하면 어린 사람이 어른을 부축하면서 앞선 길을 살피면서 모신다. 이러한 장유유서의 질서 개념은 오랜 기간 동안 한국에서 지켜온 생활관습이다. 이는 우리 사회에서 보편적으로 지켜야 하는 예법으로 이어졌다. 이와 유사한 문화를 지키고 있는 나라는 한국 이외에도 많다. 생활문화는 그 사회의 가치를 반영하는 보편타당성과 합리성을 확보하고 있기 때문이다. 한 사회가 보유하고 있는 생활문화란 이(異)문화권에 있는 사람들에게는 매우 낯설고 이질감을 느끼게 할지라도 그 사회문화의 구성원들에게 적용될 수 있는 합리성을 갖고 있다는 것을 의미한다. 코를 비비면서 인사하는 뉴질랜드 마우리족의 독특한 인사방법이나 한국에서 좌례(座禮)로 표현되는 절도 각각의 문화권에서는 보편성과 합리성을 갖는 생활문화인 것이다.

③ 생활문화는 사회문화의 특성을 반영한 다양성을 갖고 있다.

한 사회를 이해하려면 사회구성원의 생활문화를 이해해야 한다. 한국에서는 지역에 따라서도 독특하고 다양한 생활문화를 갖고 있다. 호남지역의 음식문화는 한국에서도 인정하는 '맛'의 고향이라 할 정도로 맛좋은 음식문화를 지켜오고 있다. 그리고 함경도 지방의 비빔냉면, 평안도의 물냉면, 개성의 조랭이떡국, 진주의 육회비빔밥 등 지역의 다양한 대표 음식도 생활문화의 특징을 말해준다. 전통가옥인 한옥은 북쪽지방과 중부지방, 남부지방이 각기 ㅁ자형, ㄱ자형, 一자형 등 서로 다른 평면을 구성하는데, 이것은 지역의 기온과 자연환경의 차이 때문이다. 각 지역의 기후와 지리적 특성, 사회문화적 특성을 갖고 있는 다양한 일상의 모습은 독특한 생활문화로 형성되어 지속된다.

문화에는 다양성이 존재한다. 따라서 고유한 민족의식이 반영되어 있다는 점을 인정하는 문화상대주의 관점으로 파악되어야 한다. 문화를 올바로 수용하기 위해서는 극단적인 자민족 중심주의로 자기민족의 문화가 타민족의 문화보다 우월하다고 여기는 태도를 가져서는 안 되며, 문화의 다양성을 받아들여야 한다. 생활문화의 다양성 안에는 고유한 의미가 존재하기 때문이다.

④ 생활문화는 상호 유기적으로 통합되어 있으며, 상징성을 갖는다.

생활문화는 각 영역의 다양성과 독특한 면이 존재하면서도 각각 상호 유기적으로 통합되는 특성을 갖고 있다. 조선시대 양반가의 주생활문화 예의생활(주영애, 1995)의 관련성을 예를 들어 보자. 한국의 전통주택인 한옥은 좌식형태이며, 안채와 사랑채로 남녀의 공간이 분리되어 있었고, 반 폐쇄적인 창과 문이 존재했으며, 하나의 공간을 다양하게 사용하는 전용성을 갖고 있었다. 생활공간인 한옥에서 지켜야 하는 기거동작과 생활예절은 밀접하게 관련되어 있었다. 좌식생활에 따라 앉아서 인사를 하는 좌례(座禮)인 절이 행해졌고, 남이 앉아 있는 좌석을 밟거나 건너다니지 않도록 좌식생활에서 가져야 할 바른 몸가짐을 지켜야 했다. 또한 남녀 공간 규범에 따라 지킬 예절을 강조했고, 침실공간이자 가족 담소 공간, 접대공간이었던 다목적인 방에서는 서로 예를 지키는 생활을 더욱 강조했다. 반폐쇄적인 창호를 통해서 소리가 쉽게 전해지고, 행동이나 작은 움직임도 외부로 노출되기 쉬웠기 때문에 항상 조심하는 생활태도를 강조했다. 한옥 중심의 주생활은 예의생활과 유기적으로 통합되어 주생활문화를 형성했다.

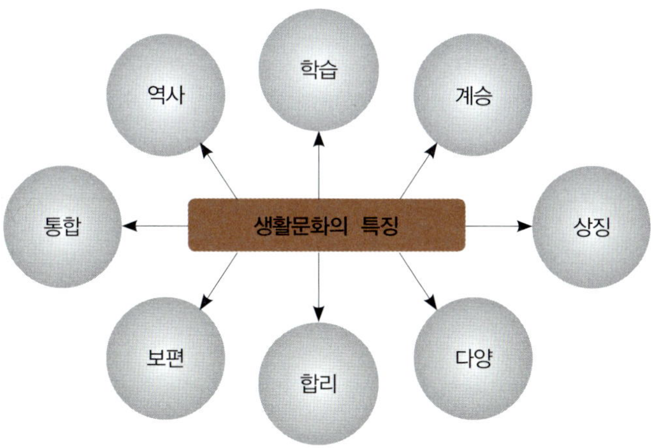

그림 1-2 생활문화의 특징

또한 생활문화는 상징성을 갖는다. 한복, 탈춤, 김치, 불고기, 태권도, 설악산, 고려인삼 등으로 세계인들에게 이미지화된다. 이러한 문화적 요소는 곧 '한국을 상징'하는 것으로 이해된다는 것이다. 건물이나 상징물을 중심으로 살펴볼 때 '오페라하우스'를 말하면 오스트레일리아를 떠올리고, '자유의 여신상'을 말하면 '미국'을, '에펠탑'을 말하면 '프랑스 파리'를 떠올리듯, '김치'나 '한복'을 말하면 '한국'을 떠올리는 것은 매우 자연스럽다. 많은 국가들이 렌드마크가 되는 상징적인 건물이나 탑, 장소 등을 중심으로 자국의 이미지를 부각시키는 데 비하여, 한국은 건물이나 탑보다는 정신문화의 산물을 우리의 상징으로 삼는 경향이 있다. 한복이나 한옥, 한식, 한지와 국악, 한글 등을 한국 상징의 대표적인 Han-style로 소개하기도 했다. 최근에는 한국을 상징하는 문화적 요소 안에 담겨 있는 한국인의 정신문화에 주목하는 경향이 짙어졌다. 특히 각 국가와 민족의 의식주생활과 혼례, 상례 등 일생의례생활은 각 나라의 생활문화를 상징한다.

2. 한국생활문화의 범위

생활문화의 범위는 첫째, 생활행위에 따라, 둘째, 시대적 변화에 따라 구분해 볼 수 있으므로, 생활문화영역, 전통생활문화, 현대생활문화로 구분해서 살펴본다.

1) 생활문화영역

생활문화영역은 가정의 일상에서 이루어지는 여러 가지 행위를 중심으로 가족생활문화, 의생활문화, 식생활문화, 주거생활문화, 소비생활문화, 여가생활문화, 의례생활문화 등으로 나눌 수 있다.

표 1-3 생활문화의 영역

구분	내용
가족생활 문화	혈연관계로 맺어지거나 그 외의 다양한 형태로 구성된 가족원이 가정에서 일상생활을 공유, 분배하며, 가족생활주기와 가족의 특성, 가족의 철학, 가치관, 교육관 등에 따라 특징적인 생활양식을 갖고, 가족건강, 가족윤리와 규범, 가족교류, 교육 등을 중심으로 가족만의 독특한 생활문화를 형성해 나가는 것을 말한다.
의생활 문화	개인과 가족의 건강을 지킴과 동시에 개인의 개성과 아름다움을 추구하며, 사회에서 통용되는 옷차림을 할 수 있도록 의사결정 과정을 통해서 생산, 구매, 소비하면서 그에 따른 옷차림 매너를 지키고, 나아가 때와 장소에 맞추어 전통적인 옷차림과 그 예법을 계승하는 등의 의생활문화를 말한다.
식생활 문화	개인과 가족의 생명유지와 기호에 따른 식생활 욕구를 충족하기 위해 식품과 음식을 생산, 구매, 소비하며, 고유의 음식문화를 계승함과 동시에 라이프 스타일에 맞는 가족의 식생활문화를 형성해 가는 것을 말한다.
주거생활 문화	개인과 가족의 보호와 휴식을 취하며, 안전한 삶을 살 수 있도록 하며, 주거에서 소속감, 사회적 욕구, 자존감, 심미적 욕구 등 주생활욕구를 충족하고, 가족의 라이프 스타일과 주거규범에 맞는 주거선택, 주거이동, 주거관리 및 주택금융이용 등을 통해서 가족의 주생활을 영위해 가는 것을 말한다.
소비생활 문화	개인과 가족의 삶을 영위하기 위해서 필요한 모든 재화와 서비스를 라이프 스타일에 맞추어 현명한 의사결정과정을 통해서 탐색하고 비교, 선택 구매의 과정을 거치면서 소유한 물적 인적 자원을 일정한 소비패턴으로 사용하며, 소비에 필요한 물적 자원을 축적하고 관리하기 위한 일련의 금융활동까지 포함하는 것을 의미한다.
여가생활 문화	일-생활의 균형적인 양립을 지향하며, 개인과 가족구성원이 갖게 되는 여가생활시간의 효율적인 사용을 위해 라이프 스타일에 맞는 여가정보활용, 여가관리, 여가상품구매 자원봉사 등의 활동을 함으로써 삶의 질 향상과 가족행복을 지향하는 일련의 생활을 말한다.
의례생활 문화	개인이 가족관계를 형성하고 삶을 영위해 가는 인생의 기간 동안 거쳐야 하는 중요한 생애사건(life event)인 출생, 생일, 성년, 결혼, 수연, 상례, 제례의 각 의례를 문화적 배경하에 사회적으로 통용되면서도 각 가정에서 계승되고 있는 형식과 절차에 맞추어 진행하여 의례규범을 지켜가는 생활문화를 말한다.

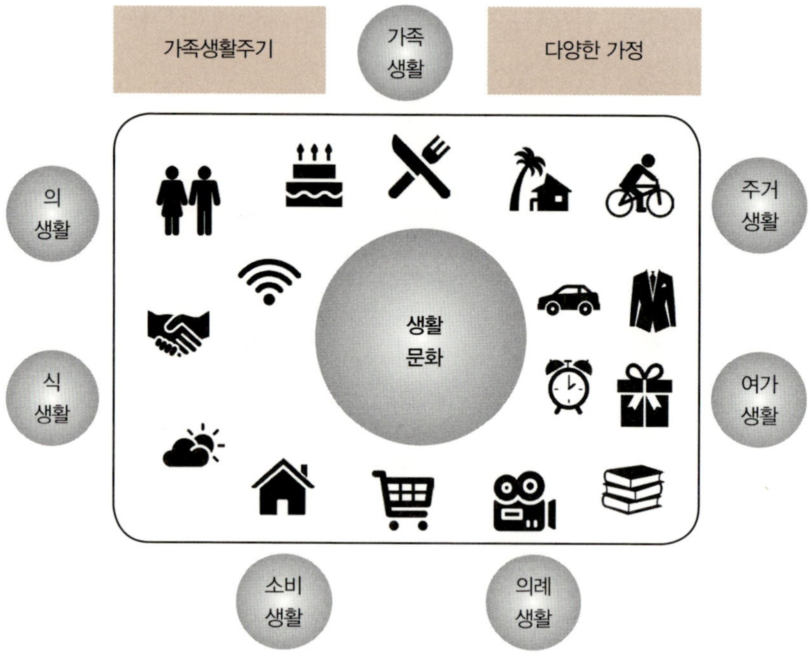

그림 1-3 생활문화의 범위

2) 전통생활문화

한국의 생활문화를 이해하기 위해서는 그 원형은 무엇인가에 대한 질문을 우선 해야 하며, 이에 대한 답을 구하기 위해서는 전통사회의 가정생활문화, 즉 전통생활문화를 파악해야 한다. 일반적으로 역사를 통하여 한 민족집단의 문화전수과정을 볼 수 있는데, 생활문화는 오랜 인류의 슬기로운 삶의 역사적 산물의 축적으로, 각 시대와 지역에 따라 독특한 형식을 띠고 있기 때문이다(이길표, 1987).

전통사회의 생활문화는 자연친화적인 태도와 인간관계의 존중, 공동체 생활과 관련된 가치관과 생활태도(홍지명 · 김영옥, 2010)를 담고 있고, 조상의 삶의 양식을 통해 전수되어온 관습이나 통념, 가치, 문화적 유산 등이다. 따라서 이는 미래에도 한국인으로서의 정체성과 자긍심을 갖게 하는 생활교육의 핵심적 내용이다. 전통의 생활문화는 새로운 우리 민족문화 창조의 기틀이 되며, 또한 서구의 문화 속에서 우리를 지켜줄 수 있는 힘을 얻게 하고, 우리 전통에 어울리는 외래문화를 선택(이성숙, 2004)할 수 있는 안목을 길러준다. 구체적으로는 의식주를 비롯하여 관혼상제 등의 의례 생활, 구비전승, 생활방식과 풍속 등의 내용(정영금, 2010 ; 주영애, 2012)이 있으며, 이는 일상에서 유지되는 소중한 유형 · 무형의 문화유산이다.

이와 같은 한국의 생활문화를 이해하기 위해서는 우리나라의 지정학적 기후와 자연적 환경에 대한 이해는 물론이고 환경적 조건이 어떻게 생활문화로 연결(김양희 외, 2009)될 수 있었는지에 대하여 상호보완적인 영향을 파악해야 한다. 또한 우리의 생활문화가 형성된 시대적인 지배적 가치관과 철학, 정치, 경제체계 등과의 관련성도 깊이 이해해야 한다. 이는 생활문화를 연구하는 중요한 이론적인 틀이 되기 때문이다.

우리 한국의 생활문화는 오랜 세월 동안 중국문화권에 속하여 그 영향을 받으며, 우리 고유의 문화로 토착화한 것이다. 고조선에 이어 삼국시대, 고려시대를 거친 유구한 우리의 역사 가운데에서도 조선시대는 당시의 생활문화가 근대를 거쳐 현대로 이어지는 시대로 우리 민족의 고유문자가 창제되고 한민족의 자주적인 문화가 발전되던 시기였다. 그리고 당시의 생활양식과 문화는 어느 시대보다도 독특한 특징(주영애, 1992)과 가치를 지니고, 현대까지 영향을 미치는 소중한 전통생활문화라 할 수 있다. 전통생활문화에 대한 경험은 사회문화의 체득과 전수과정에 있어서 매우 의미가 깊은 것이다. 즉 '우리 고유의 한국생활문화 가치를 재조명하고 전통생활문화를 발굴 보전하며, 체험을 통한 교육의 기회를 제공하는 노력'은 한국인으로서의 정체성 함양을 위한 단초가 되는 활동이다(주영애, 2015).

현대에 이르러 산업화, 도시화, 생활양식의 변화, 교통통신의 발달, 경제수준의 향상, 가치관의 변화, 가족구조의 다양화, 문화적 교류 증가, 출산율의 감소와 평균수명의 증가 등(김양희 외, 2009)은 생활문화를 변화시킨 요인이다. 그럼에도 불구하고 한편으로 의식주를 비롯한 생활문화와 일생의례문화, 여가문화, 교육문화 등 전통생활문화를 이어올 수 있었던 것은 가정에서의 '교육'과 일상생활에서 부모들의 문화전수 노력의 결과이다.

어머니들은 전통생활문화 중에서 자녀교육에 대한 관심이 가장 높다. 그리고 부모들은 자녀교육을 위해 전통생활문화인 예의범절과 효(孝)의 근본정신을 바탕으로 현대에 적용가능한 실천안을 제시하는 것(주영애, 2015)을 중요하게 생각하고 있다.

전통생활문화는 가족생활을 중심으로 한 문화로 가족지향적이며, 가족공동체적 삶 속에서 이루어지는 가내활동과 자연에 순응하는 삶의 태도, 가족윤리의 강조 등의 특징을 보인다. 가정의 구조와 생산방식이나 생활방식이 변화하였으므로 전통가정생활문화를 무조건 유지하고 계승할 수는 없다(정영금, 2010). 그러나 일상적인 생활 속에 남아 있는 전통적인 문화 요소들을 찾아서 그 의미와 가치를 조명하고, 현대에 적합하도록 재창조해야 할 필요가 있다. 이러한 과정은 전통생활문화가 한국인으로서의 정체성을 갖게 하는 밑거름이 되며, 새로운 문화콘텐츠 개발을 위한 문화 원형으로 제공될 수 있는 가치가 내포되어 있기 때문이다.

3) 현대생활문화

현대의 생활문화는 전통사회의 생활문화와 비교해 볼 때 몇 가지 특징적인 면을 발견할 수 있다. 가족생활이나 의식주, 의례생활, 소비생활, 여가생활 등은 산업구조와 정치체계와 경제발전, 과학기술의 발전, 교육수준의 향상, 여성의 사회진출 등의 변화에 따라 크게 달라졌다. 현대생활문화는 매우 다양하며 발 빠르게 변화하고 있다.

첫째, 전통사회의 생활문화가 가족지향적이며 가정을 중심으로 한 각 가정마다의 주체적인 생활문화를 지켜왔다면, 현대사회의 생활문화는 사회지향적이며 사회문화 환경에 의존적인 생활문화를 보이고 있다. 즉 이는 가정이 담당했던 고유의 기능 중 많은 부분이 이미 사회화되었으며, 대부분 도시생활로 이루어지는 현대사회의 특성상 사회의존적이 될 수밖에 없는 상황이다. 생산과 소비가 가정에서 함께 이루어졌던 의생활, 식생활, 여가생활, 의례생활, 교육 등은 이미 사회의존적이다. 예를 들면, 의복 재료의 생산과 바느질, 빨래, 수선, 폐기에 이르기까지 가정에서 여성의 가사활동으로 이루어졌던 의생활문화는 가족 공동의 가사활동을 기본으로 하며, 의복 재료 및 생산의 사회화를 통해 오히려 의복 구매가 중요해졌고, 빨래는 세탁소나 빨래방을 이용하고, 수선은 수선집이나 세탁소를 이용하며, 헌옷의 수거시스템을 통해 폐기한다. 따라서 사회에서 활용할 수 있는 의생활정보에 대해 누가 얼마나 많은 정보력과 구매력을 갖고 있는가가 더 중요해지기 시작했다.

둘째, 가족중심의 생활문화에서 개인중심의 생활문화로 변화되고 있다. 가족원 수를 중심으로 보면 다인수 대가족생활이 축소되고 있고, 개인이 원하든 원하지 않든 관계없이 환경적인 영향에 의하여 1인 단독가구가 되는 경우도 많아졌기 때문이다. 성년이 된 자녀들이 결혼 이전에 원가족으로부터 독립하여 생활하는 경우가 증가하고 있는데, 이는 직장이나 학업을 위해서 독립하는 경우도 있지만 부모와는 다른 라이프 스타일을 가지면서 보다 자유롭고 독립된 삶을 희망하는 경우도 있기 때문이다. 따라서 가족의 유대를 통한 생활문화의 계승보다는 개인적인 삶의 풍요와 행복을 추구하는 개인생활문화에 초점이 맞추어지고 있다.

셋째, 가족중심으로 유대관계를 중요하게 생각했던 것에서 네트워크로 이어진 개인 간의 공동체를 지향하는 생활문화로 변모하고 있다. 가족생활주기에도 자녀교육기 이후의 가족원들은 학업과 직장생활 등으로 공유할 수 있는 시간과 공간에 제약을 받게 되어, 가족중심으로 이루어지는 공동체 생활문화를 이어가는 데에 한계를 느낀다. 오히려 시간과 공간을 공유하게 되는 학교나 사회에서 만난 라이프 스타일이 유사한 친구나 동료들과 함께 하는 생활문화를 향유하는 경우가 더욱 많아지고 있다. 또한 온라인 커뮤니티를 통해서 같은 취미를 가진 이들이 동호회 모임을 통해서 새롭게 만들어가는 네트워킹이 증가하고 있다.

넷째, 지역중심의 생활문화에서 시간중심의 생활문화로 변모해 가고 있다. 가족이 기거하는 지역과 이웃은 가족생활을 위한 유대관계와 의례생활에서 빼놓을 수 없는 영향력 있는 존재였으나, 시간을 공유하는 사람들과의 만남이 주류를 이루게 되면서 이웃보다는 친구나 동료를 중심으로 한 의례생활에 치중하게 된다. 돌이나 결혼식 등 축하 의례일정을 계획할 때도 친구나 동료 등 축하객이 많이 참여할 수 있는 시간과 장소를 정하게 된다. 뿐만 아니라 직장생활도 근로조건과 제도의 변화로 인하여 시차근무제 등 유연근무제도가 도입되면서 가정의 생활문화도 자유재량적인 '시간사용' 중심으로 변화해 가고 있다.

다섯째, 면대면 행위중심의 느림 소통문화에서 비대면 매체를 통한 언어중심의 빠른 소통문화로 변화되고 있다. '찾아가 뵙고 인사드린다.'는 것은 옛말이 되었고, 말과 행위가 일치되어 조금은 늦더라도 대면을 통한 소통문화를 중요하게 여겨왔던 과거와는 매우 달라졌다. '빠른 문화'가 주류를 이루고 있는 오늘날의 시대흐름과 같이 소통문화도 통신수단의 발달로 시공을 초월하여 매체를 중심으로 한 빠른 소통이 특징이다. 코로나19 이후 전 세계적인 감염병 확산은 소통문화를 크게 변화시킨 계기가 되었다. 그러나 비대면으로 빠른 소통을 할 수 있다는 이득이 있지만 소통의 진정성이나 신뢰성을 재고할 필요가 있다. 가족관계도 피상적인 관계가 될 우려가 있고, 극단적으로 개인주의화되는 부정적인 측면도 피할 수 없다.

여섯째, 다양해지는 가족생활에 따른 다양한 가정생활문화에 대한 이해와 공존의 태도가 요구되고 있다. 저출산과 고령화, 한부모가족과 1인가구의 급증, 다문화가정의 증가 등 다양한 형태의 가정이 보편화되면서 생활문화는 세대 간의 이해뿐 아니라 서로 다른 생활문화의 특수성을 수용하고 존중하는 삶을 요구하고 있다. 독신가정, 무자녀가정, 노노(老老)세대가정, 조손가정, 동거가정, 공동체가정, 북한이탈주민가정, 다문화가정, 한부모가족 등 부부와 자녀로 구성된 전형적인 형태였던 가족생활과는 다른 가족생활이 많아졌고, 각기 다른 생활문화를 만들어간다. 이러한 변화에 영향을 미치는 요인들을 파악하고, 타인과 타 가정의 생활문화를 존중하고, 수용하며, 공존하려는 태도가 필요하게 되었다.

표 1-4 전통생활문화와 현대생활문화의 특징

전통생활문화	현대생활문화
가족지향적이며, 생산소비의 생활문화	사회지향적이며 의존적인 소비생활문화
가족중심의 라이프 스타일 지향 생활문화	독립적 라이프 스타일 지향 생활문화
가족공동체 유대의 생활문화	네트워킹된 개인 간의 공동체적 생활문화
지역중심의 생활문화	시간중심의 생활문화
면대면 행위중심의 느린 소통의 생활문화	비대면 매체중심의 빠른 소통의 생활문화
동일문화권의 세대통합적 생활문화	다양화된 가족과의 공존지향적 생활문화

표 1-5 전통 · 현대생활의 특징과 관련 산업의 범위

구분	전통생활	현대생활
가족생활	가정교육, 가훈, 대가족생활 3세대거주, 남성중심사회, 가족윤리와 효강조	교육기관, 가정교육부재, 양성평등사회, 핵가족생활, 1인가구, 노인가구 증가, 다양한 가족형태, 남녀직장생활, 사교육 의존, 노인부양, 요양시설, 건강가정지원센터, 가사도우미, 종교시설, 의료기관 등
의생활	한복, 천연섬유, 남녀 신분에 따른 의복, 의복재료 생산과 소비	천연 및 인조섬유, 신소재섬유, 유니버설 디자인, 맞춤과 기성복, 스마트의류, 의류매장, 의류수선, 세탁업, 화장품업 및 미용업 등
식생활	식품 생산과 소비, 가내조리, 곡류인 주식과 부식중심, 시장	식품구매, 외식업체, 다양한 먹거리, 식품업체, 식품안전, 마트, 쇼핑몰, 전통시장, 가공식품, 기호식품 등

주거 생활	단독주거, 계층과 지역에 따른 평면, 온돌, 자연친화적	공동주거(아파트), 유니버설 디자인, 중앙 및 개별난방, 잦은 주거이동, 주택금융 활용, 주거정책 의존, 건물의 안전성, 공동주택관리, 가전, 스마트홈, 가정청소관리, 부동산 중개소, 전원주택, 귀농(어) 등
소비 생활	농업중심의 자급자족, 생산, 소비, 토지소유, 근검절약의 가치	구매, 소비, 유통, 부동산, 디지털금융, 저축, 주식투자, 보험, 온라인쇼핑, 홈쇼핑, 모바일쇼핑, 새벽배송, 해외직구, 소비자정보, 소비자보호, 소비자안전, 소비자교육 등
여가 생활	세시풍속과 놀이, 이웃, 친척, 지역놀이, 공동체 중심, 전통예술	지역축제, 국내여행, 해외여행, 숙박시설, 복합쇼핑몰, 도심공간, 자가용, 캠핑, 스포츠, 동호회활동, 온라인 게임, 메타버스, 가상공간 체험, 예능활동 및 감상, 피트니스센터, 주말농장, 힐링체험, 생활문화센터, 카페, 반려동물 카페와 호텔 등
의례 생활	출산의례, 백일, 돌, 관혼상제, 수연례, 집, 안방, 안마당, 대청, 이웃초대, 가정중심, 중매혼, 나눔과 협동의 가치	병원, 산후조리원, 돌잔치, 생일파티, 성년례, 결혼, 결혼식장, 하우스웨딩, 장례식장, 납골묘, 메모리얼파크, 수목장, 다양한 장례형식, 가정제사, 제사음식업체, 상조회사, 웨딩컨설팅 등

4) 한국인의 정체성과 생활문화

한국인의 정체성(Korean identity)을 나타낼 수 있는 것은 무엇일까?

한국어를 사용하고 한국의 성씨(姓氏)를 갖고 있으며, 한국인의 외형을 가진 사람이라고 생각하기 쉽다. 그러나 그것은 한국인으로서의 정체성을 찾는 가장 외현적인 방법이다. 외현적인 것으로는 외국인으로서 한국에 귀화를 했거나, 한국인이지만 한국인의 전형적인 외모를 갖지 않고 태어난 다문화가족까지도 포괄하는 '한국인'으로서의 정체성을 설명하기란 쉽지 않다.

신생아의 국적을 정할 때는 속인주의[01]와 속지주의 법칙을 따른다. 속인주의는

01 속인주의는 국민을 기준으로 하여 법을 적용하는 주의를 말한다. 한 나라의 국민은 자기 나라에 있든지 외국에 있든지 그가 소속한 나라의 법을 적용받는다. 우리나라의 국적법은 속인주의를 원칙으로

신생아 부모의 국적을 기준으로 하는 것이고, 보충적으로 속지주의를 따른다. 뿌리를 공적으로 알리는 기호는 성씨(姓氏)[02]인데, 한국인의 성씨는 장소와 사람의 조합으로 이뤄졌다(김기봉, 2010). '전주 이씨'라고 할 때 전주는 장소를, 이씨는 사람을 뜻하는 것이다. 본관과 성이 같은 사람들을 같은 문중 사람이라고 부르며, 같은 문중 사람들은 혼인할 수 없지만, 이 중 하나만 달라도 결혼은 가능하다.

한국인으로서의 정체성은 한국의 성씨를 갖고 있으며, 한국어를 사용하고, 더불어 한국인의 정신문화와 물질문화가 융합되어 존재하는 생활문화를 공유하고, 주체의식을 지니며 계승하는 일련의 행위를 수행하는 데에서 찾을 수 있다. 즉 한국인의 정체성은 우리의 생활문화에서부터 찾아나아가는 과정이 동시에 수반되어야 한다. 예컨대 오늘날까지 전수되고 있는 한복이나 한국 음식, 한옥 등과 같이 눈에 보이는 가시적이고 물질적인 것만을 뜻하는 것이 아니라, 물질적 현상 안에 내포되어 있는 집단적 무의식(collective unconscious)[03]이라고 하는 눈에 쉽게 띄지 않

하되, 보충적으로 속지주의를 적용하고 있다. 속지주의는 자국민과 타 국민을 불문하고 자국영역을 기준으로 하여 그 영역 내에 있는 모든 사람에 대하여 법을 적용하는 원칙이다.

02 성씨(姓氏)란 출생의 혈통을 나타내거나 한 혈통을 이어가는 겨레붙이의 칭호로 정의된다. 성씨란 일정한 인물을 시조로 하여 대대로 이어 내려오는 단계혈연의 한 명칭이며, 족적관념(族的觀念)의 표현이다. 한국의 성씨에 관한 최초의 구체적인 자료는 세종실록 지리지 성씨조이며, 성씨의 내부구조와 시대적 변화상을 잘 보여 준다. 성씨는 역사상 함께 붙여서, 때로는 각각 독립적으로 사용되기도 하는데, 본관과 함께 사용하여 혈연관계가 없는 동일한 성과 구별된다. 한국인이면 누구나 본 · 성 · 이름을 가지게 되어 있다. 성은 그 사람이 태어난 부계혈통의 표지로, 일생 바꾸지 못하는 것이 우리나라 고래의 관습이다. 현행 「민법」상 자(子)는 부의 성과 본을 따르도록 되어 있으며(제781조), 성이 잘못 불리거나 하는 특별한 경우 이외에는 성의 변경을 허용하지 않는다. 우리나라에서는 혼인을 해도 성씨를 바꾸지 않는다. 현재 한국에서 가장 많은 성씨는 김씨, 이씨, 박씨, 최씨, 정씨 등이다.

03 집단무의식이란 옛 조상이 경험했던 의식이 쌓인 것으로서 모든 사람들에게 공통된 정신의 바탕이며 경향이 되는 것을 의미한다. 구스타프 융 등은 집단으로 전승되는 신화나 전설, 민담을 집단무의식의 원형(archetypes)이 녹아들어 있는 지혜의 보고라고 여겼다. 한국인이 겪은 문화와 역사적인 공통경험이 한국인의 집단무의식을 형성하는 데에 영향을 미쳤다는 것을 의미한다. 특히 한국 사회는 농경문화 전통을 갖고 있고, 강력한 집단의식인 '우리'를 강조해 왔다. 또한 한국인이 겪은 일제강점기와 6 · 25전쟁, 4 · 19, 5 · 16, 5 · 18 등 수많은 사회변동은 집단무의식에 영향을 미쳤다.

는 기본적인 예를 지켜야 한다는 생활태도나 공감(이길표 · 주영애, 1999), 상징적 의미 등 정신문화까지 전수하는 것을 의미한다.

문화의 개념과 특성에서 보았듯이 문화는 역사성, 규범성, 상징성을 갖고 있다. 따라서 한국인으로서의 정체성을 논할 때는 우선적으로 한국인으로서 '나는 누구이며, 지금 어떻게 왜 존재하고 있는가?'에 대한 답을 한민족이 지금까지 이어져온 전통과 역사 속에서 찾아나가야 하며, 이에 대한 긍정적 가치관과 자긍심이 확립되어야 한다. 우리나라는 오랜 역사를 갖고 있으며, 자주적인 글과 언어를 갖고 있고, 독특하고 우수한 기록문화를 갖고 있다. 또한 사계절의 변화에 적응하며, 세시와 독특한 민속적인 풍습을 이어가는 생활문화를 공유하고 있다. 이러한 한국의 생활문화 현상에 대해 자긍심을 갖고 강점과 약점을 인정하고, 주변 환경과 조화롭게 융합하며, 다른 문화를 수용하는 태도를 가지는(김양희 외, 2009) 것은 한국인의 정체성을 찾아가는 과정에서 매우 중요하다.

'일상에서 읽는 한국인의 정체성'에 관한 연구를 보면, 일상생활문화와 그 문화를 향유하는 한국인의 대표적인 정서는 어울림, 상생, 정, 열정과 같은 정서로 마치 생물학적 유전자처럼 세대에서 세대로 유전되고 있는 것 같다고 하였다(황병기, 2014). 한국인의 일상생활문화는 그 방식과 수단이 매우 다양하고 차이가 있다 하더라도 보편적이고 자연스러운 한국인의 정서는 생활문화를 공유하면서 일상의 실험성을 통해 공고히 존재하게 되는 것으로 한국인의 정체성 형성에 기저로 작용한다. 한국의 문화콘텐츠 개발에도 한국생활문화는 다양한 소재를 제공하여 한국인의 정체성을 세계에 각인시킨다.

전통(傳統)이란 '통(統)을 이어가는 것'을 말한다. 통(統)이란 이어받는 것이며, 세대로 계승하여 끊어지지 않는 것을 뜻한다. 특히 역사적으로 전래되어 오는 혈통, 풍속, 도덕, 습관, 신앙, 사상 등은 한국인의 정체성을 함축한다. 즉 전통이란 '역사를 통한 한 민족집단의 문화전수과정에서 변하지 않고 시대를 초월하여 전승되는 가치를 갖는 문화'를 의미한다. 따라서 전통을 논의하는 것은 현재에도 살아 움

표 1-6 한국의 세계기록유산[04]

구분	등재연도	소장, 관리기관
조선왕조실록	1997	정족산본, 오대산본 · 상편: 서울대규장각 태백산본: 국가기록원
훈민정음(해례본)	1997	대한민국간송미술관(국보 제70호)
승정원일기	2001	서울대학교 규장각
불조직지심체요절 하권	2001	프랑스 국립도서관
조선왕조의궤	2007	규장각 장서각
고려대장경판 및 제경판	2007	경상남도 합천 해인사
동의보감	2009	국립중앙도서관 소장 본: 국립중앙도서관장/한국학중앙연구원 소장 본: 한국학중앙연구원 원장/보건복지가족부 관리하의 『보감』: 대한민국 보건복지가족부/한국학의학연구원 관리하의 『보감』: 대한민국 전통의학 연구 · 개발 센터인 한국학의학연구원
일성록	2011	관리: 문화재청, 소장: 규장각
1980년 인권기록유산 5·18 광주 민주화운동 기록물	2011	국가기록원, 광주광역시, 육군본부, 5 · 18기념재단, 국회도서관, 미국 국무성, 국방부국가기관이 생산한 5 · 18민주화운동 자료: 국가기록원, 광주광역시 소장 군사법기관재판자료, 김대중내란음모사건자료: 육군본부 소장, 시민들이 생산한 성명서, 선언문, 취재수첩, 일기: 광주광역시 소장, 흑백필름, 사진: 광주광역시, 5 · 18기념재단 소장, 시민들의 기록과 증언: 5 · 18기념재단 소장. 피해자들의 병원치료기록: 광주광역시 소장. 국회의 5 · 18광주민주화운동 진상규명회의록: 국회도서관 소장. 국가의 피해자 보상자료: 광주광역시 소장. 미국의 5 · 18관련 비밀해제 문서: 미국 국무성, 국방부 소장
새마을운동 기록물	2013	국가기록원 새마을운동중앙회

04 세계기록유산이란 유네스코가 고문서 등 전 세계의 귀중한 기록물을 보존하고 활용하기 위해서 1997년부터 2년마다 세계적 가치가 있는 기록유산을 선정하는 사업으로, 책 · 문서 · 편지 등 여러 종류의 동산 유산이 포함된다.

난중일기: 이순신 장군의 진중일기	2013	현충사
한국의 유교책판	2015	한국국학진흥원
KBS특별방생방송 '이산 가족을 찾습니다' 기록물	2015	한국방송공사(KBS), 국가기록원, 한국갤럽조사연구소
국채보상운동 기록물	2017	한국금융사박물관, 국사편찬위원회, 국가기록원, 독립기념관, 국립고궁박물관, 국채보상운동기념사업회, 한국연구원, 서울대학교 중앙도서관, 고려대도서관, 연세대 학술정보원 등
조선통신사에 관한 기록: 17~19세기 한일 간 평화 구축과 문화교류의 역사	2017	서울대학교 규장각 한국학연구원, 국립중앙도서관, 국사편찬위원회 외 25곳
조선왕실 어보와 어책	2017	국립고궁박물관

출처: 유네스코와 유산(heritage.unesco.or.kr)

표 1-7 한국의 세계유산

세계유산	등재연도	내용
석굴암 · 불국사	1995	신라 경덕왕(서기 751년)부터 창건을 시작하여 신라 혜공왕(서기 774년) 때 완공한 석굴이며 국보 제24호로 지정되어 있다. 불국사는 불교사상과 예술가의 혼이 독특한 형태로 표현되어 인정된 기념비적인 예술품이다.
해인사 장경판전	1995	13세기에 만들어진 고려 대장경판 8만여 장을 보존하는 보고로 해인사의 현존 건물 중 가장 오래된 건물이다.
종묘	1995	조선 왕조 역대 왕과 왕비의 신주를 모신 유교사당으로 가장 정제되고 장엄한 건축물 중의 하나이다.
창덕궁	1997	조선 태종(1405년) 때 경복궁의 이궁으로 지어진 궁궐로 전쟁으로 소실과 중건을 거듭했다. 후원은 동양조경의 정수를 감상할 수 있는 세계적인 조형의 단면이다.
화성	1997	정조의 효심이 축성의 근본이 되었으며 정약용의 「성화주략」(1793)을 지침서로 1796년 9월에 완공하였고, 평산성의 형태로 군사적 방어 상업적 기능을 보유한 과학적 합리적 실용적 구조로 동양 성곽의 백미이다.
경주역사 유적지구	2000	신라 천년의 고도(古都)인 경주의 역사와 문화가 보존되어 있는 뛰어난 유적이다. 경주 남산과 월성지구 대능원지구, 황룡사지구, 산성지구로 구분되어 있으며 52개의 지정문화재가 포함되어 있다.

고창 · 화순 · 강화 고인돌 유적	2000	고인돌은 거석기념물의 하나로 우리나라에는 전국적으로 약 30,000여 기에 가까운 고인돌이 분포, 그중 이곳은 밀집분포도 형식의 다양성으로 고인돌의 형성과 발전과정을 규명하는 중요한 유적이다.
제주 화산섬과 용암동굴	2007	제주도는 약 180만년 전부터 역사시대에 걸쳐 일어난 화산활동으로 만들어졌다. 세계유산으로 지정된 곳은 한라산, 성산일출봉, 거문오름용암동굴계 등 3개이다.
조선왕릉	2009	조선 왕릉은 600여년이나 되는 기간 동안 통치한 왕조능원으로 40기(남한)의 왕릉으로 구성되어 있다. 유교와 예법에 근거한 다양한 공간, 크기, 문무인의 공간 구분, 석물 배치, 기타 시설물 배치 등의 독특한 문화유산이다.
한국의 역사 마을: 하회와 양동	2010	오랜 역사를 가진 조선시대에 형성된 대표적 씨족마을로 종가, 살림집, 정자, 서원, 서당 등이 있고, 기후와 지형, 유교예법에 입각한 가옥이 구성되어 있다.
남한산성	2014	조선왕조의 비상 시 임시 수도로, 험한 지형을 활용하여 성곽과 방어시설을 구축하여 7~19세기에 이르는 축성술의 시대별 발달단계를 잘 나타낸다.
백제역사 유적지구	2015	기원전 18년부터 660년까지 700여년 간 존재한 고대 국가인 백제의 역사유적지로 공주시, 부여군, 익산시 등 3개 시 · 군 8곳 문화유산으로 구성되어 있다. 건축술의 발전과 불교의 확산을 보여주는 고고학 유적이다.
산사, 한국의 산지승원	2018	한반도 남쪽지방에 위치한 7개 불교 산지 승원(통도사, 부석사, 봉정사, 법주사, 마곡사, 선암사, 대흥사)으로 이루어져 있다.
한국의 서원	2019	16세기 중반부터 17세기에 건립된 조선시대 교육기관을 대표하는 9개의 서원(소수서원, 남계서원, 옥산서원, 도산서원, 필암서원, 도동서원, 병산서원, 무성서원, 돈암서원)으로, 중남부 여러 곳에 위치한다.
한국의 갯벌	2021	황해의 동쪽이자 한국의 서남해안에 위치한 서진갯벌, 고창갯벌, 신안갯벌, 보성-순천갯벌의 4개 구성요소로 이루어져 있다. 이 지역은 지질 다양성, 생물 다양성 사이의 연관성을 보여준다.

출처: 유네스코와 유산(heritage.unesco.or.kr)

표 1-8 한국의 인류무형문화유산

인류무형 문화유산	등재연도	내용
종묘제례 및 종묘 제례악	2001/2008	종묘제례는 조선조 역대 왕과 왕비 신위를 모셔 놓은 사당(종묘)에서 지내는 제사이며, 종묘제례악은 이 제례 때 조상의 공덕을 찬양하는 무용과 노래와 악기를 사용하여 연주하는 음악을 말한다.
판소리	2003/2008	소리꾼과 고수의 장단에 맞추어 창, 말, 몸짓을 섞어가며 긴 이야기를 엮어 가는 삶의 희로애락을 해학적으로 표현하는 전통예술이다.
강릉단오제	2005/2008	유교식 제의와 무당굿의 종교적 의례를 기반으로 가면극과 단오민속놀이, 난장(亂場)이 합쳐진 전통축제이다.
강강술래	2009	세시절기의 밤에 이루어진 노래 · 무용 · 음악의 삼위일체로 이루어진 것으로, 손을 잡고 원을 그리며 가무하는 원시 종합예술이다.
남사당놀이	2009	40~50명의 남자로 구성된 전문적인 유랑 예인집단에 의해 전승되는 서민층을 대상으로 하는 공연이다. 풍자를 통한 현실비판성을 담고 있다.
영산재	2009	사람이 죽은 지 49일 되는 49재의 한 형태로 영혼이 극락왕생하게 하는 의식이다. 산자와 죽은 자 모두 부처의 참 진리를 깨달아 번뇌에서 벗어날 수 있는 경지에 이르게 하는 장엄한 불교의식이다.
제주칠머리당 영등굿	2009	바다의 평화와 풍어를 기원하는 칠머리당에서 하는 굿으로 제주 특유의 해녀신앙과 민속신앙이 담겨 있는 굿이며, 우리나라 유일의 해녀굿이다.
처용무	2009	처용가면을 쓰고 추는 춤으로 음양오행의 기본정신을 기초로 악운을 쫓는 의미가 담겨 있다.
가곡	2010	시조시에 곡을 붙여서 관현악 반주에 맞춰 부르는 우리나라 전통음악이다.
대목장	2010	수십 년 동안 전통적인 건축기법을 습득하여 궁궐, 사찰, 가옥을 짓는 기능을 갖춘 장인이다.
매사냥	2010	야생에서 사냥을 위해 매를 사육하고 조련하는 전통적인 활동으로 아시아에서 발원하여 무역과 문화교류를 통해 다른 지역으로 확산되어 11개국이 공동 등재했다.
줄타기	2011	두 개의 지지대 사이에 걸친 하나의 줄 위에서 걷는 기예로 재담 · 노래 · 춤 · 재주를 보여주는 한국의 전통 공연예술이다.
택견	2011	음악적이며 무용적인 리듬을 갖고 있는 예술성 짙은 무예이며, 공격보다 수비에 치중하고 발을 많이 움직이는 한국의 전통무예이다.

한산모시짜기	2011	모시실을 베틀을 이용해 전통방식으로 직조하는 기술이다. 모시생산 전 과정을 함께 즐기는 오락적인 성격도 갖고 있다.
아리랑	2012	한국의 대표적인 민요로 한민족은 누구나 아리랑을 알고 즐겨 부른다. 가사가 정해져 있지 않고 주제가 개방되어 자유롭게 노래할 수 있다.
김장문화	2013	김장은 한국인의 월동 준비로 지역과 세대를 초월하여 전승되는 한국의 나눔과 정, 협력을 실천하고 결속을 촉진, 정체성과 소속감을 준다.
농악	2014	한국마을 공동체의 화합과 주민 안녕을 기원하는 민속예술이며, 꽹과리, 징, 장구, 북 등 타악기를 연주하며 행진과 춤을 추는 종합예술이다.
줄다리기	2015	풍농을 기원하고 공동체의 화합과 단결을 위한 전통놀이이다. 벼농사문화권인 캄보디아 · 필리핀 · 베트남과 함께 공동 등재되었다.
제주해녀문화	2016	제주해녀 공동체 안에서 세대 간 전승되는 물질기술, 용왕할머니에게 풍요와 안전을 기원하는 잠수굿, 서울젯소리, 해녀노래 등이 포함된다.
씨름	2018	한국을 대표하는 민속놀이로 명절, 장날, 운동회, 축제 등 행사에 등장하는 체육활동이다.
연등회	2020	음력 4월 초파일 부처님 오신 날이 가까워오면 소망을 담아 만든 등을 밝히고 장대한 행렬을 이루어 거리를 행진하는 의식이자 축제이다.

출처: 유네스코와 유산(heritage.unesco.or.kr)

직이는 문화 규범적 요소의 파악과 이를 바탕으로 시대를 초월한 가치를 지닌 앞으로의 올바른 방향제시에 있다(이길표 · 주영애, 1999). 전통생활문화로 이어지고 있는 가족생활과 의식주생활, 소비생활, 여가생활, 의례생활 등은 정신문화를 바탕으로 한 한국인의 정체성과 공통의 정서를 갖게 하는 원동력이 되는 것이다.

오늘날 한국인들은 피로사회를 경험하고 있고, 심한 스트레스로 정신건강을 위협받으며, 행복한 삶과는 멀어지고 있다는 지적이 많다. 이는 한국인들이 자신의 정체성을 모르고 흔들리기 때문이라고 보며, 이를 극복하기 위해서는 '한국인의 얼'인 정신문화에서 찾아야 한다는 주장도 있다(이만수, 2015). 우리 한민족은 예로부터 삶에 있어서 여유와 흥이 있었고, 슬로우 라이프에 대한 가치와 소중함을 지킬 줄 아는 민족이었다. 또한 함께 하는 이웃공동체와의 유대감을 소중하게 여기고, 상부상조하는 믿음을 갖고 있었다. 정(情)과 나눔, 배려, 협동을 지향하는 '한국인의 얼'에서 현대의 각박한 삶의 역경을 이겨나가는 지혜를 찾아야 한다.

일상에서의 한국생활문화를 공유하고 공감하면서 실천하며 계승하는 것은 한국인으로서의 정체성을 찾는 길이다. 다문화사회인 오늘날에는 '한국인으로 태어난 것이 아니라 한국인이 됐기에 한국인이란 역사성을 가진' 개념으로 각각의 위치에서 서로 수용하는 자세가 필요하다. 그럼으로써 현재 우리가 향유하는 생활문화도 전통과 현대를 아우르는 한국의 생활문화사로 기술될 수 있을 것이다.

Problems & Discussion

1 문화와 생활문화의 개념을 설명하고, 한국의 생활문화를 논의해야 하는 중요성에 대해 토의해 보세요.

2 생활문화의 특징을 예를 들어 설명해 보세요.

3 한국인의 정체성을 찾기 위한 방법에 대하여 생각해 보세요. 그리고 한국인의 정체성과 생활문화와의 관계성에 대하여 설명해 보세요.

4 생활문화를 구성하는 영역별로 현대 생활문화의 특징적 현상에 대해 예를 들어 설명해 보세요.

5 한국의 전통생활문화 중에서 계승 발전시켜야 할 내용이 있다면 어떤 것일지 의견을 제시하고 토의해 보세요.

CHAPTER 02

생활문화연구 관점

CHAPTER 02 | 생활문화연구 관점

1. 체계이론과 생활문화

체계(system)란 다양한 기능을 수행하는 단위나 구성요소들 사이에 조직된 관계를 의미하는 그리스어인 'systema'에서 유래하였다. 체계란 '특정 목적을 성취하기 위한 계획에 따라서 관련된 상호의존적이고 상호작용적인 구성요소들의 조직적인 통합체'라고 정의된다. 하나의 체계와 그 주변의 체계와의 상호관계, 그리고 하나의 체계에 있어서 투입과 산출의 계속적인 과정을 설명해 주는 이론을 말한다. '체계이론'이라 하면 그 범위가 대단히 광범하다. 그것은 오스트리아의 이론 생물학자 베르탈란피(L. von Bertalanffy)가 1947년에 '일반체계이론'을 발표한 이래 여러 학문분야에서 논의되고 적용되어 왔기 때문이다. 이 접근법은 행정학, 정치학, 교육학, 발달심리학, 사회복지학, 가정학 등을 비롯한 제반 학문분야에서 적용되고 있다.

인간의 삶은 그를 둘러싼 환경과 상호작용하는 유기체로서의 특징을 지닌다. 유기체란 생명유지를 위해 주변 환경과 끊임없이 영향을 주고받으며 적응하고, 항상성(homeostasis)을 유지하며 존재한다. 즉 인간은 끊임없이 환경과의 관계 속에서 변화, 적응과정을 거치며 삶을 유지하면서 과거로부터 현재까지 존재한다. 이른바 생태체계적 접근(ecological system approach)은 이러한 인간의 발달과 생존을 개인과 환경과의 상호작용 속에서 이해하고자 하는 접근방식이다. 생활문화를 연구하는 관점은 이 접근법을 기초로 한다. 유기체로서의 특성을 지닌 인간의 행동과 삶을 이해하기 위해서는 개인과 가정의 체계적인 요소와 특징들이 각기 상호보완한다는 점과 그가 속한 환경의 영향력도 함께 고려해야 한다는 것을 강조하는 접근이다.

생활문화연구의 기저는 가정학(Home Economics)에 근원을 두고 있다. 가정학 분야에서는 디컨과 파이어버(Deacon & Firebaugh, 1988)에 의하여 system approach가 제시된 이래 폭넓게 적용되고 있다. 국내에서는 임정빈 외(1994)의 『가정관리학』, 문숙재 외(2001)의 『현대사회와 가정』, 이길표 · 주영애(1997)의 『가정경영과 자원관리』, 홍성희 외(2008)의 『건강가정을 위한 가정자원관리』, 김외숙 · 이기영(2013)의 『가족자원관리학』, 서지원 · 이현아(2022)의 『가족자원관리학』 등에서 가정과 가족자원연구의 기본이론으로 적용, 제시되어 있다. 생활문화를 설명할 수 있는 이론적 틀로서 생태체계이론의 타당성을 다음과 같이 체계의 특성과

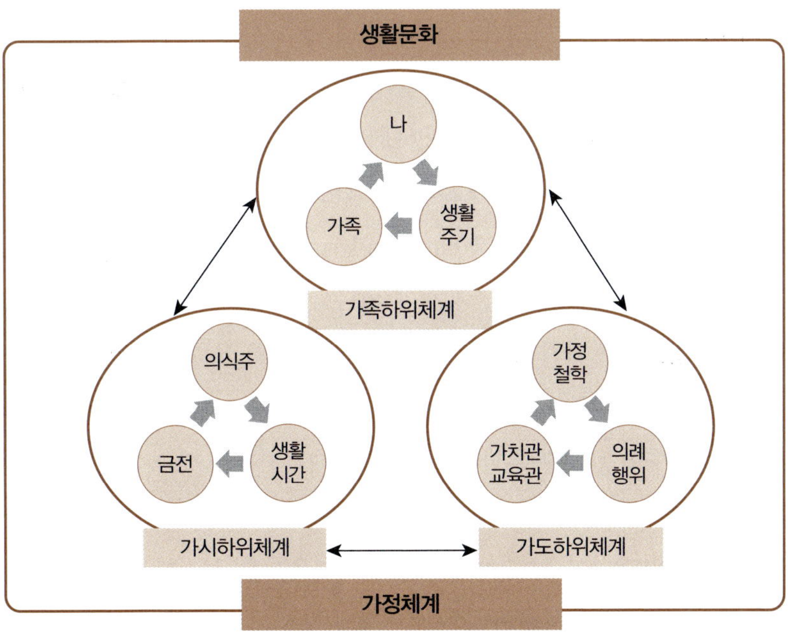

그림 2-1 가정체계와 하위체계 및 요소 간의 상호작용으로 구성되는 생활문화

관련지어 살펴볼 수 있다.

체계의 특징은 첫째, 독특한 기능을 갖는 부분들은 전체에 대한 관계에서만 그 의미를 갖는다. 둘째, 부분들은 상호 보완적인 관계를 갖고 있다. 셋째, 부분들은 체계가 지향하는 목표를 위해서 질서정연하게 결합한다. 넷째, 부분들이 발휘하는 기능의 총 결합 관계에 의해 독특한 특성을 지니는 구조적 틀을 형성하게 된다.

가정은 하나의 체계로서 의미를 갖는다. 가족구성원과 가족생활로 이루어지는 가정은 제반 환경체계, 즉 자연환경을 비롯하여 사회 · 정치 · 경제환경체계의 끊임없는 영향을 받으며, 변화, 적응, 소멸, 창조, 계승의 생활문화를 만들어낸다. 이러한 생활문화는 유형, 무형의 다양한 내용으로 구성된다. 기존 가족자원관리에서는 가정은 인적하위체계와 관리적 하위체계로 구분하고 있다. 이 이론을 근거로 가정에서 구성되는 생활문화는 가족(家族), 가사(家事), 가도(家道)의 각 하위체계의 상호작용을 통하여 형성하는 것으로 살펴보고자 한다. 가족생활을 중심으로 하는 요소인 가족구성원과 생활주기 등 가족하위체계와 생활요소인 의식주, 금전, 시간 등을 중심으로 한 가사하위체계, 가정철학, 가족가치관, 자녀교육관, 의례행위 등 가도(家道)요소 등을 담고 있는 가도하위체계로 이루어진다. 이 가사하위체계(house-keeping subsystem)와 가도하위체계(norm subsystem)는 각 요소들 간의 상호보완을 통하여, 가족하위체계(family subsystem)에 작용하여 유형 · 무형의 형태인 생활문화(living culture)로 존재하게 된다.

한국의 생활문화 중 가사하위체계의 구성요소인 음식문화를 중심으로 예를 들어보자. 한국의 음식문화를 보면, 가정의 체계 내에서 이루어진 물질문화로 한국사회에서 오랜 기간 동안 독특한 문화로 자리매김되면서 오늘에 이르고 있다. 한반도의 자연적 환경체계의 영향에 따라 사계절과 절기의 특성이 반영된 시식(時食)과 절식(節食)이 발달되어 있어, 때에 맞는 제철음식을 섭취하는 것이 생존이라는 지향적인 목표를 위해서 결합된다. 즉 체계의 특성이 반영되어 상호작용한 결과, 한국의 음식문화는 한국인의 건강을 유지할 수 있는 기본으로 존재하고 있다. 우리나라 대표 음식인 김치의 경우, 한반도의 자연환경에서 얻을 수 있는 배추와 무, 파, 고추, 마늘, 생강 등의 식재료를 이용하고, 봄 여름 가을 겨울의 제철 특성에 맞추어 통배추 이외에 얼갈이, 열무, 부추, 갓 등을 활용한 김치도 발달하였다. 특히 배추를 얻기 어려운 겨울철을 지내기 위해 연례적으로 늦가을 김장을 담아 겨우내 저장음식으로 섭취하는 등 이러한 각 체계의 상호보완적인 특성이 적용되어 독특한 김치문화를 만들었다. 김치는 하나의 물질과 현상으로 보이지만 김치가 만들어지는 과정을 세심히 살펴보면 자연적, 계절적 요인 이외에 한국인의 정(情)과 나눔, 협력, 공동체 지향의 정서와 응용가치 등 정신문화가 상호작용함으로써 탄생된 생활문화가 된 것이다.

한편 오늘날에는 전통사회와는 다르게 각종 과학기술의 발달에 힘입어 김치와 같은 저장음식을 사시사철 이용할 수 있도록 대량생산되고 있고, 다인수 대가족에서부터 소인수 1인가족의 증가로 가족형태와 구성원의 변화는 각 가정에서 생산 · 소비되었던 김치도 온 · 오프라인에서의 구매와 소비형태로 변화되고 있다. 통계청 발표(2021.12.24)에 따르면, 2020년 전체 가구 중 1인가구 비중은 31.7% (6,643천 가구)이고, 1인가구의 절반이 미혼상태(3,341천 가구, 50.3%)이며, 이러한 현상은 향후에도 지속적으로 증가할 것으로 전망된다. 이러한 1인가구의 증가는 혼밥, 혼술, 1인 식당, 1인 마케팅, 간편식, 홈디저트산업 확대 등 1인 중심의 소비생활문화가 대세를 이루는 변화를 만들어 내고 있다.

이와 같은 체계의 특성과 작용원리를 한국 가정의 생활문화에 적용해 보면, 각 가정과 세대의 독특한 생활문화가 형성되는 과정과 현상도 설명할 수 있다. 개인과 가족을 둘러싼 가정 체계를 구성하는 가사하위체계와 가도하위체계는 사회, 문화, 자연환경 등 광의의 환경체계가 보완되면서 결합되어 독특한 특성을 지니는 '생활문화'라는 구조적 틀을 형성한다. 독특한 생활문화로 존재하는 식음료문화인 한 · 중 · 일의 차문화나 중국의 지역별로 발달된 북경요리 · 광동요리 · 사천요리, 일본의 가이세키[회석(會席)]요리, 한국의 주거문화인 한옥, 일본의 다다미주거,

중국의 전통가옥인 토루, 사합원[쓰허위안(四合院)], 동남아시아의 해상가옥, 몽골의 게르, 중앙아시아 유목민의 유르트 등 다양한 주거형태 등은 가정을 둘러싼 생태체계적 접근을 중심으로 그 존재의 과정과 체계의 상호작용을 통해 탄생한 것으로 설명할 수 있다.

다양하고 독특한 생활문화를 나타내는 가도(家道) 하위체계의 예시로 의례행위(儀禮行爲)를 살펴보자. 한국은 예의범절(禮儀凡節)을 중요한 생활태도로 강조하는 유교문화적 배경을 갖고 있는데, 이러한 가치와 철학을 잘 나타내고 있는 것은 의례행위이다. 의례(儀禮)는 가정의례(家庭儀禮) 혹은 일생의례(一生儀禮) 등의 용어로 사용된다. 가정의례는 출생에서부터 시작하여 관례, 혼례, 수연례 등 일생의례와 상례와 제례의 추모의례를 매우 중요하게 여겨왔다. 가정체계를 구성하는 기본은 혼례로부터 형성되므로 특히 혼례에 대한 가치와 규범, 의례행위는 무엇보다 정중하고, 각 절차마다 상징적인 의미를 담고 있었다. 혼례는 인륜지대사(人倫之大事)라고 하여 사람과의 관계맺음에 있어서 가장 큰 일로 여겼는데, 가사(家事) 하위체계를 이루는 의식주와의 상호연계성을 혼례과정에서 보면, 신랑신부 양가의 부모들이 품격을 갖춘 서신을 통해서 사돈이 될 것임을 약속하는 의혼(議婚), 납채(納采), 납폐(納幣) 등의 절차를 거쳤다. 대례(大禮)를 치루는 혼례 당일에는 격식을 갖춘 혼례복식으로 신랑은 단령과 사모관대, 신부는 원삼 또는 활옷과 족두리를 입었으며, 초례상 위에는 다남(多男)과 다복(多福)을 상징하는 혼례음식, 이성지합(二姓之合)을 의미하는 청홍실, 신랑신부가 하나됨을 상징하는 표주박을 놓았고, 저녁시간 때에 집 안마당에서 이뤄지는 혼인예식을 치루는 의례행위로 나타났다. 즉 '혼례'에서는 한국인의 정신문화를 반영하여 혼례와 관련된 의식주와 용품 등 물질문화로 형상화되고, 의례행위(儀禮行爲)로 표현되었다. 즉 가도하위체계는 가사하위체계와 상호보완적인 상호작용을 통해서 한국혼례문화가 형성되었음을 보여준다.

이와 같이 생활문화는 가정체계 안에서 가족하위체계, 가사하위체계, 가도하위체계의 각 요소들이 제각각의 본질적인 기능을 하며, 공동의 목표를 달성하기 위해서 상호결합과 작용을 통하여 독특한 형태로 형성된다.

2. 환경체계와 생활문화

체계이론(system approach)에 근거하여 일상의 생활문화(living cultuer)는 가정환경(household environment)을 둘러싼 근접환경(near environment)과 광역환경(larger environment) 간의 작용(act), 반작용(react), 상호작용(coact)의 결과로 나타난다.

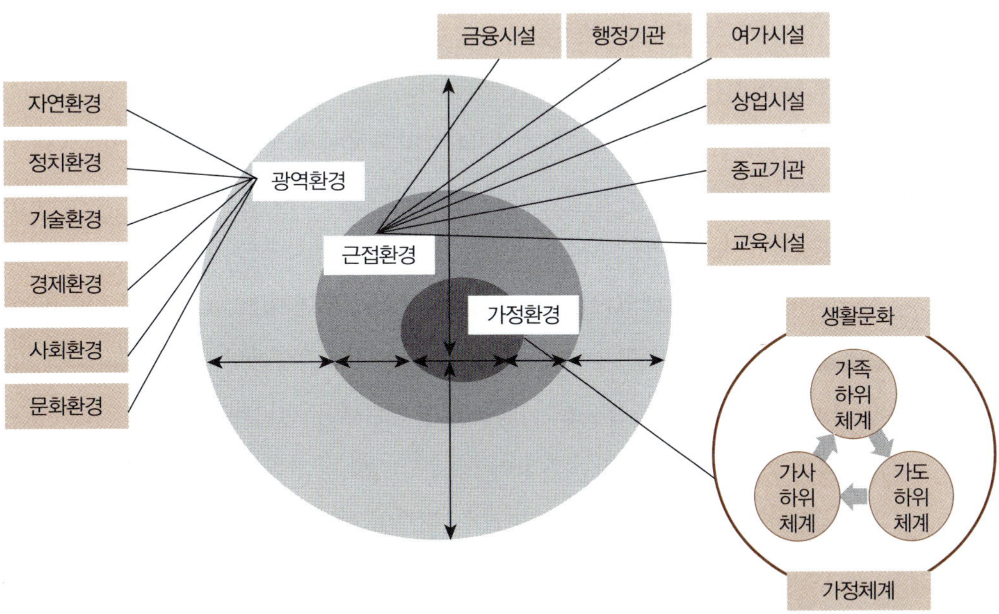

그림 2-2 체계이론에서 본 제 환경과 가정체계 및 생활문화

1) 광역환경체계와 생활문화

광역환경(larger environment)이란 가정을 둘러싸고 있는 제반 환경 중에서 가장 확대된 환경체계로 자연환경을 비롯하여 정치, 경제, 기술, 사회문화 환경 등이 이에 해당된다. 광역환경이 생활문화에 미치는 영향에 대해서는 쉽게 인식되지 않을 수 있으나, 가족원이 생활하는 모든 상황에 영향을 미치고 있으며, 이를 통해서 생활문화가 창조된다. 자연환경은 기후조건, 지리적 특성, 동식물의 생태 등을 포함하고, 정치경제적 환경은 국가의 통치체제와 법률을 비롯하여 규제, 보호, 재화와 서비스의 생산, 분배, 소비의 경제수준 등을 포함한다. 기술환경에는 삶에 영향을 미치는 제반 기반시설을 제공할 수 있는 기술수준을 비롯하여 가정생활에서 활용하는 다양한 상품과 서비스를 생산 제공하는 신지식과 과학기술이 포함된다. 사회문화적 환경은 역사와 전통으로 유지되며 그 사회에서 통용되는 보편적인 가치관과 관념, 규범적 통제 등을 포함한다. 광역환경체계가 가정체계와 생활문화에 어떠한 영향을 미치는지 살펴보자.

주생활문화는 자연환경, 기술환경 등의 광역환경체계의 영향을 크게 받는다. 오늘날 한국의 주생활문화를 보면, 제한된 국토에 많은 인구가 밀집되고 있어, 고도로 발달된 철골구조물의 초고층아파트는 한국의 전통가옥인 한옥을 대체하여 마치 한국의 대표적인 주택인 것처럼 인식되고 있다. 통계청(2020.8.28)에 의하면 인구주택총조사 등록 센서스 방식 집계결과 2019년 우리나라의 주택 수는 1,812만 7,000호로 전년에 비해 2.8% 증가했는데, 단독주택은 전년대비 0.8% 감소하였고 공동주택은 3.9% 증가하였다. 특히 아파트는 4.3% 증가한 1,128만 7,000호로 나타나 우리나라 주택의 62.3%가 아파트인 것으로 나타났다. 이와 같은 변화에 따라 한옥중심의 좌식생활문화는 아파트의 입식생활문화로 전환되었고, 기후환경의 악화로 미세먼지의 급증과 지구온난화 등은 지역의 기상상태를 크게 변화시키고 있으며, 이러한 자연환경과 기후조건의 변화는 일상에서 가족의 건강관리를 위한 공기청정기, 에어컨, 정수기, 헬스기구, 안마의자 등 각종 생활가전기기의 필요성을 가속화시켜 결국 자연친화적이었던 한옥 생활문화를 인공적이고 기기 의존적인 주생활문화로 변형시키고 있다. 이 모든 현상은 자연환경, 기술환경 등 광역환경의 영향을 받은 생활문화 변화상을 잘 보여준다. 이러한 광역환경이 가정체계에 미치는 영향은 개인이나 가족이 통제하기란 쉽지 않다.

또 다른 광역환경체계인 경제환경의 예를 살펴보자. 1997년에 발생한 대한민국의 IMF 구제금융 요청(1997.12.3~2001.8.23)은 국가 부도 위기에 처한 대한민국이 IMF로부터 자금을 지원받는 양해각서를 체결한 사건이다. IMF 사태로 인하여 부도 난 사업체, 가장들의 실직, 가정경제의 위기 등이 도미노 현상으로 나타났고, 국가 위기 극복의 일환으로 대대적으로 추진한 국가의 금 모으기 운동에 십시일반의 마음으로 각 가정이 동참하기도 했다. 또한 2008년 글로벌 금융위기인 '리먼 브라더스(Lehman Brothers) 사태'는 2000년대 초반 IT 버블 붕괴와 9·11테러, 이라크전쟁 등으로 미국의 경기가 악화되자 미국이 벌인 초저금리 경기부양책의 결과, 신용도가 가장 낮은 '서브프라임모기지'로 인한 집값 폭락으로 많은 미국 가정을 파산에 이르게 했고, 이에 따라 전 세계 금융위기로 확산되었다. 이는 경제환경의 변화에 따라 가정과 소비자들에게까지 크나큰 피해를 가져온 일대 사건이었다. 경제환경체계가 변화하면 가계와 소비자들의 소비생활은 직접적으로 영향을 받게 되어 가계소득과 소비에 변화를 가져온다. 이러한 예시는 광역환경체계가 가정체계에 얼마나 큰 영향을 미치며 이로 인해 생활문화가 어떻게 달라지는가를 잘 보여준다.

2) 근접환경체계와 생활문화

근접환경(near environment)이란 가족들이 생활하는 지역사회환경을 말한다. 즉 지역의 자연적 특성과 더불어 직장, 의료, 교육, 종교, 행정, 여가, 지역, 금융, 백화점, 대형마트, 전통시장 등 지역사회환경과 시설 등을 포함한다. 가족과 가장 가까운 환경으로 직접적으로 가정체계에 영향을 미치며, 근접환경은 가족생활에도 영향을 미치면서 각 생활문화를 형성하게 된다.

근린환경체계의 특징은 개인이나 가족이 같은 도시와 지역 내에 거주하더라도 이용하는 근린환경은 서로 다를 수 있으며, 이를 통해 각기 상이한 가정생활문화를 형성할 수 있다. 같은 지역 아파트의 위아래 층에 사는 A씨와 B씨가 있다고 가정하자. A씨는 혼자 거주하는 미혼이며, 직장과 집이 가까워 걸어서 통근하며, 가까운 복합쇼핑몰을 주로 이용하고, 버스를 타고 두 정거장만 가면 되는 야간대학원에 다니며, 주말이면 지역 도서실에 가서 시간을 보낸다. 반면 B씨는 부모와 같이 거주하는 미혼이며, 직장이 멀어서 출퇴근에 1시간 30분 정도를 할애하며, 쇼핑은 항상 인터넷을 활용하고, 주중에는 직장 내에 있는 피트니스센터를 이용하며, 주말에는 부모님과 같이 지역 공원에 가서 휴식을 취한다. 이들은 미혼이며, 같은 지역 내에 거주하는 상황이 같더라도 각기 다른 근린환경을 소유하면서 서로 다른 라이프 스타일을 갖고, 다른 생활문화를 향유하는 것을 볼 수 있다. 이처럼 근린환경체계는 개인과 가족의 삶에 직접적으로 영향을 미침과 동시에 각기 다른 독특한 라이프 스타일을 만드는데, 개인과 가족의 선택에 의하여 근린환경체계의 영향은 통제가 가능하다.

한 근린환경체계 내에 편리한 대중교통 수단이 들어서고, 대학이 생기고, 여가와 쇼핑이 동시에 이루어지는 복합쇼핑몰이 생기면, 지역사회 거주자의 생활문화와 삶의 질은 달라진다. 그리고 고급화, 대형화되는 쇼핑몰은 지역의 중소규모의 상권을 축소시키는 결과를 가져오기도 한다. 지역 상권을 중심으로 경제활동을 하던 가정은 큰 타격을 입게 된다.

3) 가정환경체계와 생활문화

가정환경(household environment)은 가족하위체계, 가사하위체계, 가도하위체계로 구성된다. 가족생활이 이루어지는 가족하위체계에는 나와 가족, 생활주기 등의 요소가 관여되며, 가족 간의 상호작용과 생활주기 내에 있는 세대 간의 작용으로 형성된다. 개인의 연령, 교육수준, 성별, 건강상태, 가족이 공유하고 있는 주거를 비롯한 가족용품, 개인용품 등이 포함된다. 가사하위체계에는 의식주를 비롯하여 금전과 시간 등이 포함되며, 가도하위체계는 가정철학, 가족가치관, 가도 등의 요소들로 구성된다.

가정환경체계와 생활문화의 관계를 노인가구 증가의 예로 살펴보자. 한국 사회는 근대화가 급진적으로 이루어진 국가이며, 노인인구의 증가도 전 세계에서 가장 빠른 현상을 보이고 있다. 통계청(2021년) 자료에 따르면 우리나라의 2022년 총인구는 5,162만 8,117명이며 2030년에는 5,119만 9,019명으로 줄어들 것으로 예상된다. 이 중 65세 이상의 노인은 2022년에는 17.5%(901만 8,412)명이며, 2025년에는 20.6%(1,058만 5,254명)으로 고령사회 진입이 되며, 2030년에는 25.5%(1,305만 6,326명)으로 예측된다. 고령화지수는 65세 이상 인구와 14세 이하 인구의 비로 인구고령화 정도를 나타내는 대표적인 지표인데, 2022년의 고령화지수는 152.0이나 2025년에는 201.5, 2030년에는 301.6으로 예상된다. 전통사회에서는 부모님의 장수를 축원하고, 함께 모시며 3세대, 4세대가 모여 사는 가족생활을 이상적으로 생각하고 그것이 가도(家道)를 지키는 길이라 여겨왔다. 그러나 근대화가 지속되면서 일터와 가정이 분리되고, 직장을 얻기 위해 집을 떠나 독립생활을 하고 핵가족생활 가구가 늘어나게 되었다. 가족은 각기 다른 생활주기를 공유하면서 세대 간의 이해의 폭을 넓힐 수 있었지만, 현재는 삶의 공유와 공감의 기회마저 상실하면서 젊은 세대와 노인세대의 세대 간 갈등도 빈번해졌다. 그리고 가정에서 자손들의 돌봄을 담당해 주던 노인들은 줄어들었다. 노인단독세대가 늘어나고, 노인들도 자발적으로 실버타운을 이용하거나 몸이 불편한 경우는 요양원에서 삶을 영위한다. 장수하는 90대 부모를 모시는 60대 노인도 쉽게 볼 수 있게 되었다.

이와 같이 가족구성원의 연령 변화로 인하여 부모봉양의 생활문화는 근대화 이후 100년도 넘지 않은 기간 동안 가정 내 부양에서 사회복지 체제에서의 부양으로 변모하였다. 이 과정에서 가정에서는 전통의 효사상과 현실적인 노인부양책임의 가치관이 충돌하면서 세대 간 가족갈등이 빚어지기도 했으나 사회적으로는 노인부양을 단순히 가정 내에서 해결한다는 관점의 한계를 절감하고 복지체계를 통하여 해결해 가고 있다. 즉 가족구성원의 연령 변화, 노인부양의식과 효의식의 변화, 노인주거생활의 변화 등 가정환경의 하위체계 요소들의 상호작용을 통하여 노인의 삶과 생활문화가 바뀌고 있다.

표 2-1 환경체계 간의 상호작용과 한국 생활문화

구분	자연적 환경	정치적 환경	경제적 환경	기술적 환경	사회문화적 환경
광역환경 체계	유라시아대륙 동단의 반도 대륙성 몬순 기후 사계절 뚜렷 생태환경	아시아대륙 북동부 한반도의 중남부 민주공화국 법률, 규제	GDP 1조 6,382억 $ 세계 9위 1인당 GDP 3만 1,637.3 $ 세계 23위	건물설비/에너지 환경/가전/차량 의료, 헬스케어/금융, 전자상거래/오락여가	인구 5,100만 명 세계 28위 세계문화유산 15개 세계기록유산 16개 무형문화유산 21개 민족주의, 유교적 가치관
근접환경 체계	지역 기후 지역사회 자연, 공원, 산, 강	자치법, 행정 및 공공기관 규범, 제도	지역산업, 직장 금융투자기관, 쇼핑시설	지역기반시설, 대중교통, 지역정보화	지역사회의 규범, 교육, 문화, 공연시설, 지역 편의시설
가정환경 체계	일조권, 소음, 환기, 전파	가족규범 질서 법규준수	주택, 자동차, 소득	가전제품, 기구 주택설비, 컴퓨터, 휴대폰	가풍, 가치관, 교육관, 인간관계, 역할

한국 생활문화	자연친화적 생활문화	공동체적 생활문화	삶의 질 향상 추구 생활문화	편리와 합리적 생활문화	도시화, 가족중심의 생활문화, 1인 가족의 생활문화
관계된 생활문화 범위	천연소재의복 약식동원의 자연식 황토주택	공동체적 키워드: 우리, 얼, 어울림 집단행동	편리한 이동수단 여가생활추구 남녀경제활동 합리적 소비생활 국민건강보험	다양한 가전기기 유니버설디자인 에너지효율 홈오토메이션 생활관리서비스	남북분단, 교육열, 만혼, 무자녀, 일-생활 균형, 고령화 혈연중심의 가족주의, 남녀의 역할분담, 양성평등, 삶의 질 향상

* 2022년 기준

3. 한국생활문화연구의 의의

가정을 둘러한 제반 환경체계는 시간과 공간에 따라 달라진다. 여기서 공간이라 함은 그 가정이 위치한 지리적인 면과 민족국가라는 제한을 의미한다. 따라서 한국의 생활문화는 한반도에 위치한 한국이라는 제한된 범위를 전제한다. 환경체계의 변화는 동일한 한국의 지리적 범주와 국가를 기본으로 하고, 시간의 변화 속에서 다른 양상으로 펼쳐지는, 즉 통시적(通時的) 현상을 파악함과 동시에 공시적(共時的) 영향력을 함께 살펴보고자 한다. 따라서 한국의 생활문화는 근대화 이전의 전통사회와 근대화 이후 현재까지의 범주로 대별하여 논의할 수 있다. 생활문화는 일상생활 자체만을 기술하는 차원에서는 분석될 수 없는 것이므로 주변 환경과 상호연관성을 갖는 그 시대의 광역, 근접 환경의 영향을 선행연구함으로써 생활문화에 대한 보다 심층적 연구를 전개할 수 있다.

한국생활문화연구의 의의는 선행 저술(이길표 · 주영애, 1999)에서 일부 제시하였으나, 관련 후속연구들을 포함하여 그 의의를 추가적으로 살펴보면 다음과 같다. 관련 연구는 활발하게 발표되고 있으나 본서에서 제시한 예시는 참고를 위해 필자의 연구를 비롯하여 생활문화연구실과 학맥을 함께 하는 교수 및 대학원생들이 발표한 내용을 중심으로 제시하여 제한적임을 밝혀둔다.

① 생활문화연구는 생활문화를 창조해 낸 당시의 자연, 정치, 경제, 기술, 사회문화 환경의 영향을 전제한 체계적 접근을 통해서 그 현상에 대한 폭 넓은 이해와 해석을 용이하게 한다. 같은 현상을 분석할 때에도 어떠한 관점으로 파악하는가에 따라서 전혀 다른 논의와 해석을 할 수 있다. 그러므로 생활문화 분석에 있어서 환경의 영향력을 기본적으로 고려한다면 편향성을 벗어나 보다 객관적인 연구와 분석이 가능하다.

가정에서의 일상생활은 매우 단순하고, 변화가 거의 없으며, 휴식과 재충전을 제공하는 등 제한된 소극적 활동만으로 바라보는 경우가 있다. 그러나 이는 매우 제한적인 견해이다. 의식주의 기본생활이 반복적일지라도 생활현상은 반드시 똑같은 것은 없다. 반복적인 활동이지만 항상 개인과 가정의 환경변화와 사회 심리적 상황의 변화, 가족관계의 변화, 나아가 주변 정치 · 경제환경의 변화, 기술환경의 변화 등과 연결되어 사회현상이 그대로 투영된다.

예컨대 가정에서 이루어지는 의식주 물품의 구매나 여가활동, 교육, 종교활동, 경제활동 등에 따라 생활문화는 매우 다양하게 나타난다. 가족구성이 어떻게 되어 있는지, 어느 지리적 위치에 있는지, 어떠한 사회경제적 계층에 속해 있는지, 주변에서 이용가능한 지역사회 자원은 어떤 것이 있으며, 활용할 수 있는 교통수단이나 기기와 서비스는 무엇이며, 경제적 · 시간적 자원은 어느 정도 사용가능한지 등에 따라 삶의 질이 달라지고, 그 가운데에 창조되는 생활문화가 달라지기 때문이다. 오늘날 한국 사회에서 사회적인 이슈가 되고 있는 대학입시제도를 비롯한 교육제도의 변화, 정권의 교체, 북한의 도발 위협의 고조, 부동산대책, 식품위생의 문제, 인공지능 가전제품의 개발 등이 나타날 때 가정은 어떻게 반응했는가? 쉴 틈 없이 변화하는 환경처럼 가정은 유기체로서 그 환경에 적응하며 생활문화를 재탄생시킨다. 따라서 주변 환경 영향의 전제는 생활문화현상을 파악하는 데 기초가 된다.

② 생활문화연구는 새로운 생활문화 창조의 기틀을 전통에서부터 찾을 수 있는 기회를 제공한다. 통시적 공시적 관점에서 생활문화를 연구하는 이유이기도 하다. 많은 학자들은 공시적 관점의 연구에 집중하지만, 통시적 · 공시적 관점을 융합한 생활문화연구는 개인과 가족의 미래 삶을 준비하는 혜안을 찾을 수 있도록 돕는다. 과거를 무시한 현재가 있을 수 없듯이, 현재를 무시한 미래는 존재할 수 없기 때문이다.

인간의 삶과 생활에는 원시 이후 지금까지 변화하지 않는 것이 있다. 먹고 자고 배설하고, 종족을 번식하는 등의 원초적인 모습이다. 그러나 그 모습은 원시모습 그대로 존재하지 않는다. 인간은 동물과 다르게 불과 도구를 사용하고 언어를 사용하며, 가장 중요한 생각을 하는 존재로 문화와 문명을 발전시켜왔고, 그 결과는 생활문화로 이어지고 있다. 오늘날 4차 산업과 첨단과학기술의 발달, 고효율 에너지의 사용, 지속가능한 환경유지, 문화콘텐츠의 개발, 삶의 질 향상은 모두 새로운 생활문화를 만들어가는 현대의 이슈다. 새로운 것의 창조는 역사와 지혜의 축적을 간과해서는 안 된다. 우리의 문화와 문명은 반드시 지나간 삶을 토대로 세워지는 것이다.

예컨대, 한국의 차(茶)문화를 생각해 보자. 삼국시대로부터 이어진 차문화는 심신을 수련하고, 문화를 발전시킨 특정계층 사람들이 향유하던 고급문화였지만, 현대에 차는 보편적으로 즐길 수 있는 대중적인 음료문화의 하나로 자리매김되었다. 그러나 한국에 도입된 지 100여년 밖에 되지 않는 커피의 보급은 그보다 빨라, 일반가정에 '차'는 없어도 '커피'가 없는 집은 없을 정도의 상황이 되었고, 거리에는 한 블록마다 커피를 판매하는 카페가 즐비하다. 현대인의 차(茶)생활문화를 보면서, 우리의 전통을 찾고자 하는 이들은 전통차문화의 원형을 찾아가며, 바쁘고 지친 삶을 위로하듯 느림의 미학을 찾아 차를 우리고, 다식을 만들고, 차 요리를 만들며, 품격 있는 한국의 차문화를 재창조하고 있다. 이러한 음료문화의 트렌드와 생활문화의 변화를 이끌어낸 원동력도 한국의 차문화에 대한 연구와 노력이 뒷받침한다. 1999년 이길표 교수를 중심으로 성신여대 문화산업대학원에 예절다도학 전공이 개설되면서 그동안 협회차원에서 이루어지던 한국전통의 차문화에 대한 연구가 본격적으로 제도적인 학계의 연구로 이루어지게 되었다.

우리의 역사와 생활문화를 바탕으로 한 영화와 드라마 등 문화콘텐츠 개발은 한국의 새로운 문화산업을 이끌어가고 있다. 문화콘텐츠 구성에 있어서 기본이 되는 생활상은 빼놓을 수 없다. 특히 2003년에 제작된 사극인 대장금은 그 경제적 효과에 대해 생산유발효과 1119억 원, 부가가치유발효과 387억 원, 취업유발효과 933명으로 추산되었다(고정민, 2009). 드라마에서 펼쳐지는 한국의 전통생활문화가 고스란히 문화콘텐츠로 엄청난 가치를 창출한 것이다. 한편 넷플릭스가 한국에 진출한 이래 영화 '옥자', 드라마 '킹덤', '오징어 게임' 등 콘텐츠로 발생한 경제적 효과가 약 5조 6,000억 원으로 알려져 있다. 이와 함께 한식을 비롯하여 한복, 한옥에 대한 관심은 물론 한국에 대한 호감과 관광으로 이어지고, 한국인의 생활문화에 관심이 모아졌다. 특히 사극은 전통생활문화에 대한 고증과 연구가 기저를 이루어야 함을 볼 때, 생활문화연구는 앞으로 문화콘텐츠의 개발과 창조에 활용되고 기여할 것이다.

③ 생활문화연구는 전통생활문화에 대한 재조명을 시도하고, 생활문화를 계승하는 데에 기여한다. 생활문화영역의 문화원형을 밝히는 고문헌과 시서화를 비롯한 일기, 의궤, 사진 등의 기록물을 중심으로 한 생활사연구, 현장답사 및 유물조사, 증언을 통한 문화기술적 연구, 인물과 가족, 가사, 가도에 대한 사례연구, 전

통생활문화에 관한 의식 및 실천조사 등이 수행된다. 이는 전통생활문화에 대해 '시대에 뒤떨어진', '비합리적인', '버려야 할 인습' 정도의 왜곡된 편견으로 받아들이는 인식을 개선할 수 있도록 하며, 새로운 생활문화 창조를 위한 기반으로 응용된다. 생활문화 전공과 학습자들은 전통과 현대가 올바르게 접목해야 할 과제를 해결하고(이길표 · 주영애, 1999), 고유의 전통문화를 보존, 계승, 발전시켜야 할 책무(이길표, 1998)를 가져야 한다.

표 2-2 전통생활문화연구 예시

연구 방법	연구제목	연구자 (연도)	발행처
고문헌 자료 내용 분석	조선시대 여성의 가정교육에 대한 현대적 재조명	이영미 (1989)	성신여대 대학원 박사학위논문
	석기시대 신앙 및 제의와 가정생활문화	안혜숙 (1993)	
	율곡의 가정교육관 연구	홍달아기 (1993)	
	규합총서에 나타난 주택관리의 내용 분석	주영애 (1995)	한국가정관리학회지
	조선시대 문헌에 나타난 가정경제생활관	최배영 이길표 (1995)	
	사소절 부의에 나타난 주생활관리에 관한 내용 분석	주영애 (1997)	Family and Environment Research
	사소절 동규에 나타난 어린이 예절교육에 관한 내용 분석	주영애 (1997)	한국전통생활문화학회지
	조선시대 동몽교재에 나타난 수신예절교육 내용 고찰	주영애 박상희 (1999)	한국여성교양학회지
	가례서(家禮書)를 통해 본 「혼례」관 연구	최배영 (2000)	성신여대 대학원 박사학위논문

고문헌 자료 내용 분석	조선후기 생신다례에 관한 연구: 병자일기와 무오흡혈록을 중심으로	최배영 (2016)	차문화 · 산업학
	조선시대 규범서에 나타난 밥상머리 예절교육 내용에 관한 고찰	주영애 원미연 (2016)	Family and Environment Research
	조선시대 절사(節祀)에 관한 연구	최배영 (2017)	차문화 · 산업학
	조선시대 다인들의 다시에 관한 고찰	김미옥 (2017)	성신여대 문화산업예술대학원 석사학위논문
	생활문화적 관점에서 본 영조 정순왕후 가례도감에 나타난 보자기 연구	김효주 (2018)	성신여대 대학원 박사학위논문
	사소절에 나타난 부모인성 덕목에 대한 현대적 해석	주영애 (2018)	한국콘텐츠학회논문지
	조선 후기 풍속화에 나타난 놀이의 생활문화적 고찰	원미연 (2018)	성신여대 문화산업예술대학원 석사학위논문
	교육콘텐츠 개발을 위한 다산 정약용 가정생활관에 대한 고찰	주영애 (2018)	한국콘텐츠학회논문지
	명대 다화를 통해 본 음다도구 연구	이혜인 (2019)	성신여대 문화산업예술대학원 석사학위논문
	「조선요리법」 복간서(復刊書)의 다식(茶食) 고찰	최배영 (2020)	차문화 · 산업학
	종가(宗家)의 접빈(接賓)을 위한 찻상차림 연구		
	종가(宗家)의 조상을 향한 헌다(獻茶)에 대한 생활문화적 고찰		
	효명세자 입학례에 근거한 초등학교 입학식 연구	손진선 (2022)	성신여대 문화산업예술대학원 석사학위논문
	1800년대 반가의 혼행 음식 및 관련 공예품 연구 –증보사례편람과 봉접요람을 중심으로–	최배영 (2023)	차문화 · 산업학
현장 조사 및 유물 사례 조사	조선조 상류주택의 살림공간에 관한 생활문화적 고찰	주영애 (1992)	성신여대 대학원 박사학위논문
	조선후기 서울 반가의 함 사례 비교	최배영 (2004)	한국전통생활문화학회지
	혼례유물에 대한 내용분석	최배영 (2003)	한국가정관리학회지

사례 연구	신사임당의 생애에 나타난 셀프리더십과 어머니 리더십에 관한 연구	주영애 (2014)	동양철학연구
	경북지역 종가의 혼례문화 사례연구	이향숙 주영애 (2012)	Family and Environment Research
사례 연구	조선시대 여성리더십에 관한 생활문화적 조명: 여성 문인과 실학자를 중심으로	박영숙 (2017)	성신여대 대학원 박사학위논문
	결혼 중개에 대한 사적 고찰 및 사례연구	문지예 (2017)	성신여대 대학원 박사학위논문
	전통문화를 소재로 한 웹툰 콘텐츠 연구	배보람 (2019)	성신여대 문화산업예술 대학원 석사학위논문
	한국의 커피문화공간에 관한 연구	표인혜 (2022)	성신여대 문화산업예술 대학원 석사학위논문
의식 및 실천 조사 연구	한국전통혼례문화의 계승을 위한 혼례절차에 대한 미혼남녀의 인식연구	주영애 (2010)	한국가족자원경영학회지
	전통생활문화교육에 대한 인식 및 실행: 보육현장의 세시풍속을 중심으로	주영애 (2012)	한국가정관리학회지
	전통생활문화교육에 대한 관심도와 실천도에 관한 연구 – 수도권지역 거주 어머니를 중심으로–	주영애 (2012)	유학연구
	대학내 국제어학원 과정: 외국인 학생의 한국생활문화교육 실태연구	박세아 주영애 (2013)	유라시아연구

④ 생활문화연구는 개인과 가족의 생활영역에 있어서 발생하는 문제해결과 삶의 질 향상을 위한 제안을 통하여 생활문제의 개선과 제도화에 기여한다. 생활문화연구에서는 가족생활을 비롯한 의식주, 여가와 소비, 의례 등 생활문화영역에 대한 사회조사방법을 통한 의식조사를 기반으로 하여 그 의식에 영향을 미치는 제 요소들을 탐색하고, 통제가능한 요인 중 물리적 · 제도적 요인의 해결방안을 강구한다. 사회심리적 요인에 따라 밝혀진 문제와 과제는 치유와 교육, 상담 등에도 활용되며, 기업의 마케팅자료로도 활용된다.

표 2-3 생활문화관련 의식 및 실태 조사연구 예시

연구 방법	연구제목	연구자 (년도)	발행처
가족 생활 문화	도시주부의 가정경영관에 관한 연구	이길표 주영애 (1989)	생활문화연구
	전통사회 여성의 가사작업관에 관한 일고찰	이길표 주영애 (1992)	
	한민족의 전통적 가족윤리의 원천: 孝를 중심으로	안혜숙 (1999)	한국전통생활문화학회지
	남녀 대학생의 가족주의 가치관과 노부모 부양의식	안혜숙 주영애 김인옥 (2001)	한국전통생활문화학회지
	도시 기혼남녀의 전통적 효 규범의식과 친척유대 간의 관계에 관한 연구	안혜숙 (2005)	Family and Environment Research
	장애아동 어머니의 스트레스 경험에 관한 일 고찰	박상희 주영애 (2005)	한국전통생활문화학회지
	가정위탁 보호 제도에 관한 일 고찰	주영애 (2006)	
	대학생들의 노인에 대한 태도와 부양의식에 관한 연구	안혜숙 (2007)	
	대학생들의 자녀출산과 양육에 대한 인식 및 태도	안혜숙 (2009)	
	여성의 예절교육 활동에 관한 소고	김정화 주영애 (2012)	한국가족자원경영학회지
	유아다례교육에 대한 어머니들의 인식과 요구도 조사	박인선 (2012)	성신여대 문화산업대학원 석사학위논문

가족 생활 문화	MBTI 성격유형과 자기개방 수준과의 관계연구	김선주 주영애 (2012)	생활문화연구
	자녀세대의 효와 실버파티에 대한 인식연구	박현명 (2016)	성신여대 문화산업예술 대학원 석사학위논문
	국내 키즈파티에 대한 어머니들의 인식연구	박한주 (2016)	
	커뮤니케이션을 위한 모바일 이모티콘의 긍정적 사용행태연구: 남녀대학생을 중심으로	주영애 김선주 김우정 (2016)	한국가정관리학회지
	부모와 자녀에 관계된 한국 속담의 세대별 공감	주영애 백주원 (2021)	유학연구
의식주 생활 문화	조선시대 양반가의 주생활문화와 예의생활에 관한 연구	주영애 (1995)	Family and Environment Research
	아파트 거주 주부의 부엌공간과 식생활가사작업에 대한 만족도 연구	황경애 주영애 (1995)	진주산업대학논문집
	아파트 거주 주부의 주거에 관한 가치관연구: 서울과 원주시를 중심으로	안혜숙 (1998)	상지대학교논문집
	폐백음식의 지역적 특성에 관한 연구	김영인 안혜숙 (2000)	한국전통생활문화학회지
	아파트단지의 놀이시설환경 실태에 관한 조사연구	주영애 박상희 김선주 (2001)	
	빅데이터 분석을 통해 바라본 공동주택예절에 대한 인식과 반성적 재고	주영애 백주원 (2020)	한국콘텐츠학회논문지

여가 및 소비 생활 문화	중년기 여성의 茶文化 교육요구도 연구	최배영 김영인 (2005)	한국가족자원경영학회지
	라이프 스타일에 따른 홍차교육 관심도 연구	문영희 (2011)	성신여대 문화산업대학원 석사학위논문
	소비자의 녹차 및 커피음용량과 각 전문점 이용량 및 소비자만족도 영향요인 분석	허경옥 주영애 이효정 (2011)	소비자정책교육연구
	세시풍속과 데이시리즈 문화에 대한 세대별 인식비교	주영애 (2015)	유학연구
	소비자의 문화소비성향과 문화서비스속성이 문화서비스만족도에 미치는 영향: 공연 전시를 중심으로	주영애 홍영윤 (2016)	한국콘텐츠학회논문지
	커피와 차에 대한 문화적 인식 및 소비가치 연구	임태희 (2016)	성신여대 문화산업예술대학원 석사학위논문
	외국인의 한국생활문화 친숙도와 방문행동의도의 관계: 생활문화자원을 중심으로	홍영윤 (2017)	성신여대 대학원 박사학위논문
	여대생의 여가소비유형에 따른 가족여가활동과 가족여가만족 및 여가이득과의 구조적 관계	주영애 홍영윤 (2017)	한국콘텐츠학회논문지
	어머니의 문화소비성향과 자녀양육태도가 어린이 문화이벤트 선호 및 만족에 미치는 영향	김재원 (2017)	성신여대 문화산업예술대학원 석사학위논문
	소비자의 녹차관련 상품정보 인터넷 검색 실태 연구	최배영 (2019)	차문화 · 산업학
	중고거래 어플리케이션 〈당근마켓〉 리뷰텍스트에 나타난 소비자의 인성함축단어 텍스트마이닝 분석	정예린 주영애 (2021)	한국콘텐츠학회논문지

의례 생활 문화	혼례행례의 변천에 관한 연구	황경애 (1994)	성신여대 대학원 박사학위논문
	한국 사회의 산업화 이후 혼례관행 변화에 관한 연구: 1960년대~2000년대를 중심으로	안혜숙 (2010)	
	가족행사로서의 성년례정착을 위한 방안연구	주영애 (2010)	한국가족자원경영학회지
	가정의례에 대한 여대생의 공감과 적용을 토대로 한 가정의례교육방향	주영애 (2011)	
	서울시 중년기 주부의 추모의례에 대한 인식연구	구숙회 최배영 (2011)	한국가족자원경영학회지
	혼인준비자들의 혼례예절교육 요구도 연구	주영애 (2013)	한국가정관리학회지
	돌 의례에 대한 어머니들의 인식과 지식, 돌의례상품 선택에 관한 연구	주영애 (2014)	한국가족자원경영학회지
	자녀와 부모의 소비문화와 결혼인식이 작은 결혼식 선호도에 미치는 영향	주영애 홍영윤 (2015)	Family and Environment Research
	부모대상 가족중심의 개별 성년례 교육콘텐츠 개발	박태순 (2018)	성신여대 문화산업예술 대학원 석사학위논문
	수계식을 활용한 성년례 프로그램 연구	이영주 (2021)	성신여대 문화산업예술 대학원 석사학위논문

⑤ 생활문화연구는 생활문화교육을 위한 교육프로그램 및 교수매체 개발에 기여한다. 교육대상에 맞추어 생활문화교육을 실시하기 위한 프로그램을 개발하고, 유용한 교수매체를 개발하는 과정에서 다양한 생활문화교육프로그램 효과성 분석연구 등을 활용할 수 있다. 이는 교육대상에게 보다 나은 교육자료를 제공하는 데 기여한다. 한국생활문화교육이란 전통사회에서는 각 가정에서 '가정교육'으로 조부모로부터 부모, 자녀에게 이어지는 비형식적 교육체계에서 이루어졌다. 그러나 근대화 이후 생활환경의 변화로 '가정교육'도 많은 부분이 사회화되었고, 현재 한

국 가정에서는 핵가족 생활과 맞벌이가정이 보편화되면서 자녀에게 생활문화교육을 체계적으로 수행하기 어렵게 되었다. 따라서 유치원에서부터 초·중·고등학교의 가정·가사교과를 통한 교육과 방과 후 교육, 사회교육 등으로 이루어지고 있지만 교육과정의 변경으로 인하여 그 시간도 축소되고 있다. 따라서 생활문화연구와 실천적인 교육 프로그램 개발 등은 유용한 교육자료로 활용될 수 있다. 생활문화연구는 한국인들에게는 역사와 전통이 살아 있는 우리의 생활문화에 대한 자긍심을 함양하는 교육자료로 활용되며, 재외국민, 다문화가족, 북한이탈주민, 외국인들에게 한국 사회에 대한 이해와 적응을 돕기 위한 교육 기회를 제공하는 프로그램으로 활용되어 한국 생활문화에 대한 이해의 폭을 넓히는 데 기여한다.

표 2-4 생활문화교육을 위한 교육프로그램 및 교수매체 개발 연구 예시

대상	연구제목	연구자(연도)	발행처
유아 대상 교육	孝 교육 내용을 중심으로 한 유아예절교육프로그램 개발의 기초	주영애 (1999)	한국전통생활문화학회지
	'예절이란 무엇일까' 프로그램을 통해 본 유아의 예절행동 연구	주영애 박상희 (2000)	
	유아를 위한 전통가정생활문화교육 프로그램 모형개발: 전통혼례교육을 중심으로	주영애 (2000)	
	유아 언어예절교육 프로그램 모형 개발	주영애 김선주 (2001)	한국여성교양학회지
	유아를 위한 다례교육 프로그램 모형 개발	주영애 (2001)	여주대학논문집
	구용을 중심으로 한 어린이 예절교육 프로그램 모형 개발	주영애 (2001)	
	유아를 위한 다례교육 프로그램 모형 개발	주영애 (2001)	

유아 대상 교육	구용을 중심으로 한 어린이 예절교육 프로그램 모형 개발	주영애 (2001)	여주대학논문집
	유아를 위한 효교육 프로그램 모형 개발	주영애 외 (2002)	한국전통생활문화학회지
	우리나라 세시풍속과 관련된 유아교육프로그램 모형: 설/대보름/단오/추석을 중심으로	주영애 김선주 (2003)	
	인간발달단계에 따른 다례교육모델 연구	김희자 최배영 (2004)	
	유아전통문화교육 통합프로그램 개발 및 효과: 다례와 세시풍속을 중심으로	박영자 (2015)	성신여대 대학원 박사학위논문
	유아의 몸가짐교육을 중심으로 한 유아예절 프로그램 및 교수매체 개발 연구	박경미 (2018)	성신여대 문화산업예술대학원 석사학위논문
청소년 대상	양주시 초등학교 4학년 세시풍속교육프로그램연구: 여름 세시풍속을 중심으로	최배영 김미식 김미희 (2005)	한국지역사회생활과학회지
	청소년의 인성함양을 위한 고등학교 집체성년례 모형 개발연구	최성희 주영애 (2012)	한국가정관리학회 학술발표대회
	중학생의 구용실천과 학교생활적응과의 관계연구	박광명 (2012)	성신여대 문화산업대학원 석사학위논문
	청소년의 행복감 향상을 위한 요가와 차명상 복합 프로그램 개발을 위한 기초연구	주영애 최배영 외 (2013)	한국가족자원경영학회지
	초등학생의 차생활 예절교육을 통한 차생활 인식과 정서 및 행동 변화	정성자 (2014)	성신여대 문화산업대학원 석사학위논문
	요가와 차명상 복합프로그램이 청소년의 정서지능 및 행복감에 미치는 영향	주영애 외 (2015)	한국체육과학회지
	'격몽요결'로 본 율곡 리더십 프로그램 모형 개발	이성진 (2015)	성신여대 문화산업대학원 석사학위 논문

청소년 대상	차(茶)생활 교육콘텐츠 개발 연구	이진옥 (2017)	성신여대 문화산업예술대학원 석사학위논문
	청소년의 통일 · 인성교육을 위한 전통문화와 차문화 적용 탐색	곽미숙 주영애 (2017)	한국콘텐츠학회지
	지역사회의 초등학생 예절교육콘텐츠 연구 : 3학년 도덕교과를 기반으로	박남순 (2021)	성신여대 문화산업예술대학원 석사학위논문
대학생 대상	대학생의 차문화 교육에 대한 관심도 연구	최배영 장칠선 (2008)	한국차학회지
	한국 여대생의 서비스 매너 교육 요구도	박세아 주영애 (2012)	유라시아연구
	여대생의 자존감, 자기인식, 자기효능감에 미치는 인성교육프로그램의 영향	주영애 최배영 외 (2015)	여성연구논총
	여대생을 대상으로 한 부모교육 효과연구	김선주 (2016)	교양교육연구
	대학생 인성수준 및 요구도에 따른 인성교육방안에 관한 연구	김선주 (2016)	인간발달연구
	여대생의 부모됨 동기 및 자녀양육관에 관한 연구	김선주 (2017)	교양교육연구
	인성교육진흥법 핵심가치덕목에 근거한 대학생용 인성척도 개발	김선주 (2017)	교양교육연구
	협업에 대한 대학생의 인식연구	김선주 (2018)	교양교육연구
	가정생활교육에 기반한 지속가능한 인성, 인권, 문화다양성 통합교육 : 대학생을 중심으로	김우정 주영애 (2020)	Family and Environment Research
	중년기 여성의 다문화(茶文化) 교육요구도 연구	최배영 김영인 (2005)	한국가족자원경영학회지

주부 대상	중년기 주부의 행복감 향상을 위한 심신통합프로그램 개발 연구: 요가와 차명상을 중심으로	주영애 최배영 (2012)	한국가족자원경영학회지
	중년취업 주부의 정서상태 및 행복감에 미치는 요가와 차명상 복합 여가프로그램 개발 연구: 50대 단순 노무직 취업주부를 중심으로	주영애 최배영 (2013)	
	전통문화를 적용한 태교 콘텐츠 연구	김경미 (2018)	성신여대 문화산업예술대학원 석사학위논문
	명상과 침선을 적용한 태교콘텐츠 개발 연구	조은숙 (2020)	성신여대 문화산업예술대학원 석사학위논문
외국인 대상	북미 한인청소년 대상 한국생활문화교육 효과에 대한 연구: 친족과 호칭을 중심으로	이경란 안현숙 최배영 (2006)	한민족문화연구
	여성 결혼이민자 대상 초급한국어교재의 생활문화 내용분석	최배영 (2009)	한국가정관리학회지
	외국인 유학생의 한국문화경험 및 요구연구: 예절과 의례교육을 중심으로	이명자 (2012)	성신여대 문화산업대학원 석사학위논문
	외국인을 위한 규방공예 교육에 관한 연구: 조각보 수업을 중심으로	김효주 (2013)	
	주한 외국인 전통문화체험 실태와 동기 및 만족도	김한샘 (2015)	
	외국인 유학생대상 한국세시풍속문화 체험교육콘텐츠 연구	이리경 (2017)	성신여대 대학원 박사학위논문

⑥ 한국생활문화연구는 앞으로 그 연구범위가 확대되어 생활문화산업의 발전에 기여할 것이다. 생활문화는 제 산업 분야와 융 · 복합되어 새로운 문화산업을 발전시킬 수 있는 이론적 지지기반이다. 특히 오늘날에는 삶의 질 향상을 위한 여가생활문화에 대한 관심이 높아지고 있고, 이와 연계된 문화콘텐츠의 개발이나 기획에 생활문화연구가 활용될 수 있다. 예컨대, 매너와 예의문화, 차생활문화나 의례생

활문화를 비롯하여 다양해진 라이프 스타일과 여가선호에 따라 세시풍속과 축제, 컨벤션과 파티문화 등 생활문화사업 개발과 연계된 분야는 연구와 발전의 가능성이 기대되는 영역이다. 이는 가정의 기능이 사회화되면서 가정 내에서 수행되던 많은 활동들이 산업화와 맞물려 변화되고 있는 상황에서 연구와 발전이 확대될 수 있을 것으로 보인다. 생활문화산업관련 연구는 생활문화기업의 마케팅과 상품개발 및 기획에 자료로 활용될 수 있다. 생활문화연구를 바탕으로 생활문화산업과 관련하여 자격제도가 개발되어 기업과 연계함으로써 전공학생들의 진로모색에도 도움을 주고 있다. 이런 의미에서 한국생활문화연구는 문화발전과 더불어 새로운 문화산업 개발에도 기여하게 된다.

표 2-5 생활문화산업 관련 연구 예시

대상	연구제목	연구자(연도)	발행처
매너와 예의 문화	산업체의 서비스 예절교육 프로그램 개발을 위한 기초연구	주영애 김선주 (2000)	한국전통생활문화학회지
	예절강사들의 교수법실태에 관한 연구: 직장 및 CS(고객만족) 강사를 중심으로	김선주 주영애 (2010)	
	보육교사 교육원생들의 유아다례교육에 대한 인식 및 요구도	박정현 주영애 (2011)	생활문화연구
	웨딩산업 종사자의 서비스 매너 중요도와 실천도 및 교육 요구도에 관한 연구	허은미 (2013)	성신여대 문화산업대학원 석사학위논문
차생활 문화	〈한 style〉사업 도입을 통한 한국 다문화 발전 전략 연구: 관광산업 연계와 茶 행사를 중심으로	박세아 (2007)	
	차문화 관광산업의 발전 방안연구: 외국인대상 영문 국가홍보서적을 중심으로	박세아 (2010)	생활문화연구

차생활 문화	산야초 혼합차의 혼합비율별 선호도 연구	강배순 (2013)	성신여대 문화산업예술대학원 석사학위논문
	제주도 차문화 산업 활성화 방안 연구	백주원 (2016)	
	미학의 관점에서 본 차문화 공간연구 : 다산초당을 중심으로	송연민 (2018)	
	남북 차(茶)문화교류를 통한 정서적 공감형성 연구	곽미숙 (2019)	성신여대 문화산업예술대학원 박사학위논문
	개인의 차생활 여가관여와 여가만족이 삶의 질에 미치는 영향	최배영 외 (2021)	한국차학회지
의례 생활 문화	웨딩컨설팅 서비스품질에 대한 고객만족도 연구	홍영윤 (2012)	성신여대 문화산업대학원 석사학위논문
	웨딩산업현장실습생의 스트레스 경험과 스트레스 대처방안에 관한 연구	손효정 (2013)	
	'무오읍혈록'의 스토리텔링을 활용한 박물관의 상례문화전시 연구	최배영 (2015)	국제차문화학회
	전통적인 스타일의 웨딩에 대한 인식과 사례연구	양소희 (2016)	성신여대 문화산업예술대학원 석사학위논문
세시 풍속 축제 및 파티 문화	세시주에 대한 문헌고찰 및 발전방안	김다은 (2015)	성신여대 문화산업대학원 석사학위논문
	파티플레너 양성교육 현황과 개선방안에 관한 연구	정민주 (2015)	
	기업파티 만족도가 조직커뮤니케이션과 조직몰입 및 직무성과에 미치는 영향	신소라 (2015)	
	파티서비스품질의 중요도와 만족도에 관한 연구	문예지 (2015)	
	성인남녀의 파티 인식에 관한 연구	변가희 (2015)	

세시풍속 축제 및 파티문화	국내 키즈 파티에 대한 어머니들의 인식연구	박한주 (2016)	성신여대 문화산업예술대학원 석사학위논문
	세시풍속 창작 동시의 문화적 활용	강순예 (2016)	
	가족친화기업의 가족초청파티에 관한 연구	홍은옥 (2016)	
	키즈파티 현장 및 선호도 조사에 기초한 키즈파티 기획방안 연구	박복임 (2016)	
	지역 문화자원을 활용한 축제의 활성화 방안	윤선희 (2017)	
	남북통일 대비 통합문화의 모색 –세시풍속 생활문화를 중심으로–	주영애 김우정 곽미숙 (2017)	유학연구
	직장인의 파티중심 회식문화의 발전 방안 연구	인미희 (2018)	성신여대 문화산업예술대학원 석사학위논문
	웨딩 프러포즈 파티 연출 사례 연구	김령아 (2020)	
문화상품 및 콘텐츠 개발	전통문화를 소재로 한 웹툰 콘텐츠 연구	배보람 (2019)	성신여대 문화산업예술대학원 석사학위논문
	국내 커피박물관의 교육콘텐츠 연구	정진현 (2020)	
	동시를 활용한 인성교육 콘텐츠 연구	이유정 (2020)	
	초의(艸衣) 차문화 콘텐츠에 관한 연구	김진희 (2020)	
	전통솟대를 활용한 문화콘텐츠 연구	김숙경 (2021)	
	전통민화의 이미지를 활용한 문화상품 실태연구	정예린 (2021)	
	한지공예문화에 대한 연구동향분석	유서경 (2022)	
	조선후기 책가도의 책갑문양을 활용한 문화상품연구	유희정 (2022)	

Problems & Discussion

1 체계이론으로 생활문화를 설명해 보세요.

2 생활문화를 형성하는 가정체계 내의 하위체계 간의 관계를 설명해 보세요.

3 현재 한국 정치경제환경이 가정체계에 미치는 영향과 이로써 나타나는 생활문화현상에 대해 토의해 보세요.

4 근린환경체계의 특징은 무엇인지 생각해 보세요.

5 체계이론으로 생활문화를 설명하는 강점과 한계점에 대해 토의해 보세요.

6 한국생활문화연구의 의의에 대해서 설명해 보세요.

CHAPTER 03

가족생활문화

1. 결혼과 가정의 구성

1) 결혼의 개념과 의미의 변화

결혼(marriage)은 가족을 구성하는 기본적인 제도이자 인류 공생공존의 기본이다. 결혼의 개념은 사회학, 문화인류학, 가정학, 사회복지학, 법학 등 다양한 학문분야에서 논의되어 왔다. 전통사회에서는 일정한 연령에 도달한 남녀는 결혼을 해야 한다는 결혼규범(이정덕 외 4인, 1998)이 자식으로서의 의무이자 인간으로서 거쳐야 할 필수 통과의례로 받아들여졌다. 그러나 오늘날 결혼이란 '선택적 삶'으로 받아들여지면서 성인남녀가 애정과 신뢰를 바탕으로 자유의사에 의해서 정신적 · 육체적으로 결합하는 것을 뜻한다. 이들 정의를 종합해 보면, 결혼이란 서로 다른 배경과 환경을 가진 남녀가 성장하여 자신이 태어난 가정을 떠나서, 사랑으로 결합하여 부부가 되는 통과의례인 결혼이라는 사회제도를 통하여 가정을 이루어 함께 삶을 공유하면서 자녀를 출산 양육하고 가계를 계승하는 일련의 과정에 공통된 책임을 갖고 참여하는 것을 말한다.

오늘날 한국 사회에서 법률적으로 결혼이 성립되기 위해서는 실질적인 요건인 당사자 간 결혼의사에 대한 합치와 혼인적정 연령에 도달해야 하며, 근친혼과 중혼이 아니어야 한다. 또한 형식적 요건인 혼인신고를 해야만 한다. 혼인신고를 하지 않았을 경우는 사실혼관계로 남는다. 결혼을 위한 현행 법률제도는 〈표 3-1〉과 같다.

표 3-1 결혼관련 법적 용어 및 제도

<table>
<tr><th colspan="2">구분</th><th>용어 및 제도 내용</th></tr>
<tr><td colspan="2">결혼성립 요건</td><td>법률상 부부로 인정받기 위한 요건 – ① 실질적 요건: 당사자 간 결혼의사의 합치, 혼인적령의 도달, 근친혼 · 중혼이 아닐 것 ② 형식적 요건: 혼인신고</td></tr>
<tr><td rowspan="4">실질적 요건</td><td>결혼 의사의 합치</td><td>당사자 사이에 진정으로 결혼하겠다는 의사가 합치해서 결혼이 이루어져야 함(민법 제815조 제1호)</td></tr>
<tr><td>혼인 적령</td><td>혼인적령인 만 18세에 이르러야 함(민법 제807호). 혼인적령기에 이르렀다 하더라도 미성년자(만 19세)가 결혼하려면 부모 또는 미성년후견인의 동의를 받아야 함(민법 제808조 제1항)</td></tr>
<tr><td>근친혼 금지</td><td>–8촌 이내 혈족(친양자의 입양 전의 혈족을 포함)인 경우
–6촌 이내의 혈족의 배우자, 배우자의 6촌 이내의 혈족
–배우자의 4촌 이내의 혈족의 배우자인 인척이거나 이러한 인척이었던 경우
–동성동본의 혈족 사이의 결혼을 금지하던 민법은 1999년 1월부터 효력상실. 근친혼이 아니라면 동성동본 결혼 가능</td></tr>
<tr><td>중혼 금지</td><td>배우자가 있는 사람이 다른 사람과 다시 결혼은 불가함(민법 제810조)</td></tr>
<tr><td>형식적 요건</td><td>혼인 신고</td><td>실질적 요건을 갖추더라도 혼인신고를 하지 않으면 법률상 부부로 인정되지 않음. 「가족관계의 등록 등에 관한 법률」에 따라 반드시 혼인신고 해야 함(민법 제812조 제1항).</td></tr>
<tr><td colspan="2">법률혼</td><td>결혼의 실질적 요건과 형식적 요건을 모두 갖추어 법에 의해 인정된 결혼. 우리나라는 법률혼주의를 채택하고 있어(민법 제812조 제1항), 사실혼 상태의 부부에게는 법률혼에서 인정되는 권리와 의무가 일부 제한됨</td></tr>
<tr><td colspan="2">사실혼</td><td>–형식적 요건만 갖추지 않았을 뿐 혼인하겠다는 의사의 합치, 결혼적령, 근친혼금지, 중혼금지 등 실질적 요건은 충족한 상태
–사실혼 상태의 부부는 법률혼 상태의 부부와 동일하게 부부간 동거의무, 부양의무, 협조의무 및 정조의무(민법 제826조 제1항)을 부담하며, 일상가사대리권(민법 제827조 제1항)이 인정됨
–부부일방이 결혼 전부터 가진 고유재산과 결혼 중 자신의 명의로 취득한 재산은 특유재산으로 인정되며, 귀속이 불분명한 재산은 부부의 공유로 추정됨(민법 제830조)
–사실혼 상대 배우자가 사망했을 때, 일부 유족자격이 인정되어 보상금, 보험금 연금 등을 받을 수 있음</td></tr>
</table>

결혼을 하게 되면 신분관계에 변화가 생기는데, 친족관계가 발생하고, 부부간의 동거와 부양 협조, 정조의무가 있으며, 일상가사대리권, 부부간 계약취소권 등이 발생하고, 미성년자인 경우는 성년으로 의제되는 등 신분상의 변화가 생긴다. 또한 재산관계에서 부부재산약정이 가능하고, 일상가사로 인해 발생한 채무에 대해서는 연대책임을 지며, 부부공동생활에 필요한 비용은 특별한 약정이 없으면 공동으로 부담한다.

이와 같은 법률적 제도하에서 이루어지는 결혼은 실제로 다양하고 복잡한 가족적 심리적 제반 상황과 연계되어 나타나고 부부의 결혼생활은 가족생활구성에 큰 영향을 미친다. 그렇다면 한국 사회에서 결혼의 의미는 어떻게 변화되어 왔는지 살펴보자.

전통사회에서 결혼이란 인륜지대사(人倫之大事)로 사랑하는 남녀의 개인적인 만남이 아니라 가문과 가문이 결합하여 새로운 공동체를 형성하고, 부모와 조상을 모시고, 자녀를 출산하여 가계를 계승하는 데에 의미를 두었다. 조선 전기 소혜왕후가 여성을 위한 규범서로 저술한 『내훈』의 혼례장에서 그 시대의 결혼의 의미를 찾아볼 수 있다.

소혜왕후 『내훈』 혼례장

혼인의 예는 장차 서로 좋아하는 성(姓)이 다른 두 사람이 어울려서, 위로는 종묘를 섬기고 아래로는 후세에 자손을 잇게 하는 것이다. 그러기 때문에 군자가 귀하게 여기니, 이래서 혼인례에 납채, 문명, 납길, 납징과 신랑집에서 사람시켜 청기하러 오면 색시집에서 혼인을 도맡아 하는 혼주가 먼저 사당에 돗자리를 펴고 상을 놓은 뒤에 색시의 부모가 문밖에 나가 절하고 맞아들이면 들어가서 읍하여 인사하고, 사양하면서 올라가, 사당에 앉아, 신랑집에서 전하는 명을 듣게 되는데, 이 모든 것은 혼인의 예를 공경스럽게 삼가며 소중하게, 그리고 바르게 하기 위해서이다. (정양완 역주)

그러나 현대사회에서 결혼은 사랑을 전제로 한 두 남녀의 만남으로 가정을 형성한다는 데에 의미를 둔다. 따라서 전통가정에서는 결혼생활에서 발생하는 여러 가지 사건과 상황에 대처할 때에도 개인을 중심으로 생각하기보다는 가족공동체, 가문, 부모, 자녀 등을 고려하여 인내하며 적응했었다. 그러나 오늘날은 사랑이 결혼의 가장 큰 전제조건이 되면서, 결혼생활 동안 사랑이 식거나 문제가 발생하면 자신의 또 다른 행복과 삶을 위해 별거나 이혼을 자연스럽게 선택하고 받아들인다. 이러한 현상은 결혼생활을 통제할 수 있는 결혼규범이 파괴되고, 가정 내 · 외부의 환경이 바뀜에 따라 결혼과 별거, 이혼과 재혼 등의 선택이 자유의지에 따라 이루어지는 현상을 보인다. 개인의 행복과 불행을 결정짓는 중요한 요소가 되는 결혼생활이 '가족이나 제도 때문에' 얽매이는 것을 원하지 않기 때문이다.

대학생들의 만혼 및 비혼 원인에 대한 태도 연구(김한곤 · 서정연, 2012)를 보면, 시댁이나 처가 중심의 결혼생활이 부담스럽거나 결혼에 따르는 각종 의무와 역할이 부담스러워 만혼이나 비혼을 하게 된다는 의견이 가장 높게 나타나 이와 같은 현상을 잘 보여준다. 뿐만 아니라 연애, 결혼, 출산을 포기하는 '삼포세대'의 등장은 미래 한국 사회의 존속을 생각할 때, 안타까운 현실이다. 우리 사회에서 겪을 수밖에 없는 취업절벽과 높은 주택가격, 육아비용 부담 등에 맞닿아 있는 젊은이들이 결혼을 부담스러워 하고 포기하는 현상은 오히려 자연스러운 것으로 받아들여지고 있다. 결혼문제가 단순히 개인의 선호와 선택의 문제를 넘어선 사회문제와 제도적인 문제로부터 야기된다는 측면을 간과해서는 안 되며, 이를 고려한 대책들이 적극적으로 강구되어야 한다. 한편 그 이면에는 보이지 않는 결혼생활과 삶에 대한 규범의식, 부모로서 자녀를 잘 키우고, 독립 후에도 돌보는 한국 사회의 독특한 규범들이 작용하고 있다는 점도 고려해야 한다.

통계청 자료에 의하면 2021년 혼인은 19만 3,000건으로 전년보다 9.8%(2만1천건)감소하였고, 조혼인율(인구 1천명당 혼인건수)은 3.8건으로 전년대비 0.4건 감소했다. 1970년부터 2021년까지 혼인건수 및 조혼인율이 추이를 보면 2021년은 역대 최저치를 기록했다. 이러한 수치는 결혼에 대한 개념과 의미가 크게 변화되었다는 것을 분명하게 보여준다.

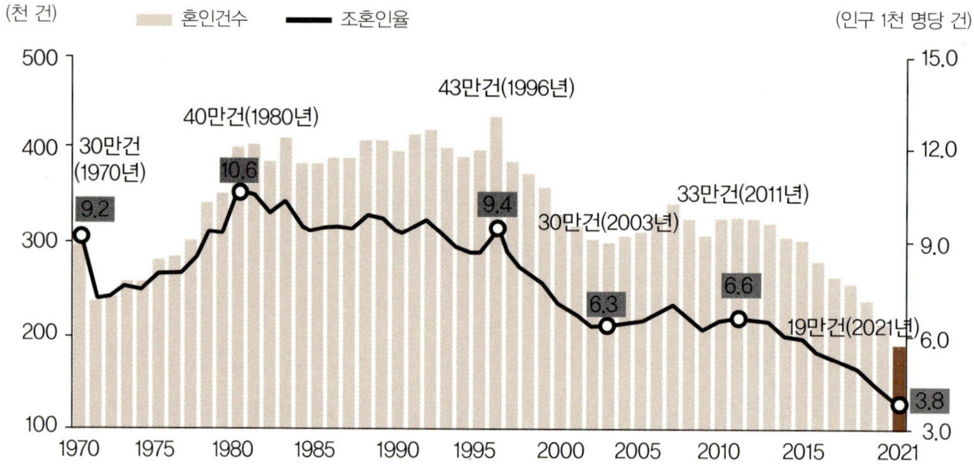

그림 3-1 혼인건수 및 조혼인율 추이(1970~2021)

출처: 통계청.

표 3-2 최근 10년간 평균 초혼연령

구분		2011	2012	2013	2014	2015	2016	2017	2018	2019	2020	2021	증감	
													전년 대비	10년 전 대비
초혼 연령	남자	31.9	32.1	32.2	32.4	32.6	32.8	32.9	33.2	33.4	33.2	33.4	0.1	1.5
	여자	29.1	29.4	29.6	29.8	30.0	30.1	30.2	30.4	30.6	30.8	31.1	0.3	1.9
	차이 (남-여)	2.8	2.7	2.6	2.6	2.6	2.7	2.7	2.8	2.8	2.5	2.3	-0.2	-0.5

출처: 통계청.

또한 2021년 평균 초혼연령은 남자 33.4세, 여자 31.1세로 전년에 비해 남자는 0.1세 상승, 여자는 0.3세 상승했다. 10년 전에 비해 남자는 1.5세, 여자는 1.9세 각각 상승한 것으로 나타났다. 한편 초혼 부부 중 여자 연상 부부는 19.2%를 차지하여 전년보다 0.7% 증가했다.

2) 결혼과 가족 그리고 가정

가정은 결혼을 통하여 원가족을 형성한다. 가정은 일반적으로 핵가족을 중심으로 그 의미를 정의할 수 있는데, 오늘날은 다양한 가족의 형태로 가정이 구성되기 때문에 이와 같은 정의는 가정의 전형적인 개념을 나타낸다.

한국 가족의 구조분석(이광규, 1990)을 보면 가정을 이루는 식구, 집이라는 용어에 대해 다음과 같이 설명되어 있다. 우리나라의 일상용어 중 '식구'라는 말이 있다. 이는 '한 집안에 같이 살면서 식사를 같이 하는 사람'을 지칭하는 것으로 가족의 구성원을 말한다. 또한 '집(家)'이라는 용어는 일상용어이면서도 복잡한 내용을 담고 있다. '저 집은 훌륭한 집안이다'라고 하면 가격(家格), 즉 집안 대대로 내려오는 품격을 말한다. '저 집안은 엄격하다'라고 한다면 가풍(家風)으로 집안에서 내려오는 풍습이나 범절을 뜻하며, '저 집은 두 부부뿐이다'라고 하면 식구를 말한다. 또한 '내 집 마련'이라 하면 주택을 의미하고, '부산에 있는 큰집에 간다', '작은집은 서울에 있다'라고 하면 본가(本家)와 분가(分家)를 말하기도 한다. 우리나라의 가족은 조선시대 이래 가부장제 가족이 재편되었기 때문에 '집' 그 자체가 주체적 존재로서, 가족은 객체적 존재가 되며 '집'제도의 집행자로서 가장이 절대적인 권한을 가졌었으며 모두가 '집'에 구속되었다. 따라서 가정성립의 전제가 되는 결혼도 '개인'과 '개인'의 결합이 아니라 '집'과 '집'의 결합이며 '집'의 존속이 모든 것에 우선적이었다(이인희 외, 1981).

「건강가정기본법」에 따르면 가족이란 혼인, 혈연, 입양으로 이루어진 사회의 기본단위로 정의하고 있다. 가족이란 일반적으로 영속적인 결합에 의한 부부와 그들의 자녀로서 형성된 생활공동체이며, 가계를 공동으로 하는 친족집단이다. 그러나 오늘날 가족을 정의하는 개념은 매우 다양해졌다. 가족은 다른 집단과는 차별화된 몇 가지의 특징을 지닌다. 가족은 1차적 집단이며, 공동사회이다. 또한 가족은 폐쇄적 집단이며 형식적 집단이다. 그리고 가족은 동질성이 높고 유대감이 강하다고 하지만 성, 연령, 지위와 역할, 성장배경 등이 매우 다른 이질적인 구성원들로 이루어진 집단이다. 가족은 가족의 수와 범위, 가족 내의 권력과 권위의 소재, 가계의 계승, 거주방식, 배우자의 수, 결혼기점 등에 따라 다양하게 유형화된다.

표 3-3 가족의 개념

머독 (Murdock) 1949년	가족이란 주거를 같이하고 경제적 협동과 자녀의 생산으로 특징지어지는 하나의 사회집단이다.
아이힐러 (Eochler) 1988년	가족은 한 명 혹은 그 이상의 자녀를 포함하거나 포함하지 않을 수 있으며, 이 자녀가 혼인관계에서 태어날 수도 있고 그렇지 않을 수도 있는 사회집단이다. 이들 성인관계는 결혼에 근원을 둘 수도 있고 그렇지 않을 수도 있다. 이들은 거주지가 같을 수도 있고 그렇지 않을 수도 있다. 이들 성인은 성적으로 동거할 수도 있고, 그렇지 않을 수도 있으며, 이 관계에는 애정, 매력, 경건성 등의 사회적으로 패턴화된 감정을 포함할 수도 있고, 그렇지 않을 수도 있다.
한국민족문화 대백과	가족은 혈연, 인연, 입양으로 연결된 일정 범위의 사람들(친족원)로 구성된 집단을 가리키는 가족학용어로서 친족집단을 말한다.
건강가정기본법 2020.5.19. 개정기준	제3조(정의) '가족'이라 함은 혼인 · 혈연 · 입양으로 이루어진 사회의 기본단위를 말한다. '가정'이라 함은 가족구성원이 생계 또는 주거를 함께 하는 생활공동체로서 구성원의 일상적인 부양 · 양육 · 보호 · 교육 등이 이루어지는 생활단위를 말한다. '1인가구'라 함은 1명이 단독으로 생계를 유지하고 있는 생활단위를 말한다. '건강가정사업'이라 함은 건강가정을 저해하는 문제의 발생을 예방하고 해결하기 위한 여러 가지 조치와 가족의 부양 · 양육 · 보호 · 교육 등의 가정기능을 강화하기 위한 사업을 말한다.

표준국어대사전	주로 부부를 중심으로 한, 친족관계에 있는 사람들의 집단 또는 그 구성원. 혼인, 혈연, 입양 등으로 이루어진다.
민법	제779조(가족의 범위) ① 다음의 자는 가족으로 한다. 배우자, 직계혈족 및 형제자매 직계혈족의 배우자, 배우자의 직계혈족 및 배우자의 형제자매 ② 제1항 제2호의 경우에는 생계를 같이하는 경우에 한한다.

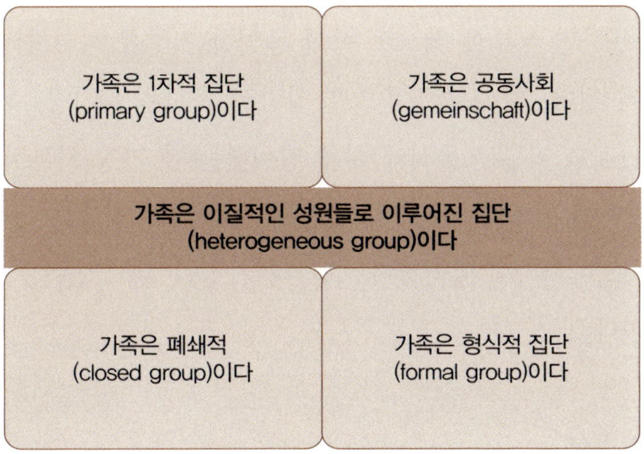

그림 3-2 가족의 특징

표 3-4 가족의 유형

분류기준	내용
가족구성원의 수와 범위	대가족, 소가족, 핵가족(nuclear family), 확대가족(extended family), 부부가족(conjugal family), 직계가족(stem family), 복합가족(joint family)
가족 내 권위와 권력	가장권–가독권, 가사관리권 부권제 또는 가부장제(patriarchalism), 모권제(matriarchalism), 동권제(equalitarianism)
가계계승	부계제(patrilineal system), 모계제(matrilineal system), 양계제(bilineal system)
거주방식	부거제(patrilocal), 처가살이 또는 모거제(matrilocal), 신거제(neolocal)

배우자 수	일부일처제(monogamy) 복혼제(polygamy): 일부다처제(polygyny), 일처다부제(polyandry)
결혼기점	방위가족(family of orientation), 생식가족(family of procreation)

「건강가정기본법」에 의하면 가정이란 가족원이 생계 또는 주거를 함께하는 생활공동체로서 구성원의 일상적인 부양, 양육, 보호, 교육 등이 이루지는 생활단위를 말한다. 가정은 일반적으로 핵가족을 중심으로 남녀가 결혼에 의해서 가족을 구성하고 자녀가 출생하면 부부를 핵으로 하여 동일한 거주를 하며 침식을 함께 하는 공동생활의 장이 된다. 따라서 결혼으로 성립된 가정은 공간공유와 부부 사랑을 기본으로 가족관계를 이루는 동시에 삶을 영위하는 데 가장 기본적인 조직체로서 기능을 한다. 시대에 변화에 따라 가정을 이루는 가족의 형태는 매우 다양해졌고, 가정과 가족을 보는 시각도 달라졌다. 그러나 가정이 갖고 있는 기본적인 특성은 고유하게 존재한다.

표 3-5 가정의 특성

기본적인 사회집단	인간의 기본적인 욕구를 충족하도록 하며 안락함을 준다. 전통사회에서는 기본욕구를 가정을 중심으로 하여 충족하는 것이 대부분이었으므로 기본적인 사회집단으로서의 의미가 강조되었다.
정서적인 사회집단	가정은 애정과 신뢰를 기초로 이루어진 집단이다. 가족은 이해타산적인 이익집단(gesellschaft)과는 대조를 이루는 정서집단(gemeinschaft)이다. 기본욕구 충족이 가족 외에서 가능해진 현대사회에서는 가정의 정서집단적인 특성이 강조된다.
운명공동체	인륜관계로 맺어진 부부 외에는 선택이 아니라 운명적으로 구성된 가족이 구성원이 되는 집단이다. 운명적인 가족은 생로병사를 함께 하며, 선호에 따라 벗어날 수 있다거나 계약적인 관계도 아니다.

전통사회에서는 가정이라는 말은 많이 사용되지 않았고, 주로 가(家)로 표현해 왔다. 가정이라는 용어는 개화기 이후에 보편적으로 사용되었다. 전통사회에서의

가(家)의 의미는 첫째, 부부를 단위로 한다. 『주례』에는 '지아비가 있고 지어미가 있은 그런 뒤에야 가(家)가 된다'고 하였으며, 둘째, 가(家)는 가통(家統)을 뜻했다. 『시경』에는 '가(家)란 대(代)를 잇는 말이다'라고 하였다. 셋째, 가(家)는 일족, 즉 가문을 뜻하는 경우가 많았다(이길표 · 주영애, 1999). 가(家)의 개념으로 보면, 가정이란 부부를 단위로 구성되는 것이므로 결혼을 매우 중요하게 생각했다. 부부가 모든 복(福)의 근원이 된다고 생각했으므로 성(姓)과 문중을 따져서 육례(六禮)를 갖추는 의식절차를 따라서 가정을 이루었다. 가(家)의 개념이 가통을 뜻했으므로 조상숭배사상이 가정을 지배하고, 가계계승을 위한 남아선호가 자연스럽게 나타났다. 즉, 결혼으로 성립된 가정과 부부는 현재에 존재하지만, 그 존재의 의미를 부여한 것은 조상으로부터 이어져온 가정사를 근본으로 하고 있기 때문이다. 따라서 전통사회에서의 가정은 동성가문의 한 단위로 여러 혈족과 공존공영을 전제로 가정생활과 사회생활을 영위해 나아가는 광의의 의미로 수용되어 가정은 곧 가문이라는 개념을 갖고 이어지게 되었다.

확산형 직계가족, 가부장권, 장남우대, 주부권 등이 전통가정의 특성을 반영한다. 그 중에서도 한국 사회에서는 오늘날까지도 가정의 중심이 아버지가 되어 '가장(家長)'으로서 책무를 중요하게 여기는 관습이 남아 있다. 가부장권을 자세히 살펴보면 다음과 같다. 아버지는 가족을 외부에 대표하는 대외권을 갖고 있어서 가족의 의사를 집약하는 것뿐만 아니라 가족의 모든 도덕적 행위까지 책임지며, 대외적으로 가족을 보호하는 의무를 지녔다. 또한 가족의 재산을 보호 관리하며 안정된 생활을 영위하도록 하는 재산권, 조상을 숭배하고 가통을 계승하며 가족의 영속성을 보존해야 하는 가계계승권, 가족을 다스리며 자녀의 취학, 취직, 혼인 등 모든 가족 내의 문제에 대하여 관리 감독을 하는 가독권(家督權) 등을 갖는다. 친척의 결혼이나 상례 때에 축의금이나 부의금을 보내는 경우에도 가족의 대표로서 아버지가 예의를 표시하며, 자녀들이 결혼을 할 때에도 아직까지도 부모님께 허락을 받은 후에 하는 것은 이러한 가부장적인 관습이 존재하기 때문이다. 전통가정의 장남우대권에서 중요한 것은 가옥으로, 재산과 기타 부동산을 자식들에게 배분하더라도 가옥은 가산(家産)의 균등분할 대상에서 제외되었다. 부모가 거주하는 가옥은 세대가 교체되어도 집의 계속성을 상징하는 것이었으므로 장남에게 이어졌다.

표 3-6 한국 전통가정의 특성

확산형 직계가족	다인수 가족으로 3~4대(代)의 가계 구성원들이 나이와 촌수에 의한 혈연적 서열관계를 유지한다. 다세대에 걸친 다수가족이 한 집에서 공동생활을 하는 집합가족이다. 결혼한 자녀들이 부모와 동거하는 유형을 확대가족, 결혼한 자녀 1인만 부모와 동거하는 유형을 직계가족 또는 확산형 직계가족이라고 하며, 한국의 기본적인 가족 유형이었다. 부 · 장자(父 · 長子) 중심의 가족관계를 바탕으로 장자 우선 불균형 상속제도와 혈연에 의한 수직적 가족구조를 정당화하고 고정화시켜 왔다.
가부장권	가부장권은 가장권과 부권을 말한다. 가장권은 가장으로서 갖는 권리와 의무이며, 부권은 아버지로서 갖는 권리와 의무이다. 이는 관습적인 것이며, 일상생활에서의 권리를 말한다. 가부장권은 대외권, 재산권, 가독권(家督權), 가계계승권의 의미를 담고 있다.
장남 우대	농경중심의 가부장적 사회에서 장남은 모든 생활영역에서 우대되었으며, 특히 상속에서의 우대는 가묘(家廟), 가옥, 묘전(墓田), 제사, 족보 등이 특유의 가산으로 취급되면서 장남에게 이어졌다. 장남우대 불균등 상속은 직계가족이라는 가족 유형과 불가분의 관계를 가졌다. 부모봉양, 봉제사, 접빈객을 위해서 장남이 그 몫을 다해야 하므로 장남의 우대는 당연한 것으로 받아들여졌다.
주부권	남불언내, 여불언외(男不言內, 女不言外)의 전통사회 윤리에 따라 남성이 가부장권을 가졌다면, 여성은 가정 내에서 자녀양육과 안살림을 주관하는 주부권을 가졌다. 여성은 혼인 후에도 자신의 성(姓)을 바꾸지 않았고, 가사의 소비권과 직접적인 운영권을 가졌다. 연장자가 공대받았던 전통가정에서 존장권과 모권(母權), 주부권의 확립이란 가정 내에서 여성이 공고한 지위를 갖게 되는 것을 의미했다.

그러나 개화 이후 서구문물의 도입으로 전통사회에서 가(家)의 개념도 점차 변화했고, 근대사회의 과도기를 거쳐 오늘날 한국 사회에는 전반적으로 서구의 사상이 보편화되었으며, 정치 · 경제 · 사회 · 문화 전반적인 변화에 의해 결혼과 가정을 바라보는 관점도 변화되었다.

가정은 일반적으로 몇 가지의 기본적인 기능을 갖는다. 성적 욕구충족과 생식의 기능(출산의 기능), 자녀양육 및 사회화의 기능, 애정기능, 경제적 기능, 정서적 기능, 지위부여의 기능, 교육적 기능, 보호적 기능, 종교적 기능 등이다. 이러한 가정의 기능을 크게 고유의 기능, 기초기능, 파생적인 기능으로 구분하기도 한다. 가족들은 가정생활을 영위하면서 가족구성원과 개인에 대한 대내적 기능을 수행한다. 또한 가정의 이와 같은 기능은 사회를 구성하고 작동하게 하는 원동력이 된다. 특히 가정과 사회환경은 서로 유기적 관계로 작용해야 하며, 가정의 대내적 기능 수행에 문제가 발생하지 않도록 각종 사회복지정책과 제도를 통하여 지원하는 노력이 지속되고 있다.

가족구성원의 소인수화, 가족세대의 단순화, 가족형태의 다양화, 가족주기의 변화, 가족연령의 고령화, 가정기능의 변화, 경제생활의 변화, 시간 사용의 변화와 여가시간의 증대, 가사작업의 단순화와 인공지능화 현상 등이 급격하게 나타나고 있다. 이러한 변화 가운데에 기성세대가 갖고 있는 전통적인 결혼관과 가족관 등이 젊은 세대와의 차이로 인해 세대 간 갈등 양상도 나타나고 있다. 즉, 결혼과 가족의 형태가 빠르게 다양해짐에 따라 부부중심의 가족형태를 보편적인 가족형태로 간주해 왔던 관점이 도전을 받고 있다.

표 3-7 한국 현대가정의 특성

가정의 기능	가족구성원과 개인에 대한 대내적 기능	사회환경과의 상호작용을 통한 대외적 기능
고유기능	• 가족원 간의 사랑과 신뢰 • 부부의 성관계 • 자녀출산 • 자녀양육 • 부부공동의 책임과 권리 • 다양한 가족형태	• 공생공존의 사회 형성 • 성적 통제와 윤리 • 종족의 보존 • 사회구성원 구성 • 양성평등문화의 지향 • 다양성에 대한 수용
기초기능	• 가계소득을 위한 직업 활동	• 사회에 필요한 노동력 제공

파생적 기능	• 삶의 영위를 위한 소비생활 • 기본욕구, 문화적 욕구 충족 • 가족원의 교육, 보호, 휴식, 여가, 종교, 의례, 부양	• 생활보장과 경제질서의 유지에 기여 • 문화 창조와 계승 • 심리적, 정신적, 신체적, 교육적, 문화적으로 사회 안정화에 기여

3) 가정의 생활문화와 건강가정기본법

한편 오늘날 가정생활 영위와 복지증진을 위한 법제가 마련되어 가정지원정책을 펼쳐나가고 있다. 이는 가정의 생활문화를 발전시키는 것을 법제화한 것으로 의미가 크다.

「건강가정기본법」(법률 제7166호, 2004.2.9. 제정)은 총칙 제2조에 기본이념으로 '가정은 개인의 기본적인 욕구를 충족시키고 사회통합을 위하여 기능할 수 있도록 유지 발전되어야 한다'는 것을 전제하고 있다. 「건강가정기본법」 총칙 제1조에 제시된 이 법의 목적은 건강한 가정생활의 영위와 가족의 유지 및 발전을 위한 국민의 권리, 의무와 국가 및 지방자치단체 등의 책임을 명백히 하고, 가정문제의 적절한 해결방안을 강구하며 가족구성원의 복지증진에 이바지할 수 있는 지원정책을 강화함으로써 건강가정 구현에 기여하는 것에 두고 있다. 이 법에서 정의하고 있는 '건강가정'이란 가족구성원의 욕구가 충족되고 인간다운 삶이 보장되는 가정을 말한다. 또한 제7조에서는 가족가치를 정의하고 있는데, 가족구성원은 부양자녀 양육, 가사노동 등 가정생활의 운영에 함께 참여하여야 하고, 서로 존중하며 신뢰하여야 한다는 것을 분명히 명시하고 있다.

이 법에서는 가정에 대한 지원, 자녀양육에 대한 지원, 민주적이고 양성평등한 가족관계 증진과 더불어 가정생활문화의 발전 등을 위한 지원정책을 수립할 것을 명시화하고 있다. 즉 가족여가문화, 양성평등한 가족문화, 가족단위의 자원봉사활동, 건강한 의식주생활문화, 합리적인 소비문화, 지역사회 공동체문화, 그 밖의 건강가정의 생활문화와 관련된 사항이 포함되어 있다.

표 3-8 건강가정기본법 내 건강가정기본계획 수립

第15조 건강가정기본 계획의 수립	1. 가족기능의 강화 및 가정의 잠재력 개발을 통한 가정의 자립 증진 대책 2. 사회통합과 문화계승을 위한 가족공동체문화의 조성 3. 다양한 가족의 욕구충족을 통한 건강가정 구현 4. 민주적인 가족관계와 양성평등적인 역할분담 5. 가정친화적인 사회환경의 조성 6. 가족의 양육, 부양 등의 부담완화와 가족해체예방을 통한 사회비용 절감 7. 위기가족에 대한 긴급지원책 8. 가족의 건강증진을 통한 건강사회 구현 9. 가족지원정책의 추진과 관련한 재정조달 방안 10. 1인가구의 복지증진을 위한 대책

표 3-9 건강가정사업의 예시

第21조 가정에 대한 지원	1. 가족구성원의 정신적 · 신체적 건강지원 2. 소득보장 등 경제생활의 안정 3. 안정된 주거생활 4. 태아검진 및 출산 · 양육의 지원 5. 직장과 가정의 양립 6. 음란물 · 유흥가 · 폭력 등 위해환경으로부터의 보호 7. 가정폭력으로부터의 보호 8. 가정친화적 사회분위기의 조성 9. 그 밖에 건강한 가정의 기능을 강화 · 지원할 수 있는 관련 사항
第22조 자녀양육지원의 강화	① 국가 및 지방자치단체는 자녀를 양육하는 가정에 대하여 자녀양육으로 인한 부담을 완화하고 아동의 행복추구권을 보장하기 위하여 보육, 방과후 서비스, 양성이 평등한 육아휴직제 등의 정책을 적극적으로 확대 시행하여야 한다. ② 국가 및 지방자치단체는 다양한 가족형태를 고려하여 아동양육지원사업 시책(아이돌보미 서비스를 포함한다. 이하 같다)을 수립 · 시행하여야 한다. ③ 국가 및 지방자치단체는 아동양육지원사업을 예산의 범위에서 지원할 수 있다. ④ 국가 및 지방자치단체는 가사노동의 가치에 대한 사회적 인식을 제고하고 이를 관련 법 · 제도 및 가족정책에 반영하도록 노력하여야 한다.

제26조 민주적이고 양성평등한 가족관계의 증진	① 국가 및 지방자치단체는 부부 및 세대 간에 가족갈등이 있는 경우 이를 예방 · 상담하고, 민주적이고 양성평등한 가족관계를 증진시킬 수 있도록 가족지원서비스를 확대하고, 다양한 가족생활교육 · 부모교육 · 가족상담 · 평등가족홍보 등을 추진하여야 한다. ② 국가 및 지방자치단체는 가정폭력이 있는 가정의 경우 가정폭력피해자와 피해자 가족에 대한 개입에 있어 전문가의 체계적인 개입과 서비스가 이루어지도록 노력하여야 한다.
제28조 가정생활문화의 발전	① 국가 및 지방자치단체는 건강가정의 생활문화를 고취하고 그에 대한 지원정책을 수립하여야 한다. ② 국가 및 지방자치단체가 지원하여야 하는 건강가정의 생활문화는 다음 각호의 사항을 포함한다. 1. 가족여가문화 2. 양성평등한 가족문화 3. 가족단위 자원봉사활동 4. 건강한 의식주 생활문화 5. 합리적인 소비문화 6. 지역사회 공동체문화 7. 그 밖에 건강가정의 생활문화와 관련된 사항
제29조 가정의례	① 개인과 가정은 건전한 가정의례를 확립하도록 노력하여야 한다. ② 국가 및 지방자치단체는 건전한 가정의례를 확립하기 위한 지원정책을 수립하여야 한다.

4) 가족구성원의 세대관계

오늘날 한국 가족은 저출산과 고령화에 따른 성인기 지연이라는 구조적인 변화를 겪으면서 세대관계의 중복과 연장이 이루어지고 있다. 전통적인 결혼과 가족의 구속력도 약화되어 가족의 제도적 규범적 결속이 크게 흔들리고 있다. 전통적 관점에서 본다면 오늘날 가족은 사랑과 신뢰를 기반으로 하는 친밀한 운명공동체로서 제대로 기능을 하고 있는지에 대한 과제에 직면해 있다. 특히 가정은 남녀의 서로 다른 성과 다양한 연령, 서로 다른 가족관계적 위치에서 서로 다른 과업을 갖고 있는 매우 상이한 특성을 가진 구성원들로 이루어진 집단이다. 이는 가정을 이루는 가족을 동질적인 집단으로 설명하는 데에 있어서 제약적인 특성이다. 그럼에도 불구하고 가정이라는 울타리에서 가족원으로 살아가는 이유가 되는 것은 그들이 혈연으로 맺어진 관계라는 점이다. 전통가정에서는 공유된 가치, 조상으로부터 이어져오는 가풍과 가격(家格) 등을 통한 연대의식이 강하게 작용하여 세대 간의 차이가 있었음에도 문제를 극복할 수 있었다.

그러나 평균수명이 길어지고 삶의 양식이 다양해지면서 가정을 이루는 규범과 제도 등 연대의식도 약화되었다. 현대사회에서 극명하게 나타나는 생활문제는 가족구성원 간의 세대관계를 맺는 현상이 아들과 딸의 성별에 따라 매우 큰 차이가 나타나고 있다는 점이다. 조선 중기를 넘어서면서 남녀의 성차에 따른 부계중심이 강화되고, 재산분할 등에서도 여성이 소외되는 과정을 거치게 되었지만 부계중심, 가족우선성, 전통적 성역할의 특징을 보이는 가족주의는 현재 다차원적으로 변화되고 있다.

한국 사회에서는 세대를 구분하는 여러 가지 용어들이 나타나고 있다. 오늘날 일반적으로 회자되는 세대 표현에는 산업화세대 및 근대화세대(5060세대, 베이비부머세대), 민주화세대(386세대), 정보화세대(N, X, Y세대)를 비롯하여, 삼포세대, IMF세대, 88만원세대, 욜로(YOLO : You Only Live Once)세대, MZ세대, 알파세대 등 사회의 현상을 반영한 신조어에 해당하는 다양한 표현들이 있다. 이러한 세대구분에 대하여 함인희(2013)는 인구학적 패러다임과 정치적 사건을 중심으로 구분하는 것이 일반적이지만 우리나라는 광복 후 농축된 변화를 볼 때 세대 간 경험의 단절과 세대갈등이 일상화되었음을 강조한다.

가족생활에서 세대를 말할 때는 부모세대나 자녀세대, 또는 조부모세대, 손자녀세대 등 가족관계를 중심으로 표현된다. 이 세대의 의미에는 관계적인 측면 이외에도 연령과 과업, 가족관계의 상호관련 역할 등 다양한 의미를 내포한다. 세대의 표현은 어떠한 집단 내나 집단 간의 차이라는 의미를 함축하고 있음을 볼 수 있다. 세대를 구분하는 것은 집단 간의 공통점과 차이점을 보기 위한 것이다. 가족은 출생시기의 차이, 성장환경의 차이, 특정한 사건의 경험 차이, 가족 내 위치의 차이 등이 존재하기 때문에 어떠한 타 집단보다 세대차이를 다양하게 경험할 수밖에 없다. 인류 역사의 발전과정에서 항상 세대차이(generational differences)로 인한 세대격차(generational gap)는 존재해 왔고, 앞으로도 존재할 수밖에 없는 자연스러운 현상으로 보아야 한다.

세대의 어원과 의미

세대의 어원(語源)을 추적한 나쉬(Nash, 1978)에 따르면, 세대(generation)는 그리스어 'genos'에서 유래하는데 그 주요 의미는 자녀의 출산, 보다 일반적 의미로는 "새로운 존재의 출현(to come into existence)"이었다. 그러나 '세대'에 해당하는 그리스 · 라틴어 계통의 용례들을 폭넓게 검토해 보면, 그 뜻은 출생 · 재생산의 의미뿐만 아니라 역사상의 어떤 시대, 인생의 어떤 시절, 혹은 생애주기 단계, 어떤 가족이나 인종, 종(種) 등 다양한 뜻으로 사용되었다고 한다. 세대라는 용어는 어떤 존재를 전제로 하여 그와 다른 새로운 존재의 출현이라는 상대적인 의미(부모세대에 한 자녀세대)로 사용되었는데, 그 용어에는 자신이 속한 "어느 집단과의 공통점과 그 밖의 다른 집단과의 차이"이라는 함의가 내재해 있는 것이다(Nash, 1978: 2). 고대 그리스 시대와 마찬가지로, 세대라는 용어는 오늘날에도 다양한 의미로 사용되고 있으며, 집단 내 유사성과 집단 간 차이라는 함의 역시 기본적으로 유지되고 있다. 커처(Kertzer, 1983: 126-127)는 현대 사회과학에서 통용되는 세대의 네 가지 대표적 용법으로서, ① 조부모-부모-자녀 세대와 같이 친족계보(kinship descent)에서 동일 항렬에 속하는 사람들, ② 비슷한 시기에 태어나 동일한 생애주기단계에서 동일한 역사 사건을 경험하는 출생 코호트(cohort), ③ 청소년 세대, 학생 세대와 같이 동일한 생애주기 단계(life stage)에 있는 사람들, ④ 1914년 세대, 전쟁 전후 세대와 같이 특정 역사적 시기에 생존한 사람들이라는 용법을 제시하고 있다.

이 네 가지 용법에서 우선 '코호트'로서의 세대와 '역사 시기에 생존한 사람들'이라는 의미의 세대는 역사적 사건의 경험 공유를 공통적으로 강조한다는 점에서 서로 밀접하게 관련된다. 이러한 경험 공유가 갖는 의의는 물론 그것이 태도나 행위양식 공유의 잠재기반이 된다는 점에 있을 것이다. 한편 '생애단계'로서의 세대개념은 무엇보다도 '연령 효과'의 측면을 강조하는 개념인데, 동일한 생애단계에 있는 사람들은 인간 발달과정에서 동일한 과제에 직면한 과제동질집단이라는 점이 특징이다.

출처: 박재홍(2003). 세대 개념에 관한 연구. 한국 사회학, 37(3), pp.3-4에서 인용

표 3-10 역사적 사건과 정치적 사건을 고려한 세대구분과 특징

세대구분	역사적, 사회적 특징 (김문조, 2003; 함인희, 2013; 박길성 등, 2005)	결혼, 가족관계적 특징
산업화 세대 근대화 세대 5060세대 베이비붐 세대	• 6.25, 4.19, 5.16을 경험 • 베이비붐 세대(1954년~1961년까지 출생한 집단): 절대적 빈곤의 유년기, 중고등학교 시절 반공교육, 새마을운동, 근대화 경험, 사회적 정체감이나 세대적 동질감 부족 • 성장주의와 민주주의 사이에서 고민해 옴 • 가족과 국가에 헌신 • 기성세대로서의 권위상실 • 1997년 외환위기 이후 상시적 은퇴압력에 직면함 • 열심히 일하고도 고령화 대비에 취약함 • 정보화와 세계화에 대한 적응력이 미비함	• 법, 제도와 종교적 신념에 의한 결합이 강조되는 제도적 결혼 (institutional marriage)* • 가족이데올로기
민주화 세대 386세대	• 1980년 광주항쟁에서 1987년 6월 항쟁에 이르는 민주화운동에 참여하거나 동조해 옴 • 386세대: 위의 시기에 대학생활을 하면서 민주화운동을 공유한 집단 • 뉴미디어를 활용해 사회활동을 경험함 • 한국적 특수성과 세계적 보편성 동시 추구 • 개인적 욕구와 공동체적 가치 사이에서 고뇌함 • 경제적 풍요와 외환위기를 동시에 경험함 • 2002년 대선 후 사회적 중심세력으로 부상 • 고용불안과 자녀교육에 시달림 • 마지막 유교적 전통주의 수용자, 높은 현실 적응력, 연고주의	• 1차 인구학적 혁명(저출산, 고령화)과 2차 인구학적 혁명(인구감소현상과 이혼, 동거, 혼외출산 및 한부모가족의 증가 등)을 동시에 경험 • 동료애, 우정, 낭만적 사랑이 강조되는 동반자적 결혼 (companionate marriage)*
정보화 세대 N세대	• 첨단통신기기의 활용으로 정보환경에 친숙, 정보화 선두 • 경제발전과 민주화를 동시에 경험 • 정치경제적 이념보다 문화코드로 동질감을 느낌 • 한국적 규범, 가치보다 세계적 규준 중시 • 생존보다 삶의 질 추구 • 청년실업의 직접적 피해자 • 가상세계에서 공동체 구축 • 독립성, 자율성, 적극적 자기표현, 익명성, 자기중심적 행동 유형과 사고방식 • 국민으로서의 자부심과 민족주의적 성향, 국가나 사회 위해 개인 희생은 감수하지 않음	• 성혁명의 세대(goldschneider, 2000), 젊은 세대가 기성세대보다 더 많은 자원을 보유한 역세대화의 주역(박길성 등, 2005) • 개별화된 결혼(individualized marriage)(부부관계에서 역할이 유연해지고, 두 사람 간 협상이 자유롭고, 자신의 자아감의 발달이 중요한 만족의 척도가 되는 결합)* • 부부관계에서 평등에 대한 강조(가사에 대한 공평한 분담, 공동의 의사결정, 비위계적인 의사소통, 평등적인 성관계와 상호존중과 호의 등 (Harris, 2006)

출처: 정현숙(2013). 가족의 세대 간 통합과 사회통합. 한국가정관리학회 학술발표대회 자료집 내용을 정리한 것임.
*Burgess와 Locke(1945).

표 3-11 베이비붐세대와 MZ세대, 알파세대

<table>
<tr><th>구분</th><th>개념</th><th>특징</th></tr>
<tr><td>베이비
붐
세대</td><td>• 6.25전쟁 후 태어난 세대
• 1955~1964년에 출생한 세대
• 출생률이 급성장하던 때에 출생</td><td>• 청소년 시기에 유신시대와 5.18광주민주화 운동, 급변하는 경제성장을 경험한 세대
• 급변하는 사회적응이 필요했던 시기
• 근면과 성실, 책임의식을 중요시함
• 부모봉양과 자녀교육에 집중했던 세대
• 뉴시니어로 불리기도 함
• 자산을 기반으로 적극적인 소비활동을 함</td></tr>
<tr><td>MZ
세대</td><td>• 2000년대 초 출생한 '밀레니얼세대'와 1990년 중반~2010년대 초반 출생한 'Z'세대를 통칭함
• 아래와 같이 구분하기도 함<table><tr><td>밀레니얼,
Y세대</td><td>1980~1994년 출생</td></tr><tr><td>Z세대</td><td>1995~2009년 출생</td></tr></table>• 저출산, 1자녀가구, 1인가구 확대</td><td>• 휴대폰 인터넷 등 디지털 환경에 친숙
• 변화에 유연, 이색적인 것을 추구
• 가사노동시간의 효율화, 워라밸 중시
• 좋아하는 것에 돈과 시간 아끼지 않음
• 플랫폼에서 재미와 간편함을 추구
• 재테크, 금융서비스에 높은 관심도
• 합리적 소비와 투자에 적극적
• 소유보다 경험에 더 큰 가치 부여
• 공유경제 서비스 활용, 중고거래 이용
• 기업의 환경적 윤리적 가치 중시, 착한소비</td></tr>
<tr><td>알파
세대</td><td>• 2010~2024년에 출생한 세대
• '미니 밀레니얼세대'로도 불림
• 극심한 저출산세대로 인구론적 문제에 직면할 것으로 전망됨</td><td>• 스마트폰과 패드, 유튜브, 메타버스, 가상현실 등에 친숙함
• 새로운 교육환경인 온라인교육 경험
• 소비시장에 큰 영향력 행사
• 디지털 친화적인 부모 아래서 성장
• 교육 놀이 양육과 기술을 결합한 키즈테크 시장 성장에 기여</td></tr>
</table>

표 3-12 베이비부머가족과 밀레니얼가족

구분	베이비부머가족(20세기형 부부)	밀레니얼가족(21세기형 부부)
주거	대형 평수 선호, 큰 자동차 1대	적절한 평수, 작은 자동차 2대
가사	가정 내에서 해결	외부자원, 도우미 플랫폼 활용
부부관계	성별에 따른 확고한 역할 고정	목적 위주의 역할 분담

자녀와의 관계	책임자, 관리자	동반자, 친구
부모와의 관계	내가 돌봐야 할 대상	부모는 나의 지지자, 후원자
타인과의 관계	혈연중심	넷(net) 중심
직업관	생존	의미 발견
행복관	정형화된 행복	개인화된 행복(1인 1행복)
소비	절약소비, 합리적 소비	적정소비, 유연소비

가족에서의 세대관계는 세대 간(between generation)을 의미하므로 부모자녀 관계를 핵심적으로 살펴보아야 한다. 세대 간에는 세대차이와 세대격차로 인한 갈등이 있을 수밖에 없으나 평균수명이 증가하고, 더 많은 시간을 가족구조 안에서 보내야 하는 고령화가 이루어지고 있고, 다양한 가족의 등장으로 인한 가족구조의 변화는 세대관계의 중요성을 숙고해 위기를 극복할 수 있기를 요청하고 있다.

이러한 세대의 관계는 한국 가정에서는 어떻게 나타나고 있는가? 가족구성원의 세대관계에 대해서 '가족중심주의 개인화 사이의 연속적 세대관계'라는 주제로 연구한 이수미(2014)의 연구를 참고해서 보면, 여성가족부의 제2차 가족실태조사 자료를 바탕으로 연구된 것으로, 오늘날 한국 가족이 당면한 의존과 부양, 친밀성과 기능적 교환, 친족관계의 방향과 내용, 개인의 자율성과 연대의 공존 차원에서 살펴볼 수 있다.

전통적인 가부장적 사회구조 가운데에 존재했던 전통가정은 남성, 아들, 장남 중심의 세대관계를 맺어옴으로써 결혼 전후 변함없이 세대관계를 유지하는 가족중심주의도 남성을 중심으로 한 단순한 특징을 보였으나, 오늘날은 달라졌다. 가족중심주의와 대별되는 개인화는 가족생활에서 세대관계를 살펴보는 데에 유용하다. 이들의 관계는 〈표 3-13〉과 같이 볼 수 있다.

표 3-13 가족중심주의와 개인화 사이의 연속적 세대관계 유형

관계축	가족중심주의 ←			→ 개인주의
관계 유형	가족중심형	가족주의적 개인화	개인주의와 가족주의 공존	개인주의적 가족형	개인중심형
특성	부계중심적 규범적, 의무적 세대관계, 낮은 친밀성	가족주의의 영향을 받은 유대관계, 높은 친밀성	가족주의 영향을 받지 않은 유대관계, 높은 애착	개인적 상황의 영향을 받은 약한 세대관계	자율적, 선택적 세대관계
아들	별거의무 동거의무 (43.4%)	동거밀착 (15.6%)	약한 교환–별거친밀 (16.9%)	약한 교환–접촉형 분리형 (24.0%)	–
딸	분리형 (31.1%)	별거밀착 (31.3%)	동거밀착 (13.3%)	비교환–별거친밀형 비교환–접촉형 (24.6%)	–

출처: 이수미(2014). p.26.

현대 한국 가족의 세대관계에서 완전한 개인주의의 발현 유형은 없다고 보고 있다. 세대관계가 단절된 유형일지라도 가족중심주의와 부양관은 여전히 전통적 경향을 보유하고 있기 때문이다. 남녀 모두 가족중심형 규모가 가장 크나 아들은 가족중심형과 개인주의적 가족형으로 이원화되는 경향이 강한데 비해, 딸은 개인주의에 비교적 고르게 분포되어 있다. 아들의 개인주의 발현은 세대 간 유대가 단절되는 방향으로 진행되는 반면, 딸은 정서적 관계성에 기반한 유대 속에서 개인주의가 발현되는 차이를 보이고 있다(이수미, 2014).

2. 자녀출산과 교육문화

1) 자녀출산

(1) 자녀출산 의미의 변화

한국의 전통사회에서 자녀출산은 가계를 계승하는 부부의 책임이자 의무사항이었다. 농경중심사회에서는 건강한 아이를 낳는 것과 남아를 낳는 일에 많은 노력을 기울였다. 즉 다남(多男)이 다복(多福)이라는 가치를 중요하게 여겼기 때문이다. 그러나 오늘날 한국 사회의 가족가치관은 크게 변화했고, 자녀출산에 대한 생각도 크게 변화하여 저출산 · 만혼화 현상이 보편화되었다.

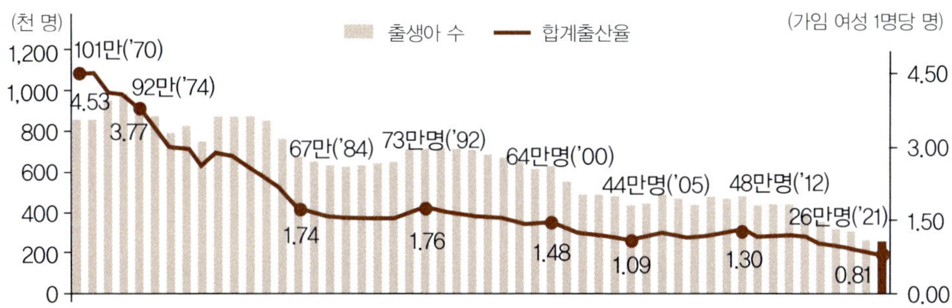

그림 3-3 출생아 수 및 합계출산율 추이(1970~2021)

출처: 통계청.

한국의 2021년 출생아 수는 26만 6백 명으로 전년대비 1만 1천8백 명(−4.3%) 감소하였다. 조출생률(인구 1천 명당 출생아 수)은 5.1명으로 전년보다 0.2명 감소했으며, 합계출산율(여성 1명이 평생 낳을 것으로 예상되는 평균 출생아 수)은 0.81명으로 전년보다 0.03명(−3.4%) 감소하였다.

2021년 모(母)의 연령별 출산율(해당 연령별 인구 1천 명당 출생아 수)은 30대 초반이 76.1명으로 가장 높고, 30대 후반이 43.5명, 20대 후반이 27.5명 순으로 나타났다. 30대 미만의 출산율은 감소한 반면, 35세 이상의 출산율은 증가한 결과를 보였다. 평균 출산연령은 33.4세로 전년대비 0.2세 상승하여 모(母)의 출산연령이 점차 높아지는 현상을 보이고 있다. OECD 회원국의 합계출산율을 비교하면, 2020년 기준 평균 1.59명인데 비해서 한국은 0.84명으로 최하위다. 2022년 합계출산율은 0.78명으로 역대 최저수준이다.

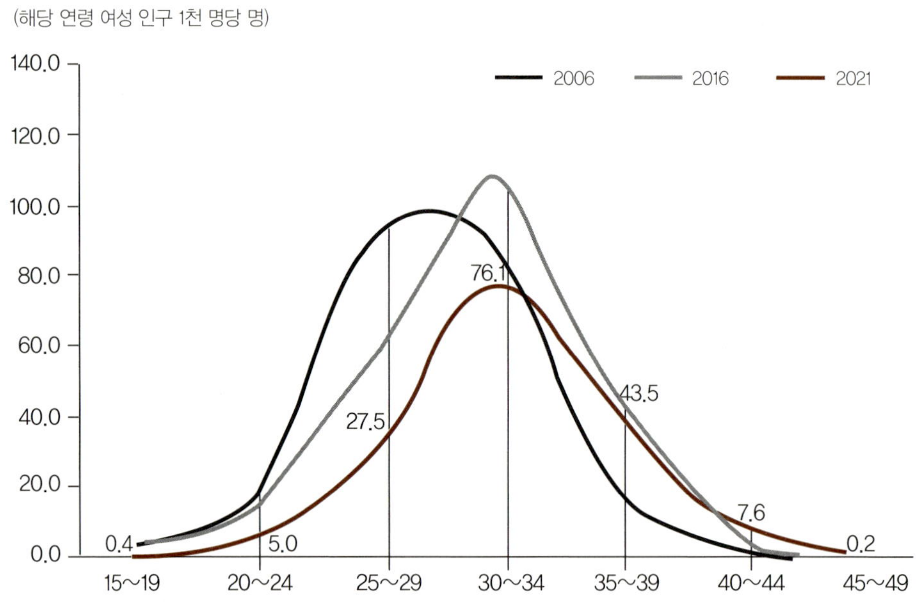

그림 3-4 모(母)의 연령별 출산율(2006, 2016, 2021)

출처: 통계청.

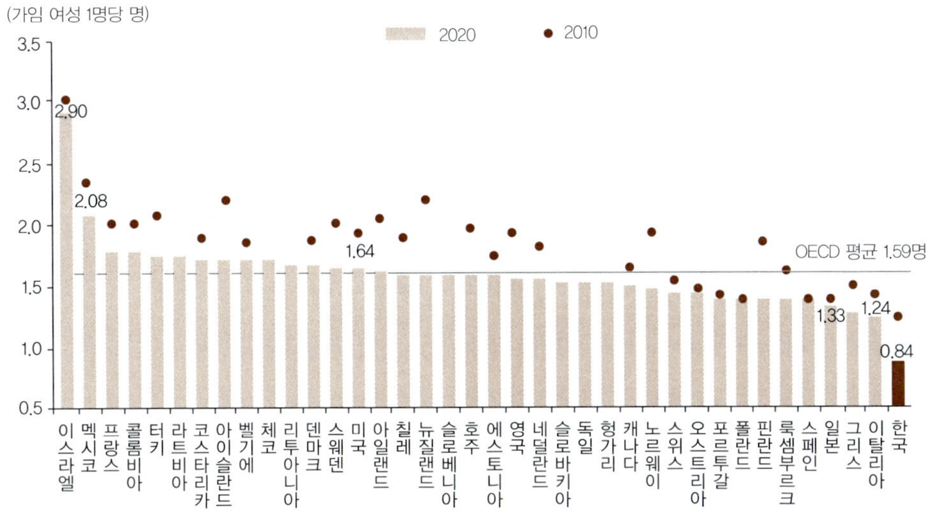

그림 3-5 OECD 회원국의 합계출산율 비교(2010, 2020)

출처: 통계청.

보건사회연구원의 '가족과 출산조사'(2021)에 따르면, 결혼하지 않고 동거생활을 하는 경우도 많은데, 이들이 상대와 혼인신고를 하지 않은 주된 이유로는 경제적인 문제가 많았지만, 이외에도 상대에 대한 확신을 먼저 가지기 위해서, 또는 제도나 규범에 얽매이지 않고 자유롭게 살고 싶어서, 가족 및 친인척 관계에 대한 부담을 갖지 않고, 아이를 안 낳을 것이기 때문에 굳이 혼인신고를 할 필요가 없다는 등의 이유를 들고 있었다. 특히 40대 이상의 집단은 결혼하더라도 아이를 낳지 않을 것이며, 아이나 재산 등 법적인 문제 때문에 동거를 하는 것으로 나타났다.

한국 사회에서 가족주의 가치관이 일부분에서는 유연하게 바뀐 반면 다른 부분에서는 여전히 공고히 유지되고 있다. 남녀의 역할이 성에 따라 고정되어 있다는 전통적 인식은 남녀 모두에게서 사라지고 있고, 결혼 그 자체의 당위성에 대한 생각도 많이 사라졌다. 그러나 결혼과 무관한 동거, 결혼과 무관한 출산에 대해서는 여전히 부정적이고, 특히 여성에게서 두드러진다. 결혼은 할 수도 안 할 수도 있지만, 출산은 결혼관계에서만 이루어져야 한다(진미정, 2017)고 여기므로 결혼율과 출산율이 동시에 낮아질 수밖에 없는 상황이다.

문화적으로 자녀에게 부여하는 가치는 시대적으로 변화하여 전통사회에서는 자녀를 노동력이나 노후의 지원책과 같은 도구적 효용가치를 가진 존재로 여긴 부분이 많았으나, 근대에는 즐거움과 만족을 주는 정서적 가치를 가진 존재로 변화하였다. 도구적 효용가치를 중요하게 여기는 시대에는 자녀출산을 많이 할수록 가정에 도움이 되었기 때문이다. 그러나 오늘날은 자녀가 부모에게 주는 심리적인 이익의 중요성이 더 강조되고 있다. 기혼여성을 대상으로 한 연구(정해온 · 진미정, 2008)에서도 자녀의 정서적 가치를 지지하는 정도가 높게 나타났고, 정서적 자녀가치관이 높아질수록 둘째 자녀의 출산 의향이 증가하는 것으로 나타났다.

자녀의 가치를 도구적으로 인식하는 시대에는 자녀의 인적자본에 대한 투자가 매우 중요했고, 이는 가족 모두의 성공을 위한 발판이 된다고 여겼다. 한국 사회의 높은 교육열도 이와 같은 배경으로 작용했다. 오늘날 자녀의 도구적 가치보다는 정서적 가치를 높게 여기는 변화가 나타났음에도 불구하고, 자녀의 인적자본에 대한 가족의 투자가 달라지지 않는다는 점이 한국 가족이 안고 있는 또 다른 역설적인 측면(진미정, 2017)이라고 분석되고 있다. 자녀의 행복을 위한 부모역할이 규범화되어 강조되고, 최상의 교육과 돌봄을 제공하는 어머니 역할의 규범화, 취업한 어머니들의 자녀에 대한 경제적 투자로 시간 투자를 보충하려는 경향 등이 나타나, 자녀 수가 적어지고 있음에도 부모들의 시간적 · 경제적 · 심리적 부담감이 증가하고 있는 것이다.

(2) 자녀출산 지원 정책

국가에서는 저출산문제를 해결하기 위해서 다양한 지원 정책이 실현되고 있다. 여성의 사회활동 지원, 가정과 일의 양립, 자녀양육 부담의 해소 등 자녀출산을 위한 기초적인 지원책이 마련되어 있다. 각 지방자치단체에서는 출산장려를 위해 출산축하금, 장려금, 양육지원금 등의 명목으로 일시금이나 분할금(월별, 분기별, 연별 등) 형태로 또는 출생 순위에 따라 차등 지급하고 있다. 이는 각 지자체별로 지급 여부나 요건, 수준 등에 차이가 있다. 이러한 출산장려를 위한 관계부처는 보건복지부의 출산정책과에서 담당하고 있다. 임신육아종합포털 아이사랑(www.childcare.go.kr)을 통해서 다양한 정보를 활용할 수 있다.

사회서비스 전자바우처(www.socialservice.or.kr)제도를 활용하면 자녀출산과 양육을 위한 서비스를 이용할 수 있다.

사회서비스란 일반적인 의미에서 개인 또는 사회 전체의 복지증진 및 삶의 질 향상을 위해 사회적으로 제공되는 서비스를 말하며 공공행정(일반행정, 환경, 안전), 사회복지(보육, 아동, 장애인, 노인 보호), 보건의료(간병, 간호), 교육(방과후활동, 특수교육), 문화(도서관, 박물관, 미술관 등 문화시설 운영)를 포괄하는 개념이다. 이러한 서비스를 전자바우처로 이용할 수 있다. 이 사업 중에 자녀출산 지원을 위해서는 '산모/신생아건강관리지원사업', '임신출산진료비지원제도', '기저귀/조제분유 지원사업', '첫 만남 이용권 지원사업' 등을 활용할 수 있으며, '청소년산모 임신출산의료비지원사업'도 별도로 마련되어 있다.

표 3-14 사회서비스 전자바우처제도와 기존 제도와의 차이점

구분	공급기관 지원방식	수요자 지원방식
대상	수급자 등 저소득층(수동적 보호대상)	서민, 중산층까지 확대(능동적 구매자)
서비스 비용	전액 국가지원	일부 본인부담
서비스 시간	공급기관 재량	대상작 욕구별 표준화
공급기관	단일 기관 독점	다수 기관 경쟁
특징	획일적이고 정형화된 서비스 제공	공급자 간 경쟁을 통한 다양한 서비스 제공

표 3-15 사회서비스 전자바우처사업 예시

<table>
<tr><th colspan="2">사업명</th><th>바우처 시작연도</th><th>대상</th><th>선정기준</th><th>지원수준</th><th>본인부담금 (월/원)</th></tr>
<tr><td>지역 자율형 서비스 투자사업</td><td>산모 신생아 건강관리 지원</td><td>08.2월</td><td>출산가정</td><td>기준 중위소득 100% 이하. 단, 소득기준을 초과하는 대상자에 대해서 시군구별 예외지원가능</td><td>등급에 따라 5～25일간 건강관리사 파견</td><td>기관별 상이</td></tr>
<tr><td colspan="2">임신출산 진료비 지원</td><td>08.12월</td><td>임신확인서로 임신이 확진된 임신 출산 진료비 지원 신청자</td><td>임신확인서로 임신이 확진된 건강보험 가입자</td><td>임신 1회당 100만원(일한도 없음) 다태아의 경우 140만원</td><td>면제(월 지원금액 소진 시 신용카드 대금으로 청구)</td></tr>
<tr><td colspan="2">기저귀 조제분유 지원</td><td>15.10월</td><td>저소득층영아 (24개월 미만)</td><td>만 2세 미만 영아를 둔 저소득층 가구</td><td>기저귀: 월 64,000원 조제분유: 월 86,000원</td><td>면제(월 지원금액 소진 시 신용카드 대금으로 청구)</td></tr>
<tr><td colspan="2">첫 만남 이용권 지원사업</td><td>22.4월</td><td>2022년 1월 1일 출생 아동부터</td><td>없음</td><td>최초 1회 200만원 바우처 지원</td><td>없음</td></tr>
</table>

(3) 전통사회와 현대의 태교

자녀가치관에 대한 의식조사(김한곤 · 서정연, 2012)를 참고해 보면, 부모가 되는 것은 인생에서 가치 있는 일이며, 자녀는 부부관계를 더 굳건히 해주고, 자녀가 있는 사람은 노년에 덜 외롭고 경제적으로 도움을 받을 수 있다는 생각이 많았고, 결혼과 자녀에 대한 가치관이 긍정적일수록 결혼과 출산에 대한 의지가 강하게 나타났다.

그러나 저출산 시기를 겪으면서 자녀에 대한 인식과 출산의 관계는 반전되었다. 부모는 자녀를 낳아 키우면서 자신들의 노후에 자녀가 경제적으로 도움을 주면서 부양해 줄 것이라는 생각은 많이 하지 않는다. 최근 통계청 자료(2016)를 보면, 부모의 생활비를 '부모 스스로 해결'하는 비율은 52.6%로 2년 전에 비해 2.4% 증가하였고, 계속 증가하는 추세에 있다. 부모부양은 '가족과 정부, 사회'가 함께 책임져야 한다고 생각하고 있고, 부모의 노후를 '가족'이 돌봐야 한다는 생각은 지속적으로 감소하고 있다. 그럼에도 불구하고, 자녀를 위한 부모의 노력은 그 어떤 시기보다도 중요해져 부모는 최선을 다해 자녀에게 투자한다. 이는 태교의 과정에서도 잘 나타나고 있다. 태교란 임산부가 태아에게 좋은 영향을 주기 위하여 인격적인 존재로 대우하면서 언어, 행동, 몸가짐 등을 조심하는 태중교육을 뜻한다. 한국의 전통사회에서는 특히 생명존중사상을 바탕으로 태중의 아기도 이미 새 생명으로서 그 존재의 가치를 귀하게 여겨, 출생 시 이미 1살로 나이를 셈하는 규범을 지켜왔다. 그러나 2023년 6월부터 한국에서는 민법과 행정법 개정으로 세계 다른 국가들과 동일한 방식으로 '만(滿)' 나이를 사용한다. 전통태교에서는 아버지로서의 태교를 강조했는데, 태교서적으로 널리 알려진 사주당 이씨의 『태교신기』에는 이

표 3-16 태교 관련 고문헌에 수록된 태교 내용

구분	부성 태교 강조	부(父)의 심신 건강	임부의 언행	임부의 부덕	임부의 의, 식 절제	임부의 적당한 운동	가족의 도움
내훈			○	○	○		
소학			○	○	○		
부모은중경			○		○		
성학집요			○	○			
동의보감	○	○			○		
계녀서			○	○	○		
사소절			○	○	○		
태교신기	○	○	○	○	○	○	○
규합총서			○	○	○	○	

출처: 김경미(2017). 전통문화를 적용한 태교콘텐츠 연구. 성신여대 문화산업예술대학원 석사학위논문에서 발췌.

에 대한 언급이 잘 나타나 있다. '아버지의 하룻밤의 역할이 어머니의 10달의 역할, 스승의 10년의 역할과 같음'을 강조하였다. 어머니의 역할보다 아버지의 역할이 더 크다는 것을 의미하는 것이 아니다. 이는 생명의 근원이 되는 아버지로서 좋은 아기를 낳기 위한 몸가짐, 정조, 건강을 중요하게 여겨야 한다는 아버지로서의 태교, 즉 부성태교를 강조한 것이다. 또한 아기를 가진 어머니로서 언어와 행동, 덕성스러운 마음가짐, 음식과 의복의 절제, 적절한 운동을 해야 한다는 모성태교를 말한다. 나아가 태교를 하는 임부를 위한 가족의 노력 등도 강조되었다.

태교에 대한 가르침이 수록되어 있는 고문헌에서도 이러한 내용을 찾아볼 수 있다. 특히 『동의보감』, 『태교신기』, 『규합총서』 등에는 임산부들은 음식섭취에 특히 조심해야 한다고 수록되어 있다. 전통태교는 생명존중사상을 강조하고, 조기교육, 부성 모성태교, 태아발달을 위한 부모의 전인적인 교육 노력 등을 강조하였다. 임신을 위해 부모가 몸과 마음가짐을 철저히 준비하는 태교가 무엇보다 중요하며, 태교의 과정은 본보기가 되는 부모로서의 자질을 함양하는 과정이라고 보았다. 따라서 부부의 태교 실천과 노력은 태아의 신체와 정서적인 발달은 물론 올바른 아이를 낳기 위한 통합적인 교육으로서 가치를 갖는 것이었다.

오늘날 건강한 아기를 낳기 위한 부모의 태교 노력은 관련 연구들을 통해서도 볼 수 있는데, 미혼이나 기혼에 관계없이 모두 태교의 필요성을 인식하고 있고, 태교의 영향에 대해 긍정적으로 생각한다(이정란, 2015). 태교실천은 부부의 연령, 태교 시작시기, 계획임신 여부에 따라 차이를 보이는데, 계획임신을 한 경우는 식생활태교, 주생활태교, 정서태교 실천을 잘 하는 것으로 나타났고, 태교 시작 시기가 빠를 경우 정서태교와 언어태교를 잘하는 것으로 나타났다(강수경 · 정미라, 2013). 태교실천은 학력(박세빈, 2014 ; 문지애, 2014), 결혼만족도(정미라 외, 2013), 부모역할 인식(문지애, 2014)과 관계가 있는데, 임부의 학력이 높을수록, 결혼만족도가 높을수록 부모역할 인식이 높을수록 태교 실천이 증가하는 것을 보인다.

한편 최근에는 자녀를 임신하게 되면, '태명'을 짓고, 임신을 기념하기 위한 초

음파 사진, 만삭 사진을 촬영하며, 태아보험을 가입하는 등 임신을 축하하는 새로운 생활문화를 만들어가고 있다.

태교는 임부에게 사회적 · 심리적 · 정서적 · 경제적 스트레스를 유발시키는 일생일대에 매우 중요한 사건이며 숭고한 일이다. 임부들이 당면하는 태교에 대한 지식 부족이나 태교 시간의 부족, 태교를 위한 경제적인 여유 부족 등을 극복할 수 있는 지원책이 필요하다. 오늘날 태교를 위한 각종 프로그램으로는 미술태교, 음악태교, 무용 · 발레 · 요가 · 체조 등 운동태교, 독서태교, 숲태교, 박물관태교, 태교명상, 온라인 커뮤니티를 중심으로 이루어지는 태교 프로그램, 지역사회 보건소의 태교교실, 유아 관련 기업에서 제공하는 태교 프로그램 등이 다양하게 이루어지고 있다. 이러한 태교 프로그램이 태교에 어느 정도 효과적인지에 관한 지속적인 연구도 이루어지고 있다. 최근에는 임신과 태교 출산에 대한 준비나 정보가 없는 임부들을 위해서 도움을 주는 새로운 직업인 '베이비 플래너'라는 직업과 관련 협회도 생겨났다. 태교 관련 온라인 커뮤니티는 태교에 도움이 되는 정보를 공유하고, 태교 특강, 유아용품이나 분유를 생산하는 기업의 각종 이벤트를 동시에 시행하면서 태교를 유도하는데, 이는 태교를 위해 긍정적으로 기여하면서 '임부 대상 기업 마케팅'을 위한 연결고리 역할도 한다. 태교 관련 온라인 커뮤니티 회원은 수천에서 수만, 수십만 명에 이르고 있다.

표 3-17 태교를 위한 온라인 커뮤니티와 태교 관련 내용

카페명(개설일) 사이트 주소	회원수(명)	태교 관련 내용
맘스홀릭 베이비(2003.7.11.) http://cafe.naver.com/imsanbu/33842407	2,598,192	태교 DIY 및 취미공감 맘스클럽 산모교실
태교닷컴(2004.7.21.) http://cafe.naver.com/homebakingstudioivy	45,981	아빠태교, 여행태교, 음악태교, 미술태교, 요리태교, DIY태교, 독서태교, 태담태교, 기타태교

맘스데이(2005.5.9.) http://cafe.naver.com/mamstudio/181272	91,419	산모교실
천사같은 우리아기(2006.10.10) http://cafe.naver.com/1004babylove	5,961	태교 음악 듣기
맘스홀릭(2008.1.12.) http://cafe.naver.com/imoong	145,517	태교에 관한 모든 것
맘스드림(2008.4.14.) http://cafe.naver.com/mamsdream	16,227	태교와 육아일기 태교정보, 자료
소중한 인연 맘스(2010.2.9.) http://cafe.naver.com/09naraya	14,192	산모교실, 맘스클래스
대구맘365(2011.12.14) http://cafe.naver.com/dgmom365/1835161	120,093	임산부교실
한국베이비플래너협회(2009) http://kbppa.or.kr	97,939	시기별 맞춤태교, 임신출산정보제공, 임신전 플래닝, 베이비 플레닝

출처: 김경미(2018). 전통문화를 적용한 태교콘텐츠 연구. 성신여대 문화산업예술대학원 석사학위논문에서 발췌.

(4) 출산문화의 변화

출산은 생존과 직결되는 인류의 보편적인 행위이며, 민속 집단마다 출산을 둘러싼 여러 가지 관습, 즉 산속(産俗)을 만들어 왔다. 산속은 출산을 기준으로 산전 속과 산후 속으로 나눌 수 있는데, 한국은 산전 속으로는 기자행위와 태몽, 각종 금기, 안산 기원 등이 있으며, 산후 속으로는 태 처리방법과 산실 구성, 삼신 모시기, 아이 잔치 등이 있어 각 행위에 민속적 특징들이 나타난다(노무라 마치요, 2016).

전통사회에서의 출산은 산모와 태아의 생명에 관계된 매우 위험하고 어려운 과정이었다. 아기를 잘 낳기 위한 치성(致誠)을 드리는 기자행위(祈子行爲)는 의료기술이 발달하지 못하고, 산모와 태아가 출산 중 사망하는 사례가 많았던 시기에 특히 더 중요하게 받아들여졌다.

해산달이 가까이 오면 가정에서는 친정이나 시집의 어머니, 또는 해산 경험이 많고 아이들을 무사히 잘 키운 복 많은 이웃 노인에게 부탁하여 아기의 출산을 돕도록 했다. 이들은 '산파'라고 불렸는데 지역마다 호칭이 다소 차이가 있으나 하는 역할은 비슷했다. 전남 강진에서는 '삼할머니', 제주도에서는 '삼승할망', '아기할망'이라고도 불렸다. 복이 많은 노인이 산파를 하는 것은 그 복이 아기에게도 끼치기를 바라는 마음이 담긴 생활의 문화였다. 해산을 돕게 되면 노인은 속옷이나 버선 등으로 댓가를 받는데, 이는 노인의 장수를 기원하는 의미로 전해졌다.

아기의 살에 직접 닿는 배내옷, 기저귀, 포대기 등은 면직물로 습기를 잘 흡수하고 부드러운 것으로 준비한다. 아기 출산 후에는 금기의 의미로 한이레 또는 세이레 정도 대문에 금줄을 걸쳐 두었는데, 이는 출산을 외부에 알리면서 외부인의 출입을 막기 위함이었다. 남자아이를 낳았을 때는 붉은 고추와 숯덩이를, 여자아이를 낳았을 때는 미역과 솔잎, 종이 등을 달아두었다. 금줄은 반드시 왼쪽 방향으로 새끼 꼬기를 하여 잡귀를 쫓아 내고 아기와 산모의 수명이 오래 이어지기를 바라면서 새끼의 양끝을 자르지 않았다. 출산 후에 산모는 찬바람을 쐬지 않도록 조심했고, 혈액순환을 돕고 피를 맑게 하도록 하며 모유분비에 도움이 되는 미역국을 먹었으며, 가물치, 곶감, 대추 등을 넣어 오래 끓인 국물을 먹었다. 아기에게 젖을 먹일 때에는 왼쪽으로 안고 먹이는데, 이는 아기가 어머니의 심장 소리를 들으며 심리적인 안정감을 얻도록 한다는 의미도 있었다. 산모가 출산 후에 몸을 회복할 수 있도록 돕고 아기를 살피는 일을 '산바라지를 한다'고 하였다.

표 3-18 한국의 전통적 산후조리 요소: 한국민속종합조사보고서 산속편을 토대로

<table>
<tr><td rowspan="4">①
산모의
식사</td><td colspan="2">권장식사</td><td>출산 후 3일째부터 삼칠일까지 밥과 미역국을 기본으로 함</td></tr>
<tr><td rowspan="2">음식금기</td><td>산모를 위한 금기</td><td>두부, 무, 호박, 딱딱한 음식, 신음식, 김치. 밀감, 복숭아, 매운 음식, 고기, 죽, 찰밥 등</td></tr>
<tr><td>신생아를 위한 금기</td><td>매운 음식, 짠 음식, 푸른 음식, 단 음식, 감주, 식혜, 엿기름, 떡, 인삼, 튀긴 음식, 계란 등</td></tr>
<tr><td colspan="2">모유량 증가</td><td>돼지족 곤 물, 상추씨 달인 물, 막걸리, 다량의 미역국</td></tr>
<tr><td rowspan="3">②
산모의
몸보호</td><td colspan="2">힘든 일 피하기</td><td>한 달 정도 일을 하지 않고 쉼. 무거운 물건을 들지 않기, 외출금지</td></tr>
<tr><td rowspan="2">보온</td><td>찬 기운 피하기</td><td>차가운 곳, 찬바람, 냉수 등</td></tr>
<tr><td>몸을 따뜻하게 하기</td><td>더운 방 거처, 따뜻한 옷, 양말 등</td></tr>
<tr><td rowspan="5">③
속신적
행동</td><td rowspan="2">부정
피하기</td><td>산모 음식금기</td><td>개고기, 제사음식, 상가음식</td></tr>
<tr><td rowspan="2">산모와 가족 공동으로 피할 일</td><td>상가집, 상여, 상주, 제사, 혼인, 화재, 섭생, 월경, 외부인 출입 등</td></tr>
<tr><td>신생아
보호</td><td>볶기, 풀 끓이기, 잿물 빨래, 못 박기, 분 바르기,
부엌 재 쳐내기, 쓰레기 밖으로 내다 버리기 등</td></tr>
<tr><td rowspan="2">모유량
증가</td><td>기원</td><td>병 두 개에 우물물을 담아서 솔잎을 꽂아 삼신에게 빌고 그 물을 쏟아 붓는 등의 행위, 용왕에게 빌기, 무당에게 빌기</td></tr>
<tr><td>남은 모유처리 방법</td><td>굴뚝, 흐르는 물, 내려가는 물에 버티기</td></tr>
</table>

출처: 노무라 미찌요(2016). p.55에서 참조

개화 이후 출산문화는 점차 변화하기 시작했다. 현대적 의료법이 도입된 후인 1914년 제정된 '산파규칙'에는 전통적으로 산모를 돌보던 사람을 '산파'라 부르게 했는데, 이후 조산원(1952년)이 되고, 조산사(1987년)가 되어 산모의 가정에서 출산을 돕거나 조산원 또는 산부인과 병원에서 출산을 도왔다.

최근에는 대부분 병원에서 출산을 하고, 주거문화가 변화하면서 금줄의 문화도 찾기 어려워졌다. 과거에 가정에서 산모의 산바라지를 했던 기간 동안, 또는 산모가 몸을 회복하는 동안 가정 밖의 시설인 '산후조리원'을 이용하고 있다. 한국의 출산문화에 있어서 전통적인 지식이 현재에 가장 강하게 전달된 영역이 산후조리(김주희, 2007)라고 할 수 있다. 산모가 몸조리를 잘 해야만 앞으로 산후후유증도 없다는 믿음이 강하다.

이러한 의식과 더불어 1990년대부터 등장한 산후조리원이 성황을 이루고 있다. 산후조리원은 전문화된 서비스를 제공하는 곳이다. 산모들은 산모의 건강회복과 돌봄방법의 습득, 아이와의 애착 상호작용을 위해 산후조리원을 이용한다. 2021년 보건복지부에서는 2020년 산모 2,127명을 대상으로 '산후조리 실태조사' 결과를 발표했다. 이에 따르면 평균 산후조리 기간은 30.2일이며, 산후조리 평균비용은 249만원으로 나타났다. 산후조리원을 이용할 때는 평균 243.1만원이고, 집(본인, 친정, 시가)에서는 81.5만원으로 나타났다. 또한 산후조리 장소로는 복수응답한 결과 본인집(88.8%), 산후조리원(81.2%), 친정(13.7%), 시가(1.5%)로 나타났다. 선호하는 산후조리 장소로는 산후조리원(78.1%)이 가장 높았고, 이는 2018년 조사결과(75.9%)보다 증가했다. 그러나 만족도는 5점 척도로 보면, 친정에서의 만족도가 4.2로 가장 높았고, 산후조리원은 3.9로 나타났다. 향후 만족스러운 산후조리를 위해 필요한 정부정책은 산후조리 경비지원, 배우자 육아휴직 및 출산휴가 활성화, 산모의 출산휴가 기간 확대, 건강관리지원사업 확대, 공공산후조리원 확대 등이 요구된다.

표 3-19 산후조리원의 프로그램 예시

구분	내용
주간프로그램(2주)	산후요가, 신생아 통잠재우기(영상시청), 한방산후관리, 영양사 방문상담, 모빌 만들기, 영양상담과 이유식, 산부인과 산후관리, 성공적인 모유수유, 신생아 목욕
산후전신관리	전신경혈관리, 모유수유관리,
마사지	가슴관리, 아로마전신관리, 마유전신관리
서비스프로그램	기념촬영, 피부관리, 샴푸관리
체조프로그램	체형보정체조

출처: C병원 산후조리원 프로그램을 참조, 정리함.

2) 교육문화

(1) 자녀양육과 가정교육

전통사회에서는 많은 수의 자녀를 두는 것이 자연스러웠고, 다복으로 생각되었다. 그러나 오늘날 부모들은 한두 명의 자녀양육도 매우 힘든 과업으로 여긴다. 자녀를 가질 생각이 없는 사람들은 자녀양육과 교육에 돈이 많이 들고, 자녀를 키우면서 자신이 하는 일에 지장을 받거나 매여 살고 싶지 않다는 점, 좋은 부모가 될 자신이 없고, 아이의 미래가 행복할 것 같지 않아서라는 이유를 든다.

표 3-20 자녀를 가질 생각이 없는 이유

(단위: %)

문항 내용	남성	여성	전체
자녀양육과 교육에 많은 돈이 들어서	63.1	49.0	56.2
자녀를 키우면 내가 하는 일에 지장이 있을 것 같아서	19.5	34.0	26.5
자녀에게 매여서 살고 싶지 않아서	36.0	35.9	36.0
좋은 부모가 될 자신이 없어서	39.9	34.1	37.1
아이를 좋아하지 않아서	7.3	8.8	8.0
독박육아를 하게 될 거 같아서	2.4	8.2	5.2
아이의 미래가 행복할 것 같지 않아서	24.5	21.1	22.9
기타	7.3	9.0	7.3

출처: 통계청(2022). 여성가족부의 2021년 양성평등실태조사 참조.

자녀수를 줄이는 대신 시간적 · 심리적 · 경제적 투자를 집중하여 자녀의 인적자본에 투자하고 경쟁력을 높이고자 하는 가족의 선택은 역설적으로 자녀세대에게 점점 더 치열한 경쟁을 유도하고 오히려 소득불평등을 증가시키고 있다.

한편, 자녀양육을 위한 가정교육적 측면이 강조되기보다는 사회화에 의존하는 경향을 보인다. 그러나 가정은 자녀에게 있어서는 처음 접하게 되는 교육의 장이며, 부모는 인생에서 만난 첫 선생님이기도 하다. 가정교육을 통해서 배우는 것은 자녀들에게 평생 동안 영향을 미치는 생활교육이며, 기본적인 인성교육으로 '사람됨'을 배울 수 있는 매우 소중하고 가치 있는 교육이다.

전통사회에서 자녀를 위한 가정교육은 그 핵심이 '인성교육'이며 '예의범절교육'이었다. 이러한 기본적인 가르침이 자녀가 성장한 후 사회에서 다양한 인간관계를 맺고 살아가는 데에 영향을 미쳤다. '누구 집 자손인가?'라고 하는 것은 그 개인이 경험하고 터득해온 가정교육의 참모습을 묻는 말이었다. 즉 개인의 언행은 곧 그 가정과 부모, 가문의 교육을 그대로 보여주는 거울이라고 생각했던 것이다. 부모의 언행과 스승의 선택, 벗의 사귐, 교육적 환경 조성 등은 전통사회의 부모들이 자녀를 위한 가정교육에서 주의했던 내용이다. 맹모삼천지교(孟母三遷之敎), 부전자전(父傳子傳), 모전여전(母傳女傳) 등은 가정교육에서의 모방원리가 중요함을 뜻한다. 어떠한 가정에서 어떤 부모로부터 어떠한 가정교육을 받고 성장했는지가 중요하다는 점을 말하는 것이다. 오늘날에도 어머니들은 전통생활문화교육 중에서 특히 자녀교육에 대한 관심이 높고, 가정에서 부모들의 관심과 모범 보이기가 무엇보다 필요하다(주영애, 2015)고 여긴다. 현대를 살아가는 어머니들에게 이러한 의식이 있다는 것은 전통사회에서의 가르침이 시대를 초월하여 소중한 가치를 담고 있다는 것을 간접적으로 보여준다.

현대의 시각에서 보면 이러한 것은 오히려 개인을 '통제하고 억압'하는 것이며 '개인의 있는 그대로를 보지 않고, 배경을 보는 것'이라는 비판을 받기 쉽지만, 바른 성품을 갖추도록 키운 부모의 노력이 수반되지 않은 인물이 사회에서 어떠한 평가를 받게 될 것인가를 반추해 본다면, 전통사회에서의 가정교육의 의미는 재고해 볼 가치가 있다. 삼강오륜(三綱五倫)을 기저로 하여 수신제가치국평천하(修身齊家治國平天下)의 가치를 실현해 가는 데에 가정교육은 가장 기본이 되어야 했다. 이러한 가정교육을 통해서 자녀들은 가족원의 역할을 비롯하여 삶의 목표와 자세,

생활의 규범과 가치 등을 익히는 것이다.

표 3-21 자녀 인성예절교육의 실천원리

모방의 원리	부모의 인성예절과 지도는 곧 자녀에게 이어져 발현되며, 다음 세대로 자연스럽게 이어진다. 사람들의 됨됨이를 말할 때, 어떤 가정에서 성장했는가를 보아야 한다는 것은 그 배경이 되는 가정의 경제적인 부와 부모의 사회적 위치를 말함이 아니다. 가정에서 부모로부터 어떤 인성예절지도를 받고 성장했는지를 말함이다.
조기교육의 원리	인성예절교육은 어려서부터 좋지 않은 버릇이 습관으로 형성되지 않도록 하기 위해서 예방하고, 교육해야 한다는 관점을 갖고 있어야 한다. 일찍 가르치고 깨닫게 하여 올바르게 지켜나가도록 해야 한다.
실천적 습관화의 원리	배움은 일상에서 행동으로 실천과 습관화하는 것이 중요하다. 보고 배운 인성예절의 성과는 유아들이 일상에서 올바르게 실천하는 것으로 나타난다. 사람됨을 만드는 인성예절은 하루아침에 이루어지는 것도 아니고, 아는 것만으로 이루어지는 것도 아니다. 또한 정해진 시간에만 가르친다고 이루어지는 것도 아니다.

출처: 주영애(2017). 유아인성예절지도를 참고하여 정리.

오늘날 자녀를 위한 가정교육에서 지향하는 바는 무엇인가? 가정에서는 자주성과 독립성, 우수한 학업성적을 강조하는 벌과 물질적 보상, 자율성과 상호작용, 과잉보호와 지원 등 가정마다 부모들의 가치 지향에 따라 다양한 가정교육을 하고 있다. 자녀를 위한 가정교육을 어떻게 할 것인가에 대해 부모로서의 숙고가 매우 필요하다. 시대를 초월하여 자녀를 위한 가정교육에서 강조해야 할 바는 올곧은 인성을 갖춘 인재로 성장시켜야 한다는 점이다. 미래 사회를 살아갈 자녀가 처할 사회·환경적 특성을 고려하고, 자녀들이 함께 살아가는 삶의 지혜를 터득할 수 있도록 자녀의 인격을 존중하고 사랑하며, 지속가능한 사회의 질서와 공동체 삶을 지향하는 규범과 훈육이 균형을 이룬 가정교육이 되어야 한다.

(2) 자녀양육을 위한 복지제도

오늘날 한국 사회에서는 자녀양육을 위한 각종 육아정보를 쉽게 찾아 생활에서 활용할 수 있는 정보화의 혜택을 누리고 있다. 신생아로부터 영아기, 유아기 등 시기별 발달 특징은 물론 월령별 양육 시 필요한 예방접종이나 건강과 영양에 관한 정보, 모유나 분유를 먹이고 목욕시키기, 아기돌보는 구체적인 방법까지도 상세하게 온라인 공공정보를 이용할 수 있고, 다양한 온라인 커뮤니티를 통해 개개인의 정보를 공유하기도 한다. 보건복지부의 육아지원서비스정책으로는 영유아보육료 지원, 가정양육수당, 시간제 보육과 영아수당제도가 운영되고 있다. 함께하는 육아실천문화를 확산하기 위해 아이의 연령에 따라 아빠가 알아야 할 육아정보를 담은 '초보 아빠를 위한 육아 가이드'가 배포되며, 이는 임신출산 관련 업무를 수행하는 시 · 군 · 구 보건소 등을 대상으로 배부된다. 또한 온라인 자료를 무료 다운로드할 수 있는 보건복지부 대표 누리집(www.mohw.go.kr)을 활용할 수 있다.

이러한 정책과 제도는 자녀양육에 대한 부담을 경감하고 부모의 보육서비스 선택권을 보장하는 것이다.

표 3-22 영유아보육료 지원(2023년 기준)

지원대상	어린이집을 이용하는 영유아(0~5세반)로 국적과 주민등록번호를 유효하게 보육하고 있는 자(소득 무관 전 계층)					
지원금액 및 적용시기	(월 기준, 단위: 천원)					
	구분	연령(적용시기)				
		0세반 (23.1.1~)	1세반 (23.1.1.~)	2세반 (23.1.1.~)	3~5세반 (23.1.1.~2.28)	3~5세반 (23.3.1.~)
	계	1,113	778	596	280	280
	부모 보육료	514	452	375	280	280
	기관 보육료	599	326	221	–	–

지원금액 및 적용시기	• 기관보육료 : 정부에서 인건비를 지원받지 않는 민간 가정어린이집에서 만 0~2세 및 장애아동 보육 시 지원 • 기본보육에 대한 보육료를 지원하고, 추가적 돌봄이 필요한 영유아가 연장보육 이용 시 시간당 연장보육료를 추가지원(영아반 2,000원, 유아반 1,000원, 0세반과 장애아 3,000원)
보육지원 신청	• 읍 · 면 · 동 주민센터 직접방문, 또는 복지로 웹사이트, 모바일앱으로 신청 • 보육서비스는 신청일 기준으로 지원함 • 지원신청을 하지 않을 경우 지원되지 않음. 반드시 서비스 신청 필요

표 3-23 가정양육수당(2023년 기준)

<table>
<tr><td>지원대상</td><td colspan="6">어린이집 · 유치원(특수학교 포함) · 종일제 아이돌봄 서비스를 이용하지 않는 취학전 최대 86개월 미만 영유아(소득 무관 전 계층)
*2022년생부터는 24개월부터 가정양육수당 지원</td></tr>
<tr><td rowspan="9">지원금액</td><td colspan="6">(지원금액 표 : 86개월)</td></tr>
<tr><td>연령(개월)</td><td>양육수당</td><td>연령(개월)</td><td>농어촌 양육수당</td><td>연령(개월)</td><td>장애아동 양육수당</td></tr>
<tr><td>0~11</td><td>200천원</td><td>0~11</td><td>200천원</td><td rowspan="3">0~35</td><td rowspan="3">200천원</td></tr>
<tr><td>12~23</td><td>150천원</td><td>12~23</td><td>177천원</td></tr>
<tr><td>24~35</td><td>100천원</td><td>24~35</td><td>156천원</td></tr>
<tr><td rowspan="4">36개월 이상 ~ 86개월 미만</td><td>100천원</td><td>36~47</td><td>129천원</td><td rowspan="4">36개월 이상 ~ 86개월 미만</td><td rowspan="4">100천원</td></tr>
<tr><td>100천원</td><td rowspan="3">48개월 이상 ~ 86개월 미만</td><td>100천원</td></tr>
<tr><td>100천원</td><td>100천원</td></tr>
<tr><td>100천원</td><td>100천원</td></tr>
</table>

표 3-24 시간제 보육과 영아수당

시간제 보육	• 시간제 보육: 가정양육기구(양육수당(현금) 또는 가정양육수당 수급증)가 긴급 또는 일시적으로 보육시설 이용이 필요한 경우 필요한 시간만큼 시간당 일정비용(1천원)을 지불하고 이용하는 보육서비스 • 신청방법: 온라인신청(아이사랑포털 www.childcare.go.kr), 전화예약 1661-9361)

<table>
<tr><td rowspan="3">영아수당</td><td colspan="4">• 지원대상: 만 0~1세 아동(2022년생부터)
• 지원내용: 가정양육 시 현금지원, 어린이집 이용시 보육료 지원, 종일제 아이돌봄 이용 시 종일제 아이돌봄 정부지원금(가, 나, 다형) 지원 중 한 가지 서비스 지원
※ 현금보육료, 아이돌봄서비스 중 한 가지 서비스만 수급할 수 있으며, 동시 지원불가(서비스 간 변경 가능)</td></tr>
<tr><td>지원서비스</td><td>영아수당(현금)</td><td>보육료</td><td>종일제 아이돌봄</td></tr>
<tr><td>지원방법</td><td>30만원</td><td>이용권(바우처)</td><td>이용권(바우처)</td></tr>
</table>

(3) 자녀의 교육환경

한국의 교육제도는 1945년 8·15광복 후 일제 식민지교육에서 벗어나 민주주의 교육의 기초를 마련하였다. 홍익인간(弘益人間)의 교육이념하에 6.3.3.4 학제로 이루어져 있다. 교육기본법에는 교육이념을 비롯하여 학습권, 교육기회균등, 의무교육 등 교육환경에 대한 틀이 명시되어 있다.

표 3-25 대한민국 교육기본법

제2조 (교육이념)	교육은 홍익인간의 이념 아래 모든 국민으로 하여금 인격을 도야(陶冶)하고 자주적 생활능력과 민주시민으로서 필요한 자질을 갖추게 함으로써 인간다운 삶을 영위하게 하고 민주국가의 발전과 인류공영(人類共榮)의 이상을 실현하는 데에 이바지하게 함을 목적으로 한다.
제3조 (학습권)	모든 국민은 평생에 걸쳐 학습하고, 능력과 적성에 따라 교육받을 권리를 가진다.
제4조 (교육의 기회균등)	① 모든 국민은 성별, 종교, 신념, 인종, 사회적 신분, 경제적 지위 또는 신체적 조건 등을 이유로 교육에서 차별을 받지 아니한다. ② 국가와 지방자치단체는 학습자가 평등하게 교육을 받을 수 있도록 지역 간의 교원 수급 등 교육 여건 격차를 최소화하는 시책을 마련하여 시행하여야 한다.
제8조 (의무교육)	① 의무교육은 6년의 초등교육과 3년의 중등교육으로 한다. ② 모든 국민은 제1항에 따른 의무교육을 받을 권리를 가진다.

교육부 자료를 중심으로 교육환경과 교육여건을 살펴볼 수 있다. 교육부 통계(2022)에 따르면 유 · 초 · 중등 전체 학생 수는 5,879,768명으로 전년대비 1.3% 감소했다. 저출산의 영향으로 한국의 학생 수는 2012년 이후 지속적으로 감소추세에 있다. 유치원은 전년대비 98개원 감소, 초등학교는 6개교 증가, 중학교는 13개교 증가, 고등학교는 2개교 감소를 보였다.

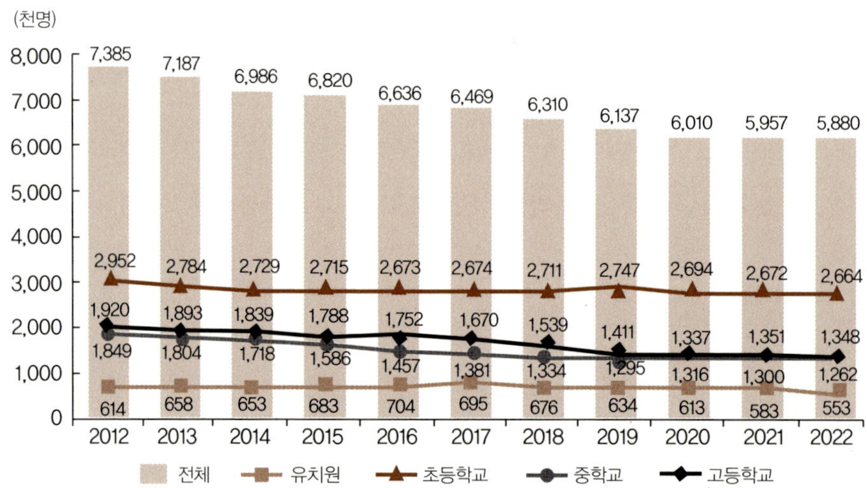

그림 3-6 유 · 초 · 중등학교 학생 수

출처: 교육부 통계(2022).

유 · 초 · 중등학교의 전체 교원 수는 507,793명이며, 교원의 평균연령은 41.3세로 학급별로는 유치원 35세, 초등학교 41.2세, 중학교 42.6세, 고등학교 42.9세로 나타났다. 전체적으로 보면 여성 교원의 비율이 72.7%를 차지하며, 학급별로는 유치원 98.3%, 초등학교 77.2%, 중학교 71.6%, 고등학교 57.1%로 나타나 학제가 올라갈수록 여성 교원 비율이 점차 줄어들고, 남성 교원 비율이 증가하고 있다.

2022년 학급당 학생 수는 유치원 16.7명, 초등학교 21.1명, 중학교 25.4명, 고등학교 22.6명이며, 교원 1인당 학생 수는 유치원 10.3명, 초등학교 13.7명, 중학교 11.7명, 고등학교 9.6명이다.

다문화학생 수는 전체 학생의 3.2%(168,645명)를 차지하고 있다. 국제결혼가정(국내출생)이 126,029명(74.7%)으로 가장 많은 비중을 차지하고 있으며, 외국인가정 32,678명(19.4%), 국제결혼가정(중도입국) 9,938명(5.9%) 순이다. 부모의 출신 국적별 다문화학생 비율은 베트남 32.4%, 중국 24.3%, 필리핀 9.6%, 중국(한국계) 7.1%, 일본 4.7%, 기타(태국, 몽골, 캄보디아, 러시아, 미국, 대만, 인도네시아, 유럽, 아프리카, 중앙아시아, 중동 등 포함) 21.9%로 되어 있다. 다문화학생 수는 증가추세에 있다.

2022년 한국의 고등교육기관 학교 수는 426개로 일반대학 190개교, 교육대학 10개교, 전문대학 134개교, 대학원대학 45개교이며, 재적학생 수는 3,117,540명이며 휴학생 비율은 24.6% 수준이다. 대학 전임교원 확보율은 91.9%이며, 여성전임교원수는 28.4%로 지속적인 상승세를 보이고 있다. 한편, 고등교육기관의 학업중단율은 7.0%로 전년대비 0.3% 증가를 보였다.

3. 가족주기와 생활문화

1) 신혼기 가족

신혼기는 두 부부가 함께 새로운 가정생활의 기틀을 확립해 나아가는 매우 중요한 시기이다. 두 부부는 서로 다른 환경과 배경 속에서 성장하였으므로 가정을 이룬 신혼시기부터는 교제하던 시기와는 다르게 일상에서 부딪히면서 세세한 생활방식의 차이를 느끼게 된다. 따라서 부부는 많은 대화를 통해 서로 이해하고, 양보와 수용을 하면서 극복하지 않으면, '결혼하고 나니, 달라졌다', '연애시절엔 안 그랬는데', '이럴 줄 몰랐다' 등의 반응을 보이기 쉽다. 더욱이 자신의 생활방식만을 고수하려고 한다면, 결혼생활은 힘들기 마련이다. 따라서 결혼 후에 달라진 생활과 환경을 받아들이고, 부부가 조율하면서 부부만의 삶의 방식을 만들어가야 한다. 의식주의 일상생활뿐만 아니라 경제생활, 여가생활 등에 대해서도 적응하고, 삶의 계획도 철저히 세워 나가야 한다.

표 3-26 신혼기 가족의 특징과 생활문화

특징	생활문화
• 새로운 가족생활의 시작 • 의식주생활, 경제생활, 여가생활 적응 • 부부의 생활방식차이를 수용, 새롭게 적응 • 가정생활을 위한 기틀을 마련	• 새로운 가정경영의 목표와 '가훈' 만들기 • 가사활동 역할과 책임의 범위 나누기 • 가계관리의 계획 및 관리 원칙 세우기 • 처가(시가)의 생활문화에 적응하기 • 여가생활문화 만들어가기 • 자녀출산과 양육 계획 세우기

가족생활을 위해서는 부부의 가치와 목표가 매우 중요한데, 이는 가족이 갖고 있는 자원을 관리해 나가기 위한 동기 요소가 된다. 가치를 분류하는 기준은 다양하다. 그로스 등(Gross et al., 1980)은 지리적 영역, 사회계층, 수단-목적, 인간의 욕구, 전공분야와의 관계 등을 분류기준으로 삼았다. 한편 밀톤 로키치(Milton Rokeach, 1973)는 가치 유형을 궁극적 가치와 수단적 가치로 구분하였다. 가치는 다변하는 상황에 걸쳐 행동과 판단을 이끄는 총체적인 신념이므로, 인간의 태도, 동기, 욕구, 인식 등에 영향을 미치는 속성이다.

신혼기에는 가족생활을 위해서 가훈을 설정하고, 실천가능한 가족생활의 목표를 정하여, 가족자원을 관리하면서 부부가 서로 적응하고 공동으로 지향하는 삶을 살기 위한 기초적인 노력을 해야 한다. 가족주기에 따른 장기, 중기, 단기 목표를 설정해 두면 미래에 더욱 안정적이고 계획적인 삶을 영위하는 데에 도움이 된다. 이러한 신혼기 때의 노력은 가족의 생활문화를 형성해 가는 데에도 기틀이 된다. 가족생활을 위한 계획과 목표설정 양식을 활용하여 생활에 적용해 볼 수 있다.

표 3-27 밀톤 로키치의 가치 유형

궁극적 가치 – 존재의 궁극적 상태	도구적 가치 – 행위의 양식
편안한 삶(부유한 삶)	야심(야망)
자극적인 삶(활동적인 삶)	관대함(마음이 넓은)
성취감(지속적인 공헌)	유능함(능력 있는, 효과적인)
평화로운 세계	쾌활함(명랑한, 유쾌한)
아름다운 세계	깨끗함(산뜻한, 단정한)
평등(형제애, 동등한 기회)	용감함(신념대로 밀고 나가는)
가족의 안전(사랑하는 사람을 돌봄)	용서(기꺼이 잘못을 용서하는)
자유(독립, 선택의 자유)	도움(타인의 복지를 위해 일하는)
행복(만족)	정직(충실한, 신용 있는)
내적 조화(내적 갈등으로부터의 자유)	상상력이 풍부한(창의적, 창조적인)
성숙한 사랑(육체적 · 정신적 친밀함)	독립적인(자립적인)
국가의 안전(공격으로부터 보호)	지적인(판단력 있고, 사려 깊은)
기쁨(즐기는 여유 있는 생활)	논리적인(일관성 있는, 합리적인)
구원(영생의 삶)	사랑스러운(애정 깊은, 다정다감한)
자존감(자부심)	순종적인(본분을 지키는)
사회적 존경(존경과 칭찬)	공손한(예의 바른, 정중한)
진정한 우정(친밀한 동료의식)	책임 있는(신뢰할 수 있는, 믿을 만한)
지혜(삶에 대한 성숙한 이해)	자기통제적(자제하는, 자기훈련적인)

출처: 김외숙, 이기영(2013). 가족자원관리학. p.105 참조.

목표는 사람들이 그것을 달성하기 위해서 노력하는 대상 또는 성취하려는 것을 말하며, 가치에 근거한 구체적인 목적이다. 목표달성을 위해서 사용가능한 가족의 인적 · 물적 자원을 효과적으로 사용해야 한다. 따라서 목표설정을 위해서는 가치를 분명히 하고, 자원을 조직하여 실현가능한 관리 노력이 수반되어야 한다. 목표

달성을 위해서는 자원분배에 있어서 우선순위를 정해야 하며, 가족의 유한한 자원을 효과적으로 배분해야만 한다. 그리고 목표달성의 정도나 방법, 질과 양을 판단하기 위한 척도로 표준이라는 개념을 적용할 수 있다. 표준은 양적 표준(객관적 표준), 질적 표준(주관적 표준), 전통적 표준, 유연적 표준 등으로 구분한다. 표준은 가치나 목표로부터 도출되기도 하지만 자원과 환경에 영향을 받기도 한다. 이러한 개념을 이해하고 신혼기에 의식적으로 목표를 설정하고 생활표준을 계획한다면, 장기적으로 안정적인 삶을 이룰 수 있다.

표 3-28 가족생활을 위한 계획과 목표설정 양식

가훈				
가훈설정 이유				
가족생활 목표				
구분	신혼기	자녀출산 · 양육기	자녀청년기	중 · 노년기
장기목표	• •			
중기목표	• •	• •	• •	• •
단기목표	• • • •	• • • •	• • • •	• • • •

2) 자녀출산 및 양육기 가족

자녀의 임신과 출산, 양육기는 일생의 가족생활 중에 가장 힘든 시기가 될 수 있다. 자녀출산으로 가족원이 늘면서 가족관계망도 증가하여, 부부만의 단순한 관계가 남편과 자녀, 부인과 자녀, 부부와 자녀 등의 관계로 확대되면서 복잡해진다. 가족원 증가로 가사노동이 급증하며, 주거공간에 대한 욕구도 커지고, 자녀양육을 위한 지출도 증가하여 가계규모가 점점 커지기 시작한다. 임신 출산시기부터 자녀의 영유아기까지 부모들이 체감하는 육아물가가 높고, 육아비용 지출도 계속 증가된다(최윤경 · 박진아 · 이세원, 2013). 부모들이 체감하는 경제적 육아부담이 가중되고 있으므로 자녀양육을 위해서는 가정의 희생만을 요구할 수는 없으며 사회의 다양한 복지서비스가 제공되어야 한다.

$$가족관계망 = n^2 - n - 1 \quad (n = 가족\ 수)$$

이와 더불어 자녀양육을 위한 각종 정보수집과 의사결정을 해야 할 상황도 많아지고, 자녀를 중심으로 한 새로운 인간관계도 형성해야 하므로 두 부부는 경제적인 문제는 물론이고 심리적으로나 육체적, 정신적으로 많은 피곤함과 부담을 느끼게 된다. 이러한 자녀출산과 양육을 기피하는 이들을 위하여 '제3차 건강가정기본계획(2016)'에서는 출산 친화적 사회문화 조성의 일환으로 대안적 '작은 육아, 실속 육아 문화 확산'으로 육아부담 완화 및 출산율 제고를 도모했다(권미경, 2017). 그렇지만 이 시기에는 경제적인 측면을 중심으로 부정적인 정서만 경험하는 것이 아니라 자녀를 출산하고 양육하면서 즐거움과 행복을 동시에 느낀다. 특히 부모에게는 자녀의 바른 성장을 위해서 사랑과 훈육의 보살핌을 충분히 제공해야 하는 과업이 주어진다. 부부는 각자의 일터에서도 가장 활발하게 활동하는 시기이므로 생애 주기에 있어서 매우 바쁘고 힘들며, 동시에 안정과 행복, 책임, 갈등 등을 동시에 겪는다. 따라서 부부는 생활주기의 특성을 이해하고, 서로 돕고 이해하며, 호혜적인 역할분담을 하면서 가족을 중심으로 한 사랑과 공감대를 형성하여 지혜롭게 대처해 나아가야 한다. 이 시기에 부부가 자녀양육의 미숙함, 증가되는 가사노동에 대한 미숙한 대처, 늘어나는 가정경제 문제, 양육을 위한 역할분담의 어려움 등을 극복하지 못하는 경우는 가족생활을 유지하지 못하고, 극단적으로 이혼으로 가족해체가 이루어져서 부부의 인생은 물론 자녀들의 삶에도 크나큰 갈등과 혼란을 야기시킬 수도 있다. 결혼과 가족, 부부와 자녀들을 둘러싼 삶에 대한 새로운 인식과 각오가 필요한 시기이다.

일-가정 양립을 잘 지켜나가는 지혜가 필요하므로 직장 내의 출산휴가나 육아휴직제도 등 가족친화프로그램이나 복지제도 등을 활용하도록 한다. 가족센터나 건강가정다문화가족지원센터(www.familynet.or.kr)에서는 '워킹맘, 워킹대디사업'을 통해서 맞벌이가정에서 느끼는 일-가정 양립의 어려움을 해소할 수 있도록 고충상담 및 컨설팅, 임신 · 출산 · 자녀양육 관련 생활정보를 제공하고 가족관계 개선, 아빠 육아 참여 등 다양한 프로그램을 운영하고 있다. 또한 '공동육아나눔터 및 품앗이사업'을 통해서 18세 미만 자녀가 있는 가정이 이용할 수 있는 지역네트워크 공간과 프로그램으로 지역사회 자원을 공유할 수 있도록 하고 있다.

한편 이 시기에는 자녀의 백일잔치, 돌잔치, 생일잔치 등의 생일의례를 살펴주어야 하므로 이에 대한 의미를 알고, 의례문화상품 정보를 수집하여 준비해야 한다. 또한 자녀양육 동안에 부모의 언행(言行)은 그대로 자녀에게 학습되므로 특별히 유의하고, 올바른 자녀양육태도를 확립하면서 사랑과 훈육이 조화를 이루는 수용적인 양육태도를 가져야 한다.

표 3-29 자녀출산 및 양육기 가족의 특징과 생활문화

특징	생활문화
• 가족원의 증가 • 가사노동의 급증 • 주거공간에 대한 욕구 증가 • 가정경제와 가정의 규모가 확대됨 • 자녀출산으로 인한 새로운 가족관계 경험 • 자녀양육을 위한 정보수집의 필요 • 자녀양육을 위한 의사결정의 기회 확대 • 자녀를 중심으로 한 새로운 인간관계 형성 • 심리적 · 육체적 · 정신적 부담감이 증가 • 가족생활에 대한 책임감 증가 • 자녀양육을 통한 삶의 행복감 경험	• 확대되는 가족관계에 적응 • 가족의 주거규범을 설정해 나가야 함 • 부부의 가사노동의 분담과 역할 재정립 • 자녀양육을 위한 부모의 역할 인식 • 자녀양육태도 확립과 합리적 소비문화 형성 • 자녀양육을 위해 부부의 시간관리 재조정 • 보육제도 및 기관에 대한 정보 활용 • 가족생활을 위한 생활표준의 재점검 • 가족생활을 중심으로 자녀의 예의범절지도 • 가족과 함께 하는 여가문화의 방향설정 • 가족생활 직장생활에서 오는 스트레스 대처

3) 자녀교육 및 독립기 가족

자녀가 초 · 중 · 고교와 대학을 다니며 점차 독립해 나아가는 시기를 뜻한다. 한국의 교육기간은 초등학교 6년, 중학교 3년, 고등학교 3년이며, 초등학교와 중학교는 의무교육으로 이루어지고 있다. 자녀교육을 위한 가계 부담이 급증하며, 자녀가 성장하면서 개인생활공간을 확보해 주어야 하므로 가족들의 주거공간에 대한 욕구도 가장 큰 시기이다. 한국 사회에서 이 시기에 있는 부모들은 자녀의 사교육비 부담으로 매우 힘든 시간을 보내며, 국내에서의 자녀교육문제를 감당하지 못하고 자녀를 해외로 유학을 보내거나 자녀와 어머니가 함께 유학을 위해 해외로 나가고, 아버지만 국내에 머물면서 경제활동을 하며 뒷바라지를 하는 경우도 있다. 이러한 상황에 처한 아버지를 일명 '기러기아빠'라고 부르기도 한다. 이는 사회적으로 가족의 불안정성을 증가시키고, 가족해체를 야기시키기도 한다. 또한 이 시기의 부모들은 자녀의 학업을 위하여 학군이 좋은 곳으로 이사가는 것을 중요하게 생각한다. 국가에서는 입시제도의 개선을 통해서 사교육비를 줄이고, 중 · 고교

생활의 정상화, 대학입시의 부담 경감 등을 추진하고 있지만, 여러 가지 이해관계와 연결되어 쉽게 이루어지지 못하고 있다.

청소년기의 자녀들은 가족보다는 친구관계에 더 관심이 많다. 이들은 질풍노도의 시기로 가치관 정립을 위한 혼란을 겪으면서 입시 위주의 교육제도, 급변하는 문명의 이기에 대한 관심 고조, 이성 친구에 대한 관심 증가, 개방화되어 가는 성의식 현상 속에서 많은 갈등과 혼란을 경험하며 성장한다. 청소년 시기인 자녀를 둔 이때는 부모와 학교, 사회의 교육적이고 계도적인 노력에 관심을 갖는다.

가정에서는 가족의 여가생활이나 가족봉사활동, 종교활동 등을 통하여 가족유대와 소통을 위한 기회를 가져야 한다. 정서적 · 심리적으로 민감한 청소년기 자녀를 둔 이 시기에는 부모도 자신들의 사회생활로 매우 바쁜 시기이기 때문에 가족원들이 정서적으로 소원해지기 쉬운 때이기도 하다. 따라서 특히 부모–자녀 간에 상호 존중하고 이해하려는 소통을 위한 시간을 할애하고 노력을 기울여야 한다.

한편 한국 사회에서는 대학입시제도의 변화에 맞추어 자녀를 대학에 진학시키기 위해 부모들은 경제적 지원뿐 아니라 정서적 · 심리적 지원에 최선을 다한다. '고3의 자녀를 두고 있다'는 부모를 보면 그 어려움에 대하여 공감하고, 입시 1년간은 가정에서의 대소사나 모임 등에 가지 않아도 그 상황을 이해해 주기도 한다. 이때는 자녀교육으로 인하여 가계의 규모가 커지는 것과 더불어 부모들은 자신들의 노부모부양과 자녀양육의 부담을 함께 감당해야 하는 어려움을 겪는다. 사회의 복지제도를 통하여 지원받을 수 있는 프로그램과 혜택 등에 대한 정보를 수집하여 대처해 나가도록 해야 한다.

대학은 보통 2년제, 3년제, 4년제 등 다양하게 구분되어 있고, 대학에 진학한 자녀들은 캠퍼스 기숙사나 학교 주변에서 자취생활을 하거나 오피스텔 등으로 독립해 가는 경우가 많아지고 있다. 대부분 학생들은 대학진학을 할 때에 졸업 후 취업이 유리한 학과나 입시성적에 맞춘 도시권 대학으로 진학하기를 원한다. 대학도 구조조정으로 인하여 경쟁력이 없는 학과는 통폐합이 되고 대학 간에도 경쟁이 치열해지면서 운영에 있어서 부실대학들은 국가에서 인가를 취소하는 등 급진적인 변화가 이루어지고 있다. 부모들은 자녀가 대학 진학 후에는 성인자녀로서 인정해 주고, 독립적인 삶을 살고 싶어 하는 상황을 이해하고 수용하면서 친밀한 대화를 통해서 독립 여부를 결정할 수 있어야 한다. 한국 사회의 가족주기로 보면 이때는 아들의 경우 군복무를 하는 시기이기도 하다. 적절한 복무시기와 복무방법 등을 결정하여 국방의 의무를 수행해야 한다. 이 시기는 가족의 규모, 가족의 부양, 가계의 부담, 자녀교육에 대한 집중, 입시제도에 대한 정보수집, 가정에 적합한 주거공간의 확보, 가족 간 원활한 소통과 존중 등 다양한 생활의 문제를 해결해 나가야 한다.

표 3-30 자녀교육 및 독립기 가족의 특징과 생활문화

특징	생활문화
• 자녀의 초 · 중 · 고등교육에 대한 책임 증가 • 가계규모의 증가 • 주거공간의 확대와 가족의 주거욕구 증가 • 입시제도에 대한 정보수집과 대응 • 자녀와 노부모 부양에 대한 책임 • 자녀와의 이해와 소통 필요성 급증 • 자녀교육비의 부담 증가 • 자녀의 대학 진학과 독립의 시작 • 아들의 군복무	• 가족공동의 여가, 종교생활, 봉사시간 할애 • 가족 간의 이해와 공감문화 형성 • 가족원이 스스로 가사활동 분담, 책임 • 세대 간에 존중과 이해의 소통문화 형성 • 가계규모 증가에 따른 이해와 공동대처 • 자녀의 자율적인 학습 동기부여 • 가족과 사회 변화에 대한 긍정적 대처 태도 • 다양한 복지제도 정보수집 및 활용

4) 중년기 부부가족

중년기 부부가족은 성장한 자녀를 결혼시키거나 독립시키고 두 부부만 남는 시기이다. 신혼기 이후 가장 행복한 부부만의 시간을 향유할 수 있는 시기이기도 하다. 빈 둥우리(empty nest)시기라고도 한다.

그러나 최근에 한국 사회에는 취업난과 결혼기피현상 등으로 인하여 중년기 부부가족은 두 부부만 남기까지 어느 정도의 시간이 더 필요한 경우가 나타나고 있다. 즉 미취업상태의 성인자녀와 함께 사는 경우, 결혼하지 않고 홀로 사는 성인자녀와 함께 사는 경우, 자녀가 독립을 원하지만 여건상 경제력이 있는 부모와 함께 사는 경우(일명 캥거루족) 등으로 중년기 부부가족도 제2의 신혼기라고 하기 어려운 상황에 처한 경우도 많아지고 있기 때문이다.

중년기 부부가족은 아직은 경제력과 건강이 뒷받침되는 시기이므로, 대단한 구매력을 지닌 소비집단으로 회자된다. 중년기 부부가족의 주요 관심은 경제활동과 건강유지에 집중된다.

중년기 부부는 건강이 허락하는 경우, 결혼한 자녀의 도움 요청이 있을 경우, 결혼한 자녀가 출산한 손자녀를 돌보는 데 2~3년간의 시간을 할애하여 손자녀가 보육기관을 이용하기 전까지 손자녀 돌봄을 위해 그들은 기꺼이 시간과 노력을 제공해 주기도 한다. 가족중심주의의 특성이 강한 한국 사회에서는 낯설지 않다. 조부모는 손자녀에 대한 사랑으로 돌봄에 참여하지만 건강문제, 육아방식의 문제 등으로 자녀들과 갈등을 겪기도 한다. 조부모는 자신들의 자녀 육아에 참여한 지 오랜 시간이 지났으므로 새롭게 손자녀를 돌보기 위한 육아방식 습득을 지원하는 사회교육기관이나 건강가정지원센터 프로그램에 참여하여 정보를 얻을 수도 있다. 육아정책연구소 학술지에 발표된 '손자녀양육 경험이 중노년 여성의 정신건강에 미치는 영향' 연구(오소미 · 전혜정, 2014)에 의하면 고령화연구패널조사 3차 자료 중 50세 이상 여성 응답자 2,744명을 분석한 결과(건강가정지원센터 지역센터자료), 10세 이전 손자녀양육을 도와준 경험이 있는 여성들은 손자녀양육 경험이 없는 경우보다 삶의 만족도와 자녀와의 관계에 대한 만족도가 높은 것으로 나타났다.

한편 한국여성정책연구원이 조사하는 여성가족패널을 사용하여 손자녀돌봄이 조모의 우울에 미치는 영향을 분석한 최근 연구(최미향 · 오혜은, 2022) 결과를 보면, 손자녀를 돌보는 조모의 우울감이 비교집단보다 더 큰 것으로 나타났는데, 이는 손자녀돌봄 역할 자체가 조모에게 심리적 부담으로 작용하는 것이라 지적되었다. 손자녀돌봄으로 손자녀와 친밀한 관계가 형성되어 삶의 만족과 보람을 줄 수 있으나, 추가되는 부담이 우울로 이어질 가능성이 증가한다는 점을 간과할 수는 없다. 비자발적으로 손자녀양육에 참여하게 된다거나 충분한 시간과 자원이 확보되지 않은 상태에서 손자녀를 돌보는 경우는 심리적으로 어려움을 겪을 수밖에 없다.

중년기 부부는 공동의 운동과 취미생활, 종교생활에 참여하면서 인생의 보람과 행복을 느낄 수 있도록 하는 것이 좋다. 서로 다른 취미생활, 종교생활, 여가생활을 하기보다는 함께 하는 활동을 새롭게 시작하는 것도 필요하다. 중년기는 점차 사회적인 역할이나 활동영역이 축소되면서 심리적 · 정서적으로 위축되어 우울을 겪게 되는 경우도 많다. 이는 남녀가 다르지 않다. 따라서 중년기 부부 가족들은 두 부부뿐만 아니라 친구나 친지, 이웃과 원활한 유대관계를 유지하는 것이 중요하다.

표 3-31 중년기 부부가족의 특징과 생활문화

특징	생활문화
• 자녀독립 후 두 부부만 남는 시기 • 부부공동의 취미와 여가생활 영위 • 가계규모의 축소 • 가족원에 맞도록 주거공간의 축소 필요 • 부부의 건강관리에 대한 관심 증가 • 자녀독립 후에도 경제활동이 가능한 시기 • 손자녀 출산 및 돌봄 요청을 받는 시기	• 두 부부가 함께하는 여가의 공감대 형성 • 육아문화, 생활문화를 자녀세대에게 전수 • 중년을 위한 새로운 인간관계 형성 노력 • 종교생활 등을 통한 긍정적 삶의 자세 • 건강관리 정보습득, 주변인들과 정보공유 • 심신이 건강하고 본받을 만한 사회의 어른으로서의 품격 갖추기 • 가계규모의 축소에 맞추어 주변 정리 시작

5) 노년기 가족

오늘날 의료기술의 발달과 수명연장, 삶의 질 향상 등으로 인하여 전 세계의 고령인구는 급격히 증가하고 있고, 우리나라는 2020년에 전국 시 · 군 · 구 42%가 이미 초고령사회로 진입했다. 초고령사회는 65세 인구가 20% 이상인 사회를 말한다. 따라서 가족주기 중에서도 노년기 가족의 삶에 대한 관심이 집중되고 있다. 과거 전통사회에서 노인은 가정의 어른으로서 중요한 역할을 했고, 존중과 공경의 대상이었다. 모든 집안일을 수행하는 주체가 되었고, 생활의 규범과 가정생활문화를 전수하였으며, 손자녀교육에도 영향력을 발휘했다. 더욱이 농경사회에서 계절의 변화에 따라 농사짓는 방법과 기술을 전수하는 등 가정에서 노인으로서의 역할과 노력은 매우 중요했다. 그러나 급변하는 과학기술 중심의 현대사회에서 노년기는 그들이 갖고 있던 삶의 지혜와 기술 등이 더이상 유용하지 않게 되었고, 그 역할이 축소되면서 존중과 공경의 대상이 아니라 부양의 대상이 되는 상황이 되었다. 그러나 노년기는 생산성과 경제적 논리로만 바라보는 대상이 되어서는 안된다. 현재의 가정을 이끌어온 부모세대이자 사회의 어른으로서 감사와 존경을 받아야 하는 존재로 인식되어야 한다.

표 3-32 노년기 가족의 특징과 생활문화

특징	생활문화
• 경제활동의 감소와 가계규모의 축소 • 사회적 가정적 역할 축소 • 노화로 인한 육체적 정서적, 심리적 위축 • 노인성 질환, 우울, 치매 등 질병 증가 • 부부간 돌봄 • 주거 의존기: 실버타운, 요양원, 양로원 • 요양서비스 수혜: 재가서비스, 시설서비스	• 부부의 종교생활, 봉사활동, 여가문화 공유 • 적극적이고 활동적인 여가생활 영위 • 생의 마감을 위한 준비교육에 참여 • 건강정보, 요양보호제도, 서비스 정보 활용 • 사회변화와 돌봄문화와 서비스에 대한 이해 • 가계규모 축소, 주거의존 등 수용 • 자손, 친구, 친지, 이웃들과 유대관계 형성

일반적으로 노년기는 경제적 어려움, 정서적인 외로움, 역할의 상실, 건강문제의 4가지 고통을 겪는다고 알려져 있다. 노년기에는 사회적 역할이 축소되는 것뿐 아니라 가족 내에서의 역할과 경제적인 활동 등이 함께 감소하고, 노화로 인하여 육체적 · 심리적 · 정서적으로도 위축되어 활동반경이 줄어들기 때문이다. 노년기 가족은 남은 생을 행복하게 지낼 수 있도록 부부가 서로 의지하며 자손들뿐만 아니라 친구, 이웃 친지들과의 유대관계 속에서 외로움과 우울을 느끼지 않도록 지지받고 보호받아야 한다. 노인들이 함께 하는 종교모임이나 여가생활에 참여하는 것도 좋다. 각 지역사회에는 노인복지관을 비롯하여 평생교육원, 문화센터, 스포츠센터, 자원봉사센터 등이 있으므로 노인들은 건강이 허락하는 경우에는 다양한 동적인 활동에 참여하여 보람된 삶을 살아가도록 노력해야 한다. 집에서 혼자 지내며, TV시청이나 소극적으로만 소일거리하기보다는 좀 더 적극적이고 활동적인 여가활동에 참여하는 것이 신체적 건강뿐 아니라 정서적 · 심리적으로도 좋다.

표 3-33 노인여가복지시설

구분	노인복지관	경로당	노인교실
시설 수	399	67,633	1,282
주요 사업	평생교육지원, 취미여가지원, 건강생활지원, 사회참여지원, 상담사업, 정서생활지원	노인복지관 연계 프로그램, 건강운동활성화, 자원봉사활동, 노후생활교육 등	어르신들의 취미생활과 관련된 학습프로그램(강의형태)
특징	지역거점 노인여가시설	소그룹 어르신들의 사랑방	취미생활 관련 학습프로그램 제공 시설
정부지원 현황	지방이양(2005년~)	지방이양(2005년~) 냉난방비 및 양곡비만 지원	지방이양(2005년~)

출처: 보건복지부(2022). 홈페이지 자료 정리(2021년 12월 말 기준)

노년기 가족은 가계 규모가 축소되고, 신체적으로도 노화가 이루어져, 가사활동에 대한 부담이 증가하므로 젊었을 때 살았던 주거공간보다는 작은 규모의 주택으로 옮겨 지내는 것이 필요하다. 또한 실버타운은 의식주, 건강여가, 의료 등을 제공하는 노인세대를 위한 중요한 거주공간으로 자리매김되고 있다. 대가족생활을 함께 하던 과거에는 노인부양은 크게 문제가 되지 않았으나, 오늘날은 핵가족화와 맞벌이 현상으로 인하여 노인부양을 가정 내에서만 담당하기 어려워졌고, 오히려 가족갈등을 유발시키는 요인이 되고 있다. 그리고 노년은 경제적 상태나 건강 여부에 따라 요양원, 요양병원에 의존하게 된다.

한편 노인들은 스스로 독립해서 생활하기 위해 재취업하는 경우도 늘어나고 있다. 한국노인인력개발원(www.kordi.or.kr)에서는 노인일자리 활성화를 통한 활기찬 고령사회를 구현한다는 취지로 노인들의 일자리 및 사회활동지원사업과 노인자원봉사 활성화지원사업, 노인복지 민간단체지원사업 등을 펼쳐나가고 있다.

표 3-34 한국노인인력개발원의 사업

구분	유형	내용
노인일자리 및 사회활동지원사업	공익활동	노노케어, 취약계층지원, 공공시설봉사, 경륜전수활동, 지역상생활동
	사회서비스형	가정 및 세대 간 서비스, 취약계층전문서비스, 공공전문서비스, 기타
	시장형사업단	식품제조 및 판매, 공산품제작 및 판매, 매장운영, 지역영농, 운송, 기타
	취업알선형	관리사무종사자, 공공전문직종사자, 서비스종사자, 판매종사자, 농림어업숙련종사자, 기능원 및 관련기능종사자, 생산 제조 단순노무직
	고령자친화기업	인증형, 창업형
	시니어인턴십	인턴, 장기취업유지형, 세대통합형, 체험형. 만 60세 이상자의 고용촉진을 위해 기업에게 인건비를 지원하여 계속고용을 유도하는 사업

노인자원봉사 활성화지원사업	지역사회봉사활동	지역사회봉사활동(주거 및 환경보호, 생활편의지원, 안전지도)
	재능나눔활동	상담 및 안내, 교육지도, 문화예술, 보건의료
	특성화활동	위탁기관별 특성화활동
노인복지 민간단체 지원사업	(노인일자리, 취약노인보호, 노인건강, 노인여가활성화, 세대 간 이해 증진, 노인권익향상, 장례문화, 효행장려) 민간단체에 수행하는 노인복지 분야별 사업 지원	
교육사업	노인일자리사업 종사자(수행기관 실무자 및 담당자) 대상 온라인기초과정 교육 및 지역특화 과정	

출처: 한국노인인력개발원 홈페이지 자료 참고하여 정리.

한국의 노인들은 OECD 국가들보다 오래 일하는데 그 일이 저기술, 저임금의 임시직인 경우가 많으며, 임금수준도 OECD 국가들에 비해서 낮은 수준이다. 한편 고학력 수준을 보이는 베이비부머세대들이 대거 은퇴하게 되고, 저출산 고령화 현상과 맞물리면서 고령자 고용정책은 출산장려정책과 더불어 가장 중요한 정책의 한 분야가 될 것으로 보고 있다(김도우, 2017).

보건복지부에서는 노인정책으로 치매검진사업, 치매치료관리비지원사업, 노인실명예방관리사업, 노인맞춤돌봄서비스, 노인주거복지시설 운영을 실시하고 있다. 노인지원사업으로는 노인일자리 및 사회활동지원사업을 비롯하여 장사제도, 노인여가복지지원 등이 이루어지고 있으며, 요양보험제도를 운영한다.

노인들은 일반적인 노인성 질환 이외에도 일상생활능력의 저하, 우울, 치매 등으로 어려움을 겪는다. 대한노인병학회에서는 '백세까지 건강하게, 건강하게 장수하는 방법'에 대해 건강장수 7계명을 권고하고 있다. 또한 대한암학회에서는 암을 예방하는 방법으로 평생 건강체중을 유지관리하고, 규칙적인 신체활동을 해야 하며, 음주량을 제한해야 한다고 권고하고 있다. 노년기에는 배우자가 질병이 생기게 되면 서로 돌보면서 의지하고 지내며, 한국에서는 국가의 장기요양보호제도의 노인요양등급판정에 근거하여 요양보호사로부터 재가서비스를 받기도 하고, 요양시설에서 치료와 보호를 받기도 한다. 노인부양은 가족, 사회, 국가가 공동 분담하는 형태의 부양문화가 자리매김되고 있다. 노인들은 자녀들의 돌봄을 받아야 한다는 전통적인 부양의식에서 벗어나 국가와 사회의 부양서비스를 수용하는 의식전환이 필요하다.

표 3-35 재가노인복지서비스

구분	내용
방문요양 서비스	• 가정에서 일상생활을 영위하고 있는 노인으로 신체적 · 정신적 장애의 어려움을 겪고 있는 노인에게 필요한 각종 서비스 제공
주야간보호 서비스	• 부득이한 사유로 가족의 보호를 받을 수 없는 심신이 허약한 노인과 장애노인을 주간 또는 야간 동안 시설에서 보호
단기보호 서비스	• 부득이한 사유로 가족의 보호를 받을 수 없어 일시적으로 보호가 필요한 심신이 허약한 노인과 장애노인을 시설에 단기간 입소시켜 보호
방문목욕 서비스	• 목욕장비를 갖추고 재가노인을 방문하여 목욕을 제공하는 서비스
재가노인 지원서비스	• 재가노인에게 노인생활 및 신상에 관한 상담제공, 재가노인 및 가족 등 보호자 교육, 각종 편의 등을 제공하는 서비스 ※ 방문요양서비스 주야간보호서비스, 단기보호서비스, 방문목욕서비스, 방문간호서비스 이외의 서비스 제공
방문간호 서비스	• 수급자의 가정을 방문하여 간호, 진료의 보조, 요양에 관한 상담 또는 구강위생 등을 제공하는 서비스
이용대상	• 장기요양급여수급자 • 심신이 허약하거나 장애가 있는 65세 이상의 자(이용자로부터 이용비용의 전부를 수납받아 운영하는 시설의 경우는 60세 이상의 자) • 장기요양수급자 중 재가급여 대상자가 장기요양기관으로 지정받은 재가노인복지시설(재가노인지원서비스 제외) 이용 시 • 장기요양인정신청(공단지사)→방문조사→등급판정위원회→장기요양인정서 수령→입소절차에 따라 입소

출처: 보건복지부 홈페이지 자료 정리

표 3-36 대한노인병학회 건강장수 7계명

1. 소금은 반으로 줄이세요.
2. 담배와 술을 끊으세요.
3. 고혈압, 고지혈증, 당뇨병이 있다면 건강한 생활습관과 약물치료로 적극적인 관리를 하세요.
4. 숨이 조금 더 찰 정도의 운동을 매일 30분 이상 꾸준히 하세요.
5. 깨끗하고 건조한 실내를 유지하세요.
6. 몸과 마음의 건강을 위해 의사와 주기적으로 상담하세요.
7. 친구를 만나고 사회활동을 유지하세요.

표 3-37 암 예방방법에 대한 대한암학회의 권고사항

평생 건강체중 유지	• 저체중에 유의하되 평생 적절한 체중을 유지한다. • 나이에 관계없이 체중이 과도하게 증가하지 않도록 한다. • 규칙적인 신체활동과 고열량 식사와 음료섭취의 제한을 통해 건강체중을 유지한다.
규칙적인 신체활동	• 성인은 중간 정도 신체활동 또는 강도가 높은 신체활동을 규칙적으로 시행한다. • 아동이나 청소년은 주 3일 이상의 강도가 높은 신체활동을 포함하여 매일 한 시간 이상의 중간 강도 또는 강도가 높은 신체활동을 한다. • TV 보기 등 앉거나 누워 있는 정적인 활동을 제한한다. • 채식 위주의 건강한 식사를 한다. 매일 400~500g 이상의 채소 및 과일을 섭취한다. • 가공육과 붉은 고기 섭취를 줄인다. • 정제하지 않은 통곡밀을 섭취한다.
음주량의 제한	• 여성은 하루 한 잔, 남성은 하루 두 잔 이하로 음주를 제한한다.

노년기는 자신의 죽음을 준비하고, 배우자의 죽음을 맞이하는 등 육체적 · 정서적으로 힘든 시기이다. 서로 의지하며 살던 부부 중 배우자가 죽음을 맞이하게 되면 머지않아 남은 사람도 세상을 떠나는 경우를 흔히 볼 수 있다. 죽음은 인생에서 가장 큰 스트레스 요인이다. 또한 홀로 사는 독거노인이 증가하면서 고독사 등도 사회문제가 되고 있다. 고독사도 가파르게 증가할 것으로 예상되고 있어, 이에 대한 사회안전망이 절실한 상황이다.

Problems & Discussion

1 결혼은 한국 젊은이들에게 어떤 의미인가, 왜 결혼을 포기하려 하며, 이를 해결하기 위한 법적 · 제도적 대책은 무엇일까 토의해 보세요.

2 자녀를 적게 낳고, 자녀의 인적투자에 집중하는 것은 미래에 사회적으로나 가족적으로 어떠한 결과를 초래하게 될 것인지 토의해 보세요.

3 태교는 어떠한 의미가 있으며, 만약 태교를 한다면 어떠한 태교를 할 수 있을까? 태교의 효과를 검증하는 연구에는 어떠한 연구들이 진행되고 있는지 찾아보세요.

4 한국 가정에서 자녀교육을 위한 가정교육 내용의 핵심이 되어야 할 것은 무엇인지 생각해 보세요.

5 한국건강가정진흥원, 가족센터, 건강가정다문화가족지원센터 등 홈페이지를 방문하여, 그 기관의 사업과 가족정책의 전달체계에 대하여 파악해 보세요.

CHAPTER 04

가족윤리와 예의생활문화

CHAPTER 04 가족윤리와 예의생활문화

1. 가족윤리

윤리(倫理)란 사전적으로 사람으로서 마땅히 행하거나 지켜야 할 도리를 의미한다. 인간의 삶은 가장 기초적인 사회집단인 가정에서부터 시작하므로 가족윤리란 가족의 삶과 관계 유지를 위해 지켜나가야 하는 인간된 도리라 할 수 있다. 효(孝), 애정(愛情), 화목(和睦), 자(慈)는 가족윤리를 지켜가는 가치로서 가족규범이 되어 왔다.

1) 효

효(孝)란 사전적 의미로 '어버이를 잘 섬기는 일이다.'『일생의례사전』에 따르면 효는 부모에 대한 사랑이나 존경의 감정이라고 하였다.

우리나라에서는 예로부터 그 어버이를 사랑하지 않고서 다른 사람을 사랑하는 것은 그릇된 덕이라 했고, 어버이를 공경치 아니하고 다른 사람을 공경하는 것은 어긋난 예라고 하였다(소혜왕후, 『내훈(內訓)』 효친장). 타인의 사랑과 존중도 중요하나, 인간사의 중심이 되는 천륜관계의 중요성을 강조해 온 것을 보면, 무엇보다도 가정 내에서의 올바른 사랑과 공경의 관계가 형성되어야만 바람직한 삶이 이루어진다는 것(주영애 · 이영숙, 1997)이 가족윤리의 근간이 됨을 알 수 있다.

효의 본질은 인간애(人間愛)를 바탕으로 한다. 모든 생명체는 배우지 않고 가르치지 않더라도 자기가 낳은 생명을 사랑하고 죽음으로써 지키려고 한다. 이것이 생명체와 자연의 본성이다. 생명의 근원을 아끼는 것은 지극히 자연스러운 것이다. 생물학적으로 볼 때 동물적 속성을 갖는 인간도 누구나 자기의 생명과 자손을 소중히 여기고 종족보존의 욕구가 있으니, 인간은 더욱 그러하다.

그런데 인간은 동물적인 생물적 육체적 종족본능뿐만 아니라 인간애를 바탕으로 생명존중의 정신문화를 창조하고 계승해 가는 유일한 존재이다. 부모와 자식은 한 몸과 마음이 분신되는 자연적이고 천성적인 관계이다. 인간이 생명에 대한 경외와 사랑, 그리고 문화적 가치를 계승해 나아가는 중심에는 '효'의 본질적인 가치와 정신문화가 함께 존재한다(주영애, 2020).

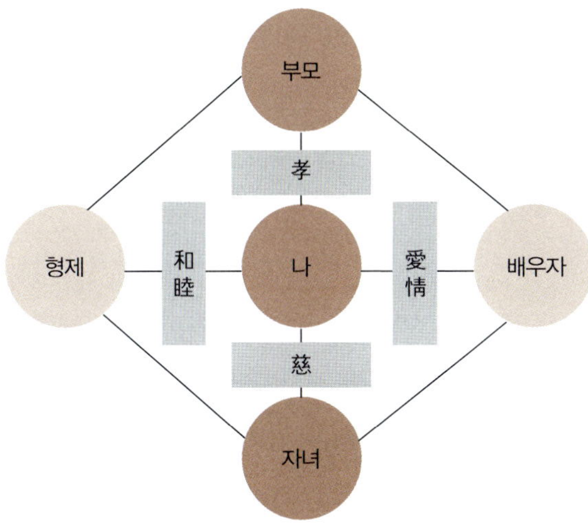

그림 4-1 '나'를 중심으로 한 가족과 윤리

부모자녀관계는 하늘이 내려준 천륜(天倫)의 관계로, 세상의 어느 누구도 그 관계를 끊을 수 없다. 반면 부부관계는 사람이 맺어준 인륜의 관계이다. 혼인을 인륜지대사(人倫之大事)라고 하는 것은 사람이 연결해 준 인간관계에서 가장 큰 일이 부부관계를 맺어주는 것이기 때문이다. '부모는 자신의 머리와 같고, 형제자매는 자신의 수족(手足)과 같으며, 배우자는 자신의 의복(衣服)과 같다'는 말이 있다. 수족(手足)이 없으면 살아가는 생명에는 지장이 없다 하더라도, 살아가는 동안 여러 상황에서 불편함을 느낄 수 있다. 형제자매가 함께 어려움을 극복하기도 하고, 기쁨도 서로 나누며 의지할 수 있어야 하는데, 형제자매가 없다면 얼마나 외롭고 힘겨울 것인가를 말하는 것이다. 그러나 그보다 더 중요한 것은 인간이란 머리가 없으면 생명 자체가 존재할 수 없다. 부모는 자신의 '머리'와 같은 존재이다. 부모와 자녀관계는 사회의 환경이 변화하고 무수한 가치관이 변화하더라도 불변하는 천륜의 관계이다. 『효경(孝經)』에는 '효(孝)는 덕(德)의 근본이다(孝德之本也)'라고 하고 '사람의 행실이 효보다 큰 것이 없다(人之行 莫大於孝)'라고 하였다.

효(孝)란 늙을 노(老)를 아들 자(子)가 머리에 이고 가는 형상의 글이다. 자녀가 부모 모심을 상징한다. 자신을 낳아 준 생명의 은인이며, 길러준 부모의 은공에 감사와 보은의 정성을 다하라는 뜻을 담고 있다. 효(孝)란 혈연적인 부모자녀관계를 맺는 가치이자 철학이며, 인간의 도리이며, 규범이다.

전통사회에서 '효(孝)는 덕행(德行)의 근본(根本)이며, 시작되는 것'이라고 하여 효를 최고의 덕목으로 삼았고(손서영 · 이길표, 1998), 『논어(論語)』에서는 '효란 부모가 살아 있을 때는 예로 섬기고, 죽어 장사지낼 때도 예로써 모시고, 제사도 예로써 지내야 한다'고 하여 부모가 생존하는 시기는 물론 돌아가신 후까지 예를 지켜 효를 실천해야 한다는 것을 강조하였다. 효는 물질적인 면보다 정신적인 면을 중요시하고, 행동으로 옮겼을 때만이 덕을 쌓을 수 있는 실천적인 덕목이라 할 수 있다. 이는 모든 덕(德)의 근본으로 개인과 가정을 올바르고 질서 있게 정착시키고, 나아가 사회와 국가로 확대되어 인간 사회의 결속과 질서를 확립하는 가장 기본적인 윤리이다(이길표 · 주영애, 1995).

부모를 존경하는 일, 공경의 도는 부모를 섬기는 일 중에서도 가장 중요한 도덕적인 의무(최재석, 1985)이다. 부모에 대해 존경하는 마음이 가장 소중하므로 예의를 지켜 극진히 행해야 하는 것이다. 부모에 대해서는 언어, 태도, 행동을 모두 예의 바르게 함으로써 가정 내 질서를 유지하고, 밖에서도 웃어른을 섬기는 경로효친(敬老孝親) 사상을 실천해야 한다. 부모님이 낳아주신 은혜에 보답하는 효행으로는 부모로부터 받은 자신의 신체를 잘 보전하고 처신을 잘하여 덕행에 그릇되게 하지 않아야 한다. 그리고 건강한 신체와 건강한 정신을 가진 한 인격체로서 성장하여 떳떳한 사회의 일원이 되어 맡은 책임과 의무를 충실히 하는 성인으로 살아갈 때 부모를 기쁘게 하는 것이며, 효를 다하는 것이다. 또한 부모님의 뜻을 늘 잊지 않고, 덕행을 실천하고자 부모님께서 항상 강조하시던 말씀과 뜻을 이어나가는 것 또한 중요한 효행인 것이다. 이를 각 가정에서는 가훈(家訓)을 통해서 부모의 유지를 받드는 실천적인 삶으로 나타내게 된다(주영애, 2017).

오늘날 한국인들은 부모에 대한 효를 부모가 살아계실 때만 하는 것이 아니라 돌아가신 후에도 그대로 해야 한다는 효행을 실천하고 있다. 부모님이 돌아가신 후에도 자손들이 모여 함께 제사나 추모의례를 지내면서 부모님이 남기신 뜻과 가르침을 되새기고, 실천하여 전통적인 효행을 지금도 이어가고 있다.

표 4-1 전통사회에서의 효교육 내용의 개념

효의 분류	효교육 내용의 개념
공경의 효	부모애 대한 존경하는 마음이 가장 소중한 것이며, 이는 예의를 지켜 지극히 행하여야 하는 것으로 부모님께 언어, 태도, 행동을 예의바르게 함으로써 자기 자신은 물론 가정 내의 질서를 유지하고 밖에서도 웃어른을 섬기는 경로효친 사상을 실천하는 것을 말한다.
봉양의 효	자식으로서 부모가 생활해 나가는 데 물질적, 정신적으로 궁핍함을 느끼지 않도록 의복, 음식, 잠자리를 보살펴 드리며 정신적인 면까지 정성을 보이는 것을 말한다.
시봉의 효	항상 부모님의 신상에 관심을 갖고 생활을 살펴드리면서 모든 일을 상의 드려 의견을 존중하며 가까이에서 잘 모시는 것을 뜻한다.

순종의 효	부모님께 순종하여 그 뜻을 따르고 모든 일을 행함에 있어서 부모의 허락을 받고 실행하여야 함을 말한다.
형제, 친척간의 돈목의 효	부모를 잘 섬기고 부모의 마음을 편히 해드리기 위해서는 같은 부모에게서 태어난 형제, 자매와 우애가 있어야 하며 나아가 같은 조상에서 태어난 친척과도 화목해야 한다.
보신의 효	부모가 주신 자기의 신체를 보호하고 건강을 유지하여 부모에게 걱정을 끼치지 않도록 하는 것이다.
입신행도의 효	건전한 신체와 정신을 가진 한 인격체로 성장하여 떳떳한 사회의 일환으로 자신이 맡은 책임과 의무를 충실히 수행하여 부모를 기쁘게 해드린다.
양지의 효	부모님의 뜻을 잊지 않고, 덕행을 실천하여 그 유지를 이어가는 것을 말한다.

출처: 주영애(1999). p.200.

부모은중경(父母恩重經)

■ 아이를 배어 지키고 보호해 준 은혜

여러 겁 인연이 중하여 금생에 다시 와서 어미 태에 의탁했도다. 한 달이 지나가니 오장이 생겨나고 칠칠이에 여섯 정이 열리도다. 몸뚱이는 태산같이 무거웁고 행동거지 할 때마다 몹쓸 질병 겁내도다. 화려한 비단 옷은 도무지 안 입으니 단장하던 거울에는 티끌이 묻었도다.

■ 해산함에 임하여 고통받으신 은혜

아이 밴 지 열 달이 지나가니 어려운 해산날이 닥쳐오도다. 날이면 날마다 중한 병에 걸린 듯이 정신이 혼미하도다. 두려웁고 무서운 심정 어찌 다 헤아릴까 금심으로 흘린 눈물 옷자락을 다 적시도다. 슬픔을 머금은 채 친족에게 아뢰옵되 이러다가 죽지 않을까 겁날 분이외다.

■ 자식을 낳고서야 근심 잊으신 은혜

자비하신 어머님 그대 낳은 날엔 오장육부 도려내는 심한 고통 겪었으니 마음은 혼미하고 육체는 기절하며 짐승을 잡은 듯이 낭자히 피흘렸도다. 갓난 아이 충실하단 말을 들으시고 무던히 기뻐하시언만 기쁨이 가신 뒤에 슬픔이 밀려오니 고통스런 그 심정 가슴을 저미도다.

■ 쓴 건 삼키고 단 건 뱉아 먹여 준 은혜

깊고도 무거울 사 부모님 은혜려니 사랑하고 귀여워하심 한시도 변함없도다. 자식 사랑 깊은 정에 맛좋은 음식일랑 잡숫지 아니하고 쓴 것을 삼키어도 찡그리지 아니하며 자식의 배부름이 자기 배부른 듯이 굶주림 사양 아니하시니 자비의 크신 정 애처롭게 깊어만 가도다.

■ **진 자리 마른 자리 갈아 누이신 은혜**

어머니 당신 몸은 젖은 데 누으시고 애기는 마른 자리 갈아 누이며 포근한 두 젖으론 기갈을 채워 주고 고운 옷자락은 바람 막고 추위 막아 주도다. 사랑의 정성으로 잠조차 설치시고 아기의 재롱으로 무척이나 기뻐하도다. 어린애기 편케 할 뿐 자신의 편안함은 구하지 않도다.

■ **젖먹이고 사랑으로 길러주신 은혜**

어머니 은덕 대지와 같고 아버지 은혜 하늘과 같도다. 만물을 실어 길러 주는 대지와 덮어 성장시키는 하늘의 공 능이 같도다. 부모님 은혜 또한 서로 같도다. 눈이 없거나 손발이 불구라 해도 밉게 여기거나 싫어하지 아니 하고 자기 자식 아끼고 사랑하는 마음 속에 세월가도다.

■ **목욕세탁 더러움을 씻어주신 은혜**

생각컨대 옛날의 아름답던 그 얼굴 아리따운 그 모습은 몹시도 고왔도다. 버들 입 두 눈썹에 붉그레한 두 뺨이 야연꽃인 양 하였는데 깊은 정 쏟다보니 옥같이 곱던 얼굴 잔주름 늘어가고 세탁함에 손발이 다 닳도다. 애틋한 사랑 속에 자비하신 어머님은 얼굴마저 변하셨도다.

■ **멀리 떠나가면 근심 걱정하신 은혜**

죽어 이별 진실로 잊기 어렵고 살아 이별 또한 가슴 아프도다. 자식이 외출하여 먼 곳에 나아가면 어버이의 그 마음도 타향 땅에 함께 있도다. 밤이나 낮이나 자식 향한 마음으로 흘린 눈물 천만줄기. 나비새끼 사랑에 애처러이 울부짖듯 행여나 염려하여 애간장이 끓기도다.

■ **자식을 위해서는 모진 일 하신 은혜**

어버이 크신 은혜 바다같이 깊고 산처럼 또 높으거니 진실로 보답키 어렵도다. 자식의 괴로움을 대신 받기 원하시고 아이의 수고함에 어미 마음 편치 않도다. 먼 여행 길 떠나가면 그동안에 무사한가 잠자리마저 걱정하도다. 자녀의 잠시 괴로움도 어미 마음 긴 시간 아프도다.

■ **임종 때도 자식 위해 근심하신 은혜**

아버지 어머니의 깊고도 지극한 은정 언제나 사랑으로 넘쳐 흐르도다. 앉거나 서거나 마음은 그림자처럼 멀리 또 가까이서 항상 서로 따르도다. 백 살된 고령의 어머니가 팔십 먹은 자식 걱정하고 계시니 이러한 깊은 정 어느 땐들 그치리까. 목숨이 다한 날에 비로소 떠날거나.

오늘날 효의 개념은 전통사회에서의 실천적인 개념과 비교해 볼 때는 그 내용이 변화하고 있지만, 부모를 존경하고 사랑하며 원만한 관계를 유지해야 한다는 기본 개념에는 변화가 없다. 현대의 생활양식이 변화하고, 다양한 문명의 기기와 생활환경의 변화가 이루어지고 있으므로 전통사회에서 부모를 가까이 모시는 봉양이나 시봉, 순종의 효 등을 그대로 실천하는 것은 쉽지 않다. 시대에 맞는 효의 실천 방법을 현명하게 찾아 나아가야 할 필요성이 높다. 이러한 가족윤리인 효의 실천은 사회의 인간관계를 맺어가는 데에 근간이 되기 때문이다.

표 4-2 효 관련 속담

구분	속담
자녀양육에서 효교육의 중요성	• 매로 키운 자식 효성 있다. • 남의 자식 흉보지 말고 내 자식 가르쳐라.
효행의 어려움	• 효성이 지극하면 돌 위에 꽃이 핀다. • 내리사랑은 있어도 치사랑은 없다. • 긴 병에 효자 없다. • 십년 구병에 불효난다. • 효자가 악처만 못하다. • 한 부모는 열 자식을 거느려도 열 자식은 한 부모를 못 거느린다.
부모가 된 후에 깨닫는 효	• 자식을 길러봐야 부모 은공을 안다. • 부모 속에는 부처가 들어 있고 자식 속에는 앙칼이 들어 있다.
보고 배우는 효의식과 효행	• 효자가 있어야 효부도 있다. • 효자 집에 효자 난다. • 부모가 온효자되어야 자식이 반효자. • 집이 가난하면 효자가 나고, 나라가 어려우면 충신이 난다. • 눈먼 자식이 효자 노릇한다.

출처: 국립국어원 표국준어대사전 참고; 주영애(2020). 한국의 효문화. 신정. p.121.

2) 가족화목과 우애

가족관계에서 화목과 우애는 '효'라는 가족윤리의 확대 개념으로도 이해된다. 즉 부모님의 마음을 편하게 해드리며, 모시는 행위에 있어서 형제자매와 친척 간에 화목하고 우애를 지키는 일을 빼놓을 수 없기 때문이다. 형제자매는 같은 부모로부터 태어나 혈육을 나눈 사이로 가장 가까운 친척관계를 형성한다. 친(親)은 동성(同性)의 겨레이며 척(戚)은 이성(異性)의 겨레이다. 형제자매 간의 화목과 우애를 지켜 나아가는 것이 쉬운 일은 아니다. 더욱이 성장하여 결혼을 하게 되면 화목했던 형제자매 관계도 서먹해지고, 각기 배우자의 영향으로 인해 갈등의 관계가 형성되기도 한다. 예로부터 형제자매와 친척 간은 서로 부귀를 시기하고 빈천을 업신여기면 이웃보다 더 큰 원수가 되고 서로 짐승만도 못하게 대하게 되므로 그릇된 말이나 행동을 절대 삼가야 한다는 가르침을 강조해 왔다.

송우암 선생은 맏딸이 시집갈 때에 아버지로서 딸에게 당부하는 『계녀서』라는 글을 남겼다. 여기에는 형제 화목하는 도리라는 훈계의 내용이 담겨 있다.

『계녀서』의 형제 화목하는 도리라

형제는 한 부모에게 혈기를 나누어서 같은 것을 먹고, 한 집에서 자라나 옷도 같이 입고, 밥도 같이 먹고, 놀기도 한시도 서로 떠나지 아니하고, 병이 들면 근심하고 배고파하거나 추워하면 민망하게 여기어 제가 당한 거나 다르지 않게 하다가, 각각 부부를 차려서 분가한 후에는 제 자식의 말도 듣고, 노비(종)의 말도 듣고, 자연히 불공지설(공경하지 않는 말)이 있어 처음 그렇게 사랑하던 마음이 점점 감소하여, 심한 사람은 미워하고 헐뜯고자 하는 사람이 있으니, 어찌 참혹한 일이 아니겠는가.

노비와 전답을 다투어 인연을 끊는 이가 많고 욕심은 갈수록 길고 정을 잊는 자가 많으니 부디 삼가라. 노비와 전답은 없다가도 있거니와, 형제는 한 번 잃으면 모두 얻지 못하니 어릴 때부터 같이 자리던 일을 생각하면 싸우고 불화할 마음이 어찌 나겠는가.

여자집의 오라비의 아내와 시집동생이 다 같지만 그 사이가 참혹한 사람이 많으니 부디 네가 집에 있을 때 친동생같이 하고 화복길흉과 대소사에 똑같이 살펴 조심하고 오로지 화목하기를 주장하여라.

3) 부부 사랑과 도리

부부는 인륜의 관계로 생식가족의 관계를 만드는 기본이다. 오늘날 한국 사회의 일상생활까지 영향을 미치고 있는 조선시대를 중심으로 살펴보면, 전통사회에서는 부부가 지켜야 할 부부윤리로 부천부지(夫天婦地)의 원칙을 지키도록 했으며, 아내는 경 · 신 · 인 · 종(敬愼忍從)해야 한다는 점을 강조했다. 남녀의 구실을 구별하여 남편은 의(義)로써 행하되 화(和)해야 하고, 아내는 순(順)하되 바라야(正) 한다는 규범을 지키도록 했다. 이것이 가정을 화(和)하게 하는 방법이라 여겼다. 남녀의 유별 후에 부자유친(父子有親), 군신유의(君臣有義)가 이루어진다고 하여 남녀 간의 삼강오륜(三綱五倫)을 근본으로 삼았으며, 그 근본이 부부관계로부터 비롯된다고 하였다. 그러나 부인의 일방적인 순종적인 덕만이 필요한 것은 아니므로 부부간에 올바른 관계를 유지하기 위해서는 남편은 남편대로, 부인은 부인대로 각자의 도리를 지켜야 한다는 것을 중요하게 여겼다. 전통사회에서 부부의 도를 내외(內外), 강유(剛柔), 건곤(乾坤), 음양(陰陽) 등으로 표현한 것은 조화를 전제로 한 구분이며, 조화와 서로 상이함을 지니고 있는 분별을 지키도록 했던 것이다.

전통사회에서의 칠출(七出)과 삼불거(三不去)

- 칠출(七出, 칠거지악): 자식이 없거나, 투기하거나, 음탕하거나, 역병이 있거나, 도벽이 있거나, 말이 많거나, 부모에 순종하지 않을 때
- 삼불거(三不去): 처음에 어렵게 살다가 나중에 잘 살게 되었을 때, 부모의 삼년 상(喪)을 함께 했을 때, 내치더라도 갈 곳이 없을 때

전통사회에서의 부부관계는 남편은 바깥일로, 아내는 집안일로 그 활동 영역이 구분이 되어 있었으므로, 위와 같은 부부의 도를 지키는 것이 당연한 것으로 여겨

졌다. 그러나 오늘날 남녀의 역할 구분이 모호해지고, 부부의 맞벌이가 일반화되면서 역할을 중심으로 부부의 도를 지키도록 했던 전통사회의 부부관계는 변화되었다. 다만, 부부로서 서로를 존중하는 태도, 남녀의 다름을 인정하는 것은 예나 지금이나 다를 바가 없다. 전통사회의 여성과 부인들이 남성에 의해 억압받은 것으로만 묘사하는 것은 당시의 생활문화를 전제로 한 삶에 대한 이해를 간과하고 있는 것으로 볼 수 있다.

오늘날은 특히 부부관계를 유지할 수 있도록 부부 상호간에 충분한 이해와 커뮤니케이션을 통해서 부부의 도리를 확립해 나가는 지혜가 필요하다. 전통적인 부부관계의 도리와 역할에 대한 교육을 받고 생활해 온 부모나 조부모세대와 양성평등사회를 살아가는 요즈음 젊은 부부들이 생각하는 '부부의 도리와 사랑'에 대한 개념은 다르므로 이러한 인식의 차이는 가족 간에도 갈등의 요소가 될 수 있기 때문이다. 또한 부부의 성장배경과 가치관, 가정교육 등의 차이로 인하여 가정에서의 가사분담이나 육아, 경제활동 등에 임하는 자세와 인식은 다를 수 있으므로 변화하는 사회환경과 제도에 맞추어 부부간에 적응하고 역지사지의 관점에서 수용하는 노력이 무엇보다 필요하다.

특히 부부는 서로 다른 성장과정에서 형성된 성격과 가치관의 차이로 인하여 필연적으로 갈등을 경험할 수밖에 없다. 원가족과의 생활에서 형성된 규칙 또는 가족윤리가 부부관계에 작용될 가능성이 크기 때문이다. 원가족의 규칙은 부모가 자녀를 사회화시키는 과정에서 '자녀가 지켜야 할 행동과 의식에 관한 지침'이 된다(현인순 외, 2015). 그리고 원가족구성원들과의 결속을 강화하는 가치관과 신념이 적정하게 형성될수록 부부간의 적응에 긍정적인 영향을 미친다.

4) 자녀에 대한 사랑과 훈육

전통사회에서는 자녀교육 시 편하고 좋은 것만을 일찍이 탐하기 시작하면 자신을 다스리는 일에 소홀하게 되므로, 참고 이겨내는 인내, 자신을 희생할 수 있는 태도, 극기의 생활 자세를 키워주는 노력을 게을리해서는 안 된다고 하였다. 이경근의 『고암가훈』에서 '재물에 대한 이익만을 계산하여 윤리의 소중함을 손상시키는 일이 없어야 한다.'고 한 것은 의미가 크다. 이덕무의 『사소절』에서는 '사랑함만 있고, 가르침이 없으면, 자라서 곧 어질지 못하므로 자녀의 뜻만 받아주지 말고, 조금이라도 방종할 때에는 일깨우고 못됨을 덮어주지 말아야 한다'고 했으며, 자녀의 허물은 부모의 가르침과 양육의 결과이므로 자녀의 사랑과 훈육에 힘써야 한다는 것을 강조했다.

다산 정약용은 18년간 유배생활 중에도 자녀를 걱정하는 전형적인 부모의 모습을 보이며 가르침도 게을리하지 않았다. 그는 가정생활의 근본이 되는 바를 적은 『거가사본(居家四本)』에서 '곤경과 고통 속에서도 포기하지 말고, 언행을 주의하며, 높은 기상과 너그러운 마음을 갖고 독립적이고 당당하라. 자신의 삶에 최선을 다하라, 선함을 잃지 말라'를 강조했다. 특히 근면과 검소를 강조하였는데, '신령한 부적이 삶을 넉넉히 하고 가난을 구제할 수 있다'고 하면서 자녀들에게 준 두 글귀는 '근면 근(勤)'과 '검소 검(儉)'이었다. '이는 전답(田畓)보다 나아서 한평생 쓰고도 남는다.'고 하였다. 기묘사화 후 가문이 몰락하고 어려움을 겪는 와중에도 자녀들에게 사랑과 훈육이 담긴 가르침을 전달한 것이다.

물질적 풍요와 계층 간 격차가 커지고 있는 오늘날, 부모들에게는 사랑만 있고 훈육이 없는 가정교육이 이루어지고 있는 것은 아닌지 돌아보아야 할 것이다. 더욱이 맞벌이가정이 보편화되면서 취업모의 경우는 자녀에 대한 사랑과 훈육에 어려움을 겪고 있다는 점을 간과할 수 없다. 한 연구(김정민 · 한정원, 2016)를 보면, 자녀에 대한 기대가치는 어머니보다 아버지에게서 더 높은 것으로 나타났지만, 양육스트레스나 양육태도는 아버지보다 어머니가 높은 것으로 나타났다. 부모의 양육태도는 부모의 자녀가치와 양육스트레스에 영향을 받는 것으로 나타났다. 또한 취업모의 가정-일 역할 갈등이 높을수록 자율적인 양육태도에 부정적인 영향을 미치는 것으로 나타났으며, 가정-일 긴장갈등이 높을수록 애정적 양육태도와 자율적 양육태도에도 부적인 영향을 미치는 것(박봉선 · 엄명용, 2016)으로 나타났다. 자녀를 위한 사랑과 훈육을 위한 부모의 노력이 한층 강조되고 있지만, 현실적으로는 양육이 쉽지 않은 현상으로 나타나고 있다는 점을 알 수 있다.

5) 가훈

가훈은 가족의 윤리와 규범 등이 담겨 있는 한 집안의 교훈이다. 가훈은 가계(家戒), 가규(家規), 가헌(家憲), 가법(家法) 등 다양하게 불린다. 전통사회에서는 책으로 또는 많은 글을 통해서 전해져 왔으나, 오늘날에는 매우 함축적인 의미를 담은 가훈이 많이 활용된다. 가훈은 조상으로부터 내려오는 가르침을 그대로 이어가고자 하는 경우, 성경이나 불교경전, 고문헌, 명작 등에 수록된 명언을 가훈으로 만드는 경우, 개인과 가족의 경험을 토대로 새롭게 만든 삶의 자세나 교훈을 중심으로 만드는 경우 등이 있다.

특히 전통사회에서는 후세를 위해 조상들이 남긴 가르침(祖訓)과 조상의 행적을 본받는(法祖) 것을 매우 중요하게 여겼고, 그와 같은 관념이 집약되어 있는 것이 '가훈(家訓)'이다. 왕가에서도 가훈이 있었는데, 왕가의 가훈에는 군주의 수신론, 왕실의 제가론, 국가의 통치론에 이르기까지 군주들의 각종 결정과 행위 등이 집약되어 있다(문재윤, 2014). 세조가 예종에게 내린 『훈사(訓辭)』, 중종의 『계잠(戒箴)』 등이 있는데 이들은 특히 수신을 강조했다.

중종이 후대 군주를 위해 저술한『계잠』

- 일찍 일어나고 밤들거든 자며, 학문에 힘쓰기를 게을리 하지 말라.
- 스승을 존대하고 도를 즐기며, 선을 좋아하고 인을 힘쓰라.
- 성색을 가까이 하지 말고 화리(貨利)를 불리려 하지 말라.
- 예 아닌 것은 보지 말고, 듣지도 말며, 말을 하지도 말고, 행동하지도 말라.
- 소인의 무리와 친압하지 말고, 난잡한 놀이를 좋아하지 말라.
- 뜻 세우기를 고상하고 원대하게 하되 금석처럼 굳게 하라.
- 충군효친하며 형제간에 우애하되 날마다 문안하고 수시로 음식을 보살피라.
- 사벽한 짓 버리기를 힘쓰고, 이단을 숭상하지 말라.
- 사욕에 가리우지 말고 착하고 공정한 마음을 보존하라.
- 부시(婦寺)들의 말을 듣지 말고 시종을 조심하라.

전통사회에서는 이름 있는 가문으로서 가훈이 없는 집안이 거의 없을 정도로 보편화되어 있었다. 김유신 집안의 '충효'나 이언적의 '근검과 절약', 이이의 '화목과 우애' 등은 오랫동안 그 집안의 생활신조로 이어졌던 대표적인 가훈들이다(이길표 · 주영애, 1999).

표 4-3 전통사회 가훈의 예시

풍천 노씨 노숙전의 가훈	〈화목에 관한 가훈〉 첫째, 화(和)란 올바른 덕행의 일어남이 되고, 혜(惠)란 인자한 사랑의 베품이 되는 것이다. 둘째, 상하가 서로 사귀어 서로 어긋나는 폐단이 없는 것을 화목하다고 말한다. 셋째, 은혜로움이 모자람이 없고 사랑하는 마음의 진실함이 있는 것을 은혜롭다고 한다.
이경근의 고암가훈	〈자녀교육에 관한 가훈〉 자녀를 기르기란 참으로 어려운 것이다. 사람이 한데 뭉치고, 희망이 한 곳에 집결되어 있어 그 잘못을 모르는 것이 바로 자녀에 대해서다. 그러나 가르치지 못하면 이것은 짐승의 도리밖에 되지 못한다. 자녀를 가르치는 자는 반드시 먼저 강상(綱常)의 윤리, 그리고 효제(孝弟)와 충신에 대한 일을 가르치고 다음으로 서사(書史)를 읽혀 그 중에 충성하고 효도한 본받을 만한 사람을 발견하면 반드시 이를 아름답게 여겨 본받도록 해야 한다.

밀양 박씨 박길화의 가훈	〈마음가짐과 몸가짐에 관한 가훈〉 남이 기쁘고 경사스러운 일에 투기하는 마음을 내서는 안 되고 남의 불행하고 근심스러운 일에 기뻐하거나 다행스럽게 여기는 마음을 일으켜서는 안 된다.
풍산 홍씨 홍만종의 가훈	〈건강관리에 관한 가훈〉 몸이 편안한 것이 마음이 편안한 것만 같지 못하고, 약으로 보신하는 것이 식사로 보신하는 것만 못하다. 노여움이 심하면 널리 기운을 상하게 되고, 생각이 많으면 정신을 손상시킨다. 정신이 피로하면 마음이 쉽게 시달리고, 기운이 쇠약하면 병이 서로 따르게 된다. 슬픔과 즐거움을 심하게 하지 말고, 마땅히 음식을 고르게 먹으라.
	〈공직자의 긍지에 관한 가훈〉 관리로서 지켜야 할 법도가 있으니, 청렴하고, 신중하고, 근면할 것이다. 이 세 가지를 아는 사람이면 자신의 몸 가질 바를 안다고 할 것이다.

출처: 손인수, 이원호(1984). '한국인의 가훈' 중에서 일부 발췌함.

가훈은 건전한 가정을 이루기 위해서 서로 인격적으로 존중하고 공평하게 대해야 하며, 선조로부터 물려받은 가풍과 규칙을 엄격하게 지키고 실천해 나가도록 하였다. 즉 전통사회의 가훈은 가족의 윤리로서 그 가치와 의미를 담고 있다.

조선시대 가훈의 특징을 살펴보면(심정렬, 2011), 인성교육, 경제교육, 교육방법을 담고 있으며, 이를 토대로 하여 현대에 적용해 본다면 독서교육, 서신교육, 생활교육, 봉사교육 등으로 구분해 볼 수 있다.

오늘날 가치관의 혼란과 가족윤리의 부재 등의 문제가 제기되고 있는 현실에서 보면, 전통사회에서의 가훈에 대한 현대적 의미를 재고해 볼 필요가 있다.

2. 예의생활

1) 자기관리와 수신예절

인간은 혼자서는 살아갈 수 없는 사회적 존재이다. 따라서 인간으로서 타인과의 원만한 관계를 유지하는 것은 삶에 있어서 반드시 바르게 익혀야 한다. 이에 필요한 것이 바로 예의범절이다. 우리의 속담에 '세 살 버릇이 여든까지 간다'는 이야기에서 볼 수 있듯이 가정에서는 자녀가 어릴 때부터 바른 예의범절을 잘 가르쳐야 한다고 강조해 왔다.

예절은 예의범절의 준말로 다른 사람과 원만하고 조화로운 생활을 하기 위한 규범과 절차를 나타내는 말이며, 한 사회에서 서로가 공존하기 위한 상호간의 약속이다. 법이나 제도와는 다르게 사회문화적 특성을 반영한 묵시적인 인간으로서 지켜야 할 양심과 감성 및 이성의 조화로운 형식으로 나타난다.

『논어(論語)』에서는 예절이란 이치에 맞는 것이며, 사치하기보다는 검소하고 소박하게 지내는 것이라 하였고, 『예기(禮記)』에서는 모든 것을 다스려 질서 있게 하는 것이라 하였다. 즉, 예절이란 모든 일을 다스려 나가는 가운데 그 정도를 지키고 이치에 맞도록 처리하여 질서를 세우는 것을 뜻한다(주영애 외, 2017). 예절은 과거의 재현이 아니며, 일방적이고 폐쇄적인 것이 아니라 상호작용을 전제로 하고, 그 사회문화가 처해 있는 상황에서 '상식적으로 통용될 수 있는' 보편타당한 행위를 내포하고 있다. 그럼에도 불구하고 '예절은 옛것이고, 시대에 맞지 않는 고리타분한 것이며, 매너는 현대적이고 세련된 것'이라는 그릇된 편견을 갖는 것은 예절에 대한 몰이해에서 비롯된 것이다.

예의생활에서 가장 우선이 되어야 하는 것은 자기관리이며, 이를 위한 수신예절이 기본이 된다. 현대에는 예절, 매너, 에티켓 등의 용어로 표현되는데, 일반적으로는 유사하게 활용되기도 하지만 그 개념은 각각 차이가 있다.

표 4-4 예절, 매너, 에티켓의 구분

예절	예의범절의 준말이며, 타인과 원만하고 조화로운 관계로 생활하기 위한 규범과 절차를 나타내는 말이다.
매너	사람이 행동하는 방식과 방법을 나타내며, 상대를 배려하는 마음과 공동체적 생활의식에 근거한 건전한 시민정신으로부터 출발한 것으로, 배려와 자아존중에 대한 형평성에 기초를 둔다.
에티켓	에티켓은 생활에서 서로가 지켜가는 약속이자 규칙이며, 타인에게 피해를 주지 않고 질서를 지키는 조심스런 행동방식이다.

표 4-5 예의범절 관련 용어

실례(失禮)	말이나 행동이 예의에 벗어남. 또는 그런 말이나 행동을 뜻함 상대방에게 양해를 구하는 인사로 사용하는 경우가 많음
결례(缺禮)	예의범절에서 벗어나는 행동을 함. 또는 예의를 갖추지 못함
무례(無禮)	태도나 말에 예의가 없음
허례(虛禮)	정성이 없이 겉으로만 번드르르하게 꾸밈. 또는 그런 예절
의례(儀禮)	행사를 치르는 일정한 방식
비례(非禮)	예의에 어긋남
범례(範例)	예시하여 모범으로 삼는 것

출처: 네이버 국어사전; 주영애 외 (2017). p.15 인용.

예절, 매너, 에티켓 등은 인간이 타인과 더불어 살아가기 위한 행동방식이고, 마음가짐이며, 규범이다. 특히 예절은 우리의 생활문화를 내포하고 있으며, 인간으로서 지켜야 할 도리와 올바른 행동양식을 나타내는 행동규범을 담고 있다. 이는 인간으로서 자기관리를 위한 기본이 되는 것이며, 인격과 교양이고, 타인을 존중하고 배려하는 것이며, 결국 인간관계를 증진시키고 자기성장과 삶에 있어서의 발전을 가져오는 것이다.

현대사회에서는 자기관리와 수신예절을 매너와 인성과 연계하여 현대를 살아가는 개인의 경쟁력(생활문화연구회, 2017)으로 나타내고 있다. 복잡한 사회구조와 인간관계 속에서 어울림의 자세, 폭넓은 원만한 인적 네트워크를 구축할 수 있도록 하기 위해서는 인간관계의 기본이 되는 수신예절을 바탕으로 한 바른 인성, 매너와 자기관리 등이 요구되는 것이다.

자기관리와 수신을 위해서는 몸가짐과 마음가짐, 자기 자신에 대한 이해와 타인의 이해, 인사예절, 언어예절을 기본으로 해야 한다. 다산(茶山) 정약용은 전라남도 강진에서의 유배생활 동안 거처에 '사의재(四宜齋)'란 당호를 붙이고 살면서 자기관리에 힘썼다. 사의재란 '생각, 용모, 언어, 동작의 네 가지 의(宜)로써, 네 가지를 삼가 마땅하게 해야 될 집'이란 뜻을 담고 있다. 예의 기본 개념인 비례물시(非禮勿視), 비례물청(非禮勿聽), 비례물언(非禮勿言), 비례물동(非禮勿動), 『예기』, 『소학』, 『격몽요결』, 『사소절』 등에 실려 있는 구용(九容), 구사(九思) 등도 예로부터 자기관리와 수신을 위한 규범이 되어 왔다. 이는 현대에 적용하여 자기를 관리하는 지침으로 삼아도 손색이 없는 실천적 가치를 내포하고 있다.

표 4-6 『논어』에 수록된 예절의 개념

비례물시(非禮勿視)	예가 아닌 것은 보지 마라.
비례물청(非禮勿聽)	예가 아닌 것은 듣지 마라.
비례물언(非禮勿言)	예가 아닌 것은 말하지 마라.
비례물동(非禮勿動)	예가 아닌 것은 행하지 마라.

표 4-7 구용(九容)

- 족용중(足容重): 발을 옮겨 걸을 때는 무겁게 해야 한다.
- 수용공(手容恭): 손은 두 손을 모아 공수한다.
- 목용단(目容端): 눈은 단정하고 곧게 뜬다.
- 구용지(口容止): 입은 조용히 다문다.
- 성용정(聲容靜): 목소리는 조용하게 한다.
- 두용직(頭容直): 머리는 곧고 바르게 갖는다.
- 기용숙(氣容肅): 조용하고 평온한 기색을 갖는다.
- 입용덕(立容德): 서 있는 모습은 덕성스러워야 한다.
- 색용장(色容莊): 얼굴은 항상 건강하고 생기가 있으며 온화하게 한다.

표 4-8 구사(九思)

- 시사명(視思明): 눈으로 볼 때는 밝고 바르고 옳게 보아야겠다고 생각한다.
- 청사총(聽思總): 귀로 들을 때에는 그 소리의 참뜻을 밝게 들어야겠다고 생각한다.
- 색사온(色思溫): 표정은 온화하게 가져야 한다.
- 모사공(貌思恭): 몸가짐이나 옷차림은 공손해야겠다고 생각한다.
- 언사충(言思忠): 말 할 때는 진실되게 해야 한다.
- 사사경(事思敬): 어른을 모실 때는 공경스럽게 할 것을 생각한다.
- 의사문(疑思問): 의심나는 것이 있으면 물어서 깨달아야 한다.
- 분사난(忿思難): 분하고 화나는 일이 있더라도 참고 이겨내야 한다고 생각한다.
- 견득사의(見得思義): 자기에게 이로운 것이라면, 그것이 정당한 것인가를 생각한다.

바른 자세와 공수, 장소와 상황에 맞는 인사법 등을 익혀서 지켜나가는 것은 자기관리를 위해서 갖추어야 할 기본적인 예의범절이다. 인사는 서서 하는 인사와 앉아서 하는 인사로 나누어 볼 수 있다. 좌식생활을 기본으로 했던 전통사회에서는 앉아서 인사하는 배례법을 중요하게 여겼다. 오늘날에도 한국 사회에서 고유의 배례법은 명절이나 어른들을 오랜만에 뵈었을 때, 또는 혼례 때나 상제례 때에 하는 인사법으로 통용되고 있다.

표 4-9 바른 자세와 공수

- 서 있을 때는 손을 옆이나 앞으로 자연스럽게 드리운다. 어른 앞에서는 손을 허리 높이로 맞잡고 서며, 뒷짐 지지 않는다.
- 서 있을 때는 발뒤꿈치를 붙이고 다리를 곧게 펴며 두발의 앞은 여성은 30도 정도, 남성은 45도 정도 벌리고 선다.
- 등, 어깨, 허리 등이 굽어지지 않도록 가슴을 펴고 바른 자세로 선다. 부드러운 표정을 짓고, 시선은 자연스러워야 한다.
- 공수란 앞으로 손을 맞잡는 공손한 모양을 말한다. 평소에 여성은 오른손이 위로, 남성은 왼손이 위로 가게 하여 맞잡는다. 흉사 시에는 손가짐이 반대로 되어 여성은 왼손이 위로, 남성은 오른손이 위로 가게 하여 맞잡는다.

표 4-10 장소와 상황에 맞는 인사

<table>
<tr><th colspan="2">인사의 종류</th><th>상황</th><th>각도</th><th>인사속도</th></tr>
<tr><td rowspan="5">서서 하는 인사</td><td>목례</td><td>• 복도나 길가에서 자주 만날 때
• 동료나 친한 사람끼리
• 엘리베이터나 좁은 공간에서 만났을 때
• 동료나 친구, 아랫사람에게
• 낯선 어른과 지나칠 때</td><td>15도</td><td>3박자</td></tr>
<tr><td>경례</td><td>• 평상시에 일반적인 인사를 하는 경우
• 일상에서 어른이나 선생님, 상사 등을 만났을 때</td><td>30도</td><td>4박자</td></tr>
<tr><td>큰경례</td><td>• 의식이나 행사 때에
• 감사의 표시를 할 때
• 손님이나 어른들을 전송할 때</td><td>45도</td><td>8박자</td></tr>
<tr><td>거수경례</td><td>• 오른손을 들어 올려서 하는 경례
• 모자를 착용했을 때, 군복이나 제복을 입었을 때
• 오른손을 들어 올려 손바닥을 곧게 펴서 모자챙 옆이나 눈썹 부분까지 올려서 상대방을 주목해서 한다.</td><td colspan="2">선 자세에서 하며, 윗사람이 먼저 손을 내린 후에 내린다.</td></tr>
<tr><td>악수</td><td>• 인사, 감사, 친애, 화해 등을 나타낼 때
• 두 사람이 각자 오른손을 마주 내어 잡음</td><td colspan="2">너무 세거나 약하게 잡지 않도록 한다.</td></tr>
</table>

<table>
<tr><td rowspan="4">앉아
하는
인사</td><td>큰절</td><td>• 기쁠 때: 혼례 시 교배례, 폐백/수연례
• 슬플 때: 상가의 영전 앞에서, 제사드릴 때</td><td>천천히 한다.
기쁠 때는 45도
슬플 때는 바닥 가까이</td></tr>
<tr><td>평절</td><td>• 평상시에, 어른이 외출하고 돌아오셨을 때
• 어른을 뵈었을 때, 설이나 명절에
• 상가에서 상주에게</td><td>앉고 서는 동작같이
보통의 속도로
빠르지 않게 한다.</td></tr>
<tr><td>반절</td><td>• 웃어른이 아랫사람의 절에 답례할 때</td><td rowspan="2">보통의 속도로 한다.</td></tr>
<tr><td>맞절</td><td>• 동서간이나 형제 같은 항렬 간
• 친구 간에 하는 평절을 약식으로 할 때</td></tr>
</table>

출처: 생활문화연구회(2017). 새로 쓰는 매너와 이미지메이킹에서 발췌, 정리함.

2) 가족 · 친척 간의 호칭과 언어예절

한국에서는 부부를 중심으로 한 친척 관계에 있는 구성원들의 세대관계, 촌수, 성별, 역할 등에 따라서 각각 호칭이 있다. 호칭과 가족지칭은 구분되어 있는데, 오늘날에는 가족지칭이 호칭화되는 경향도 있다. 또한 가족명칭으로 친척 아주머니나 아저씨가 되는 분들을 '지역명+아주머니(아저씨)'로 지칭했으나, 최근에 사회생활을 하는 어른들을 이해관계 없이 만났을 때나 이웃분들을 만났을 때 흔히 아주머니나 아저씨라는 호칭을 사용한다. 이와 유사하게 상업시설과 매장에서는 '언니', '오빠' 등의 호칭으로 종업원을 부르기도 하는데 이는 적절한 표현이라 볼 수 없으나 통용되고 있다.

우리나라는 가족관계의 호칭과 지칭이 어렵고, 자녀를 적게 출산하게 되면서 가족관계망 형성도 적어져 지칭이나 호칭을 할 수 있는 친척관계가 형성되지 못하고 있다. 따라서 자신의 가족 이외의 친척들에 대한 지칭과 호칭이 '일반화'되어 가는 경향도 보인다. 부계, 모계, 처가를 중심으로 한 가족 호칭과 지칭은 〈표 4-11〉과 같다. 그러나 현재 자녀의 수가 적어지고, 가족관계가 단순해짐에 따라 가족 호칭과 지칭의 범위도 줄어 자신을 중심으로 볼 때, 경험하지 못하는 가족관계와 불러

보지 못하는 호칭이 더 많아질 것으로 보인다. 그리고 며느리나 사위의 이름을 부르거나 손주들은 지역명을 붙여서 조부모를 지칭하기도 한다.

예를 들면 친할아버지, 친할머니, 외할아버지, 외할머니라는 호칭보다 ○○(지역명)할아버지(할머니)로 부르는 경우가 증가하고 있다.

표 4-11 부계 친족 호칭과 가족지칭

<table>
<tr><th>관계</th><th colspan="2">호칭</th><th>지칭</th></tr>
<tr><td>처(妻)</td><td colspan="2">여보, ○○씨, 여봐요, ○○엄마</td><td>처, 안사람, 집사람, 아내, ○○씨
○○엄마, ○○어미(어멈)</td></tr>
<tr><td>부(父)</td><td colspan="2">아빠, 아버지</td><td>아빠, 아버지, 부친, 가친, 엄친, 엄부</td></tr>
<tr><td>모(母)</td><td colspan="2">엄마, 어머니</td><td>엄마, 어머니, 모친, 자친, 가모</td></tr>
<tr><td>자(子)</td><td colspan="2">○○(이름), 큰애, 작은애,
혼인 후 ○○아비(아범)</td><td>○○(이름), 아들</td></tr>
<tr><td>자부(子婦)</td><td colspan="2">아가, 새아가, ○○어미(어멈), 에미</td><td>며느리, 며늘애, 새아가, ○○댁(처)</td></tr>
<tr><td>녀(女)</td><td colspan="2">○○(이름), 혼인후 ○○어미(어멈)</td><td>○○(이름), 딸, 여식, 큰딸, 장녀</td></tr>
<tr><td>여서(女婿)</td><td colspan="2">○서방, 여보게, 사위</td><td>○서방, 사위</td></tr>
<tr><td>조부(祖父)</td><td colspan="2">할아버지, 할아버님, 조부님</td><td>조부, 조부장, 왕부, 노조부</td></tr>
<tr><td>조모(祖母)</td><td colspan="2">할머니, 할머님, 조모님</td><td>조모, 왕모, 노조모</td></tr>
<tr><td rowspan="2">형(兄)</td><td>나(男)</td><td>형, 형님, 백형, 중형</td><td>형, 형님, 백형, 중형</td></tr>
<tr><td>나(女)</td><td>오빠, 오라버니</td><td>오빠, 오라버님, 큰(작은, ○째)오빠</td></tr>
<tr><td rowspan="2">형수(兄嫂)</td><td>나(男)</td><td>형수님(씨), 아주머님,
백수씨, 중수씨</td><td>형수님(씨), 아주머님</td></tr>
<tr><td>나(女)</td><td>(새)언니</td><td>(새)언니, 올케</td></tr>
<tr><td rowspan="2">제(弟)</td><td>나(男)</td><td>○○(이름), 동생</td><td>○○(이름), 동생, 아우</td></tr>
<tr><td>나(女)</td><td>○○(이름), 동생</td><td>○○(이름), (남)동생</td></tr>
<tr><td rowspan="2">제수(弟嫂)</td><td>나(男)</td><td>제수씨, 계수씨</td><td>제수(씨), 계수(씨)</td></tr>
<tr><td>나(女)</td><td>올케</td><td>올케, ○○에미</td></tr>
</table>

자(姉)	나(男)	누나, 누님		누나, 누님
	나(女)	언니		언니
자형(姊兄)	나(男)	매부, 매형		매부, 매형
	나(女)	형부		형부
매(妹)	나(男)	○○(이름), (누이)동생		○○(이름), (누이)동생
	나(女)	○○(이름), 동생		○○(이름), 동생
매부(妹夫)	나(男)	매부, 매제, ○서방		매부, 매제, ○서방
	나(女)	○서방		○서방, 제부(弟夫)
손자(孫子)	○○(이름)			손자
손부(孫婦)	(손부)애기, (○○)어미(어멈), 에미			손자며느리, 손부
손녀(孫女)	○○(이름)			손녀, 손주딸
손서(孫壻)	○서방			손자사위
백부(伯父)	큰아버지, 큰아버님, 백부(님)			큰아버지, 큰아버님, 백부
백모(伯母)	큰어머니, 큰어머님, 백모(님)			큰어머니, 큰어머님, 시백모
숙부(叔父)	혼전	삼촌, 아저씨	혼전	삼촌, 아저씨
	혼후	작은아버지, 숙부(님)	혼후	작은아버지, 숙부(님)
숙모(叔母)	작은어머니, 작은어머님, 숙모(님)			작은어머니, 작은어머님, 숙모(님),
고모(姑母)	고모, 아주머니			고모(님)
고모부 (姑母夫)	고모부, 아저씨			고모부, 고숙
질(姪)	○○(이름), 조카 (혼후: ○○아비(범)			○○(이름), 조카 (혼후: ○○아비(범)
질부(姪婦)	아가, 새아가, 질부, ○○어미(멈)			질부, 조카며느리

표 4-12 모계 친족 호칭과 가족지칭

관계	호칭		지칭
외조부(外祖父)	(외)할아버지, (외)할아버님, 외조부님		외할아버지, 외조부님
외조모(外祖母)	(외)할머니, (외)할머님, 외조모님		외할머니, 외조모
외숙부(外叔父)	외삼촌, 외숙부님		외숙부, 외삼촌
외숙모(外叔母)	외숙모님, 아주머니		외숙모
이모(姨母)	이모(님), 이숙모(姨叔母)		이모
이모부(姨母父)	이모부(님), 이숙부		이모부
외종형(外從兄)	나(男)	형, 형님, 외종형님, 외사촌형	외종형(님), 외사촌형(님)
	나(女)	오빠, 오라버니	외사촌오빠, 외사촌오라버니
외종형수(外從兄嫂)	나(男)	형수님(씨), 외사촌형수(님)	외종형수님(씨), 외사촌형수(님)
	나(女)	(새)언니	외사촌올케
외종자(外從姉)	나(男)	누님, 누나, 외사촌누나	외사촌누나
	나(女)	언니	외사촌언니
외종자형(外從姉兄)	나(男)	매부, 매형, 외사촌 매형	외사촌매형
	나(女)	형부	외사촌형부
이종형(姨從兄)	나(男)	형(님), 이종(사촌)형님	이종사촌형
	나(女)	오빠, 오라버니	이종오빠

표 4-13 처가 친족 호칭과 가족지칭

관계	호칭	지칭
장인(丈人)	장인어른, 빙부님, 빙장어른, 아버님	장인, 빙부, 아버님
장모(丈母)	장모님, 빙모님, 어머님	장모, 빙모, 어머님
처남(妻男)	(손위 경우)형님, (손아래 경우)처남	형님, 처남
처남처(妻男妻)	(손위 경우)아주머니, (손아래 경우)처남댁	아주머니, 처남댁
처형(妻兄)	처형	처형
처제(妻弟)	처제	처제
동서(同壻)	(손위 경우)형님, (손아래 경우)동서, O서방	형님, 동서

부부는 서로 다른 환경에서 성장하여 새로운 생활양식에 적응해야 하므로 서로 존중하고 자신의 의견을 강요하지 않도록 언어예절에 특히 유의해야 한다. 가장 가까운 사이일수록 상호 존중하는 표현을 해야 한다. 자녀는 성장하면서 부모의 언어습관을 그대로 배우게 된다. 따라서 부모는 자녀와 개방적이면서도 인격체로서 존중하는 바르고 고운 언어예절로 대화에 임해야 한다. 거친 말로 용모나 태도에 대해 상처 주는 말, 형제간이나 다른 집 자녀들과 비교하는 말, 자녀의 이름을 부르지 않고 '야', '너' 등으로 부르는 것 등은 부모로서 하지 말아야 할 기본적인 언어 예절이다. 뿐만 아니라 자녀와 긍정적인 관계를 위하여 I-massage를 사용하여야 하며, 어른으로서의 모범을 보이도록 해야 한다.

자녀는 부모나 웃어른께 존경심을 갖고 말을 공손하게 해야 하며, 이야기 중에 끼어들지 않고 때와 장소에 맞는 말씨를 사용하도록 해야 한다. 형제간에도 언어예절에 유의하며 서로 존중하고 배려하는 언어를 사용한다.

고부관계(시어머니와 며느리관계)는 예로부터 가족에서도 갈등을 일으키는 관계로 묘사(고부갈등)되어 왔으나, 현대사회에서는 같은 여성으로서 서로의 삶을 인정하고 공감과 이해의 폭을 넓혀가는 지혜를 발휘하는 경우가 많아지고 있다.

표 4-14 고부관계에서의 기본적인 예절과 태도

시어머니	• 아들부부 사이의 삶에 대해 깊이 관여하지 않는다. • 아들부부의 독립된 가정을 존중한다. • 며느리가 시가나 친정에 대해 공통적으로 살피는 것을 이해한다. • 손자녀 교육에 대한 가치관의 차이를 인정하고 대화로 극복해 나간다. • 시대변화에 대해 긍정적으로 이해한다.
며느리	• 시댁의 생활문화와 가풍을 이해하려 노력한다. • 시댁의 형제들과 원만한 관계를 유지한다. • 시댁의 일을 친정에서 이야기하거나, 남편, 친구들에게 흉보지 않도록 한다. • 의견 차이는 완곡하게 말씀드린다. • 가정의 행사는 미리 상의 드린다.

오히려 최근에는 부계중심에서 양계중심의 사회로 이동하고 있다는 평가를 받고 있는데, 이에 따라 장서관계(장모와 사위관계)에 대한 관심이 높아지고 있으며, 장서갈등을 해결하기 위한 방안을 모색하는 연구(유연지, 2006; 이은아, 2013; 원정은, 2016; 이호선, 2020)들이 발표되고 있다. 부모의 입장에서 보면 아들 며느리와 함께 사는 경우보다는 딸 사위와 함께 사는 경우에 대해 더 많은 관심이 모아지고 있다. 장모의 장서갈등 경험 연구를 보면, '사위살이'라는 불편한 감정을 겪는 것을 보여주며, 장서간 의견대치로 갈등이 발생하는 순환적 과정을 지적하였다. 이 상황을 수용과 체념단계에서 딸의 중재가 있는 경우 재갈등 정도로 줄어드는 것으로 나타났다. 장서갈등은 가족 내에 존재하는 세대갈등의 하나이며, 장모와 사위 당사자 간의 관계 문제로만 나타나는 것이 아니라 가족체계라는 커다란 가족관계 속에서 상호 영향을 주고받으며 나타나게 된다. 원만한 가족관계 유지를 위하여 고부 간이나 장서 간에 지켜야 할 예절과 태도를 기본적으로 실천해 나가야 한다. 또한 갈등해결을 위한 예방과 상담교육 프로그램도 필요하다.

표 4-15 장서관계에서의 기본적인 예절과 태도

장모	• 사위의 일상적인 일에 관여하지 않는다. • 강압적인 말투, 명령조의 언어는 사용하지 않는다. • 사위 가족에 대한 험담이나 흉을 보지 않는다. • 딸에게 집착하지 말고, 딸의 일거수 일투족을 조정하지 않는다. • 대인관계를 넓히고 자기효능감을 높일 수 있도록 한다. • 딸과의 좋은 관계를 가지도록 마음으로 지지하며 예의를 지킨다.
사위	• 처가의 일에 대해 타인에게 말하지 않는다. • 처가의 도움을 기대하지 않는다. • 아내와 독립적인 가정생활을 이끌어간다는 태도를 갖는다. • 처가의 형제들과 원만한 관계를 유지한다. • 처가의 가족들을 존중하고, 예의를 갖춘다.

Problems & Discussion

1 오늘날 부부관계의 도리로 강조되어야 할 것은 무엇인지, 전통사회 부부관계 윤리로부터 배울 점은 무엇인지 토의해 보세요.

2 가족생활에서 지켜야 할 예의범절에 대한 세대 간의 견해 차이는 무엇이며, 어떻게 해결해 나갈 수 있을 것인지에 대하여 토의해 보세요.

3 가정의 가훈에 대하여 조사하여, 그 의미와 실천 내용을 정리해 보세요.

4 오늘날 가정 내에서의 언어예절의 문제점은 무엇인지 토의해 보세요.

5 현대사회에서 적합한 가족관계 내의 호칭에 대하여 토의해 보세요.

6 전통사회에서의 '효'에 대한 개념과 현대에서의 그 개념의 차이는 무엇이며, 실천가능한 효행 방법에 대해서 토의해 보세요.

CHAPTER 05

다양한 가족의 생활문화

1. 다양한 가족의 공존
2. 다문화가족
3. 한부모가족
4. 북한이탈주민가정
5. 1인가구

CHAPTER 05 다양한 가족의 생활문화

1. 다양한 가족의 공존

한국은 단일민족 국가를 강조해 왔고, 오랜 세월 동안 전형적인 핵가족과 직계가족형태의 가족구조를 유지해 왔으므로 이외의 다양한 가족형태에 대한 편견을 버리는 인식의 변화를 수용하기까지 제한이 많았다. 그러나 현재는 개방화 · 국제화가 급격히 이루어지면서 다양한 가족형태가 공존하고 있다. 이른바 일반적인 가정의 형태로 인식되었던 한국의 핵가족이나 직계가족 중심의 전통적인 가족형태가 변화하고 있다. 수정확대가족은 물론이고 수정핵가족, 무자녀가족, 동거가족, 한부모가족, 조손가족, 재혼가족, 분거가족, 동성애가족, 독신가족(1인가구), 북한이탈주민가족, 다문화가족, 이산가족, 입양가족, 별거가족 등 매우 다양하다. 이와 같은 가족이 공존하고 있다는 것을 편견 없이 받아들이는 사회적인 분위기가 필요하다. 그러나 아직도 다양한 가족형태를 받아들이는 한국인들의 인식과 행동에는 다소 차이가 있다.

이 중 독신가족으로 불리는 1인가구의 증가가 크게 주목되고 있다. 2021년 통계자료를 보면, 1인가구는 717만 가구로 33.4%에 이르고 있다. 전년대비 7.9%가 증가했다. 부모로부터 독립해서 1인가구로 살고 있는 젊은 세대도 지속적으로 증가하고 있고, 독거노인가구도 증가하여 그들의 라이프 스타일에 맞춘 생활문화의 일대 변화가 일어나고 있다. 거주공간 면적의 축소와 단독가구를 위한 아파트와 오피스텔 등의 증가, 식품의 소포장화와 간편식의 보편화, 가전제품의 소형화, 빌트인 가전, 시스템가구, 집 주변 편의점 이용의 증가 현상을 보이고 있다. 1인가구는 새로운 트렌드를 양산해 내고 있고 그 파급력은 매우 크다. 이들은 효율, 소형, 신체적 · 정서적 안정, 자기가치중심, 여유, 건강과 미용, 여가와 자기개발 등을 추구한다. 서울시의 1인가구지원센터에서 1인가구를 대상으로 다양한 사업들이 시도되고 있다. 건강가정다문화가족지원센터에는 1인가구 지원 전담 인력을 배치하고 있다.

표 5-1 다양한 가족

수정확대가족 수정핵가족	• 성인 부모자녀 가족이 각기 별개의 가구를 형성하나 가까운 거리에 떨어져 살면서 마치 한 집에 사는 것처럼 자주 왕래하고 협조하며 살아가는 방식
무자녀가족	• 자발적 무자녀, 혹은 불임이나 자녀 사망 등으로 인한 비자발적 무자녀 가정으로 부부 중심적으로 살아가는 방식
동거가족	• 한 성인이 혈연관계 또는 친족관계가 아닌 다른 이성의 성인과 주거공간을 공유하는 생활형태
한부모가족	• 별거, 사별, 이혼 등의 사유로 인하여 부모 중 한쪽만 있거나 법적인 혼인관계 이외의 부나 모가 자녀와 함께 사는 형태
조손가족	• 다양한 이유로 인하여 부모 없이 조부모와 손자녀가 함께 사는 형태
재혼가족	• 결혼한 적이 있는 한 명 이상의 배우자와 한 명 이상의 자녀들로 구성 • 재구성가족, 혼합가족, 재혼가족, 이중핵가족(binuclear), 계부모가족(step family)이라는 용어로 사용
분거가족	• 가족의 여건상 부부가 같은 지역에 살지 않고, 지리적으로 떨어져서 생활하는 형태 • 한국 사회에서의 분거가족은 여성취업, 맞벌이가족의 증가와 관련이 깊고, '주말부부'라는 형태로 쉽게 찾아볼 수 있음
동성애가족	• 동성 간에 결혼하여 가족을 이루는 형태. 동성애가족 인정 여부에는 다양한 견해가 존재
독신가족 (1인가구)	• 자발적, 비자발적으로 독신으로 살아가는 방식 • 한국 사회에서는 자발적 독신을 희망하는 경우도 많아지고 있고, 고령사회가 되면서 독거노인이 증가하는 추세

다문화가족	• 한 가족 내에 다양한 문화가 공존하고 있는 가족. 서로 다른 인종이나 문화적 배경에서 성장한 부부와 그 사이에서 태어난 자녀를 중심으로 이루어진 가족
북한이탈주민가족	• 북한을 탈출하여 북한 이외의 지역에 체류하고 있는 북한 주민 • 남북한 분단 이후에 북한에서 나와 다른 나라의 국적을 취득하지 않고 대한민국의 국민으로 인정받은 사람으로 이루어진 가족
이산가족	• 가족원이 자연적 천재지변이나 국제적 무력충돌과 정치적 사회적으로 불안정을 겪으면서 본의 아니게 흩어져서 서로 만날 수 없게 된 가족 • 한국전쟁 이후 실향민이 되어 남북으로 나뉘어 살게 된 가족 • 난민, 무국적자, 망명자, 전쟁희생자 가족도 존재
입양가족	• 입양한 자녀와 그 부모로 구성된 가족 • 입양특례법에 근거하여 입양의 원칙은 아동의 이익이 최우선이 되도록 함 • 입양자녀의 부모가 될 사람은 입양특례법 10조에 근거한 요건을 갖춰야 함
별거가족	• 가족원이 다양한 이유로 인하여 단기간 장기간 떨어져서 지내는 가족 • 거주지와 원거리 직장으로 가족이 떨어져 지내며 주말부부가 되는 경우 • 직장과 군대 의무복무, 학업사정 등으로 비교적 장기간 떨어져 사는 가족 • 상호이해 부족이나 갈등으로 소원한 관계가 되어 떨어져 사는 경우 등

2. 다문화가족

1) 다문화가족의 특징과 생활문화

다문화가족이란 한 가족 내에 다양한 문화가 공존하고 있는 가족을 말하며, 일반적으로는 서로 다른 인종의 부부와 그 사이에서 태어난 자녀를 중심으로 이루어진 가정을 뜻한다.

한국 사회에서 다문화가족이 나타나게 된 것은 일제강점기와 한국전쟁 이후이다. 사회 역사적인 배경에서 볼 때 특정 소수인들 사이에서 이루어졌던 외국인과의 결혼으로 이루어진 가족형태였다. 당시에는 국제결혼을 통해 다문화가족을 이루는 것에 대해 '한국 단일민족의 순수한 혈통을 무너뜨리는 것'이라고 여겨 인종이 다른 외국인과의 결혼은 비정상적인 결혼이며, 거부되어야 할 형태로 받아들여졌다. 그러나 1970년대 이후 점차 개방화와 국제화가 추진되었고, 오늘날은 다문화가족이 보편적인 가족형태 중 하나가 되었다.

중국과의 외교관계가 공식적으로 시작된 1992년 이후, 1990년대 중반부터 시작된 한국 남성과 중국 여성들과의 결혼이 2000년대에 들어서면서 그 수는 급격히 증가했고, 주로 중국이나 베트남, 필리핀 등 외국 여성과 한국인 남성과의 결혼이 주류를 이루었다. 결혼 적령기를 넘긴 농촌 총각과 젊은 외국인 여성들의 결혼이 이루어졌는데 외국 여성들과 결혼을 위해서 베트남이나 필리핀으로 가서 맞선을 보고, 곧바로 결혼식을 올리는 한국 남성들도 많았다. 이들은 결혼식 후 곧바로 한국으로 돌아와 신혼생활을 시작했고, 신혼 초부터 서로 다른 언어와 문화적 차이로 인한 문제에 직면해야만 하는 어려움을 겪었다. 다문화가정이 시작된 당시에 결혼을 통해서 한국으로 이주해온 외국인 여성들은 한국 사회에 적응하는 문제뿐 아니라 시어머니와 시댁 식구들 간의 부적응, 남편과의 의사소통의 어려움, 자녀 양육문제 등으로 많은 어려움을 겪었다. 당시는 외국인 이주여성들의 문화를 이해하고 수용하기보다 그들의 한국 적응을 위해서 '한국을 빨리 받아들이고 적응하도록 한다'는 것에 초점을 두고 다문화교육이 이루어졌다. 이주여성들의 문화나 성장배경에 대해서 이해하고 수용하려는 의식은 매우 부족했기 때문에 이러한 문제 해결을 위해 국가에서는 제반 제도를 마련하기 시작했다.

현재 한국인과 외국인들과의 혼인비중이 높아지면서 다문화가족의 형태는 한국 사회를 구성하는 가정형태로 더욱 증가하게 되었다.

2022년 발표된 교육부 통계에 따르면 다문화학생 수는 전체 학생의 3.2%(168,645명)를 차지하고 있는 것으로 나타났다. 국제결혼가정(국내 출생)이 126,029명(74.7%)으로 가장 많은 비중을 차지하고 있으며, 외국인가정 32,678명

(19.4%), 국제결혼가정(중도입국) 9,938명(5.9%) 순이다.

한국 사회에 다문화가족이 증가하던 초기에는 우리의 문화를 이주여성들에게 '가르치고, 수용하라'는 분위기였지만 문화는 일방적인 수용만을 요구할 수 없다는 인식이 확산되었고, 서로 다른 문화적 특성을 이해하는 성숙한 사회분위기 조성이 절실해지면서 사회 전반적으로 이를 위한 많은 노력이 진행되었다. 현재는 찾아가는 가족다양성 이해교육이 이루어지고, '다누리 배움터'(www.danurischool.kr)에서 다양한 다문화 이해교육 서비스가 온라인으로 제공되고 있다. 온라인 교육과정은 일반과정, 교육자과정, 시설종사자과정, 청소년과정, 경찰과정, 군인교육자료 공직자과정, 전문강사과정, 유아동교육자료 등으로 나뉘어 있다.

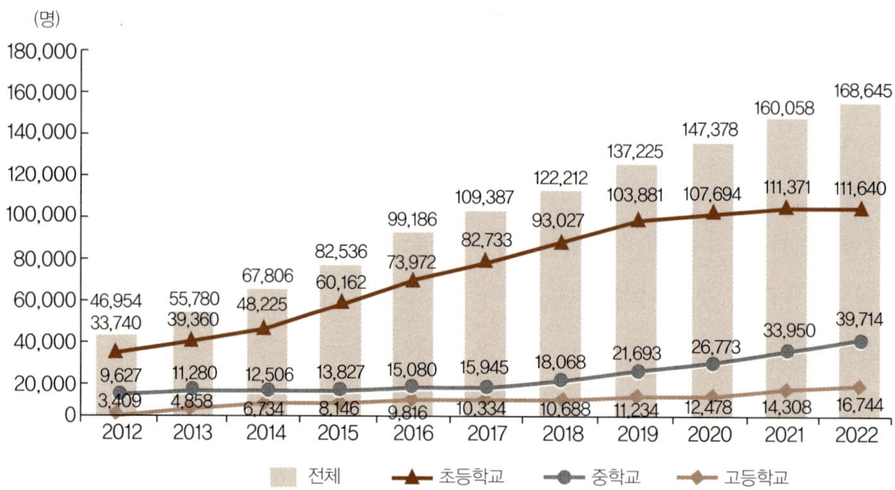

그림 5-1 다문화학생 현황

출처: 교육부 통계(2022).

다문화가족은 서로 다른 인종이나 문화적 배경에서 성장한 부부가 결합하여 구성된 가정으로 일상생활에서 서로 다른 문화의 충돌이 발생할 가능성이 많고, 특히 다문화가정을 이룬 두 부부가 부모세대와 함께 생활하는 경우는 세대 간 이해의 차이와 문화적 이질감 등이 복합적으로 작용하여 더 많은 갈등이 발생하기도 한다.

가족센터 또는 건강가정다문화가족지원센터는 이러한 다문화가족을 지원하기 위한 기관으로 그 가정의 한국 사회 조기적응 및 사회경제적 자립 지원을 도모하고 있다. 센터에서는 다문화 이해 교육을 비롯하여 다문화가족 자녀 성장 지원, 다문화가족 나눔 봉사단 운영, 다문화가족 관계 향상 지원 등 다양한 프로그램이 운영되고 있다.

다문화교육(cross-cultural training, multi-cultural training)은 다양한 문화와 민족, 성 그리고 사회계층과 학습자들이 동등한 교육적 기회를 얻고, 긍정적인 문화교류 태도와 인식을 돕는 것을 목표로 하는 교육을 말한다(HRD용어사전). 이 교육은 이문화(異文化)에 대한 편견을 줄이고 상호이해와 평등관계를 지향하는 지식과 태도, 가치교육을 제공한다. 우리 사회에서 다문화교육은 지속적으로 이루어져야 하는 기본 교육이 되고 있다.

한편으로 다문화주의가 갖고 있는 문제점에 대하여 김미영(2017)은 다음과 같이 지적한 바 있다. 다문화주의는 일찍이 미국, 캐나다, 호주, 영국 등의 다문화 국가에서는 다문화주의(multiculturalism)에 기반한 여러 가지 정책을 추진해 왔으나 물리적 충돌마저도 불사하는 사회적 갈등이 도처에서 일어나고 있고, 여전히 인종간 반목과 분쟁의 여지를 없애지는 못하고 있다고 분석하였다. 다문화주의는 집단과 개인의 관계에서 집단에 우선권을 부여하는 특성을 지니고 있기에 집단의 전체성이 개인의 내적 다양성을 무시한다는 것이 그 한계점이라고 지적하였다. 특히 우리나라는 다문화주의가 동화주의적, 차별 · 배제주의적 성향을 지니고 있으므로 다문화교육 또한 이미 그 한계를 드러내고 있는 것으로 진단하였다. 따라서 상호문화주의(interculturalism)를 다문화주의 문제점을 극복 혹은 대체할 수 있는 대안으로 제시하였다. 상호문화주의는 차이를 과도하게 강조하는 다문화주의와 달리 타자와의 경계 및 접촉 사이에서 발생하는 상호 간섭 · 방해 · 의존 · 침투를 모두 중시한다. 또한 다문화주의에서 중시하는 다양한 집단의 인정 투쟁만이 아니라 사회집단과 환경과의 전체적 관계를 중시하며, 타자 및 이방인에 대한 인식과 인정만이 아니라 자신과 타자 사이의 틈새, 그 사이에 작용하는 인식과 전망에도 주목한다. 다시 말하자면, 상호문화주의는 다문화주의와 상반되는 개념이 아니라 다문화주의를 포괄하면서 초월하는 개념이며, 단일문화와 다문화, 동화정책과 인정정책을 조화롭게 수렴하는 시도라는 것이다. 이러한 논의는 한국의 다문화가족에 대한 정책이 나아가야 할 방향성에 있어서 기본 철학으로 고려해 보아야 할 내용이다.

2) 다문화가족의 과제

다문화가족은 경제적 문제, 부부관계의 문제, 한국 사회의 적응문제, 자녀양육에 대한 문제 등 다양한 문제와 과제를 안고 있다. 여성가족부 산하 한국건강가정진흥원이 운영하는 다문화가족지원포탈인 다누리(www.liveinkorea.kr)에서는 다문화가족이 한국생활 적응에 필요한 기본정보와 다문화 관련 최신 정보를 13개국의 언어로 제공하고 있다. 한국어 교육 무료 온라인 학습, 취업 및 직업훈련, 임신과 육아 등 다양한 정보가 제공된다.

다문화가족을 지원하는 다누리콜센터(1577-1366)도 운영되고 있다. 이는 이주여성의 정착단계 및 다문화가족의 생애주기에 따른 맞춤형 종합서비스를 제공하고, 폭력피해 이주여성에 대한 상담과 긴급지원 등의 인권보호를 지원하는 다문화가족 종합정보 전화 센터이다. 전화, 온라인, 방문, 면접 등이 이루어지며 대한변호사협회 연계 법률상담도 진행된다. 이주여성 전문상담원이 13개 언어[01]로 상담

01 13개 상담언어 : 한국어, 영어, 중국어, 베트남어, 타갈로그어, 캄보디아어, 몽골어, 러시아어, 일본어, 태국어, 라오어, 우즈베크어, 네팔어

하며, 24시간 가능하게 되어 있다.

표 5-2 다문화가족지원포털 다누리에서 제공되는 다문화가족 지원 예시

구분	기관	내용
한국생활 안내		• 대한민국 소개, 다문화가족 외국인지원서비스, 체류 및 국적취득, 한국문화와 생활, 임신과 육아, 자녀교육, 건강과 의료, 사회보장제도, 취업과 근로 등 안내받을 수 있음
한국어 교육 무료 온라인학습	누리-세종학당	• 한국어 의사소통능력(말하기, 듣기, 읽기, 쓰기)을 공부할 수 있는 누리-세종학당 표준한국어 학습과정을 제공 • 서비스 언어-한국어, 영어, 중국어, 일본어, 베트남어, 태국어, 스페인어, 프랑스어
	고려사이버대학교	• 수준별 한국어 학습서비스 제공 • 서비스 언어-한국어, 영어, 중국어, 일본어, 스페인어
	EBS두리안	• 다양한 번역 콘텐츠 서비스 제공-한국어배움터 우리아이 놀이터, 문화나눔터, 초중고 클립뱅크, 한국어시험 TOPIK 이벤트 등 • 서비스 언어-한국어, 영어, 중국어, 베트남어
	국립어린이청소년도서관 다문화동화구연	• 한국의 전래동화와 창작동화를 플래시 애니메이션으로 소개 • 서비스 언어-한국어, 영어, 몽골어, 베트남어, 중국어, 태국어
취업 및 직업훈련	외국인노동자 지원센터	• 전국에 외국인노동자지원센터 10개소 운영 • 한국어교육, 컴퓨터교육, 태권도교육, 귀국지원교육, 법률교육 • 상담, 행사, 자원봉사
	고용노동부	• 고용허가제도, 외국인노동자 사업장 변경제도, 재입국특례 외국인노동자 취업제도, 특별한국어시험 재취업제도, 외국인노동자 체류지원, 외국인 노동자지원센터운영, 외국인력 상담센터 운영
	일자리 알선기관	• 고용센터, 취업정보센터, 여성새로일하기센터, 다문화가족지원센터 • 인터넷 이용: 서울 글로벌센터, 워크넷, 고용복지플러스센터, 여성새로일하기센터, 시 · 군취업정보센터
	직업훈련	• 고용센터, 고용노동부 고객상담센터, 고용노동부 직업능력개발정보망 이용 • 국민내일배움카드 활용 • 여성결혼이민자는 여성인력개발센터, 여성회관 등에서 유무상으로 직업훈련 가능, 지역 다문화가족지원센터 등에서 안내

출처: 다문화가족지원포털 다누리 홈페이지 참고 정리함.

다문화가족의 자녀교육을 위해서 한국의 교육제도와 교육과정 운영에 대한 정보도 제공되며, 다문화학생을 위한 교육기관도 안내되고 있다. 한국어 학급으로 지정된 유치원, 초등학교, 중 · 고등학교에서는 중도입국 외국인학생과 유아들에게 한국어와 한국문화 교육을 지원하는데, 2021년 기준 전국에 274개교에서 404개 한국어 학급이 운영되고 있다. 또한 이중언어 학습을 장려하기 위한 교재 및 전자책이 개발 보급되고 있으며, 매년 11월에는 '이중언어말하기 대회'가 전국대회로 개최된다. 다문화학생과 대학생 멘토링 사업을 통해 멘토인 대학생이 멘티 다문화학생이 재학 중인 학교를 방문해서 학습을 도와준다. 그리고 학업을 중단하거나 개인적 특성에 맞는 교육을 희망하는 다문화학생에게는 학력인정 대안학교를 다닐 수 있게 되어 있다.

표 5-3 다문화가족지원포털 다누리에서 제공되는 다문화학생 교육지원

<table>
<tr><td rowspan="3">다문화
학생교육</td><td>한국어학급
(찾아가는
한국어교육)</td><td colspan="2">• 한국어학급으로 지정된 유 · 초 · 중 · 고등학교에서는 중도입국 · 외국인학생(유아) 등 학생의 한국어능력이 부족한 경우를 위하여 한국어학급을 개설하여 한국어와 한국문화 교육을 지원</td></tr>
<tr><td>이중언어교육</td><td colspan="2">• 이중언어교재 및 전자책을 개발하여 보급, 매년 '이중언어말하기 대회' 개최
• 중국어, 베트남어, 일본어, 필리핀어, 러시아어, 캄보디아어, 태국어, 몽골어, 인도네시아어 등 9개 언어</td></tr>
<tr><td>다문화학생
대학생 멘토링</td><td colspan="2">• 대학생과 1:1 매칭하여 학교적응과 기초학습을 지원
• 학교 또는 지역아동센터를 통해 신청 참여</td></tr>
<tr><td rowspan="3">다문화
대안학교</td><td>지구촌학교
(서울 구로구)</td><td>초</td><td>한국어, 영어, 제2외국어를 동시에 배우는 다중언어 특화 교육실시</td></tr>
<tr><td>서울다솜관광
고등학교
(서울 종로구)</td><td>고</td><td>취업능력 향상을 위한 직업교육과 한국어교육 실시
(관광콘텐츠과, 관광서비스과 운영)</td></tr>
<tr><td>한국폴리텍다솜
고등학교
(충북 제천)</td><td>고</td><td>기술습득과 취업능력 향상을 위한 직업교육 실시
(컴퓨터기계과, 플랜트설비과, 스마트전기과 운영)
전교생 기숙사 생활(기숙사비 무료)</td></tr>
</table>

다문화 대안학교	인천한누리학교 (인천 남동구)	초 중 고	한국어교육과 다양한 특성화 프로그램(학력신장, 진로과정, 체험활동) 운영 초등 5학년 이상 기숙사 생활가능(초 · 중등 무료, 고등 유료)
	해밀학교 (강원도 홍천군)	중	기숙형 작은학교(학년별 20명) 다문화학생과 비다문화학생통합교육 한국어교육 및 이중언어교육(중국어, 일본어) 텃밭농사 등 노작활동, 기숙사비 무료

출처: 다문화가족지원포털 다누리 홈페이지 참고 정리함.

더불어 사는 다문화사회를 만들어 가고자 하는 사회적 분위기가 조성되면서, 바람직한 세계시민의 태도와 핵심역량을 갖추기 위해서도 문화의 다양성을 폭넓게 수용하고 이해해야 한다.

표 5-4 다문화가족의 과제

- 서로 다른 인종적, 문화적 배경에서 성장한 상황에 대해서 이해의 폭을 넓혀간다.
- 부부의 서로 다른 의식주 등의 생활문화를 일방적으로 수용하도록 강요하지 말고, 서로 이해하고 각각의 생활문화를 수용할 수 있도록 한다.
- 부부간의 의사소통에 유의한다. 특히 문화적 차이에서 오는 소통의 문제를 극복해야 한다.
- 부부의 각 친부모와의 관계를 존중하고 배려한다.
- 자녀양육 및 교육, 이웃, 친척 및 사회적 관계 등을 맺는 데 어려움이 있음을 알고 대처해야 한다.
- 한국에서의 생활적응을 위해 다문화가족지원센터의 지원 프로그램을 활용한다.
- 가족에서의 위기상황이 있을 경우에는 다누리콜센터(1577-1366)를 활용한다.

3. 한부모가족

1) 한부모가족의 특징과 생활문화

한부모가족(single parent family)이란 18세(취학 중인 경우는 만 22세) 미만의 미성년 자녀를 혼자서 양육하는 부자(父子)가정이나 모자(母子)가정을 말한다. 배우자와의 사별이나 이혼한 경우, 또는 유기 등으로 인하여 모자가족이 되는 경우가 많다. 일반적으로 부모와 자녀가 동거하는 가정에서도 자녀양육과 일상생활이 어렵다고 하는 현실에서 한부모로 자녀를 키우는 가정이 당면한 현실은 더욱 힘들다. 사회적인 편견은 물론이고, 경제활동을 위한 취업과 자녀양육의 이중고를 겪는다. 사회가 변화하면서 한부모가족에 대한 이해도가 높아졌다고는 하나, 아직도 인식개선의 노력이 필요하다.

국가에서는 「한부모가족지원법」(약칭 : 한부모가족법)을 제정하여 한부모가족을 지원한다. 이 법은 한부모가족이 건강하고 문화적인 생활을 영위할 수 있도록 함으로써 한부모가족의 생활안정과 복지증진에 이바지함을 목적으로 한다. 따라서 국가와 지방자치단체는 한부모가족의 복지증진의 책임을 갖고, 그들의 권익지원에 노력해야 한다. 한부모가족에 대한 사회적 편견과 차별을 예방하고, 그들을 이해하고 존중할 수 있도록 각종 교육과 홍보 등을 해야 한다. 「한부모가족지원법」에서 지원대상자의 범위로 정한 내용은 〈표 5-5〉와 같다.

표 5-5 한부모가족지원법

제4조(정의)
이 법에서 사용하는 용어의 뜻은 다음과 같다.
1. "모" 또는 "부"란 다음 각 목의 어느 하나에 해당하는 자로서 아동인 자녀를 양육하는 자를 말한다.
   가. 배우자와 사별 또는 이혼하거나 배우자로부터 유기(遺棄)된 자
   나. 정신이나 신체의 장애로 장기간 노동능력을 상실한 배우자를 가진 자
   다. 교정시설 · 치료감호시설에 입소한 배우자 또는 병역복무 중인 배우자를 가진 자
   라. 미혼자{사실혼(事實婚) 관계에 있는 자는 제외한다}
   마. 가목부터 라목까지에 규정된 자에 준하는 자로서 여성가족부령으로 정하는 자

1의2. "청소년 한부모"란 24세 이하의 모 또는 부를 말한다.
2. "한부모가족"이란 모자가족 또는 부자가족을 말한다.
3. "모자가족"이란 모가 세대주{세대주가 아니더라도 세대원(世代員)을 사실상 부양하는 자를 포함한다}인 가족을 말한다.
4. "부자가족"이란 부가 세대주{세대주가 아니더라도 세대원을 사실상 부양하는 자를 포함한다}인 가족을 말한다.
5. "아동"이란 18세 미만(취학 중인 경우에는 22세 미만을 말하되, 「병역법」에 따른 병역의무를 이행하고 취학 중인 경우에는 병역의무를 이행한 기간을 가산한 연령 미만을 말한다)의 자를 말한다.
6. "지원기관"이란 이 법에 따른 지원을 행하는 국가나 지방자치단체를 말한다.
7. "한부모가족복지단체"란 한부모가족의 복지증진을 목적으로 설립된 기관이나 단체를 말한다.

제5조의2(지원대상자의 범위에 대한 특례)
① 출산 후 해당 아동을 양육하지 아니하는 미혼모는 제5조에도 불구하고 제19조 제1항 제3호의 미혼모자가족복지시설을 이용할 때에는 이 법에 따른 지원대상자가 된다.
② 다음 각 호의 어느 하나에 해당하는 아동과 그 아동을 양육하는 조부 또는 조모로서 여성가족부령으로 정하는 자는 제5조에도 불구하고 이 법에 따른 지원대상자가 된다.
   1. 부모가 사망하거나 생사가 분명하지 아니한 아동
   2. 부모가 정신 또는 신체의 장애 · 질병으로 장기간 노동능력을 상실한 아동
   3. 부모의 장기복역 등으로 부양을 받을 수 없는 아동
   4. 부모가 이혼하거나 유기하여 부양을 받을 수 없는 아동
   5. 제1호부터 제4호까지에 규정된 자에 준하는 자로서 여성가족부령으로 정하는 아동
③ 국내에 체류하고 있는 외국인 중 대한민국 국민과 혼인하여 대한민국 국적의 아동을 양육하고 있는 사람으로서 대통령령으로 정하는 사람이 제5조에 해당하면 이 법에 따른 지원대상자가 된다.

표 5-6 서울특별시 한부모가족지원센터의 지원사업 예시

사업구분		사업내용
생활안정과 자립역량 강화	한부모생활코디네이터	• 한부모생활코디네이터가 직접 총 8회까지 정보를 제공하고 자원을 연계함(양육, 법률, 주거, 경제 등)
	한부모가족 심리상담지원	• 개개인의 복합적 욕구 및 심리 정서적 어려움을 전문 상담 기관에 연계하여 지원
	온 · 오프라인 한부모가족 관련 상담	• 한부모가족, 지자체, 유관기관 등을 지원대상으로 하여 가족상담을 진행
	한부모자녀성장 지원	• 안정적인 양육환경 조성을 위한 사업 • 육아용품 및 의료비 지원, 자녀와의 관계증진 교육문화 프로그램 운영 • 엄마와 아기의 꿈을 키워가는 '꿈틀박스' 지원 • 선택적 예방접종비 지원
	한부모가족 주거자금	• 저소득 한부모가족의 주거안정을 위해 주거자금을 무이자 대출하는 사업 • 서민주택금융재단과 연계하여 지원
	미혼모 · 부 초기 지원	• 사실혼 관계가 아닌 미혼모 · 부가구 • 출산양육지원, 친자검사지원, 자조모임운영, 교육문화프로그램, 자원연계 등
	가사서비스지원	• 한부모가족의 시간빈곤을 해소하여 일과 생활의 균형을 찾고 자녀와의 소중한 시간을 갖도록 가사서비스(청소, 세탁, 설거지)를 지원
	장애한부모가족지원	• 가사서비스, 정리수납서비스, 식생활지원 등을 지원하여 주거환경개선 및 일상생활 지원을 강화함
인식개선을 위한 사회환경 조성	한부모가족 이해 교육	• 찾아가는 한부모가족 이해교육으로 편견 없는 평등한 가족문화를 확산시키고자 함 • 영유아 초중고생, 일반시민 공무원 등 대상자 연령에 맞는 한부모가족 이해교육
	모두하나 대축제	• 한부모가족이 주체가 되어 서울시민과 함께 하는 축제
	인식개선 캠페인	• SNS(홈페이지, 페이스북, 인스타그램, 카카오스토리)를 통한 인식개선

복지시설 및 기관지원 활성화	한부모가족 프로그램 개발 및 보급	• 전문 인적자원 연계 및 한부모가족 맞춤형 자녀양육 및 부모교육 프로그램 지원
	한부모가족 단체지원	• 한부모가족복지시설 운영 컨설팅, 정서적 역량강화
	한부모가족 자조모임 지원	• 한부모 관련 정보 교환, 문화 교육 봉사 활동으로 함께 성장

출처: 서울특별시한부모가족지원센터 홈페이지 참고 정리함.

2) 한부모가족의 과제

한부모가족이 안고 있는 생활문제와 과제는 '2021년 한부모가족 실태조사'[02]에서 찾아볼 수 있다. 앞으로 부부 및 파트너 관계에서 규범적 구속력이 약화되는 반면 자녀에 대한 관심은 유지 강화되어 아이를 키우는 가족 중에서 한부모가족의 비중은 증가할 것으로 예측되므로 한부모가족 지원 강화는 가족의 변화 방향에 대응하는 정책적 흐름이 될 것으로 보고 있다.

여성가족부의 '2021 한부모가족 실태조사'에 따르면, 이혼상태가 가장 많았고(81.6%), 사별(11.6%), 기타 순으로 나타났는데, 2018년도와 비교해 보면, 40대 비율은 증가하고 대학 이상의 학력수준은 다소 높아졌다. 미취학자녀가 있는 경우는 야간보육의 활성화나 학습지도 도우미 파견서비스에 대한 수요가 많고, 초등학생이 있는 경우는 돌봄교실, 학습지도 도우미파견서비스, 지역아동센터 활성화 등이 필요하다. 전 연령대에 걸쳐 한부모들의 가장 큰 어려움은 양육비와 교육비용 부담이다. 또한 부자가족의 경우는 아버지 역할과 자녀와의 관계 형성에 어려움을 겪고 있다. 한부모가족 부모의 자녀에 대한 인식을 보면, 자녀의 성장을 지켜보는 것이 인생에 있어서 가장 큰 즐거움(76.8%)으로 여기고 있다. 한부모가족의 월평

02 한부모 가족정책개발을 위한 기초자료로 2012년에 이어 2015년, 2018년, 2021년에 실시한 조사이다. 이는 한부모가족의 경제상황과 생활실태를 파악하기 위한 추세연구(trend study) 결과보고서이다.

균소득은 월 245.3만원 수준으로 2021년 전체 평균 가구 가처분소득[03]의 58.8% 수준에 있다. 소비지출은 식료품비가 가장 높고, 자녀교육비, 주거관리비, 의료비 및 의료보험료 순으로 구성된다. 법적으로 결정된 자녀양육비를 실제로 지급받지 못한 경우는 72%에 이르고 있다. 취업한 한부모는 장시간근로와 충분하지 않은 휴일로 인해 일 · 가족 양립이 쉽지 않은 것으로 나타났다. 한부모들의 신체적 · 정신적 건강상태는 열악하고, 우울증상을 경험하는 경우가 많았다. 한부모가 된 후 달라진 점을 종합해서 보면, 경제적 어려움, 부와 모의 역할 혼자 감당하기, 집안일의 부담 증가, 형제나 자매, 친척과의 관계가 멀어짐, 건강상태가 악화됨, 미래에 대한 부담이 증가함, 자녀와 긴밀해짐, 일가친척들로부터 자유로워짐 등으로 나타났다. 한부모 본인의 경우는 물론이고, 한부모가족 자녀도 동네 이웃주민으로부터 차별을 경험하고, 학교나 보육시설, 교육시설에서의 차별은 물론, 가족 · 친척으로부터 부당한 일을 겪는 것으로 나타났다.

한편 다문화한부모가족도 증가하고 있는 실정이므로, 이들의 생활문제를 해결할 수 있는 정책적인 방안도 마련되어야 한다. 이들은 다문화가족이나 한부모가족보다 더 열악한 상태로 경제적 어려움, 언어적 어려움, 자녀양육의 어려움, 사회적 네트워크의 미약, 차별과 편견, 심리정서적인 불안감 등 많은 어려움을 겪고 있다. 따라서 이들의 성별, 연령별, 생애주기별 맞춤식 정책서비스가 제공되어야 한다.

03 2021 가계금융 복지조사에서는 전체 평균 가구의 가처분소득이 416.9만원으로 나타났다.

표 5-7 한부모가족의 과제

• 자녀가 혼자 보내는 시간에 필요한 서비스를 위한 공적 돌봄지원 체제의 강화가 필요
• 부자가족의 경우, 자녀와의 관계 형성의 문제를 해결할 수 있도록 지원 필요
• 가계소득의 증대 필요
• 법적으로 결정된 자녀양육비의 실제 지급이 어려움
• 일 · 가정 양립의 어려움
• 한부모들은 건강 유지를 위하여 규칙적인 운동이 필요함
• 국가 지원 정책에 대한 정보를 수집하여 활용하도록 해야 함
• 부와 모의 역할을 혼자서 감당하는 어려움을 해소할 수 있는 지원서비스 활용
• 다문화 한부모가족의 사회통합지원방안 강구 필요
• 한부모의 심리적 우울 극복방안 필요

조손가족의 경우는 한부모가족보다도 소득 수준이 낮고, 소득의 구조에서도 큰 차이를 보이는 것으로 나타나고 있다. 조부모들은 그들의 성인 자녀가 이혼이나 사별, 가출 등의 사유로 자녀를 키울 수 없게 되었을 때, 외면할 수 없어서 준비 없이 손자녀를 책임지게 된 경우가 많다. 조부모는 성인 자녀의 지원도 부족하고, 본인들의 연령은 높고 노동능력이 떨어진 상황에서 빈곤의 탈출은 매우 어렵다. 조손가족에서 돌봄을 받아야 할 조부모들은 오히려 손자녀양육을 위해 신체적인 부담감과 경제적 어려움을 가중받고 있다. 미취학 손자녀양육이 주로 조부모에 의해 전담되는 비율이 높게 나타나고 있는데, 조부모들은 부과되는 책임감, 양육부담, 효능감의 결핍, 손자녀에 대한 끊임없는 걱정과 측은함, 자신의 사후 손자녀양육의 문제에 대한 근심 등 지속적이고 누적적인 스트레스 등으로 심리적 어려움은 더욱 커진다. 조손가족의 조모에 대한 연구(장영은, 2017; 유길준, 2016)에 의하면, 조손가족 조모의 우울이 증가할수록 적응유연성은 감소하는 것으로 나타났으며, 조모의 양육기능을 증진시키기 위한 노력으로 지역사회의 공동체적 접근과 연대가 필요함을 제시하고 있다. 손자녀들도 부모로부터 버림받은 외상적 경험을 극복해야 하는 심리적 문제를 안고 있으며, 우울, 불안, 허탈, 두려움, 당혹, 분노 등 정서상의 문제가 내재되어 있다. 진로나 미래에 대한 불안 등(윤혜미 · 장

혜진, 2012)을 겪는다. 이들의 생활문제, 양육문제, 심리적 정서적 문제, 경제문제 등을 지원할 수 있는 대책이 필요하다.

2023년 한부모가족사업 안내 지침에 따르면 한부모가족 자녀양육비 지원, 청소년한부모 자립지원, 청소년한부모 등 자립지원패키지, 한부모가족 복지시설지원, 한부모가족 무료법률구조 등의 사업으로 구분되어 있다.

표 5-8 한부모가족지원사업(2023년 기준)

사업명 및 개요	사업대상	수행기관
〈한부모가족자녀 양육비 등 지원〉 • 아동양육비 : 만 18세 미만 자녀, 월 20만원 • 추가아동양육비 – 조손 및 만 35세 이상 미혼 한부모가족 5세 이하 자녀, 월 5만원 – 만 25~34세 한부모가족 자녀, 월 5~10만원 지원 • 학용품비: 중학생 고등학생 자녀 연 9.3만원 • 생활보조금: 시설입소 가구, 월 5만원	소득인정액 기준 중위소득 60% 이하 한부모 및 조손가족	지방자치단체
〈청소년한부모 자립지원〉 • 아동양육비: 월 35만원 • 검정고시 등 학습지원(연 154만원 이내), 자립촉진수당(월 10만원) 등	소득인정액 기준 중위소득 65% 이하 만 24세 이하 한부모가족	지방자치단체
〈청소년한부모 등 자립지원패키지〉 • 청소년한부모 등 자립지원패키지 수행기관 운영 • 청소년 한부모 및 미혼모 · 부의 양육 · 취업 등 각종 지원 정보를 종합적으로 안내하고 필요한 서비스 연계, 제공	중위소득 72% 이하의 청소년한부모, 미혼모 · 부자 가족	지방자치단체 19개 지원기관
〈한부모가족복지시설 지원〉 • 시설 기능보강: 신축, 개보수, 기자재구입 등 • 시설 입소자 상담 의료 지원 • 시설 아이돌봄서비스 지원 • 공동생활가정형(매입임대주택) 주거지원 • 한부모가족복지단체지원 • 시설배치 사회복무요원 인력경비 지원	저소득 한부모 가족 등	지방자치단체, 한부모 가족 관련 시설 단체

〈한부모가족 무료법률구조〉 • 한부모가족 대상 법률상담, 소송대리, 기타 법률사무 등 무료법률구조 지원	한부모가족지원법 제5조, 제5조의2 제2항 한부모가족	대한법률 구조공단

출처: 2022년 한부모가족사업안내 지침.

4. 북한이탈주민가정

1) 북한이탈주민가정의 특징과 생활문화

우리나라는 1950년 민족상잔의 비극인 한국전쟁 이후 분단의 아픔을 수십 년간 이어가고 있다. 전 세계도 이념 대립의 초긴장 상태를 야기하는 곳으로 한반도를 지목하고 있다. 남북의 이념 차이는 사회문화의 이질감도 크게 확대시켰다. 이러한 환경에서 북한의 주민들 중에는 생활고에서 벗어나기 위해 또는 자유와 희망을 찾아 목숨을 걸고 탈북을 하는 사람들이 늘고 있다. 2021년 5월 기준으로 국내거주 북한이탈주민은 29,880명이다.

북한이탈주민이란 남북한 분단 이후에 북한에서 나와 다른 나라의 국적을 취득하지 않고 대한민국의 국민으로 인정받은 사람을 말한다. 북한이탈주민은 법적으로도, 정치 · 사회적으로도 복합적인 의미를 지니고 있다. 북한이탈주민은 남과 북이 하나의 민족이라는 것과 분단의 아픔, 통일의 필요성, 북한체제의 심각한 현실 등을 보여준다. 이들은 「북한이탈주민 보호 및 정착지원에 관한 법률」에 근거하여 대한민국 국민으로 권리와 의무를 가지며, 안정적인 정착을 위한 여러 가지 서비스와 지원을 받게 된다.

표 5-9 북한이탈주민 입국 및 정착과정 흐름도

보호요청 및 국내이송	• 보호요청 시 외교부, 관계부처에 상황보고 및 전파 • 해외 공관 또는 주재국 임시보호시설 수용 • 신원확인 후 주재국과 입국교섭 및 국내입국지원
[국내입국]	
조사 및 임시보호조치	• 입국 후 국정원이 보호결정 여부를 위한 조사 및 긴급한 치료 등 임시보호조치 실시 • 조사종료 후 사회적응교육시설인 하나원으로 신병이관
▼	
보호결정	• '북한이탈주민대책협의회' 심의를 거쳐 보호여부 결정 • 보호결정 세대단위 결정
▼	
하나원의 정착준비	• 사회적응교육(12주, 400시간) 심리안정, 우리 사회 이해 증진, 진로지도상담, 기초직업훈련 • 초기정착지원: 가족관계 창설, 주거알선, 정착금 · 장려금 지원 등
[거주지 전입]	
거주지 보호(5년)	• 사회적 안전망 편입(생계, 의료급여) • 취업지원: 고용지원금, 무료 직업훈련, 자격인정 등 • 교육지원: 특례 편입학 및 등록금 지원 • 보호담당관: 거주지, 취업, 신변보호 담당관 제도 운영
▼	
민간참여	• 북한이탈주민지원재단을 통한 종합서비스 제공 • 지역적응센터(전국 25곳) 지정 운영 • 정착도우미제: 민간자원봉사자 연계 • 북한이탈주민 전문상담사(80여명) 종합상담 및 애로사항 해결 등 찾아가는 상담서비스 제공

출처: 통일부 북한이탈주민정책 현황 입국 및 정착과정 참조.

2) 북한이탈주민가정의 과제

북한이탈주민가정은 일반적으로 북한이탈 과정에서 겪은 극심한 외상경험과 더불어 남북한의 언어와 문화의 차이, 정체성의 문제, 경제적 자립과 외로움 등을 이겨내야 하는 어려움을 겪는다. 북한이탈주민은 법적으로 대한민국 국민이지만, 다문화적 · 난민적 특성을 보이며, 사회적 약자이기도 하다. 이러한 어려움을 돕기 위해 북한이탈주민지원센터에서는 정착지원, 건강지원, 취업지원, 교육지원 등 다양한 노력을 기울이고 있다.

표 5-10 북한이탈주민가정의 과제

- 북한이탈주민에 대한 부정적인 인식을 극복해야 하는 어려움을 안고 있다.
- 북한을 이탈하면서 북한에 남아 있는 가족과 단절된 삶을 겪으므로 가족에 대한 염려와 외로움을 겪는다.
- 탈북과정에서 겪었던 어려운 경험이 트라우마로 작용하여 정신적으로 안정을 취하는 데 어려움을 겪는다.
- 북한주민으로서의 삶에서 대한민국 국민으로서의 삶으로 바뀌면서 정체성의 혼란을 겪는다.
- 북한과 남한에서 사용되는 언어와 남북한의 문화 차이를 극복해야 한다.

표 5-11 북한이탈주민 지원제도

구분	항목	내용
정착금	기본금	1인 세대 기준 800만원 지급
	장려금	취업장려금 최대 (수도권 1,800만원 지방 2,100만원)
	가산금	노령, 장애, 장기치료, 한부모, 제3국출생 자녀양육 등 최대 1,540만원
주거	주택알선	임대아파트 알선
	주거지원금	1인 세대기준 1,600만원

취업	직업훈련	훈련 기간 중 훈련 수당 지급(노동부)
	고용지원금 (채용기업주에 지급)	급여의 1/2(50만원 한도)을 최대 4년간 지원 2014년 11월 29일 이전 입국자
	취업보호담당관	전국 65개 고용지원센터에 지정, 취업상담 알선
	기타	취업보호(우선구매), 영농정착지원, 특별임용 등
사회복지	생계급여	국민기초생활보장 수급권자
	의료보호	의료급여 1종 수급권자로서 본인 부담 없이 의료 혜택
	연금특례	보호결정 당시 50세 이상~60세 미만은 국민연급 가입특례
교육	특례 편입학	대학진학 희망자의 경우 특례로 대학 입학
	학비지원	중고 및 국립대 등록금 면제, 사립대 50% 보조
정착도우미	–	1세대당 1~2명의 정착도우미를 지정, 초기 정착지원
보호담당관	–	거주지보호담당관(약 244명), 취업보호담당관(68명), 신변보호담당관(약 900명)

출처: 통일부 북한이탈주민포털 하나포털.

'2021년 북한이탈주민 사회통합조사'[04] 결과에 따르면, 40대가 28.5% 가장 높은 비율을 보였고, 거주기간은 10년 이상이 54.1%로 가장 높았다. 북한 출신이라는 이유로 지난 1년간 차별이나 무시를 당한 경험은 83.9%가 없는 것으로 나타났지만, 차별이나 무시를 경험한 이유로는 말투, 생활방식, 태도, 문화적 소통방식이 다름, 북한이탈주민에 대한 남한 사람들의 부정적 인식 등으로 나타났다. 이러한 실태조사를 보면, 북한이탈주민들이 남한에서의 생활문화를 익숙하게 수용할 수 있도록 생활문화의 이질감을 극복할 수 있는 방안이 마련되어야 하며, 언어의 소통문제를 우선적으로 해결해야 함을 알 수 있다. 북한이탈주민은 생활여건에 대해

04 이 조사는 북한이탈주민 보호 및 정착지원에 관한 법과 통계법에 의거하여 2021.5.1.~2021.7.4.까지 실시된 것이며, 조사대상은 1997.1.1.~2020.12.31. 중 국내에 입국한 북한이탈주민 중 만 15세 이상인 3,000명이다. 노동, 사회생활, 복지, 보건 및 건강, 교육, 가족, 사회관계망, 가구 경제상태 등에 대한 조사이다.

서 보건의료서비스 만족이 가장 높았고, 사회보장제도, 문화여가생활 향유 여건에 만족하는 것으로 나타났다. 한편 노후준비를 하지 않고 있음이 50% 이상으로 일반 국민(32.6%)과 차이를 보였는데, 준비할 능력이 없기 때문(47.5%)이 가장 많은 것으로 나타났다. 한편 전반적인 일상생활에 대한 스트레스를 가장 많이 받고 있으며, 여성이 남성보다 스트레스를 더 느끼는 것으로 나타났다.

건국대학교 통일인문학연구단에서는 2017년 '코리언의 정서소통과 통일문화'를 중심으로 연구총서를 발간했다. 남북한의 문화적 이질감을 극복하고, 통일문화로 나아갈 수 있는 방향을 모색한다는 취지였다. 총서에 수록된 11편의 논문에서는 다양한 제안을 통해서 남북한이 통합될 수 있는 방안을 제시하였다. 북한이탈주민들의 정착실태에서도 나타났듯이 일상과 문화적 통합 노력은 가장 기본이 되어야 할 과제이다.

남북한이 공유한 문화적 전통은 단일민족으로서 민족적 정체성을 형성하는 기저가 되었지만, 분단 이후 남북한 체제 차이에서 발생한 문화적 이질감이 점차 심화되고 있으며, 이에 따라 통일을 준비하는 과정에서 이는 극복해야 할 대상이며, 해결해야 할 과제가 되었다. 그러나 단순히 동질성을 혈연중심의 민족주의만으로 접근할 수 없는 상황에 처해 있는 것이 우리의 현실이다(박신의, 2017). 이에 남북한 간의 이질감을 극복하고 통합문화를 모색하기 위해서는 해외 한민족 네트워크를 통한 문화공동체 형성, 문화교류 증진을 위한 정부와 민간단체의 공조체제의 구축과 남북문화교류협력, 『겨레말큰사전』 사업을 통한 언어공동체 형성, 대중가요를 통한 정서적 소통, 우리의 전통생활문화인 세시풍속생활문화를 중심으로 공감대를 찾아나아가는 문화적 통합 노력방법이 필요하다. 설, 한식, 단오, 추석 등 남북한의 민족명절은 민족의 동질성을 잘 나타내 주는 민족문화유산이므로 통합에 있어서 어떠한 문화상징보다도 용이하다.

한편 탈북남녀의 이야기를 소재로 하는 방송프로그램[05]이나 유튜브 등은 통일을 대비하기 위한 문화적 공감대를 만들어가는 한 방편이 되고 있다.

5. 1인가구

1) 1인가구의 특징과 생활문화

한국 사회의 인구총조사 결과에 따르면 2021년 1인가구 비율은 33.4%에 이르고 있고, 장래가구 특별추계를 살펴보면 2047년에는 37.3%로 늘어나 1인가구 비율은 지속해서 늘어날 것으로 전망된다. 1인가구의 증가는 전 세계적인 현상이며, 갈수록 심화되고 있다.

1인가구는 독립된 공간에서 의식주 등의 일상생활을 혼자 하는 사람들로 '싱글족', '독신', '비혼주의자' 등 '나 홀로 라이프 스타일'을 살아가는 사람들로 묘사된다. 과거와 달리 결혼을 하지 않은 사람들을 바라보던 인식은 크게 바뀌어 혼자의 삶을 즐기려는 생활문화가 확산되어 하나의 삶의 양식이며 개인의 취향으로 받아들여지고 있다. 1인가구는 삶의 만족도가 높고 1인가구를 지속하고 싶은 비율도 늘어나는 추이이다.

1인가구는 비혼이나 만혼 등으로 자발적 1인가구가 되는 경우도 있지만, 비자발

05 TV조선의 '모란봉클럽'(2015.9.12.~2021.5.2.)은 탈북남녀들의 버라이어티한 토크프로그램이었고, 채널A에서 진행되고 있는 '이제 만나러 갑니다'(이만갑)는 2011년 12월 4일부터 시작하여 지금까지 방송 중인 남과 북의 화합을 모색하는 소통 버라이어티 프로그램이다. 유튜브에서도 탈북스토리들이 활발하게 펼쳐지고 있다.

적으로 이혼이나 가족해체, 기러기가족 등의 복합적 요인으로 인해 1인가구로 존재하는 경우도 많다. 자발적인 1인가구를 선택하는 사람들은 개인주의 성향을 갖고 생활의 편의성을 추구하는 경향이 크다. 학업이나 취업 등 일중심의 라이프스타일을 가진 사람들에게는 1인가구는 자신이 하는 일에 집중하면서 스스로 찾는 여가생활을 즐긴다. 이는 특히 청년 1인가구에서 많이 볼 수 있다. 중년 1인가구는 이혼이나 가족과의 분거로 인해, 노년 1인가구는 이혼이나 사별로 홀로 남게 되는 경우가 많다. 그리고 청년 1인가구는 집이 넓지는 않아도 자기만의 공간을 갖고 향유하기를 원하고, 편리하고 간단한 식생활을 영위하거나 간편식을 선호하고, 교통이 편하고 여가시설이나 편의시설이 가까운 곳에 거주하기를 희망한다. '나만의 공간'에서 '나만의 삶을 영위'하고 싶은 욕구를 충족하려는 젊은 세대 라이프스타일의 단면을 보여준다. 그러나 혼자 살아가기 위해서는 기본적인 의식주 생활과 여가, 안전한 삶의 영위가 가능하도록 재정적 뒷받침이 되어야 하므로, 원하는 만큼 여유로운 1인가구의 삶이 쉬운 것은 아니다.

1인가구의 행복도 연구(이민정, 2020)를 보면, 1인가구의 행복도는 다인가구보다는 낮은 편으로 나타났고, 이러한 경향성은 청년, 중년, 노년으로 갈수록 심화되었다. 즉, 1인가구는 행복 취약집단이라 볼 수 있다. 청년 1인가구의 행복요인은 가구소득, 노후대비, 주관적 건강, 단체활동, 부모도움 순으로 긍정적인 영향력이 확인되었는데, 특히 경제자원의 영향력이 높게 나타났다. 개인의 노력만으로 계층이동이 어려운 현실에서 청년 1인가구는 자원 확보를 가능하게 하는 요인을 중시하는 것으로 나타나 더 나은 삶에 대한 기대감이 매우 중요하게 작동한다. 현실에서는 인간의 기본권인 행복이라는 감정조차도 불평등하게 분배되고 있는 양상을 보여준다.

또한 1인가구 남성이면서 전통적인 책임의식을 갖고 부모를 경제적으로 지원해야 하는 경우는 생활에 어려움을 더 많이 겪는 것(성미애 · 기쁘다, 2022)을 볼 수 있다. 1인가구라 하더라도 그가 처한 가정환경적 요인이나 가치 의식 등에 따라서 삶의 모습이 매우 상이하게 나타난다는 점도 주목해 보아야 한다.

한편 홀로 살면서 반려동물과 함께 사는 1인가구도 늘었다. 이들은 반려동물을 보살피기 위해 식비나 이미용비, 의료비 등에 높은 비용을 지출하는 것도 기꺼이 감당한다. 반려동물은 1인가구가 겪는 정서적인 외로움을 달래주는 존재가 되기 때문이다. 1인가구에게 반려동물은 진정 '가족'으로 인식되는 경우가 많다. 1인가구인이 반려동물을 양육하는 경우 환경통제력, 개인적 성장, 자아수용면에서 반려동물 미양육자보다 높은 심리적 안녕감을 보이며, 충동통제력과 생활만족도, 커뮤니케이션 능력, 낙관성 등도 높은 것(김수인, 2020)을 볼 수 있다. 또한 독거노인의 심리적 웰빙 증진에도 반려동물을 활용한 개입이 유효하다(이종화 · 송영은, 2022)는 점을 볼 때, 반려동물은 홀로 사는 1인가구에게 심리적 · 정서적 안정을 주는 매우 중요한 존재가 되고 있다.

2) 1인가구의 과제

2022년 서울시 1인가구 실태조사 연구자료에 따르면 1인가구의 생활 장점으로는 자유로움과 혼자만의 여가활용이 가장 많았으나, 어려운 점으로는 몸이 아프거나 위급할 때 대처가 힘들다는 점을 꼽았다. 그리고 1인가구의 85.7%는 혼자 생활하면서 불편함을 느끼고, 55.2%는 가족, 친구, 이웃에게 도움을 구하는 것으로 나타났다. 한편 다인가구보다 모든 범죄의 피해에 대한 두려움이 크고, 폭력범죄 피해율은 약 3배가 높은 것으로 나타났다. 이는 1인가구가 보편화되고 있지만, 다인가구에 대비해서 취약성을 갖고 있고, 사회적 관계망에 있어서도 고립되거나 관계망 위험성도 존재하고 있음을 시사한다.

표 5-12 세대별 1인가구의 생활문제

구분	청년 1인가구	중장년 1인가구	노년 1인가구
특징	경제, 주거, 식생활이 취약한 이행기 특성이 강하고 관계망 취약층, 집중지원 필요	이질성이 높은 세대, 원가족 부양부담, 일상생활 어려움, 외로움 문제 심각	노인 전체는 건강과 사회적 관계망, 취약층은 경제 · 주거 지원 필요
경제와 자립	상용직 비율이 높지만 사회 초년생으로 소득과 자산이 적고 다른 세대보다 사적 이전을 받는 비율이 가장 높음	경제적으로 안정세대, 가족부양 부담이 크고, 공식 · 비공식 지원 부족해 경제 취약층도 존재	고용 소득은 낮은데 자산 빈곤율은 양호한 원인은 장기근로 은퇴자와 빈곤노인 함께 있기 때문
주거와 안전	단독 다세대주택, 면적(40㎡ 이하(월세, 주거비 과부담비율 등 주거 전반이 다른 세대보다 취약함	주거와 안전은 대체로 양호한 편, 비자발적(실직/이혼 등)인 경우 고시원, 쪽방에 거주하는 주거취약층 존재	원가족과 살던 주거수준이 양호한 비율이 높고, 소득과 신체쇠약으로 주거비 과부담, 범죄 피해율이 상대적으로 높음
건강과 식생활	생애주기상 신체 정신건강은 양호하나 먹거리 안정성과 식생활이 취약해 먹거리 관련 서비스 수요 많음	신체와 정신건강, 식생활 등이 나빠지기 시작하는 과도기, 노년에 건강 악화가 심각해지지 않도록 선제적 조치 필요	생애주기상 건강과 식생활이 가장 열악하지만, 오랜 단독생활과 살림 경험으로 식생활은 다른 세대보다 비교적 양호함
사회적 관계망	재직/재학률이 높아 사회적 고립도나 외로움은 매우 양호, 미래 불안으로 우울증 치료, 자살 충동 약간 높음	사회적 고립과 외로움이 가장 심각한 세대로 정책 수요도가 낮아도 심리적 · 정서적 지원 확충 필요	세대 특성상 가족 · 이웃과의 교류가 가장 많음, 사회적 고립도와 외로움은 비교적 양호, 삶의 만족도는 낮음

출처: 서울시. 2022년 1인가구 실태조사 연구자료.

1인가구는 그 숫자가 급격히 증가하고 있는데, 세대에 따라 청년, 중년, 노년, 그리고 성별에 따라 여성 1인가구, 남성 1인가구 등 각기 처한 상황에 따라 매우 다양한 과제를 갖고 있다. 홀로 사는 삶에 대해 긍정적으로 여기고 적극적으로 선택하는 경우도 많지만, 그들이 처해진 상황에 따라 각기 해결해야 하는 삶의 과제는 매우 상이하다.

표 5-13 1인가구의 과제

- 1인가구로 삶을 영위하기 위한 독립적인 경제생활을 유지해야 한다.
- 여성 1인가구는 특히 안전한 주거생활에 대한 두려움이 크므로 이를 유의해야 한다.
- 균형 있는 식생활 관리를 해야 하며, 건강관리에 유의해야 한다.
- 위생적인 주거와 환경관리를 해야 한다.
- 심리적 · 정서적으로 안정감을 갖도록 노력해야 한다.
- 함께 살지 않고 있는 가족이나 이웃과의 교류를 유지한다.
- 여가시간을 의미 있게 활용하며, 고립이나 외로움을 극복해야 한다.

Problems & Discussion

1 다양한 가족형태에 대해 세대 간 인식 차이를 보이는 까닭에 대하여 토의해 보세요.

2 다문화주의와 상호문화주의의 개념 차이를 비교해 보고, 앞으로 우리 사회의 다문화가정을 위한 정책방향에 대하여 토의해 보세요.

3 북한이탈주민가족에게 필요한 지원방안은 무엇이 있을지 생각해 보세요.

4 한부모가족이 겪는 생활문제에 대하여 조사해 보세요.

5 통일을 대비하여 남북한의 통합가능성을 생활문화 차원에서 찾아보고, 그 가능성에 대해 토의해 보세요.

6 1인가구 생활의 장점과 단점에 대해 생각해 보세요.

CHAPTER 06

의생활문화

1. 의생활문화의 이해
2. 한복과 의생활문화
3. 의생활문화와 삶의 질

CHAPTER 06 | 의생활문화

1. 의생활문화의 이해

1) 의생활문화와 영향 요인

의생활문화는 기후를 비롯하여 그 사회의 문화적인 특징에 따라 형성되고 변화되며, 개개인의 개성과 의생활정보 습득, 정보교류 등을 통해서 모방되고 확산된다. 의생활문화는 한 나라의 문화와 가정생활문화를 반영하는 거울이다. 의생활문화는 시대와 환경변화에 따라 변화하며, 각 문화와 국가에 따라 지켜오고 있는 고유의 복식이 현대의 복식과 공존하고 있다.

의생활문화에 영향을 미치는 요인은 정치, 경제, 사회, 도덕, 과학, 예술, 문화, 종교 등 매우 다양하다. 특히 복식제도나 유행, 신소재의 개발과 의복, 예술 활동 표현을 위한 아이템, 문학작품 속의 의복, 종교의례복식, 의생활규범, 의류산업, 기후변화 등 수많은 요인에 의하여 영향을 받으며, 그 형태와 색상, 디자인 등이 항상 변화한다.

정치 경제는 시대상을 반영한 의생활문화를 만들어낸다. 한국 사회에서 의복의 근대적 변화는 개화기 때부터 시작되었다. 신분에 따른 복식 규제가 없어지고, 갖춰입기가 의제개혁을 통해 간소화되었다.[01] 이때 만들어진 저고리와 두루마기 차

01 1884년 5월 실시된 갑신의제개혁을 통해 소매 넓은 겉옷인 중적막이 폐지되고 대신에 두루마기를 착용하게 되었다. 소매를 좁히고 갓의 둥근 태를 줄였다. 1894년 갑오개혁에서는 관리의 조복과 사복,

림은 남성 한복의 형태로 일반화되었다. 남성들의 양복 착용이 공인되었고, 1910년대부터 남성들의 양복 착용은 '근대화'에의 동참을 선언하는 일이면서 근대적 지식인이자 엘리트임을 의미하는 행위로 여겨졌다.[02] 이러한 분위기는 지배층은 양복을 입고, 일반서민은 한복을 입는 새로운 이중구조가 시작되었다고 볼 수 있는데, 이는 1960년대까지 계속되었다. 즉 계층에 따라 도시–농촌, 젊은층–노인층, 부유층–빈곤층, 고학력자–저학력자 같은 다차원적인 분할선이 만들어졌다. 그러나 복식규칙이 폐지되고 일반인들도 돈만 있으면 좋은 옷을 입는 것이 가능하게 되었다(김수진, 2007). 생활문화의 측면에서 볼 때 한국전쟁은 미군부대와 미국의 경제원조로 인하여 일반인들로 하여금 대중문화를 직접 접촉할 수 있는 계기를 제공하였다. 1950년대까지 여성들은 일상복으로 한복을 입었는데, 젊은 여성은 통치마와 저고리를, 결혼 후에는 긴 치마저고리를 입었다. 1950~1960년대는 한국전쟁 이후 구호물자와 미군부대 PX의 영향을 받으면서 일제 말기의 군민복, 간단복 같은 일본풍의 옷차림에서 벗어나기 시작하였다. 정치 경제의 변화과정에서 의생활문화는 이렇듯 제도의 변화, 전쟁, 외래문화의 도입 등을 거치면서 변화되었다.

방한을 위해 동물의 털과 가죽을 활용한 의복이나 더위를 피하기 위해 만들어진 의복은 그 기후에 따른 특색 있는 복식으로 전해진다. 고대 한반도에서는 수렵생활 시기의 방한의류로 대개 모피가 사용되었고, 방한복으로는 북쪽지방의 갓옷과 갓두루마기, 갓저고리 등이 있었다. 또한 솜을 넣은 솜두루마기, 솜저고리, 솜바지, 누비옷 등도 발달하였으며, 방한용으로 저고리 위에 배자도 입었다. 삼복더위에는 베와 모시를 이용하여 옷을 지어 입었다.

일반 국민의 복장을 간소한 것으로 제한하였다.

02 고종은 1895년 군인들에게, 1899년 외교관과 관리들에게 복장을 서구식으로 마련하라는 명령을 내렸고, 그 이후 1900년 4월 '문관복장규칙'과 '문관대례복제식'을 반포하여 관리들의 복장을 구미식으로 바꾸고 고종 스스로도 구미식 복장을 착용하였다.

표 6-1 기후와 의생활

열대기후	면이나 마로 만든 셔츠와 바지를 착용하고, 전신을 감싸며, 머리에 천을 둘러 일사를 방지한다.
건조기후	사막의 강하고 더운 열기로부터 인체의 건조를 막기 위한 복장으로, 천으로 전신을 감싸고 외열을 방사, 증발을 억제하여 건조에 대항하는 옷을 착용한다.
온대기후	온난지역으로 기후의 연 변화가 크고 4계절의 구별이 뚜렷하므로 계절에 따라 착용 의복이 각각 다르다. 목면, 모직 등을 사용하고 화려한 여러 색을 배합해서 사용한다.
냉대, 극지	보온효과를 높이기 위해 모피제로 만든 귀를 덮는 방한모, 장갑, 장화 착용, 눈[雪]의 반사를 막기 위해 안대를 착용한다. 방한을 최대 목적으로 하는 밀착형 복장이 발달되었다.

표 6-2 종교와 복식

가사(袈裟)	장삼 위에 왼쪽 어깨에서 오른쪽 겨드랑이 밑으로 걸쳐 입는 불교 승려들의 법의이다. 중국에서 전래되면서 불교 의식복으로 사용되었는데, 우리나라에는 삼국시대 중엽에 흑장삼과 붉은 가사가 전래되었다.
차도르(chador)	이슬람교도 여성이 타인에게 얼굴을 보이지 않도록 쓰는 망토 같은 형식의 전통의상이다.
수도복	기독교의 수도회나 다른 종교 단체에 속한 수도자가 자신의 신분을 알리기 위해서 착용하는 복장으로 수녀나 수사들이 입는 고유의 복식이다.

삼베나 모시 등의 전통적인 의복재료를 벗어나 과학기술의 발달에 따른 의류신소재의 개발은 착용과 세탁, 관리에 이르기까지 의생활문화의 획기적인 변화를 가져오고 있다. 현재는 과학기술을 이용하여 화학제를 첨가하지 않고 인체에 무해한 물질을 이용, 냉각효과를 가져오는 특수 의류소재를 적용한 친환경적인 의복이 생산되고 있다. 또한 물이나 땀, 오염물질 등을 스스로 튕겨내는 신소재 섬유는 세탁이 필요 없는 옷이 될 수도 있다. 이는 전기와 세제, 물의 소비를 줄여 지구의 환경오염을 줄이는 결과도 예상하고 있다. 칼로도 찢기지 않는 신소재 의류인 방검복은 안전을 위해 더 없이 좋은 옷이 될 수 있다. 친환경적이면서도 방한, 방서, 방오 등이 가능한 기능성 의복은 과학기술의 발달과 더불어 의생활문화를 획기적으로

변화시키고 있다.

한편 의생활문화는 사회문화적 특성을 반영한다. 의복은 비언어적 커뮤니케이션 요소로 인간관계에도 영향을 미치므로, 그 사회의 규범을 담고 있다. 의복을 통하여 개인의 신체와 외모가 어떠한 이미지로 표출되는지 결정된다. 이는 의복이 언어를 제외한 비언어적 커뮤니케이션으로써 중요하게 작용한다는 것을 보여주는 것이다. '옷이 날개다'라는 속담과 같이 똑같은 사람일지라도 어떤 의복을 착용하는가에 따라 사람은 다르게 보일 수 있다. 자신을 표현하는 중요한 수단인 의복은 외형적으로 보여지는 이미지를 형성하지만, 그 사람의 사고방식, 가치관, 직업, 생활정도 등의 내적인 요소까지 짐작하게 하고, 개인의 인격과 교양까지 드러나게 한다. 또한 의복은 짧은 순간에 이루어지는 첫인상을 결정짓는 매우 큰 부분을 차지하는데, 이는 시각적 이미지를 형성하여 한번 결정되면 고쳐지기 쉽지 않다. 이는 타인으로부터 자신을 평가하게 하는 수단이 되는 것뿐 아니라, 자신 스스로를 통제하고 관리하게 하는 수단이 될 수도 있다. 인간은 환경에 지배를 받는 동물로 자신의 의복과 그 차림새에 따라 태도, 감정 표현, 행동 등을 다르게 하게 된다. 우리가 편안하고 자유로운 옷차림을 할 때 걸음걸이나 태도와 사고가 더 자유로워지고, 격식에 따라 정장을 갖추어 입었을 때 행동은 더 절도 있고 긴장하게 되는 것처럼 의복은 자신의 생활태도나 마인드를 통제하고 관리할 만한 나침반으로 역할을 한다. 특히 직업에 따라 착용하는 근무복인 의사가운, 경찰복, 군복, 소방복, 법복 등의 예를 보면 의복이 갖는 상징성을 잘 알 수 있다. 즉 의생활은 개인과 사회의 가치, 신념을 나타내는 것과 더불어 개인적인 습관, 흥미, 취향, 선호, 미적 욕구, 구매습관, 성역할, 연령, 직업 등을 다양하게 표현하는 하나의 문화를 형성한다.

2) 의복 착용의 목적과 기능

의복은 신체보호의 기능과 표현의 기능을 갖고 있다. 의복은 피부를 보호하고, 체온을 조절하며, 신체를 안전하게 유지해 준다. 의복 착용을 하면 의복기후[03]를 형성해서 체온조절기능을 한다. 땀이나 먼지, 인체의 분비물 등으로부터 피부를 보호해 주며, 운동복이나 소방복, 안전모, 비옷 등은 신체를 안전하게 해준다. 또한 의복은 신분과 직업을 표현하는 역할과 개인의 특성 성격, 가치관, 감정 등을 나타내는 개성연출 역할, 때와 장소에 맞는 착장과 이미지메이킹을 통하여 매너를 표출하는 역할 등을 한다. 지나치게 개성 있는 옷차림은 일상에서 오히려 거부감을 줄 수 있으므로 유의할 필요가 있다.

표 6-3 의복 착용의 목적과 내용

의복 착용 목적	내용
생리위생상 목적	환경변화에 대비한 방한, 방서, 방화, 방열 등
생활활동 목적	작업 운동 휴식 여가 등 생활활동 능률 향상을 위한 운동복, 잠옷, 홈웨어 등
장식 및 심미상 목적	기호, 미의식, 취미 등 관련한 장신구, 감각적 디자인
도덕 의례상 목적	예절과 품위를 지키고, 공공안녕과 질서 유지, 윤리를 준수하는 옷차림
표시 유별상 목적	지위, 신분, 권위, 계습, 직무 등을 나타내는 법복, 소방복, 의사가운, 간호사복, 경찰복, 군복 등
분장의태상의 목적	무대의상, 변장, 가장 등

03 의복기후란 의복을 착용하고 있는 경우, 의복과 체표면 사이에 형성되는 기후를 말하며, 31~33℃, 습도 40~60%로 조절된다. 의복에 따라서 체온을 조절할 수 있는 외기온도의 범위는 10~25°C이고 10°C 이하에서는 난방을, 26°C 이상에서는 냉방을 필요로 한다. 또한 의복기후의 조절에는 각 피복재료의 함기량, 환기성, 흡습성, 습윤성 및 방직, 진애부착성, 염색 등 및 의복의 제작에 따른 보온, 방열효과, 부피, 무게 등이 포함된다.(간호학대사전, 1996.3.1, 한국사전연구사)

인간이 의복을 착용하는 동기는 인체의 보호, 신체의 장식, 수치심의 보호, 성적 매력을 통한 주의집중 등 매우 다양하다. 의복 착용 동기를 기본으로 하여 착용 목적을 보면 더위나 추위 등 환경변화에 대비하는 생리위생상의 목적 이외에 작업이나 운동, 휴식 등 생활 활동상의 목적, 장식 및 심미상의 목적, 도덕과 의례상의 목적, 신분이나 직무를 나타내는 표시 유별상의 목적, 예술 활동에 필요한 분장의태상의 목적 등으로 나누어 볼 수 있다.

3) 의생활문화와 소비생활

오늘날 의생활문화는 소비생활과 매우 밀접하게 관련된다. 근래에는 의류의 소비화가 급진적으로 이루어지고 있다. 현대인들의 의류시장 의존도가 높아지면서 개인의 생활수준과 구매력, 의생활 소비의식 등이 개인과 가정의 의생활문화를 이루어가는 데에 크게 영향을 미치고 있다. 옷감의 생산과 재봉 등이 손쉽지 않았던 과거와는 다르게 의류산업의 발달과 더불어 대량생산이 가능해지면서 무수한 옷감의 생산, 패션화 등으로 쉽게 사고 쉽게 폐기하는 경향이 나타났고, 생활수준의 향상으로 의생활의 고급화가 이루어지고 있다.

그리고 의류시장의 경쟁 심화와 소비자의 소비 선택기준이 높아져 보다 합리적인 의류 소비에도 관심이 높아지고 있다. 다양한 브랜드가 출현하고 있고, 명품선호 현상도 꾸준히 지속되고 있다. 한편으로는 안전한 의복, 공존을 위한 패션인 에코디자인에 주목하고 있으며, 재활용으로 제작된 의류, 윤리적 패션 등도 나타나고 있다.

생활수준의 향상과 건강에 대한 관심이 높아지면서 다양한 스포츠 여가를 즐기는 사람들이 많아졌으며, 이들을 겨냥한 스포츠웨어 전문매장들도 많아졌다. 헬스, 필라테스, 등산, 수영, 골프, 스키, 캠핑 등의 취미와 계절운동을 선호하는 베이비부머세대는 기능적 스포츠웨어를 구매하는 중요한 소비층이 되고 있다.

한편 의복구매의 채널이 매우 다양해져서 현명한 소비자로서의 의류 선택이 중요해지고 있다. 의복의 종류는 형태와 구조, 사용 계절, 착용별, 성별, 연령별, 용도별, 표지유별에 따라 다양하게 구분되므로, 의복의 선택과 현명한 소비를 위해서는 어떠한 의복 종류가 필요한지 소장하고 있는 의복의 종류와 수량을 우선적으로 살펴보아야 한다. 가정에서 의복비는 가계비의 10~15% 정도가 바람직하다. 식품비와는 달리 의복비는 수입이 증가함에 따라 다소 증가하는 경향이 있다. 의복 구매를 할 때에는 계획성 있게 하여 불필요한 의복비의 증가와 소비를 방지하도록 해야 한다.

표 6-4 의복의 종류

의복의 종류	내용	
형태와 구조	개방적인 형태의 의복, 밀폐적인 형태의 의복, 한복과 양복	
사용계절	하복, 동복, 춘추복	
착용	속옷	셔츠, 속바지, 팬티, 슈미즈, 브래지어, 슬립, 페티코트, 코르셋 등 언더웨어
	중의	조끼, 스웨터 등 보온을 위한 옷
	겉옷	여름의 블라우스와 스커트, 와이셔츠와 바지, 원피스, 투피스, 원피스와 카디건의 앙상블, 남자의 신사복 등
	외투	방한, 보온, 방우의 목적으로 입는 오버코트, 더스터코트 등
성 · 연령	성	남섬복, 여성복
	연령	어린이옷(소년복, 소녀복), 유아복(乳兒服), 유아복(幼兒服)
용도	활동복	농작업복, 공장작업복, 가정용 에이프런 스목(smock), 통근통학용 의복, 수술복, 실험복, 스포츠용 의복, 근무복
	휴양복	파자마, 잠옷, 가운 등
	사교복	연미복, 턱시도, 프록코트, 모닝코트, 신사복, 한복의 마고자와 두루마기, 드레스, 슈트, 한복의 원삼 등
표지유별	직장, 학교, 각종 단체의 소속을 나타내기 위한 의복 각종 제복, 직업복, 단체복	

표 6-5 사회변동에 따른 의복 선택의 요인

의복 선택의 요인	내용
사회적 요인	사회계층, 교육수준, 생활경험, 생활환경 등
문화적 요인	종교, 도덕, 사회규범, 집단의 세계관, 가치체계, 환경보호 등
정치적 요인	정치적 이념 표시, 제복 착용 등
경제적 요인	유행, 패션, 예복, 옷 가격, 착용자의 구매능력, 유통시스템 등
기술적 요인	피복 재료의 발달, 대량생산기술의 발달 등

한편 현대 의생활문화의 특징은 탈정형화 현상이다. 전 세계적으로 삶의 새로운 패러다임이 등장하고, 연령 · 인종 · 지역을 초월하여 소비자 감성에 호소하는 글로벌화와 세계화의 현상이 영향을 미치고 있기 때문이다. 보다 간편하고 실용적인 의복, 친환경화를 고려한 의류생산과 활용, 보관, 폐기가 가능한 제품선호, 바꿔 입기, 돌려 입기 등 새로운 트렌드가 나타나고 있다.

사회 변화와 물질의 풍요 속에서도 공유가치가 확산되고, 세계인들이 공존 시대를 살아가면서 보다 건전한 의생활문화를 형성해 나가기 위해서 소비자는 의류 구매에서부터 사용, 관리, 폐기과정까지 고려하는 실천적인 노력을 해야 한다.

표 6-6 건전한 의생활문화 형성을 위한 소비의 실천적 방안

구분	내용
구매 전 계획	• 체형을 파악하여 신체상 결점 보완을 위한 의류에 대한 정보수집 • 의류제품의 치수, 신체사이즈 등을 정확히 파악 • 의복의 종류 수량 등 의복 소지 사항을 파악 • 현재 가지고 있는 옷과 조화되고 이용범위가 넓은 것을 선택 • 구매 계획 의류의 종류 및 수, 용도, 구매의 효용성, 가격 등 정보수집 • 의복비는 가계비의 10~15% 정도로 유지될 수 있도록 구매 계획 • 바꿔 입기나 돌려 입기가 가능한 의복은 어떠한 것이 있는지 파악

구매	• 의복 구매 정보 및 구매 채널 파악 • 의복의 재질, 형태, 디자인, 가격, 관리법 등 검토 • 지속가능한 환경보호를 위한 의류선택 • TV, 잡지, 패션쇼, 인터넷, 홈쇼핑, 재래시장, 아울렛매장, 대리점, 백화점, 맞춤복 등을 필요에 따라 합리적으로 선택, 구매 • TPO, 5W1H에 따른 필요 물품 목록을 작성, 유행아이템 등 검토
착용	• 2벌 이상을 교대로 착용 • 의복 손상을 줄일 수 있는 방법 고려
정리 및 관리	• 섬유재료의 성능과 의류의 제품취급표시를 익혀서 관리 • 섬유의 종류, 염색의 안전성에 따라 세탁 순서와 방법, 세제 선택에 주의 • 모직물이나 고급 한복감 제품은 드라이클리닝 이용이 적합 • 브러싱, 다림질, 얼룩빼기 등 관리 • 용도별, 계절별, 아이템별 정리정돈 • 매주, 매달, 계절별로 관리 점검 • 통풍, 해충 피해 없도록 방충제, 방습제 등 사용
폐기	• 재활용을 위한 기증이나 중고판매 • 폐기 시 의류수거함 이용 • 속옷, 양말, 스타킹 등 폐기는 종량제 봉투 이용하여 분리배출

2. 한복과 의생활문화

1) 한복의 특징과 종류

우리나라 고유의 복식인 한복은 전 세계적으로도 그 아름다움과 가치를 인정받고 있는 매우 소중한 문화유산이기도 하다. 한복은 선과 형태, 색상을 비롯하여 문양이 아름답게 조화를 이루고 있다. 전통복식은 일상복과 의례복식으로 나누어 볼 수 있다.

한복의 예복화와 전통화

1960년대 한복에 대한 사회적 담론은 의생활에 중요한 영향을 미쳤다. 한복을 일상복에서 예복으로 만드는 인식과 담론이 강화되었다. 한복은 비실용적이고 신체발달에 해롭다는 인식이 완전히 자리 잡게 되었다. 한복과 양장의 장단점이라는 논의구도 속에서 한복은 육체의 굴곡을 무시하며, 건강상 해롭고, 교양 없는 자세를 유발하는 의복으로 여겨지기 시작했다. 허리를 졸라매는 양장이 한복보다 더 몸에 악영향을 준다는 주장도 없지는 않았지만, 한복이 몸에 해롭다는 논의가 대부분이었다. 또한 한복은 행동하기 거추장스러워 활동복이나 일상복으로 부적합하다는 주장이 양복을 생활복으로 하자는 논의와 맞물리면서 강해졌다.

사실 여성 한복 개량의 기본 형태는 일제강점기에 마련되었다. 속곳이나 고쟁이, 단속곳, 속저고리는 벗은 지 오래였다. 어깨허리를 단 통치마와 저고리, 그리고 1950년대 추가된 것이 있다면 옷고름을 없애고 대신 브로치를 사용하여 여미는 방식이다. 긴 치마저고리에도 응용되어 도시여성들 사이에 널리 유행하였다. 짧은 통치마와 고름 없는 저고리는 활동복으로서 충분히 가치가 있었고, 많이 착용되고 있었다.

1960년대 후반이 되면서 '일상은 양복, 예복은 한복'으로 분리하는 것이 확고하고도 바람직한 것으로 인식되었다. 예복에 걸맞게 되기 위해 한복은 그동안 진행되었던 간소화와는 완전히 반대 방향으로 돌아가 치마폭은 늘어났고, 옷고름은 길어졌으며, 단속곳과 속치마, 무지개 같은 속옷의 갖춰입기가 강조되었고, 반회장과 회장의 배색, 두꺼운 동정이 진정한 '한복의 입음새'로 이야기되었다. 이러한 한복이 세계적으로도 가장 아름다운 옷이 되었고, 예복으로 적당하다는 인식이 재차 확인되었다.

출처: 김수진(2007). 여성의복의 변천을 통해 본 전통과 근대의 젠더정치. 311-315의 내용을 재정리함.

일상복은 평상복이라고도 하며, 사계절에 맞춘 옷감으로 누비옷, 모시옷, 삼베옷, 명주옷, 무명옷 등이 있다. 한복은 남성의 경우, 바지저고리와 마고자, 두루마기, 도포 등을 착용하고, 여성의 경우 치마저고리와 두루마기 등을 착용한다. 전통 한복에서는 한복의 색상이 신분이나 지위를 상징하기도 했다. 미혼여성의 경우는 다홍치마에 노랑저고리를 입고 머리를 땋았으며, 기혼여성의 경우는 남색치마에 옥색회장저고리, 남끝동에 자주고름을 매고, 머리를 올려 비녀를 꽂았다. 따라서 옷차림만 보더라도 미혼과 기혼을 구분할 수 있었다.

전통복식은 계급과 신분을 상징하고 예의와 체면을 중시한 생활문화를 반영한다. 예로부터 동방예의지국으로 불린 우리나라는 복식을 통해서 외형적으로도 예의 문화를 표현해 왔다. 한복은 가족적 서열을 중시하는 의생활, 남녀를 구별하는 의생활, 생사(生死)를 구별하고 조상(祖上)을 존중하는 의생활, 일상(日常)과 의례(儀禮)를 구별하는 의생활, 체면(體面)과 예의(禮儀)를 중시하는 의생활문화를 상징한다.

전통혼례 복식으로는 신랑은 사모, 관복(단령), 관대, 목화를 착용하였고, 신부는 원삼이나 활옷, 노란색 삼회장저고리, 다홍색 대란치마, 뒷댕기, 비녀, 용잠 등을 착용한다. 제례복식으로는 남성은 도포를 입고, 복건이나 유건을 착용하였으며, 여성은 흰색이나 옥색 치마저고리를 입었다. 우리나라의 상복은 백색을 기본으로 하였고 어른이 돌아가셨을 때에는 수의를 입혀 상례를 행하였다.

어린이 한복은 오늘날에도 많이 착용되고 있다. 특히 돌잔치를 비롯하여 보육시설에서의 생일잔치나 예절교육 때, 설과 추석 등 명절 때에 주로 입는다. 어린이 한복은 색동저고리 바지, 치마, 조끼, 마고자, 사규삼, 까치두루마기(색동두루마기), 오방장, 당의, 굴레, 복건, 전복 등 다양한 종류가 있다. 어린이 한복에 사용된 색동은 여러 가지 의미를 갖고 있는 것으로 전해지고 있다. 색동은 나쁜 액을 피하려는 주술적인 의미로 사용되기도 하였으며, 오색의 조화를 기본으로 하여 어두운 면은 생략하고, 밝은 면을 강조하는 길상(吉祥)의 의미도 있었다. 색동은 어린이들의 색감과 심성발달에 도움이 되고, 미적 욕구를 충족시켜 준다. 그리고 옷감의 재활용과 어린이의 무병장수를 기원하는 의미도 담고 있으며, 계층 표현의 수단으로 활용되기도 한다.

마고자	오방장	까치두루마기

전복	**복건**	**남아 한복 착용 모습**

그림 6-1 남아 한복

출처: 성신여대 박광훈 복식박물관 자료.

연두색 당의	여아 까치두루마기	치마

조바위	**굴레**	**여아 한복 착용 모습**
	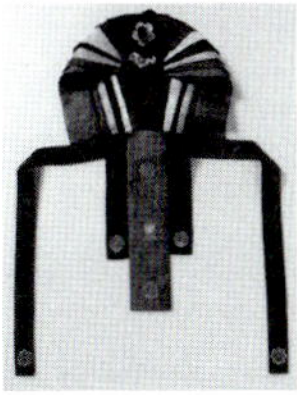	

그림 6-2 여아 한복

출처: 성신여자대학교 정원 박광훈 복식박물관 자료.

2) 한복과 예의생활

(1) 한복 입는 방법

한복을 입을 때는 속옷을 바르게 차려 입고, 한복 입는 순서에 맞추어 입어야 한다. 여성의 경우 속치마, 속바지 등을 입지 않고 홑겹의 치마저고리를 입어서는 안 된다. 한복의 아름다움은 속옷을 잘 갖추어 입었을 때에 드러나게 된다.

표 6-7 남녀의 한복 입기

여성의 한복 입기
• 한복은 속바지–속치마–버선–치마–속저고리–저고리–두루마기의 순으로 입는다. • 버선은 수눅선의 시접이 바깥쪽으로 가도록 하며, 수눅선이 조금 안쪽으로 기울어지도록 신는다. • 치마 여밈은 왼쪽으로 가게 한다. • 고름의 고는 왼쪽으로 가게 하고, 매어진 두 가닥의 고름 길이가 비슷하도록 해야 한다. • 한복 치마와 저고리는 입은 모양이 뒤로 넘어가지 않도록 앞으로 당겨서 입는다. • 한복을 입고 지나치게 화려한 장신구는 하지 않도록 한다. • 한복의 아름다운 색과 선을 살릴 수 있도록 주의한다.
남성의 한복 입기
• 남자 한복은 바지–저고리–조끼–마고자–두루마기 순으로 입는다. • 두루마기까지 입어야 정장차림이 된다. • 바지 허리끈은 솔기선 여유분을 접어 왼쪽으로 가게 한 다음, 그 위의 중앙에서 허리띠를 맨다. • 현대 한복은 대님 대신에 매듭단추로 되어 있는 경우가 많아, 편리하게 매듭단추를 끼우면 되나, 매듭을 매어야 할 경우에는 발목의 안쪽 복사뼈 부분에 고름을 매듯이 맨다. • 생활한복은 매듭단추를 바깥쪽으로 끼우기도 한다.

(2) 한복 착용과 예법

한복을 입으면 일반적인 서양복식을 착용했을 때보다도 몸가짐과 태도가 더 잘 드러나 보여서 한복을 입은 후에는 '그 사람의 인품을 더 잘 볼 수 있다'는 말을 한다. 즉 바른 태도와 예법에 맞는 몸가짐을 해야만 한복이 갖고 있는 아름다움과 기품을 더 잘 드러낼 수 있기 때문이다.

표 6-8 한복을 입을 때 지켜야 할 예의범절

- 여성의 경우 의자에 앉을 때는 치마를 뒤로 여미고 앉는다.
- 음식을 먹을 때, 한복의 배래선을 주의하도록 한다.
- 여성의 경우 좌식으로 편히 앉을 때는 두 다리를 모은 채 옆으로 비스듬히 내어 앉거나 무릎을 세우고, 두 손은 공수한 채로 세운 다리의 허벅지 위에 올려놓는다.
- 남성의 경우는 무릎을 꿇고 두 손은 공수한 상태로 모아 허벅지 위에 두고 앉는다. 편히 앉을 때는 양반다리를 하고 앉고 두 손은 양 허벅지 위에 살짝 주먹을 쥐고 편안히 놓는다.
- 공수는 양장을 했을 때보다 맞잡는 손의 위치가 조금 위로 올라가도록 맞잡는다.
- 남성의 경우, 외출하거나 예를 갖추어야 할 때는 두루마기를 입어야 한다.
- 여성의 한복은 다양한 색을 활용하나, 전통사회에서는 미혼여성의 경우 다홍치마에 노랑저고리를, 기혼여성은 남치마에 옥색회장저고리를 입었으므로 참고하여 입는다.
- 한복을 입었을 때는 바쁜 경우에도 뛰어다니지 말고, 빠른 걸음으로 걷도록 한다.
- 한복을 입었을 때는 몸을 반듯하게 하고 침착한 마음과 태도를 갖도록 한다.
- 여성의 경우 목걸이를 하지 않는 것이 한복의 아름다운 깃과 동정의 V넥 장점을 살려준다. 귀걸이도 하게 된다면, 늘어지는 것은 피하고 귀에 부착된 것이 좋다. 한복에는 노리개나 배씨댕기, 뒷댕기와 같은 한복 색상과 문양에 어울리는 장신구를 하여 단아한 모습을 갖추도록 한다.
- 한복을 보관할 때는 잘 개켜서 두도록 한다. 한복은 평면구성으로 되어 있으므로 저고리는 바르게 펴서 양쪽 소매를 접어 개키고, 치마는 겉이 안으로 가게 접고 다시 한 번 접어 1/4 치마폭이 되도록 하여 보관한다.
- 남자 한복의 경우 바지는 가랑이를 포개어 접은 뒤 아래의 반을 접고 밑위의 반을 접어 중앙으로 포개어 개켜 보관한다.

(3) 한복문화의 계승

고유의 한복문화는 현대에 이르러 새롭게 재조명되면서 전통한복에 이어 생활한복, 패션한복 등 다양하게 탄생되고 있다. 생활한복은 우리 한복의 선과 형태의 아름다움을 잘 살리면서 오늘날 일상에서도 편안하게 착용할 수 있도록 만든 한복이다. 옷고름 대신에 매듭단추를 활용하고, 깃에 달았던 동정을 대신하여 넓은 깃으로 처리하며, 천연염색을 하거나 세탁이 편리한 소재를 응용하여 대량생산하면서 크게 확산되고 있다. 일상복으로 생활한복을 이용하기도 하지만, 한국음식점이나 전통찻집 등 한국의 전통성을 상징하는 곳에서는 생활한복을 근무복으로 착용하기도 한다. 또한 패션한복은 젊은이나 외국인들에게 세련되고 새로운 한복으로 회자되면서 관심을 받고 있는 옷이다. 패션한복은 선과 색의 아름다움은 물론이고, 다양한 천을 활용하여 현대적인 디자인이 적용된 패션감각이 뛰어난 옷이다.

한복문화의 계승을 위해서는 고유복식에 대한 새로운 인식 개선이 필요하다. 한복은 불편한 옷이고, 촌스럽고 세련되지 못한 옷이라고 여기는 경우도 많다. '전통=구습=촌스러움=개선되어야 할 것'이라는 의식을 자리 잡게 한 것은 일제강점기 때에 문화말살정책의 영향이다. 한복은 불편하므로 개선되어야 한다는 부정적인 관점에서 개량한복이라는 용어를 광범위하게 사용하게 되었다. 이는 한복의 강점과 편리함을 발전시킨 생활한복과는 다른 개념이었던 것이다. 문화에 대한 평가를 '합리적, 과학적' 잣대로만 해석하여, 우리의 고유문화를 고쳐야 할 구습으로 여기게 했던 것이다. 문화상대주의적 관점에서 고유의 문화를 인정하고 존중하는 의식 전환이 필요하다. 더 나아가 우리 옷의 아름다운 외형적인 특징만을 보고 입을 것이 아니라, 우리 옷을 입고 지켜왔던 예의문화를 함께 익혀 문화적 이해의 깊이를 넓히고, 일상에서 착용하려는 자세가 중요하다. 또한 유아를 대상으로 한국문화교육을 할 경우에는 한복과 예의생활을 접목하여 지도함으로써 한복을 중심으로 한 우리 문화의 계승에도 주의를 기울일 필요가 있다. 또한 한복을 일상에서 적극적으로 착용하고 활용하는 노력도 요구되는데, 남녀노소를 불문하고 고궁을 관람할 때나 가정의 행사, 명절 때에도 적극적으로 한복을 착용하도록 한다. 설이나 추석 명절에는 '설빔', '추석빔'이라 하여 새로 원단을 장만해서 옷을 지어 입었던 풍속은 무형적 자산으로 가치가 높다. 한복을 입는 생활은 우리의 한복문화와 전통문화에 대해 애정을 갖고 확산시키기 위해서 개인적으로 할 수 있는 매우 의미 있는 일이다.

최근에는 전통혼례를 하는 경우에도 새롭게 디자인된 전통적인 형식의 한복드레스를 착용하는 경우도 증가하고 있고, 신랑신부만이 아니라 가족 모두 한복을 입고 혼례식에 참여하는 경우도 있다. 다문화가족의 행사에는 한복이 더 널리 활용되고 있고, 외국인들이 한국을 방문하고, 한국문화체험을 하고자 할 때에도 한복착용을 희망하고 있다. 더 나아가 한국의 전통혼례복을 입고, 혼인을 하려는 외국인들도 있다.

이외에도 한국인들 스스로 한복의 종류나 특징, 착장법에 대하여 올바로 알고, 고유복식에 대한 자부심을 갖도록 해야 한다. 한복문화 계승을 위하여 외국인들에게 한복문화 체험기회를 확대하고, 문화콘텐츠산업과 연계하여 한복의 이미지 확산하기, 한복 패션쇼, 한복 디자인 경진, 한복 연구 등 관 · 산 · 학 공동의 연계 노력이 지속되고 있다.

매년 10월 21일은 한복의 날이다. 이는 한복에 대한 관심을 불러일으키고, 한복의 우수성과 산업적 문화적 가치를 널리 알리기 위한 날로 제정되어 있다. 2014년에는 전통문화의 중심인 한복의 고유성을 회복하고, 현대사회의 시대적 요구와 흐름에 조화시켜 한복이 경쟁력을 갖출 수 있게 지원을 뜻을 갖고 한복진흥센터가 출범했고, 10월 21일을 전후하여 매년 한복문화주간이 정해지며 한복에 대한 관심을 확산하고 있다. 그리고 문화재청은 '한복생활'을 2022년 7월 20일 국가무형문화재로 지정했는데, 한복생활이 오랜 시간 우리 민족이 전승하고 공유한 문화라는 점에서 특정 기능보유자나 보유단체를 인정하지 않는 국가무형문화재 '공동체종목'으로 지정했다.

표 6-9 한복문화 계승을 위한 노력

- 우리의 고유복에 대한 인식의 전환과 자부심 갖기
- 유아들부터 한복과 예의생활을 지도하여 한복을 고유복식으로 이해하도록 교육을 선행
- 한복의 종류와 특징, 착장법 등에 대하여 바르게 익히기
- 명절이나 의례 이외에 일상생활에서도 한복 입기를 실천하고 생활화하도록 노력하기
- 다양한 한복 디자인을 통하여 한복의 미와 색상, 디자인적 요소의 재해석 노력
- 의례복식으로써 한복 착용의 확대
- 외국인 대상 한복문화체험 프로그램을 통하여 한복 소개 기회 확대하기
- 드라마, 영화 등 문화콘텐츠산업과 연계하여 한국의 상징으로서의 한복 이미지 확산
- 한복 패션쇼, 한복 디자인 경진, 한복연구 등 한복 확산을 위한 관 · 산 · 학의 연계 노력

3. 의생활문화와 삶의 질

환경변화와 다양한 의복 신소재의 개발로 의복 디자인 이외에도 의복의 기능성과 관리방법도 달라지며, 우리의 의생활문화는 앞으로도 크게 변화할 것이다. 환경변화에 적응하면서 인류가 공존하기 위해서는 지속가능한 환경보호와 공유가치에 대한 의지를 갖고 있어야 한다. 즉 의복은 자신의 표현이기는 하지만 개인적인 삶과 풍요만을 생각하는 이기적인 삶의 태도를 갖는다면 바람직한 의생활문화를 만들어가기 어렵다. 따라서 의생활문화는 다음과 같은 지향성을 갖고 이루어져야 할 것이다.

① 의생활을 위해서는 착용자의 역할과 의복의 조화로움을 추구해야 한다. 성별, 연령, 가족관계, 역할, 직업 등을 고려하여 그에 합당한 옷차림이 되도록 하는 것이 필요하다. 오늘날은 국내외적으로 다양한 문화와 직업세계가 공존하고 있고, 그 지향성을 상호 인정하는 지혜를 요구하고 있다. 각자의 위치에서 생활환경과 조화로운 의생활이 되도록 해야 한다.

② 착용상황과 어울리는 의복규범을 지켜 나아가도록 한다. TPO(time, place, occasion)에 맞추되 착용자의 미적 욕구를 충족하면서도 개성을 충분히 발휘할 수 있도록 하며, 사회문화에서 통용되는 의생활규범의식을 살펴서 착용하도록 한다. 공식적인 의례석상이나 캐주얼이 가능한 상황, 여가시간 등 다양한 착용 상황에 맞춰 옷을 입어야 하는 규범이 존재하기 때문이다. 의생활규범을 지키는 것은 인간관계와 사회생활을 위해 중요한 사항이다.

예의 바른 옷차림과 의생활규범

TPO에 맞는 옷차림

- 일반적으로 활동할 때, 잠잘 때, 운동할 때 상황에 맞는 적절한 옷차림을 한다.
- 외출할 때는 밖에서의 활동에 맞추어 옷차림을 하고 나가도록 한다.
- 그림 그리기, 요리활동, 청소 등을 할 때에는 작업복이나 앞치마 등을 착용한다.

깨끗한 옷차림

- 얼룩이 묻어 있거나 더러운 옷은 항상 청결하게 세탁하여 입도록 한다.
- 땀에 젖었을 때, 비를 맞았을 때, 운동한 후와 같은 경우에는 함께 있는 사람들에게 불쾌감을 줄 수 있으므로 바로 갈아 입어 청결을 유지한다.
- 신발은 흙이나 먼지가 묻어 있고, 냄새가 나는 경우가 많으므로, 항상 청결하게 관리하여 신도록 한다.
- 속옷은 자주 갈아입고, 양말은 매일 갈아 신어서 깨끗한 차림을 하도록 한다.
- 값비싼 명품 의상을 입는 것보다 깨끗하고, 단정한 차림을 하는 것이 우선이다.

단정한 옷차림

- 찢어지거나 단추가 떨어지고, 지퍼가 고장 난 옷은 수선해서 입는다.
- 몸에 맞는 옷을 입도록 한다. 몸에 딱 달라붙어 조임이 많은 옷이나 치수에 맞지 않게 너무 큰 옷은 보는 사람에게 불쾌감을 줄 수도 있다.
- 즐거운 자리에 초대받아 갈 때에는 지나치게 화려한 옷차림은 삼가고, 단정하고 그 자리에 맞는 옷차림을 하도록 한다.

③ 자신의 연령과 개성을 표현하는 의생활을 영위하도록 한다. 연령을 비롯하여 다양한 패션 스타일, 라이프 스타일 등을 고려하여, 자신에게 맞는 의복을 착용하도록 한다. 간혹 명품만을 선호하는 사람도 있으나, 지나치게 명품에 치중하기보다 자신에게 적합한 명품인지를 가늠해 보고 선택하는 삶의 태도가 필요하다. 옷 가격보다는 자신이 그 옷을 어떻게 소화해 내는가에 따라 멋과 아름다움이 달라질 수 있다.

한 연구(한상지 · 하지수, 2017)에 의하면, 중산층 이상의 경제력을 갖고 문화소비를 하는 뉴실버세대(65~75세) 여성은 신체적인 노화는 인지하지만, 심리적인 노화는 경험하지 않았거나 소수만 경험했고, 의복스타일은 유행은 고려하지 않지만 단정하고 기본에 벗어나지 않으며 편안한 의복스타일 추구하고 평상시와 여가활동 시 의복을 장소와 때에 맞추어 다르게 착용하는 경우가 많은 것으로 나타났다. 또 다른 연구(이금실 · 남미우, 2013)에 의하면, 결혼생활에 대해 부정적 집단의 경우 외모 관심이 많아질수록 명품 선호와 구매가 높아지는 것으로 나타났고, 주부들이 미래의 지출에 대한 스트레스가 높은 경우, 의복을 통해 기분전환을 하고 분위기를 바꾸는 등 의복이 주는 심리적인 영향에 의존하는 것으로 나타났다. 개인적인 상황에 따른 라이프 스타일과 심리적인 요인을 반영한 의생활영위는 삶의 질에 영향을 미친다.

한편 개성을 강조하는 이들은 착한소비[04]운동으로 수작업, 재활용, 리폼 등의 방식을 지향하기도 한다. 패션업계에서는 상품 배송과정에서 사용되는 택배박스와 테이프로 친환경제품을 지향한다. 프리마켓을 이용하여 의류의 교환이나 판매가 이루어지기도 한다. 더불어 사는 공유경제[05] 개념이 확대되면서 공존을 위한 소비태도가 의미 있게 받아들여지고 있다. 또한 사회적으로는 '윤리적 패션'[06]도 관심을 받고 있다.

04 착한소비란 보다 친환경적이고 인간적인 소비를 뜻하며, 가격이 조금 비싸더라도 친환경상품이나 공정무역상품 등을 구매하여 사회에 공헌할 수 있는 것을 추구하는 소비를 말한다.

05 공유경제(sharing economy : 共有經濟)란 2008년 미국 경제위기 이후 등장한 개념으로 하나의 제품을 여럿이 공유해서 쓰는 협업 소비를 기본으로 하는 경제를 의미한다. 개인적으로는 활용도가 떨어지는 물건이나 부동산 등을 다른 사람들과 함께 공유함으로써 자원 활용을 극대화하는 것이다. 필요한 만큼 빌려 쓰고 빌려주는 의미를 담고 있으므로, 경기침체나 환경오염을 방지하기 위한 사회운동으로 확대되고 있다.

06 서울디자인재단(www.seouldesign.or.kr)에서는 윤리적 패션 지원 사업인 '지속 가능 윤리적 패션 허브' 프로젝트를 시작하여 DDP에 '윤리적 패션 공동판매장'을 오픈하였다. 친환경, 공공성, 경제성 등 40개 항목에 대한 심사를 거쳐 통과한 상품을 입점시킨다(2017.11.10. 데일리뉴스 참고).

④ 의복의 품질표시가 정확히 제시된 제품을 구입하도록 하고, 소비자로서 섬유제품과 품질표시제도, 관리 등을 올바르게 이해하고 있어야 한다. 세탁방법, 다림질방법, 드라이클리닝, 건조방법 등 세탁과 관리법을 익혀둔다. 의복은 제2의 피부라고도 한다. 따라서 의복은 신체에 안락감을 제공할 수 있는 것으로 활동 동작에 무리가 없고, 착의와 탈의를 할 때에도 불편함이 없는 것이어야 한다. 보정용 옷의 경우, 신체와 피부에 무리가 되는 제품은 피하도록 한다. 한편 피부병을 앓는 사람들에게 의복은 매우 중요한데, 아토피피부염 환자를 위한 자극이 적은 실크재질의 의복에 항균시스템을 추가하여 피부에 존재하는 세균을 감소시키고 피부의 수분 함유력을 높여 피부장벽기능을 유지(김인수 외, 2010)할 수 있다. 이와 같이 의복은 피부보호를 위한 것이므로 건강과 안전을 위해서도 그 선택에 유의해야 한다.

국가기술표준원에 따르면, 한국산업표준(Korean Industrial Standards : KS)은 기본부분(A)부터 정보부문(X)까지 21개 부분으로 구성되는데, 이중 섬유부문(K)은 섬유일반/피복/실 · 편직물 · 직물/편 · 직물제조기/산업용 섬유제품/기타로 구성되어 표준화되어 있다.

의류제품의 안전성에 대한 예시를 보면, 어린이 의류제품의 안전성 기준 및 관리 실태에 관한 연구(김용주, 2015)에 의하면 한국이 다른 해외 국가들에 비해 어린이 의류제품의 리콜건수 비중이 낮게 나타난 이유는 의류기업이나 소비자, 정보 모두 의류제품이 위험을 초래한다는 의식이 낮기 때문이라고 해석하였다. 특히 어린이 의류제품에서는 원부자재의 화학물질, 작은 끈이나 부품의 문제 등도 주의깊게 살펴야 한다. 의복의 안전성도 식품의 안정성 못지않게 중요한 문제가 되고 있다는 점을 인식해야 한다. 한국소비자원에서는 소비자위해감시시스템(CISS)[07]을

07 CISS(Consumer Injury Surveillance System, 소비자위해감시시스템)은 소비자기본법 제8조(위해방지), 제51조 제1항 제1호 및 제52조(위해정보의 수집 및 처리) 및 동법 시행령 제39조에 따라 전국

활용하여 온라인 쇼핑몰이나 구매 대행 사이트를 통해 유통되고 있는 아동용 옷 중 방염성 기준 위반 사례를 판매 중단(2017.9.13)시킨 경우도 있다. 한국소비자원(www.kca.go.kr)을 통해 섬유제품 피해구제정보를 얻을 수 있다. 의류의 품질과 안정성은 건강한 의생활을 위해서도 간과해서는 안 된다. 「품질경영 및 공산품안전관리법」에서는 가정용 섬유제품의 안전 품질표시기준[08]의 적용대상 품목을 명확히 제시하고 있다.

⑤ 한국의 고유의상인 한복에 대한 이해와 더불어 한복문화를 계승 발전시키는 기회에 동참하고, 생활에서의 한복 착용에도 관심을 갖도록 한다. 한국인으로서 우리 민족의 고유복식에 대한 이해도 부족하고, 우리 스스로는 우리의 옷을 입지 않으면서 외국인들에게 우리 옷을 소개하고 옷 입기를 추천한다는 것은 매우 부끄러운 일이다. 최근에는 고유의 전통한복뿐 아니라 생활한복, 패션한복 등이 다양하게 개발되어 확산되고 있다. 이는 고유의 복식을 중심으로 한국의 의생활문화를 새롭게 창조하고 계승해 가는 바람직한 현상이다.

⑥ 현명하게 의복을 구매하는 소비자로서의 태도가 삶의 질에까지 영향을 미치고 있다. 의복 구매방법이 매우 다양해져서 최근에는 백화점이나 시장, 아울렛매

의 59개 병원, 18개 소방서 등 위해정보제출기관과 소비자상담센터(전화 국번 없이 1372) 을 통해 접수되는 소비자상담, 핫라인(080-900-3500) 국내외 언론 등으로부터 위해정보를 수집하고 분석 · 평가하여 관련 조치를 취할 수 있도록 구축된 소비자 위해상황 상시감시시스템을 말한다.

08 안전관리 대상 섬유제품의 명칭을 세부적으로 나열하여 안전기준에 명시하였다. ① 의류에 사용되는 전자파차단 섬유 및 금속재질에 대해 니켈 기준치를 설정하여 소비자의 위해를 예방. ② 피부접촉이 큰 양말에 대하여 안전요건의 분류를 중의류에서 내의류로 변경하여 알레르기 유발요인을 차단. ③ 아동용 가방을 기타섬유제품에서 아동용 섬유제품으로 변경하여 유해물질로 인한 아동들의 위해를 예방(2011.12.30. 기술표준원)

장, 메이커 전문매장 이외에 홈쇼핑[09]과 인터넷쇼핑[10], 모바일쇼핑[11], 해외직구[12] 등을 통해서 구매가 이루어지고 있다. 의류 구매를 희망하지만 시간적 여유가 없는 사람들에게 시간과 금전, 상품의 질을 동시에 고려할 수 있는 쇼핑형태가 인기를 얻고 있다.

이중 해외직구는 젊은 소비자층이 양질의 해외 의류브랜드를 합리적으로 구매하려는 경향이 커짐에 따라 나타난 형태이다. 자유무역협정 체결에 따라 상품가격이 200달러 이하일 경우 면세 혜택과 고가 수입품에 대한 선호 등이 작용하면서 빠른 속도로 증가하고 있다. 한편 해외직구를 희망하는 사람들을 대상으로 배송대행업체들이 등장하여 해당 서비스를 확대해 나가고 있다.

이렇게 다양한 방법을 이용한 의류 구매가 손쉬워지면서, 충동구매 문제나 환불 문제 등의 소비자 문제가 발생하기 쉬우므로 현명한 소비자로서의 지혜가 강조되고 있다.

의류는 해외구매 주요 품목 중 하나로 해외구매시장에서 꾸준히 높은 비중을 차지하고 있다. 의류 해외구매 시에는 제품 가격에 현지 배송요금 등을 더한 총액이 면세 한도 이내인지 먼저 확인하고, 제품 유형 · 구매 수량 및 시기 등에 따라 국내 판매가와의 차이가 크게 달라질 수 있으므로 사전에 꼼꼼히 비교한 후 선택할 필요가 있다. 한국소비자원은 소비자의 안전한 해외구매를 돕기 위해 2016년부터

09 홈쇼핑은 1977년 미국 플로리다주의 한 방송국에서 처음으로 시작하였고, 한국에서는 1995년 8월 유선방송이 시작되면서 활성화되었다. 시간과 비용을 절약할 수 있지만, 제품을 직접 보거나 만질 수 없어 제품의 신뢰도 문제와 배달 및 사후처리 문제, 충동구매 문제, 허위 및 과대광고 문제 등이 있을 수 있다.

10 인터넷쇼핑은 소비자가 컴퓨터의 인터넷상에 개설된 쇼핑몰을 이용하여 물품을 구매하는 것으로 온라인쇼핑이라고도 한다. 인터넷쇼핑의 부작용에 주의가 필요하다.

11 휴대폰으로 무선인터넷에 접속하여 쇼핑을 할 수 있는 서비스이다. 이동 중에도 쇼핑이 가능하고, 모바일 상품권으로 간편하게 선물을 주고받는 것이 보편화되어 있다.

12 해외직구란 인터넷쇼핑몰을 통해서 '해외에서 직접구매'하는 소비행위를 의미한다. 생활 속에 광범위하게 사용되고 있다.

국제거래 소비자포털(crossborder.kca.go.kr) 사이트를 운영하고 해외직구단계, 자율분쟁해결, 상담신청, 피해예방정보 등을 제공하고 있다. 의류나 신발을 해외직구했을 때 발생하기 쉬운 소비자 피해예방 및 대처방안은 한국소비자원 TV 유튜브로 제공되어 있다.

Problems & Discussion

1 한복 입기 실습을 해보고, 착장법을 익혀 보세요.

2 한복의 종류와 특징에 대하여 외국인들에게 설명한다면 어떻게 할 것인지 발표해 보세요.

3 가족들의 의생활문화에 대한 특징과 문제점, 개선점 등에 대하여 평가해 보세요.

4 건전한 의류 소비를 위하여 각자의 의류 소비패턴에 대하여 분석해 보고 문제점과 개선점을 찾아보세요.

5 의류신소재 개발에 따라 의생활문화는 어떻게 변화할 것인지 토의해 보세요.

6 해외직구를 통해 의류를 구매했던 경험이 있다면, 그 문제점에 대해 토의해 보세요.

CHAPTER 07

식생활문화

1. 식생활문화의 이해
2. 한식과 식생활문화
3. 한식의 창조와 계승
4. 식생활문화와 삶의 질

CHAPTER 07 | 식생활문화

1. 식생활문화의 이해

1) 식생활문화와 영향 요인

음식은 삶을 영위하기 위해서 빼놓을 수 없는 중요한 요소이다. 음식은 일상에서 건강과 생명 유지를 위한 에너지원이 되며, 성장과 활동의 지속, 영양의 보충을 이끈다. 또한 음식섭취를 통해서 심리적 · 정서적인 만족을 얻게 되어 불안이나 초조감, 슬픔 등을 극복하고 긴장을 완화시키는 수단이 되기도 하며, 행복감과 안정감을 얻게 된다. 또한 음식을 통하여 집단 간 동질성을 확인하면서 단결력을 강화하고 심리적 평안을 얻기도 하며, 가족 간의 유대관계를 증진시킨다. 음식은 생존에 꼭 필요한 것이며, 풍요나 다산(多産), 결혼이나 사후세계를 표상하는 의식에 사용되는 상징물이기도 하다. 또한 개인이나 기관의 권력과 부, 사회적 지위를 나타내는 표징이며, 인간 문명의 정도를 나타내는 중요한 척도 중의 하나이다(린다 시비텔로, 2011).

음식을 나눈다는 것은 서로의 감정과 마음을 나누는 기회를 제공하므로, 한국인들이 '밥 한번 먹자'라고 말하는 것은 '함께 대화 나누고, 유대관계를 갖자'라는 숨은 뜻을 담고 있는 것이기도 하다. 우리의 음식문화에는 상징적인 의미가 많이 담겨 있다. '밥'에는 생명과 끈기의 의미와 심리상태까지 나타내는 의미가 포함되어 있고, 죽음을 의미하는 '밥숟가락을 놓는다'는 표현, '밥술이나 뜬다고 큰 소리 치냐?'라고 하여 재산을 과시하는 사람을 냉소적으로 표현하는 말, '밥맛이 떨어진다'라는 심리적인 의미까지 밥과 얽힌 상징적인 표현은 '밥'이 생명을 유지시키는 주식이라는 의미를 넘어 음식 하나를 통해서도 다양한 우리 민족의 문화를 엿볼 수 있는 단서다. '보리죽'은 애달픈 농민들의 삶이 녹아 있는 표현이기도 하고, 동지에 먹는 팥죽은 붉은 색으로 '악귀를 쫓는다'는 의미가 담겨 있기도 하다. 탕평채는 조선시대에 사색당파가 한창일 때에 영조가 탕평책을 쓰면서 상징적으로 네 가지 색이 들어간 음식으로 조화를 이루라는 의미를 담고 있는 음식이며, 여러 가지 나물과 재료를 넣어 섞어 새로운 맛으로 탄생하는 비빔밥은 하나가 됨을 상징한다. 이렇게 우리 음식문화에는 조상들의 삶의 모습과 소망 등이 그대로 담겨 있다(주영애, 2017).

또한 예로부터 음식을 먹으면서 가정교육이 이루어져 왔으므로, '예절교육은 밥상머리교육에서부터'라는 말도 있다. 한국의 전통사회에서는 조부모는 손자녀와 함께 식사하면서 지켜야 할 음식예법을 가르쳐왔다. 웃어른과 함께 음식을 먹을 때 지켜야 할 예법, 올바른 수저 사용법, 원하는 음식만을 탐하여 먹는 것을 절제하기 등을 훈육시켰다. 음식을 먹으면서 지켜야 할 예법만이 아니라 음식의 맛과 음식에 대한 습관도 말을 배우듯이 익혀나가게 된다. 탄생에서부터 유아기, 유년

<table>
<tr><th colspan="3">초기 정착화</th><th colspan="2">2차 정착화</th><th colspan="2">재정착화</th></tr>
<tr><td colspan="3">가족, 친구</td><td colspan="2">학교 직장 종교활동</td><td colspan="2">캠페인, 전문가</td></tr>
<tr><td>탄생</td><td>유아기</td><td>유년기</td><td>청년기</td><td>성년기</td><td>중년기</td><td>노년기</td></tr>
<tr><td colspan="3">문화적 규제</td><td>전달매체</td><td>사회적 지위</td><td colspan="2">지역적인 맛의 선호</td></tr>
<tr><td></td><td></td><td colspan="3">각종 규범적 영향
(좁은 지역, 넓은 지역, 국가단위)</td><td></td><td></td></tr>
</table>

조상들의 음식 선호와 맛이 우리에게도 이미 영향을 미침

그림 7-1 말을 배우듯이 익히는 음식의 맛과 음식 습관

기를 거치면서 조상들이 즐겨 먹던 음식을 접하게 되고, 성장하면서 더 넓은 세계를 경험하고 다양한 음식을 접하는 기회가 확대된다.

식생활문화에 영향을 미치는 요인은 자연적 요인, 경제 및 기술적 요인, 정치 및 사회적 요인, 사상 및 종교적인 요인 등이 있다. 자연적인 요인에 따르면 기후에 따라서 음식문화는 차이가 나타나는데, 열대기후에서는 과일을 이용한 음식과 향신료 등을 많이 사용하고, 온대기후에서는 음식 종류와 조리법이 매우 다양하고 가공식품이 발달하며 곡류와 채소를 이용한 음식이 많다. 한편 한대기후에서는 음식이 담백하고 종류는 적으며, 생선과 유제품을 많이 이용한다.

종교적 · 국가적 · 인종적 정체성도 음식과 매우 밀접하게 관련이 되어 있는데, 각각의 집단은 자신들이 예외적이고 특별한 존재라고 여기며 그 사실을 음식을 통해 드러내고자 한다. 프랑스인은 하얀 빵으로, 페루인은 감자요리인 추뇨로, 태국인은 똠양꿍으로, 남부 이탈리아인은 토마토소스를 식사 때마다 곁들임으로써 자신들의 정체성을 표현한다. 또한 어떤 특별한 음식을 먹지 않으며 구별하기도 한다. 유대인이나 무슬림은 돼지고기를 먹지 않고, 힌두교인은 쇠고기를 금기시하는 것을 통해서 '우리'와 '그들'을 구별하기도 한다(린다 시비텔로, 2011).

표 7-1 사회경제적 발전을 근거로 한 식생활문화의 단계

구분	내용
1단계 원시적 균형의 단계	• 모계, 씨족사회로 공동소유제인 경우이다. • 식량조달은 수렵과 채집이 주를 이룬다. • 기후영향으로 식생활이 영향을 받고, 신체의 지역 간 차이가 매우 큰 시기이다.
2단계 굶주림과 상호 부조의 단계	• 농경시대의 단계이다. • 상부상조의 정신을 강조하며, 부계사회가 지배적인 경우이다. • 생존을 위해 열악한 음식을 소비하던 단계로 농경, 유목, 축산을 통해 음식을 조달한다. • 지역이나 계급 간에 식생활의 차이가 크다. • 지배계급의 식문화가 꾸준히 발전하고, 규모가 큰 나라일수록 계급 간 식문화의 격차가 큰 것이 일반적이다.

3단계 안정의 단계	• 굶주림에서 어느 정도 해방이 된 시기이다. • 한국의 경우 1960년대 중반~1970년대 후반에 해당한다. • 상호 부조 관습이 존재하고, 동물성식품 소비가 점진적으로 증가한다. • 쌀 소비가 증대하고, 지역이나 계급간의 차이가 크다. 상층일수록 과일과 생선, 육류를 소비하는 경우가 많다.
4단계 식생활을 즐기는 단계	• 한국의 1970~1980년대에 해당하며, 엥겔지수가 40% 내외에 해당하는 때다. • 중간계층이 사회의 중심계층으로 형성되며, 가공식품과 인스턴트식품 소비가 증가하며, 먹거리에서 즐거움을 추구한다. • 외식, 위생, 음식의 질 등을 중요시하며, 외국 유명음식점이 국내로 진출한다.
5단계 건강지향의 단계	• 생활의 여유가 생기고, 자가용을 소지하고, 다이어트나 스포츠를 즐긴다. • 보건위생의식이 향상되고, 건강식품, 기능성 식품의 질을 중시한다. • 음식의 모양, 테이블, 실내분위기 등을 중시하고, 푸드 스타일에 관심이 높아진다. • 유기농식품, 슬로푸드에 관심이 높아진다.

2) 한국 식생활문화의 변천

한반도에는 수십만 년 전부터 사람들이 불을 피워 난방을 하고 고기를 익혀 먹은 흔적이 있다. 기원전 6000년경에 신석기문화가 시작된 후 벼농사는 기원전 1000년경에 시작되었고, 부여, 고구려와 예, 옥저, 삼한시기에는 철기문명이 중심이 되어 농업이 산업의 중심이 되었다. 고구려, 백제, 신라의 삼국을 거쳐 통일신라 이후 한국 전통 식생활의 구조와 체계가 완성되었다. 삼국통일이 되면서 음식문화가 더욱 발전하게 되었는데, 벼농사 기술이 크게 발달하고 솥을 이용한 밥 짓기가 일반화되었으며, 쌀밥이 주식으로 자리 잡게 되었다. 콩으로 만든 장, 어패류로 만든 젓갈, 장아찌, 침채류 등 발효식품이 발달하였다. 이로써 김치문화의 전통이 이루어졌고, 신라시대에 차의 유입으로 높은 수준의 차문화가 발달했다. 조선시대에 들어 현재와 같은 밥 국을 중심으로 한 식생활전통이 확립되었는데, 조선 후기로 오면서 신분사회가 붕괴되고 부(富)의 소유 여하에 따라서 식생활형태가 결정되었다. 1876년 개항과 더불어 서양 음식이 전래되어 커피와 양과자 같은 식품이 소개되었고, 다양한 형태로 식생활이 전개되었다. 일제강점기를 거치면서 초근목피로 연명하는 궁핍한 생활을 거쳤고, 광복 이후 6.25전쟁까지 겪으며 크나큰 사회변동과 먹거리의 변화도 겪었다. 1962년 경제개발계획 이후 소득수준의 향상과 함께 식품산업의 발달로 식생활양상은 매우 다양해졌다. 한국 음식문화의 발달단계를 거쳐 오늘날 음식문화는 더욱 발전하여 확산되고 있다. 한식의 진흥을 위해 2010년에 출범한 한식재단은 2017년에 한식진흥원(www.hansik.org/kr)으로 기관 명칭이 변경된 후 한식산업의 선구자로서 고유의 한식을 새롭게 세계화하려는 노력이 이어지고 있다. 한식진흥원이 운영하는 한식문화공간 '이음'이 2022년 8월에 새롭게 개관했으며, 이곳에서는 한식갤러리를 통해 한식문화에 대한 가치를 전시 홍보하며, 한식배움터와 이음스튜디오에서는 제철식재료와 전통발효식품을 활용한 한식을 직접 배우고 만들고 먹어볼 수 있다. 또한 한식도서관과 식품명인체험관이 운영되고 있다. 뿐만 아니라 한식포털(www.hansik.or.kr)에는 한식의 우수성과 한식메뉴 외국어 표기법, 각종 한식 레시피 등이 소개되어 있으며, 한식 아카이브는 한식 원형 발굴 사업의 결과물을 제공하는 서비스로 음식관련 고문헌, 번역서, 단행본, 영상자료 등이 제공되어 있다.

조선시대 조리서인 『음식디미방(飮食知味方)』[01], 『시의전서(時宜全書)』[02], 『수운잡방(需雲雜方)』[03], 『규곤요람』[04] 등이 있다. 그리고 조선조 말에는 백과사전 격인 『규합

---

01 『음식디미방』은 안동 장씨인 장계향의 저서로 일명 규곤시의방(閨壼是議方)이라고도 하며, 우리나라 고유의 전통음식을 다룬 최초의 우리말 요리서이다. 성리학적 살림정신이 음식디미방에는 면병류, 어육류, 주류 및 초류 등 조리법이 상세하게 제시되어 있다. 경상북도 영양군에 장계향문화체험교육원이 2018년 4월에 개원되어, 음식디미방 음식 시식과 만들기 체험을 비롯하여 다도예절교육을 비롯한 다양한 문화행사가 진행되면서 전통음식문화의 발전적 계승이 이루어지고 있다.

02 『시의전서』는 1800년대 말엽 저자 미상의 조리서이다. 상하 2권 1책으로 되었다. 구첩, 칠첩, 오첩반상, 곁상, 술상, 신선로상, 입맷상 등의 원형을 찾을 수 있는 좋은 자료이다.

03 『수운잡방』은 1540년경 김유에 의해 지어진 2권 1책의 조리서이다. '수운'은 격조를 지닌 음식문화를 뜻하고, '잡방'은 여러 가지 방법을 일컫는다.

04 『규곤요람』은 1795년에 쓰여진 것으로 추정되는 작자미상의 조리서이며, 한글로 된 필사본 1책으로

총서(閨閣叢書)』[05]에도 각종 음식 만드는 법이 소개되어 있다. 이외에도 1600년대에 출간된 것으로 추정되는 술 제조법을 담고 있는 『주방문(酒方文)』, 『요록(要錄)』 등이 있다. 이러한 조리서는 한국의 음식문화연구에 귀중한 자료가 되고 있다.

일상에서 음식이나 식품을 선택할 때에는 식생활에 대한 지식과 정보 이외에 선천적인 요소, 경제적인 요소, 개인이 갖고 있는 식품에 대한 기호, 건강에 대한 관심, 환경과 자연보호 의식 등에 영향을 받는다.

3) 현대 한국 식생활문화의 특징

① 외식문화가 발달되어 있다. 과거에는 식품원재료를 구입하여 가정 내에서 조리한 후 먹는 형태였으나 현재 식생활은 산업화의 진행에 따라 크게 변화하였다. 특히 핵가족화, 1인가구의 증가 등 가족구조의 변화로 인하여 외식시장이 급격히 성장하였다. 또한 여성의 사회진출과 맞벌이부부의 증가 등도 외식의존도를 높이고 있다. 주 5일제 근무, 유연근무제도의 확산, 주말여가와 외식을 즐기는 라이프스타일의 변화 등으로 맛집을 찾아다니며 외식문화를 즐기는 사람들도 많아졌다. 이는 식생활에 대한 가치관의 변화를 말해 주는 것이기도 하다. 허기를 채우기 위한 식생활이 아니라 맛에 대한 즐거움과 영양의 충족, 건강식품 찾기, 이국적인 음식 찾기, 문화적 욕구 충족하기 등 다양한 식생활욕구를 충족하기 위하여 외식의존도는 더 높아질 것으로 보인다. 양식을 중심으로 했던 뷔페식당은 한식 중심의 뷔페, 고기뷔페, 씨푸드뷔페 등으로 다양해지고 있으며, 특화된 요리를 중심으로 하

되어 있다.

05 1809년에 빙허각 이씨가 지은 가정살림에 관한 내용을 담은 책이다. 『규합총서』의 내용은 주사의(酒食議) · 봉임측(縫紝則) · 산가락(山家樂) · 청낭결(青囊訣) · 술수략(術數略) 등으로 나뉘어 기록되어 있다. 주사의에는 장담그기, 술빚기, 밥 · 떡 · 과줄 · 반찬 만들기가 수록되어 있다.

는 전문점, 무한리필 음식점 등 음식의 종류와 외식업체 마케팅 등이 계속 진화되고 있고, 1인 미디어나 방송매체를 통한 외식에 대한 광고와 맛집 소개, 음식을 중심으로 한 다양한 예능 프로그램 등도 외식소비를 자극하는 요인이 되고 있다. 맛집을 방문한 사람들이 주문한 음식을 먹기 전에 사진을 찍어 SNS에 올리는 행위도 외식소비에 영향을 미치고 있다.

② 패스트푸드(fast food)의 일상화가 이루어지고 있다. 산업화와 고도성장, 여성의 사회참여, 생활수준의 향상은 외식 의존도를 높일 뿐 아니라 식생활의 서구화를 초래했고, 패스트푸드의 이용을 급증시켰다. 바쁜 일상생활에서 한식의 밥과 국, 김치와 나물 등이 있는 식사를 하는 것은 시간에 쫓기며 바쁘게 살아가는 이들에게는 결코 쉬운 일이 아니다. 간단한 간편식으로 아침식사를 하거나 브런치를 즐기는 대학생이나 직장인들도 늘어나고 있다. 어디서나 쉽게 이용할 수 있는 편의점에서는 다양한 도시락이 판매되고 있어 간편하게 식사를 해결할 수 있다.

③ 웰빙 음식문화의 지향성이다. 현대인들은 바쁜 생활로 건강을 돌볼 여유가 없다고 함에도 불구하고, 한편으로는 건강과 장수, 행복과 삶의 만족을 추구하려는 통합적인 노력을 한다. 건강을 돌보아야 한다는 생각이 더 많아지고 있다. 유기농야채와 건강보조식품을 비롯하여 안전한 먹거리, 할랄식품[06] 등에 관심이 모아지면서 웰빙을 위한 식생활문화의 추구현상이 일반화되고 있다. 스스로 먹거리를 해결한다는 취지로 주말농장에서 필요한 유기농채소를 가꾸기도 하고, 유기농야

06 할랄식품(halal food): 할랄이란 '허용된 것'이라는 뜻의 아랍어이다. 이슬람 율법상 무슬림들이 섭취하고 사용할 수 있도록 허용된 식품을 비롯하여, 의약품, 화장품 등에 붙여지는 인증이다. 할랄식품은 이슬람교도가 먹을 수 있는 안전한 먹거리의 상징으로 여겨지는데, 육류 중 단칼에 정맥을 끊는 방식으로 도축된 양고기, 쇠고기, 닭고기를 할랄식품으로 인정한다. 또한 채소류나 과일, 곡류, 해산물 등은 자유롭게 사용할 수 있다. 한편 돼지고기나 알코올이 들어 있는 식품의 경우는 할랄식품으로 인정되지 않는다. 이것은 하람(haram), 즉 '금지된 것'으로 간주한다. 할랄식품은 세계 식품 시장의 약 20%를 차지한다(한경 경제용어사전).

채 생산지와 직거래를 활용하기도 한다. 그러나 이러한 식품은 일반식품에 비하여 고가인 경우가 많아, 서민가계에는 웰빙 지향의 음식문화가 부담으로 작용하기도 한다. 웰빙 음식문화를 지향하는 사회적인 분위기는 식품안전성에 대한 관심으로 모아지고 있다. 음식을 이용하여 부당의 이득을 취하는 생산 및 유통업자들은 사회적으로 크나큰 지탄과 비난을 받는다.

④ 배달문화가 보편화되어 있다. 1970년대 아파트 중심의 주생활문화가 확대되면서 배달음식 이용이 매우 수월해졌다. 그리고 통신기기의 발달로 휴대폰을 이용하여 언제 어디서나 음식배달주문이 가능하게 되었고, 이제는 모바일로 주문과 결제가 이루어지면서 온라인상에서의 간편한 배달문화가 더욱 확산되어 있다. 중국음식의 배달로부터 시작하여 치킨과 맥주, 피자, 족발, 감자탕, 도시락, 커피와 디저트에 이르기까지 배달되지 않는 음식이 없을 정도로 배달문화가 성행하고 있고, 온라인에서 쇼핑한 식품이 아침일찍 배달되는 새벽배송까지 이루어지며, 맞춤형 반찬배달은 물론 제사음식도 배달로 이루어지는 편의적인 문화가 자리잡혀 가고 있다. 또한 코로나19로 비대면이 일상화되면서 밀키트, 반조리식품 등의 배송서비스 이용도 급격하게 증가하였다.

⑤ 세대와의 관계가 단절된 식문화가 나타나고 있다. 자녀의 학업, 부모의 직장생활 등으로 가족공동의 식사시간을 갖기가 어려워져 가정에서도 가족이 함께 식사를 하는 경우가 점차 사라지고 있다. 그러나 가족식사시간은 가정교육의 시간이며, 가족 간의 유대를 도모하는 소중한 시간이라는 점이 강조되면서 최근에는 교육적으로나 사회적으로 유아시기부터 밥상머리교육이 인성교육임을 강조한다. 청소년기 자녀와의 식사시간을 활용한 부모자녀 간의 정서적 교류와 유대가 중요하다는 점을 일깨우고 있다.

⑥ 음주에 대한 허용적인 문화를 갖고 있으나 점차 음주에 관한 의식이 변모해

가고 있다. 예로부터 술은 의례 절차에 필요한 요소였으므로 제조공정에 많은 정성과 시간을 들여 만들어졌다. 성년례 때에는 향음주례(鄕飮酒禮)의 기본적인 예를 습득하게 하고, 어른이 되는 절차에서 바르게 술 마시는 법에 대하여 가르쳐왔다. 술은 향기롭지만 지나치면 몸에 해로운 것이므로, 절제하여 마시도록 해왔다. 또한 혼례 때에는 합환주(合歡酒)를 마시며 부부의 진정한 결합을 상징했다. 제례와 상례 때에도 조상께 술을 올리는 예를 갖추어 의례에 술을 귀하게 사용해 왔다. 그리고 세시에 맞추어 계절에 따라 술을 지어 나누어 마시는 풍습을 지켜왔다.

현대에 이르러 다양한 주류가 대량생산되고 세계 각국의 주류가 수입되면서 향락 중심의 음주문화가 전파되었고, 감성이 풍부하고 흥이 많은 한국인들은 술 문화에 대하여 남녀노소를 불문하고 관대한 태도를 취해 왔다. 술은 인간관계를 맺기 위한 매체이자 인간의 감정과 정서를 담아 많은 문화예술에도 한몫을 했지만, 과음은 폭력이나 음주운전 등 각종 사회문제를 일으키는 원인이 되기도 하고 알코올 중독을 일으키는 부작용을 낳기도 한다. 음주는 한국의 회식문화와도 관계가 깊었으나, 점차 사회와 조직, 개인의 발전을 위한 회식문화가 확산되면서 음주 중심의 회식문화는 변화되어 가고 있다. 개인뿐 아니라 사회적으로도 절제 있는 음주문화를 만들어가는 노력이 요구되고 있다.

⑦ 의례음식(儀禮飮食)이 발달되어 있다. 한국에서는 예로부터 출산과 생일, 관례, 혼례 등의 일생의례와 상례 · 제례의 추모의례 때에는 그에 맞는 음식을 준비해서 의례를 치루고, 그 음식을 나누어 먹었다. 백일에는 출생 이후 백일까지의 고비를 잘 넘긴 아기의 무병을 기원하면서 백설기를 나누어 먹고, 돌 때는 액을 피하고 무병장수를 기원하는 경단, 백설기, 송편, 무지개떡 등을 축하음식으로 만들고 나누어 먹었다. 이러한 풍습은 지금까지도 이어지고 있어, 백일나 돌잔치를 할 때 뷔페식당에서 의례연회를 하면서 손님대접을 한 후에도 떡을 답례품으로 전달하기도 한다. 요즈음 혼인 후에는 일반적으로 뷔페식당에서 손님을 대접하고 있지

만, 혼인의 상징 음식인 일명 '잔치국수'는 뷔페식에서도 빠지지 않는 메뉴가 되어 있다. 또한 폐백음식으로 고기나 닭 폐백, 대추폐백 등은 혼례 때에 이어지고 있다. 상례나 제례 때에는 의례음식으로 제사상차림을 이어오고 있다. 최근에는 제사음식 배달업체가 등장하고 있지만, 제례음식의 종류는 크게 변화하지 않고 이어지고 있다.

2. 한식과 식생활문화

1) 한식과 상차림

한식은 아름다운 색이 조화롭고, 영양학적으로도 균형을 갖춘 건강한 음식으로 알려져 있다. 구이, 찜, 무침 등 담백한 조리법으로 이루어진 저열량 탄수화물과 채식위주의 식단 등 자연식으로 현대인들도 선호하는 음식이다.

우리나라 한식의 식사법은 준비된 음식을 한꺼번에 모두 차려 놓고 먹는 것을 원칙으로 하는 공간 전개형이다. 따라서 식사예절에서는 상차림을 매우 중요하게 여겼고, 그만큼 형식도 까다롭다. 한식에서 주식으로는 밥, 죽, 국수 등이 있고, 찬품에는 국. 찌개, 전골, 볶음, 찜, 선, 생채, 나물, 조림, 초, 전유어, 구이, 적, 회, 쌈, 편육, 족편, 튀각, 부각, 포, 장아찌, 김치, 젓갈 등이 있다. 후식으로는 떡, 과자, 병과류와 차, 음료 등의 음청류로 나뉜다.

상차림이란 한상에 차려놓은 찬품의 이름과 수를 말한다. 한국의 일상음식 상차림은 전통적으로 독상(외상)이 기본이다. 그리고 두 사람이 먹도록 차린 반상은 겸상이라고 한다. 음식상에 차려지는 주식(主食)이 무엇이냐에 따라 반상, 죽상, 면상, 다과상 등으로 나눌 수 있으며, 상차림의 목적에 따라 교자상, 돌상, 큰상, 제상 등으로 나눌 수 있는데, 계절에 따라 그 구성이 다양하다. 한식의 상은 네모지거나 둥근 것을 사용한다. 상에는 반드시 음식이 놓이는 위치가 정해져 있어서 차림새가 질서정연하고, 음식을 먹을 때도 깍듯이 음식예법을 지킨다.

반상차림은 밥과 반찬을 주로 하여 격식을 갖추어 차리는 상차림으로 밥상, 진짓상, 수랏상으로 구별하여 쓰는데, 밥상을 받는 사람의 신분에 따라 명칭이 달라진다. 아랫사람에게는 밥상을 차려 준다고 했고, 어른께는 진짓상을, 임금께는 수랏상을 올린다고 했다.

표 7-2 한식의 반상차림

3첩 반상	• 기본적인 밥, 국, 김치, 장외에 세 가지 찬품을 내는 반상 • 첩 수에 들어가지 않는 음식: 밥, 국, 김치, 장 • 첩 수에 들어가는 음식: 생채 또는 숙채, 조림, 구이, 마른 찬이나 장과 또는 젓갈 중 한 가지
5첩 반상	• 밥, 국, 김치, 장, 찌개 외에 다섯 가지 찬품을 내는 반상 • 첩 수에 들어가지 않는 음식: 밥, 국, 김치, 장, 찌개(조치) • 어느 정도 여유가 있는 서민층의 상차림 • 첩 수에 들어가는 음식: 생채 또는 숙채, 구이, 조림, 전, 마른반찬이나 장과 젓갈 중에서 한 가지
7첩 반상	• 밥, 국, 김치, 찌개, 찜, 전골 외에 일곱 가지 찬품을 내는 반상 • 첩 수에 들어가지 않는 음식: 밥, 국, 김치, 장, 찌개, 찜(선) 또는 전골 • 첩 수에 들어가는 음식: 생채, 숙채, 구이, 조림, 전, 마른반찬이나 또는 젓갈 중에서 한 가지, 회 또는 편육
9첩 반상	• 반가에서 차렸던 최고의 상차림 • 밥, 국, 김치, 장, 찌개, 전골 외에 아홉 가지 찬품을 내는 반상 • 첩 수에 들어가지 않는 음식: 밥, 국, 김치, 장, 찌개, 찜, 전골 • 첩 수에 들어가는 음식: 생채, 숙채, 구이, 조림, 전, 마른반찬, 장과, 젓갈, 회 또는 편육
12첩 반상	• 궁중에서 차리는 수랏상차림. 수랏상차림은 12첩 이상이어도 상관없음 • 밥, 국, 김치, 장, 찌개, 찜, 전골 외에 열두 가지 이상의 찬품을 내는 반상 • 첩 수에 들어가지 않는 음식: 밥, 국, 김치, 장, 찌개, 찜, 전골 • 첩 수에 들어가는 음식: 생채, 숙채, 구이 2종류(찬 구이, 더운 구이), 조림, 마른반찬, 장과, 젓갈, 회, 편육, 수단

표 7-3 한식의 상차림 문화

- 상차림은 좌식생활문화에 따른 좌식상차림이다.
- 1인용 외상차림을 원칙으로 한다.
- 전개형, 병렬적, 동시적 식사법이다.
- 웃어른은 상좌에 앉으시도록 한다.
- 상의 앞줄에는 밥을 왼쪽, 국을 오른쪽에 놓고, 수저는 상의 오른쪽 끝부분에 놓는다.
- 숟가락을 앞, 젓가락이 뒤로 가도록 하되, 상 끝에서 3cm 정도 밖으로 나오게 놓는다.
- 수저는 수저받침이나 휘건 위에 올려놓는다. 휘건은 우리 고유의 냅킨이라고 할 수 있다.
- 더운 음식, 싱거운 음식은 오른쪽에, 찬 음식과 간이 강한 음식은 왼쪽에 차린다.
- 생선가시나 고기 뼈를 발라 놓기 위한 그릇인 토구는 왼쪽에 놓는다.

죽상차림은 새벽에 일어나 부담 없이 처음 먹는 가벼운 음식이다. 응이, 미음, 죽 등의 유동식을 중심으로 차리며, 동치미나 나박김치와 같은 국물김치, 젓국과 찌개, 북어보푸라기나 육포, 어포와 같은 마른찬 등을 함께 차려서 낸다. 죽은 그릇에 담아 중앙에 놓고, 오른쪽에는 덜어 먹을 수 있는 그릇을 놓아 조금씩 덜어 먹게 한다.

표 7-4 한식의 죽상차림

응이상	• 응이, 동치미, 소금, 꿀을 갖추어 낸다. • 곡물의 전분을 물에 풀어서 끓인 것으로 훌훌 마실 수 있을 정도로 묽다.
흰죽상	• 죽은 곡물을 알곡으로 또는 갈아서 물을 넣고 끓여 완전히 호화시킨 것이다. • 미음은 죽과 다르게 곡물을 알곡 째 푹 고아서 체에 거른 것이다. • 흰죽, 젓국조치, 나박김치나 동치미, 매듭자반, 북어무침, 포, 청장을 낸다.
잣죽상	• 잣죽, 동치미, 다시마, 튀각, 소금, 꿀을 갖추어 낸다.
여러 재료의 죽	• 죽에다 곡물 이외에 채소, 육류, 어패류 등을 넣고 끓이기도 한다. • 깨죽, 호두죽, 녹두죽, 콩죽, 늙은호박죽, 애호박죽, 표고죽, 아욱죽, 전복죽, 어죽, 조개죽, 피문어죽, 장국죽, 쇠고기죽, 닭고기죽 등이 있다. • 소화가 잘 되므로, 위와 장이 좋지 않을 때에 먹기도 한다.

국수를 주식으로 하여 차리는 상을 면상이라고 하며, 아침저녁의 식사 때보다는 잔치나 손님 접대할 때 주식으로 차리고, 평상시에는 간단한 점심으로 많이 이용한다. 국수에는 곡물이나 전분의 재료에 따라 밀국수, 메밀국수, 녹말국수, 강량국수, 칡국수 등이 있다. 주식으로 온면, 냉면, 장국에 말지 않는 비빔국수로 나눌 수 있다. 온면의 국수장국은 예전에는 꿩고기를 쓰기도 했으나, 대부분 쇠고기의 양지머리나 사골 등을 고아서 쓴다. 칼국수의 경우는 닭을 삶은 국물을 이용한다. 부식으로는 찜, 겨자채, 잡채, 편육, 전, 배추김치, 나박김치, 생채, 잡채, 전 등을 내어 놓는다. 주식이 면류이므로 떡류나 한과 생과일 등을 곁들이기도 하며, 식혜, 수정과, 화채 중의 한 가지를 놓기도 한다. 술 손님을 위해서는 주안상을 먼저 낸 후 면상을 대접한다.

이외에 만두, 떡국 등이 있는데, 만두는 껍질의 재료와 넣는 소에 따라 매우 다양하다. 궁중의 만두에는 소를 넣어 주름을 잡지 않고 반달형으로 빚은 병시(餠匙)와 해삼모양으로 빚은 규아상이 있다. 또한 편수는 네모진 형태의 껍질에 호박과 숙주, 쇠고기 등으로 만든 소를 넣고 네모로 빚는다. 평안도를 비롯한 북쪽지방에서는 배추김치, 돼지고기, 두부 등으로 소를 만들어 둥근 만두껍질에 넣어 주름을 잡거나 둥근 모양을 크게 빚어서 육수에 넣어 끓인 만두를 먹는다. 정월 초하루에는 떡국을 마련하여 조상께 차례를 지내고 먹는다.

표 7-5 한식의 면상차림

온면상	• 온면, 찜(민어, 도미), 전, 편육, 잡채, 김치, 정과, 떡, 약식, 약과, 강정, 화채, 녹말편을 갖추어 낸다. • 칼국수, 밀국수(잔치국수), 녹말국수
냉면상	• 냉면, 쇠고기전골, 전, 김치, 장과, 떡수단, 화채 등을 갖추어 낸다. • 메밀냉면, 칡냉면, 콩국수, 밀국수 등 • 장국에 말지 않는 비빔국수

2) 한식의 찬품

한식은 주식인 곡류와 더불어 찬품(饌品)이 있다. 밥, 죽, 국수 이외에 국이나 찌개, 전골, 나물, 조림 등이 찬품에 해당된다. 한식의 찬품을 간략히 알아보면 〈표 7-6〉과 같다.

표 7-6 한식의 찬품

국, 탕	• 맑은 장국, 토장국, 곰국, 냉국이 있다. 맑은 장국은 소금과 청장으로 간을 맞추고, 토장국은 된장이나 고추장으로, 곰탕과 설렁탕은 소금이나 청장으로 간을 맞춘다. 여름에는 오이, 미역 다시마 등으로 차가운 냉국을 만든다. • 육류, 채소류, 해조류 등 모든 재료를 이용하여 만들 수 있다. • 쇠고기의 양지머리, 사태, 우둔 등의 살코기, 갈비 꼬리, 사골 등의 고기와 뼈, 양과 곱창 등 내장류, 선지도 이용한다.
찌개	• 건지와 국물 비율이 비슷하게 하며, 국보다 간이 센 편인 국물음식이다. • 된장찌개, 고추장찌개, 맑은 찌개로 나뉜다. • 궁중에서는 찌개를 조치라고 하였다.
전골, 볶음	• 전골은 육류와 채소를 밑간하여 그릇에 담아 준비 해놓고 상 옆에서 화로에 전골틀을 올려 즉석에서 볶고 끓이면서 먹는 음식이다. • 미리 볶아서 상에 올리면 볶음이 된다.
찜, 선	• 찜은 육류, 어패류, 채소류를 국물과 함께 끓여서 익히는 방법과 증기로 쪄서 익히는 방법이 있다. • 끓이는 찜은 쇠갈비, 쇠꼬리, 사태, 돼지갈비 등을 주재료로 하여 서서히 오래 익혀 연하게 만든다. 증기 찜은 주로 생선, 새우, 조개 등으로 만든다. • 선은 채소나 생선 두부를 주재료로 하여 찜으로 끓이거나 찐다. 오이선, 가지선 등이 있다.
생채	• 싱싱한 계절 채소를 익히지 않고 초장이나 고추장, 겨자장으로 무쳐 새콤달콤하고 산뜻한 맛을 내는 반찬이다. • 해파리나 조개, 오징어, 새우 등을 데쳐 함께 넣어 무치기도 한다.
나물	• 생채(生菜)와 숙채(熟菜)를 모두 일컫는 표현이다. 대부분은 익힌 숙채를 나타낸다. 나물 재료로는 고사리, 고비, 도라지, 고춧잎, 시래기 등 다양한 재료를 이용할 수 있다.
전유어	• 육류나 어패류, 채소류 등을 다양한 재료를 기름을 둘러 지지는 것으로 소금 후추로 간을 한 후에 밀가루와 달걀 푼 것을 입혀서 팬에 지진다.

구이, 적	• 대표적으로 불고기와 산적이 있다. 불고기는 고기를 얇게 저며서 양념하여 구운 것으로 '너비아니'라 하였고, 소금구이는 '방지구이'라고 하였다. • 적은 육류와 채소, 버섯 등을 양념하여 꼬지에 꿰어 구운 것이다.
조림	• 육류와 어패류, 채소류 등을 간을 강하게 하여 조린 음식이다. 쇠고기 장조림, 생선조림이 대표적이다.
회, 쌈	• 회는 육류나 어패류를 날로 초간장, 초고추장, 겨자즙, 소금기름 등에 찍어서 먹는 음식이다. • 육회를 비롯하여 광어 민어 농어 등 생선과 굴, 해삼 등이 있다. • 물에 살짝 익혀서 먹는 숙회는 주로 오징어, 문어, 낙지, 새우 등을 이용한다. • 김, 상추, 배춧잎, 호박잎, 깻잎, 생미역 등을 이용하여 불고기, 회 등을 쌈에 싸서 먹는다.
편육, 족편	• 편육은 쇠고기나 돼지고기를 덩어리째 삶아 내어 양념장이나 새우젓을 찍어 먹는 음식이다. 쇠고기의 양지머리, 사태, 업진, 우설 등을 중심으로 만들며, 돼지고기는 삼겹살, 어깨살 등으로 만든다. • 육류의 질긴 부위인 쇠족과 사태, 힘줄, 껍질 등을 물을 부어 오래 끓이면 젤라틴 성분이 녹아서 그릇에 부어 굳혀 얇게 썰면 족편이 된다. 족편은 양념장에 찍어 먹는다.
튀각, 부각	• 튀각은 다시마 가죽나무순, 호두 등을 기름에 튀긴 음식이다. 부각은 재료 그대로 말리거나 찹쌀풀이나 밥풀을 묻혀서 말렸다가 튀긴 반찬이다. 고추, 깻잎, 김 등으로 만든다.
포	• 육포는 쇠고기를 간장으로 간하여 말리고, 어포는 생선을 그대로 통째로 말리거나 살을 떠서 소금 간하여 말린다. 북어포는 간을 하지 않고 말린다.
장아찌	• 저장음식으로 제철 채소를 간장, 고추장, 된장 등에 저장해 두었다가 재료가 귀한 철에 먹는 반찬이며, 장과(醬瓜)라고도 한다. 상에 올릴 때에는 잘게 썰어서 참기름, 설탕, 깨소금 등으로 무쳐서 내어 놓는다. • 마늘, 마늘종, 깻잎, 무, 오이, 더덕 등으로 장아찌를 만든다.
김치	• 김치는 한국의 대표적인 저장발효식품으로 가장 기본이 되는 반찬이다. • 김치에는 젓갈류를 넣으면 맛이 더 좋아지고, 동물성 단백질도 섭취하게 된다. • 겨울에는 김장김치를 만들어 장기간 보존하면서 먹으며, 그 외의 계절에는 때마다 제철 채소로 만들어 먹으며 장기간 보존하지는 않는다. • 배추김치, 파김치, 갓김치, 열무김치, 나박김치, 백김치 등 다양하다.
젓갈	• 어패류를 소금에 절이는 염장법을 이용하여 만드는 저장식품으로 특유의 향과 맛을 낸다. • 새우젓, 멸치젓은 주로 김치를 만들 때 부재료로 쓰이고, 명란젓이나 오징어젓, 창란젓, 어리굴젓, 조개젓 등은 반찬으로 먹는다. • 식해는 어패류를 엿기름과 곡물을 함께 섞어서 고춧가루, 파, 마늘, 소금 등으로 조미하여 만든 저장발효음식이다. • 가자미식해, 동태식해, 도루묵식해 등이 있다.

출처: 한식진흥원(www.hansik.or.kr) 자료를 참고하여 재구성함.

3) 한식의 양념과 고명

한식에 쓰이는 양념은 음식의 맛을 결정하며 향을 돋우거나 잡맛을 제거하여 좋은 음식을 만드는 데 사용된다. 같은 양념이라도 조리과정에서 넣는 순서나 시간 등에 따라서 음식의 맛이 달라지기도 한다. 양념은 약념(藥念)으로 표기하며, '먹어서 몸에 약처럼 이롭기를 염두에 둔다'는 뜻이다.

한식의 양념에는 소금, 간장, 된장, 고추장, 파, 마늘, 생강, 고춧가루, 겨자, 계피가루, 기름, 깨소금, 설탕, 조청, 꿀, 식초, 산초 등이 있다. 이러한 양념은 오미(五味)를 갖고 있으며, 식품 자체의 냄새를 감소시키거나 특유한 향으로 음식 맛을 더욱 돋우는 데 사용한다. 양념 중에 간장은 음식의 간을 맞추는 기본 조미료로서 예로부터 '장맛이 좋아야 음식 맛이 좋다'고 할 정도로 가정마다 장 담그는 일을 매우 중요하게 여겼다. 장맛이 좋은 가정일수록 주부의 솜씨를 높이 평가하고 살림을 잘하는 것으로 칭찬해 왔다. 그러나 현대에는 간장을 담지 않고 시판되는 것을 사서 사용하는 가정이 많아지고 있다. 간장은 식품의 재료와 목적에 따라 종류를 구별해서 써야 한다. 국이나 찌개, 나물을 만들 때는 색이 옅고 당분보다 염분이 많은 청장(국간장)인 햇간장으로 간을 하고, 조림이나 육류의 양념 등에는 단맛과 구수한 맛이 많은 묵은 간장(진간장)을 사용한다. 된장은 간장을 걸러내고 남은 건더기로서 단백질이 풍부한 식품이며, 국이나 찌개, 무침, 쌈장 등에 이용된다. 국이나 찌개를 끓일 때 재래된장은 오래 끓일수록 감칠맛이 나고 개량된장은 살짝 끓여 먹어야 맛이 있다. 간장을 걸러내지 않은 장을 막장이라고 하는데, 맛이 된장보다 더 진하고 구수하며 영양가도 높다.

한편 고명은 음식을 아름답게 꾸며 음식이 돋보이게 하고 식욕을 돋우며, 음식의 품위를 높여준다. 고명은 맛보다는 장식을 주 목적으로 하여 음식 위에 뿌리거나 얹는 것이다. 고명으로는 황백의 달걀지단, 알쌈, 고기완자, 고기고명, 미나리초대, 표고버섯, 석이버섯, 목이버섯, 느타리버섯, 실고추, 은행, 잣, 호두 등이 있다. 황백지단의 경우는 용도에 따라 마름모꼴이나 완자형 또는 곱게 채를 썰어서 사용한다. 알쌈은 완자처럼 쇠고기를 곱게 다져서 갖은 양념을 하여 콩알만 하게 빚고 달걀을 풀어 팬에 2~3cm 정도의 타원형으로 지진 다음 빚어 놓은 쇠고기를 넣고 지진 달걀을 반달모양으로 접어 부친 것이다. 미나리초대는 미나리를 잎과 뿌리를 떼어내고 깨끗하게 씻어서 위아래를 가지런히 꼬챙이에 꿴 후 밀가루와 달걀물을 씌워 팬에 지져낸 다음, 꼬챙이를 빼고 필요에 따라 마름모꼴이나 완자형으로 썰어서 사용한다.

표 7-7 양념과 고명에 쓰이는 오색(五色)과 오미(五味)

오색(五色)		오미(五味)	
적색	고추, 대추, 당근	짠맛	소금, 간장, 된장, 고추장
녹색	미나리, 호박, 오이, 실파	단맛	설탕, 꿀, 조청, 엿
황색	달걀노른자(황색지단)	신맛	식초, 감귤류
흰색	달걀흰자(백색지단)	매운맛	고추, 겨자, 천초, 후추, 생강
흑색	석이버섯, 목이버섯, 표고버섯	쓴맛	생강

4) 한과와 차

한과는 후식으로 먹는 전통과자를 말한다. 곡물에 꿀을 섞어 만든 것으로 유밀과, 다식, 정과, 과편, 숙실과, 엿강정 등이 있다. 한과의 역사를 보면, 『삼국유사』에 '과(菓)'라는 표현을 볼 수 있는데, 제수에 쓰이는 과일을 의미했고, 과일이 없는 계절에는 곡분으로 과일형태를 만들고 과수의 가지를 꽂아서 제수로 삼았다는 데에서 찾을 수 있다.

표 7-8 한과의 종류

유밀과	밀가루를 주재료로 기름과 꿀로 반죽, 튀긴 후에 즙청한 과자(약과)이다.
유과류	흔히 강정이라고 한다. 찹쌀을 주재료로, 고물로는 튀밥, 승검초 가루, 잣가루, 계핏가루 등이 쓰인다. 깨강정, 콩강정, 계피강정 등이 있다. 산자는 네모로 편편하게 만든 것이다.
다식류	볶은 곡식의 가루(흰깨, 검은깨, 콩, 찹쌀, 녹두녹말, 송화가루 등)를 꿀로 반죽하여 뭉쳐서 다식판에 넣고 문양이 나오도록 박아낸 한과이다.
정과류	수분이 적은 뿌리나 줄기 열매를 설탕 시럽과 조청에 쫄깃하고 달콤하게 조려서 섬유조직이 다 보이도록 만든다.
숙실과류	과수의 열매나 식품의 뿌리를 익혀서 꿀에 조린 것이다. 밤초, 대추초 등은 제 모양대로 꿀에 넣어 조린 것이다. 율란, 조란 등은 재료를 삶거나 쪄서 으깬 것으로 다시 제 모양을 만드는 것이다.
과편류	신맛 나는 과일을 삶아 걸러서 설탕과 물에 조려 엉기게 한 뒤, 네모지게 썰어 놓은 것이다. 앵두편, 복분자편, 살구편, 오미자편 등이 있다.

한과와 같이 후식으로 마시는 음청류로 차와 대용차가 있다. 정통차(正統茶)는 차나무에서 딴 잎으로 만든 것을 말하며, 대용차(代用茶)는 일반적인 마실 거리로 모과차, 유자차, 오미자차, 쌍화차 등 재료에 따라 매우 다양하다. 차(茶)는 끓인 물에 마른 잎이나 떡차를 우려 다탕(茶湯)으로 마시거나 가루차를 탕수에 넣어 휘저어 거품을 내어 다유(茶乳)로 마시는 것을 의미한다.

차(茶)의 기원을 살펴보면, 당나라 육우(陸羽)가 저술한 『다경(茶經)』에 의하면 음다는 염제 신농씨(炎帝 神農氏)에서부터 시작되었다. 『신농본초경(神農本草經)』에는 '신농이 100가지 풀을 맛보고 하루는 72가지의 약초를 먹고 중독되었는데, 도(荼)를 씹어 먹고 해독되었다'고 했으며 이를 약용의 시초로 삼고 있다. 또한 『신농식경(神農食經)』에는 '차를 오래 마시면 사람이 힘이 생기고 마음이 즐거워진다'고 되어 있다. 차를 나타내는 글자는 다양한데, 세계 각국에서 사용하고 있는 차의 발음도 중국에서 전해졌고, 중국에서 차(茶)의 발음은 광동성 지역에서는 '차(cha)', 복건성 지역에서는 '테(te)'라고 불렀다. 차는 육로를 통해서 한국, 일본, 몽고, 티

베트, 인도, 러시아 등으로 전파되었으며, '테(te)'는 네덜란드 상인들이 복건성 하문(廈門)으로부터 해로를 통해서 차를 수입하면서 유럽으로 전파되어 영어의 '티(tea)'로 불리게 되었다.

『삼국유사』를 보면 우리나라 차의 기록을 알 수 있는데, 경덕왕 23년(765년) 3월 삼짇날 경주에서 다회를 열었다는 기록이 있고, 『삼국사기』 신라본기에는 흥덕왕 3년(828년) 대렴공이 당나라에서 차 종자를 가져와 지리산에 심었다는 기록이 있다. 신라시대 최치원의 『동문선(東文選)』에는 '차를 얻었으니 근심을 잊게 되었다'고 하여 차를 마시면 시름이 없어지고 마음이 편안해진다고 하였다. 고려시대에는 불교문화의 발전과 함께 차문화가 널리 확산되었고, 가장 사랑받는 기호음료가 되었다. 『고려사』에는 임금이 손수 불공을 위한 말차를 제조했고, 모든 국가의식에 진다의례(進茶儀禮)의 기록이, 『고려도경』에는 거리에 다점이 있어 일반 백성에게 차를 팔았다는 기록이 있다. 고려시대 익재 이제현의 『익재집(益齋集)』에는 '송광 스님이 햇차를 보내준 은혜에 답하여 붓 가는 대로 써서 방장실에 부침'이라는 칠언고시의 서두에서 차로써 병을 고쳤음을 노래하고 있고, 포은 정몽주는 '차 마시는 버릇으로 세상일을 잊는다'고 하였다. 조선시대에 이르러서는 불교의 쇠퇴로 인하여 차의 수요도 급격히 줄어들었으나, 조선시대 양반가와 문인들을 중심으로 차문화가 이어져 왔다. 조선시대의 한재 이목을 비롯하여 다산 정약용, 혜장 스님, 초의 선사, 추사 김정희 등은 우리나라 차문화의 맥을 이어온 중요한 인물이다.

차는 차나무의 어린잎을 채취하여 솥에 덖거나 시루에 쪄서 비벼 말려 두었다가 끓인 물로 우려 마시는 음료이다. 차는 발효 정도나 채엽시기, 제조방법, 찻잎 형태, 생산지역, 품종, 재배방법 등에 따라 여러 가지로 분류된다.

우리나라에서는 2016년 차산업 발전을 위한 '차산업 발전 및 차문화 진흥에 관한 법률'이 제정되었으며, 이른바 '차산업법'이라고 하며, 농림축산식품부가 관리한다. 이 법의 목적은 차산업 발전과 농업인의 소득증대에 기여하고 차문화 보급을 통해 국민의 건강한 생활에 이바지함에 있다. 해당 법률 제5조6에는 차문화의 보존 및 진흥에 관한 사항이, 제17조에는 차문화의 교육지원이 명기되어 있어서 국가와 지방자치단체 공공기관 등에서 운영하는 교양강좌나 문화강좌 등에 차문화 관련 교육과정을 개설, 지원할 수 있다. 이는 한국의 차생활문화 계승을 위한 일환이다.

표 7-9 차의 종류

색에 따른 분류	백차(白茶)	솜털이 덮인 차의 어린 싹을 덖거나 비비기를 하지 않고 그대로 건조시켜 만든 차로, 찻잎이 은색의 광택을 낸다. 백호은침이나 백모단 등이 있다. 중국 복건성이 주산지이다.
	녹차(綠茶)	찻잎을 따서 바로 증기로 찌거나 솥에서 덖어 발효가 되지 않도록 만든 불발효차이다. 증제차, 옥로차, 덖음차, 현미녹차 등이 있다. 주로 한국, 중국, 일본에서 생산된다.
	황차(黃茶)	찻잎의 색상과 우려낸 수색, 그리고 차 찌꺼기의 세 가지 색이 모두 황색을 띤다. 녹차 제조과정에서 녹차와 오룡차의 중간에 해당하며, 카테킨 성분의 50~60%가 감소되므로 차 맛이 순하고 부드럽다.
	청차(靑茶)	찻잎의 모양이 검고 용처럼 구부러져 있다고 하여 오룡차라고 불리며 독특한 향을 가진다. 발효 정도는 가장 가벼운 백차와 강한 홍차의 중간에 위치한다.
	홍차(紅茶)	발효 정도가 85% 이상의 떫은맛이 강한 차로, 영국과 영국식민지였던 연방국가들에서 많이 소비된다. 인도의 다즐링(dazzeling), 중국의 기문(祈門), 스리랑카의 우바(Uva) 홍차가 세계 3대 홍차로 유명하다.
	흑차(黑茶)	중국의 운남성, 사천성, 광서성 등지에서 생산되는 후발효차로 찻잎이 흑갈색을 나타내고 수색은 갈황색이나 갈홍색을 띤다.
채취 시기에 따른 분류	우전(雨前)	곡우(양력 4월 20일~21일)날 직전에 나온 차를 말한다.
	세작(細雀)	우전 다음에 어린잎으로 차를 만들며, 보통 4월 말 정도에 나온다.
	중작(中雀)	세작 생산이 끝난 뒤인 입하 뒤부터 음력 5월 중순쯤 나온 차이다. 찻잎의 크기와 여리고 굳은 정도의 분류에서 세작과 대작 중간 크기의 찻잎을 덖어서 만든 차이다. 세작보다는 싸지만, 대작보다는 비싸다.
	대작(大雀)	제일 큰 잎인데 채다 기간은 5월 말까지가 보통이다.

제다 방법에 따른 분류	잎차	차나무의 잎을 그대로 볶거나 찌거나 발효시켜 찻잎의 모양을 변형시키지 않고 원래대로 보전된 것이다.
	가루차	가루차는 시루에서 쪄낸 찻잎을 그늘에서 말린 다음 가루를 내어 만든 차다.
	고형차 (덩이차)	찻잎을 시루에 넣고 수증기로 익혀서 절구에 넣어 떡처럼 찧어서 틀에다 박아낸 고형차이다.
제다 방법에 따른 분류	불발효차	찻잎을 바로 솥에서 덖거나 증기로 쪄서 산화효소를 파괴시켜 녹색이 그대로 유지되도록 만든 차이다.
	반발효차	찻잎의 효소 산화처리를 부분적으로 행한 차이다. 발효 정도가 10~65%이며, 쟈스민차, 장미꽃차, 치자꽃차, 오룡차가 속한다.
	발효차	발효란 찻잎 중에 함유되어 있는 떫은 맛을 내는 폴리페놀이라는 성분이 찻잎에 존재하는 산화효소의 작용에 의하여 황색이나 홍색을 띠는 성분으로 바뀌면서 색과 맛, 향 등이 변화되는 과정을 말한다. 발효공정을 거쳐 85% 이상 발표시켜서 만든 차이다.
	후발효차	찻잎을 가열처리한 후 미생물을 발효시켜 끝마무리한 차이다. 대표적으로 보이차를 들 수 있다.

출처: 주영애(2017). 유아인성예절지도, pp.258-259에서 인용

표 7-10 차를 마시고 대접하는 예절

차 마시는 예절	• 주인이 차를 우리는 동안 손님은 차 우리는 모습을 보며, 조용히 기다리도록 한다. • 주인이 차를 권하면 손님은 가볍게 답례 인사를 하고 색과 향과 맛을 즐기도록 한다. • 손잡이가 없는 찻잔은 오른손으로 잔을 감싸 쥐고, 왼손으로 잔의 아랫부분을 받쳐서 들고 두세 번 나누어 마신다. • 찻물이 뜨겁다고 하여 '후후' 불거나 소리 내어 마시지 않는다. • 주인이 차를 더 권한다면 그에 대해 응대하고 받도록 한다. • 말차(가루차)를 마실 때에는 먼저 다식을 먹고 난 후에 차를 마신다. • 좋은 차를 준비해 주신 주인께 감사의 뜻을 전하며 다담(茶談)[07]을 나눈다.

07 다담(茶談)이란 찻자리에서 나누는 이야기를 말한다. 차를 마실 때 품격에 맞도록 아름다운 이야기, 시서화 이야기, 계절 이야기, 덕담 등을 나누며, 고운 마음과 이해심을 넓히도록 한다. 사람들의 뒷담이나 근거 없는 이야기 등은 하지 않도록 주의해야 한다.

차 대접하는 예절	• 손님께 차를 대접할 때는 차의 종류에 대해 말씀 드리고, 어떠한 차를 드실지 여쭈어 준비하도록 한다. • 차와 어울리는 다식을 함께 대접한다. • 따뜻한 차는 잔을 예열하여 정성스럽게 대접한다. • 차를 더 드실지를 여쭙고, 두 번 내지 세 번 더 우려 대접할 수 있다.

5) 한식의 식사예법

문화마다 음식을 먹을 때는 지켜야 하는 예법이 있다. 한식을 먹을 때도 올바른 식사예법을 지키도록 예로부터 가르침이 있었다. 『예기(禮記)』에는 '무릇 예의 시초는 음식에서 시작된다'고 하여 다른 예절보다 식사예법이 우선임을 일깨운 바 있다. 함께 식사하는 사람들을 배려하고 어른을 존중하며, 조용히 식사하는 예법을 강조하고 있다. 우선 음식을 대할 때에는 비록 화를 낼만한 일이 있어도 반드시 감정을 다스리고 마음을 안정시키고, 성난 소리를 지르지 말며, 갑자기 수저를 내던지거나 탄식하는 것도 하지 말라는 등의 태도를 갖추도록 하였다. 식사를 마치고 나서도 반드시 수저를 가지런히 하여 바른 예를 갖추도록 하였다. 오늘날 식사 전후에 기도를 하거나 음식을 준비해준 분께 '감사히 잘 먹겠습니다'라는 인사를 하는 것도 이와 크게 다르지 않다. 조선 후기 실학자 이덕무의 『청장관전서』와 빙허각 이씨가 쓴 『규합총서』에는 사대부가 지켜야 할 식사 때의 태도에 대하여 언급되어 있다.

표 7-11 한식의 식사예법

『청장관전서』와 『규합총서』에 나타난 식시오관(食時五觀)
• 첫째, 밥이 완성될 때까지 드는 노력과 밥이 어디서 나왔는가를 헤아려야 한다. • 둘째, 자신의 덕행이 완성되었는지 결여되었는지를 헤아려서 공양(供養)을 받아야 한다. • 셋째, 마음을 절제하여 지나친 탐욕을 없애는 것으로 근본을 삼아야 한다. • 넷째, 바른 처사와 좋은 약(정당하게 먹는 밥)으로 건강을 요양해야 한다. • 다섯째, 도덕(道德)을 완성해야만 밥을 먹을 자격이 있다.

『동몽수지(童蒙須知)』에 나타난 수저 사용법

- 음식을 먹을 때는 숟가락을 들면 반드시 젓가락을 놓고, 젓가락을 들면 반드시 숟가락을 놓으며, 먹기를 마치면 숟가락과 젓가락을 상 위에 놓아야 한다.

『사소절』과 『소학』에 나타난 식사예법

- 무나 배나 밥을 먹을 때는 자주 씹어 사각사각 소리를 내지 말고, 국수나 국이나 죽을 먹을 때는 갑자기 들이마셔 후루룩 후루룩 소리를 내지 말고, 물을 마실 때는 목구멍 속에 꿀꺽꿀꺽 소리 나게 하지 말라.
- 밤참을 많이 먹지 말고, 먹은 뒤에 곧 눕지 말며, 음식부스러기를 혀로 핥지 말라.
- 아침 먹기 전에 낯을 씻어야 하고, 손으로 음식을 집어 먹고 나서 옷섶에 닦지 말며, 땀난 손으로 먹을 것을 쥐지 말라.

고문헌을 근거하여 지켜야 할 한식의 식사예법을 보면 다음과 같다.

- 연장자가 먼저 상석에 앉으시면 따라서 앉는다.
- 출입문에서 먼 쪽, 상의 한가운데로 병풍이나 그림 등을 등지는 부분이 상석이다.
- 좌식으로 된 상 앞에 앉을 때는 발로 방석을 밟지 않도록 주의한다.
- 식사를 할 때는 허리를 펴고 바른 자세로 앉되 상위에 손이나 팔꿈치를 올려놓지 않는다.
- 식사하기 전에 머리를 숙여 감사의 인사를 하고 먹는다.
- 연장자가 먼저 숟가락을 들면 따라서 든다.
- 숟가락으로 국이나 김치 국물을 먼저 떠서 먹은 후에 밥을 먹는다.
- 숟가락과 젓가락을 동시에 한손에 쥐고 먹지 않는다.
- 반찬의 양념을 털어 내거나 뒤적거리며 골라 먹지 않는다.
- 여러 번 베어 먹어야 할 경우라면, 잘라 먹은 음식을 자신의 밥그릇에 놓는다.
- 자신이 좋아하는 음식이나 맛있는 음식만을 탐하여 먹지 않는다.
- 밥이나 국을 먹을 때 그릇을 들지 않고, 상에 놓은 상태에서 숟가락으로 떠서 먹는다.

- 음식은 흘리지 않게 한 입에 들어갈 정도만 먹는다.
- 음식이 입 안에 있을 때는 말하지 않는다.
- 식사를 할 때는 다른 사람의 먹는 속도와 잘 맞추되 너무 늦게 먹거나 빨리 먹지 않도록 주의한다.
- 다른 사람보다 빨리 식사가 끝났을 경우에는 숟가락을 국그릇 위에 걸쳐 놓았다가 모두 식사가 끝날 경우 내려놓는다.
- 식사 중 재채기를 할 경우는 냅킨을 대고 하며, 돌을 씹거나 이물질을 뱉어야 할 경우 다른 사람이 모르도록 조심해서 처리한다.
- 식사 전후에 트림을 하거나 밥상 앞에서 이를 쑤시지 않는다.
- 식사가 끝나도 상차림을 그대로 놓아둔다. 그릇을 포개어 놓거나 위치를 바꾸지 않는다.
- 식사 후에는 먹은 음식에 대하여 칭찬과 함께 감사의 인사를 한다.

3. 한식의 창조와 계승

1) 한식의 생활문화적 가치

① 한식은 지형과 사계절에 순응하면서 터득한 한국인의 삶을 담아낸 시식(時食)과 절식(節食)을 발달시킨 가치를 찾을 수 있다. 한반도에는 사계절과 24절기가 있다. 이러한 지리적 기후적인 특성을 지닌 우리나리에는 그에 순응하면서 살아온 한국인들의 독특한 음식문화가 있다. 한국인은 제철음식이 가장 좋은 식품이라고 여겼고, 때에 맞는 제철음식을 즐겨야 한다는 의식을 갖고 있었다. 계절과일과 계

절채소 등은 곧 몸에 보약이 된다고 믿었다. 정월의 세찬[08]으로 떡국, 전, 나물 식혜, 정월대보름의 오곡밥과 아홉 가지 나물,[09] 김쌈, 봄철의 진달래 화전과 근총회,[10] 단오의 수리취떡, 삼복더위의 복다림,[11] 여름철 육개장과 증편, 추석의 올벼송편과 토란탕, 십일월의 동지팥죽, 섣달그믐에 먹는 비빔밥 등이 있다. 이러한 시식과 절식은 농경중심의 생활에서 보편적으로 즐긴 음식이었지만, 산업화 · 정보화 중심의 오늘날에도 고유의 세시풍속 음식으로 지켜지고 있다.

② 한식은 지역의 지형과 계절적인 요소를 담은 지역음식인 향토음식이 발달되어 있다. 한반도는 기후적인 특징에 따라 북부지방, 중부지방, 남부지방으로 구분할 수 있는데, 지역에 따라 각종 과일과 생산식품에 차이가 있어서, 그에 따른 다양한 향토음식문화를 갖고 있다. 추운 함경도와 평안도에는 함흥냉명(비빔냉면)과 평양냉면(물냉면), 가자미와 도루묵식혜가 유명하다. 강원도지방의 감자부침과 오징어순대, 다양한 식재료와 색감이 조화롭게 이루어진 남부지방인 전라도의 전주비빔밥, 갓김치, 홍어회, 경상도의 재첩국, 안동헛제사밥,[12] 제주도의 자리물회, 오분자기찜, 오메기떡 등은 매우 특색 있는 음식으로 전해지고 있다. 만두의 크기도 북한지방은 크게 만들지만, 중남부지방에서는 작은 크기로 만드는 것도 기후적인 영향으로 볼 수 있다.

08 설날 차례를 지내기 위해서 준비한 음식과 세배손님을 대접하기 위해 마련한 음식이다.

09 진채(陳菜)라고 하며, 늦가을에 말려 두었던 묵은 나물을 말한다. 정월대보름에는 9가지 나물을 먹는다. 취나물, 고사리, 호박고지, 가지나물, 토란대, 버섯, 무청 등을 삶아서 갖은 양념으로 볶아 오곡밥과 함께 먹는 정월대보름의 별미이다.

10 근총회는 흔히 강회라고도 한다. 미나리와 파를 파랗게 대쳐서 물기를 짠 다음 미나리 한줄기와 파 한줄기를 합하여 5cm 정도의 길이로 감아서 초고추장에 찍어 먹는다.

11 초복 · 중복 · 말복 시기에는 원기가 떨어지므로 더위를 막고 보신을 위해 삼계탕과 개장국을 먹는다. 또한 미역국에 닭고기를 넣어 끓이기도 하고, 호박을 넣은 밀전병, 참외와 수박 등을 먹는데, 이렇듯 더위에 지친 몸을 보(補)하는 것을 통틀어 '복다림'이라고 한다.

12 제사음식처럼 고춧가루나 마늘을 쓰지 않고 각종 나물을 올려 집간장과 깨소금을 넣어 비벼먹는 비빔밥이다. 제사의례를 중요시했던 안동의 유교문화를 보여주는 향토음식이다.

③ 한식은 음양오행사상의 이치에 따르는 조화와 어울림을 추구하는 음식문화이다. 비빔밥이나 구절판, 오색궁중떡볶이[13] 등을 보면, 음양오행사상과 그 이치에 맞는 색의 조화로움을 엿볼 수 있다. 더욱이 그와 같은 오색은 영양학적 균형까지 갖추고 있어 건강에도 도움이 된다. 적색, 청색, 백색, 흑색, 황색의 오방색은 다섯 방위로부터 복을 불러오는 의미를 갖고 있으므로 이러한 색을 담은 식품을 함께 넣어 만든 음식은 어울림과 복을 들여오는 것이다. 음식 하나에도 복(福)을 추구하고, 공동체의식을 담아 먹는 상징적 가치를 추구하는 우리의 생활문화를 엿볼 수 있다. 오늘날 공동체의식을 함양하기 위한 행사를 진행할 때, 수백 명이 함께 먹을 수 있는 '비빔밥 만들기'에 동참하게 하는 것은 전통음식에 녹아 있는 어울림의 가치를 찾고자 함이다.

④ 한식은 대표적인 슬로푸드(slow-food)로 오랜 정성을 기울여서 완성되는 음식이다. 우리나라는 기후적으로 농사를 지을 수 없는 겨울철이 길어서 식품을 오래 보존하기 위한 발효식품이 발달되었다. 발효식품으로는 장류, 김치류, 젓갈류, 주류 등이 있다. 간장, 고추장, 된장 등은 한식의 '간'을 조절하는 대표적인 장류이다. 장은 예로부터 '한 집안의 장맛은 1년의 음식 맛을 좌우한다'고 할 정도로 장 담그기를 매우 중요하게 생각했다. 늦가을 콩을 삶아서 메주를 정성스럽게 띄워 이듬해 음력 정월부터 삼월 사이에 좋은 날을 골라 장을 담근다. 장을 만드는 사람은 깨끗한 몸과 마음상태를 유지하여 장을 담그고, 담근 후에는 항아리 겉면에 버선본을 오려서 붙이기도 하고, 항아리 주변에 고추와 숯, 솔가지를 새끼줄에 엮은 금줄을 둘러 나쁜 기운을 막고 해충을 제거한다.

저장음식, 발효음식을 만들기 위해서는 많은 시간이 소요된다. 천천히 정성스런 노력을 기울인 시간이 지나야 비로소 음식이 마련되는데 오랜 시간 장독대를 오가

13 떡볶이에 대한 최초 기록은 『시의전서』에 나와 있으며, 궁중에서 흰떡과 등심살, 참기름, 간장, 파, 석이버섯, 잣, 깨소금 등으로 떡볶이를 만들었다고 전해진다.

며 바람과 햇살을 쬐게 하며 인내와 정성으로 만든다. 이러한 슬로푸드인 장류는 한식의 깊은 맛을 내는 기본 양념이 된다. 발효식품은 발효과정을 통해서 독성물질을 파괴시키거나 약화시켜서 식품의 영양적 가치를 증진시키고 저장성을 향상시키며, 소화성을 증가시킨다. 패스트푸드와 조리식품, 반조리식품이 인기를 얻는 오늘날에는 실천하기 어려운 느림의 미학이 바로 한식의 기본 양념에 녹아 있다. 현대에는 간장 · 된장 · 고추장도 편리하게 구입해서 이용할 수 있지만, 그 장 안에 담겨 있는 한국인이 추구한 슬로푸드의 가치는 사라지지 않는다. '장(醬) 담그기'는 고대로부터 이어진 유구한 역사로 이어지고 있고, 한국 음식의 조리법이나 식문화에 대한 연구 등 다양한 방향으로 연구될 수 있다는 점, 한국의 주거문화, 세시풍속, 기복신앙, 전통과학적 요소 등을 복합적으로 가지고 있다는 점, 세대 간 전승에 의해 모든 한국인들이 직간접적으로 동참하고 있다는 점이 높게 평가되어 2018년 국가무형문화재로 지정되었다.

우리나라의 대표음식으로 손꼽히는 김치는 2001년 아시아식품 중 최초로 국제식품규격위원회(KODE)에 등록되었다. 지방에 따라, 각 가정에 따라 다양한 김치가 존재한다. 북쪽지방에서는 고춧가루를 적게 쓰는 백김치, 보쌈김치 · 동치미 등이 유명하고, 호남지방은 매운 김치, 영남지방은 짠 김치가 특색이다. 다양한 김치 종류로는 배추포기김치 외에 오이소박이, 깍두기, 열무물김치, 부추김치, 나박김치, 갓김치, 고들빼기김치 등 200여 가지가 있다. '김치 담그기'는 2017년 국가무형문화재로 지정되었다. 김치 담그기는 과거부터 현재까지 지역이나 사회적 · 경제적 차이를 넘어 대한민국 국민 전체가 공동체로 참여하는 일상적 · 반복적 문화이다. 한국문화의 협동과 나눔이라는 공동체 정신이 담겨진 문화로 결속력과 정체성을 형성하게 한다. 과거에는 김치를 담그는 축적된 경험과 지식을 바탕으로 어머니, 며느리 등 여성공동체를 중심으로 세대 간 전승이 되었지만, 현대는 과학이 접목되어 김장문화의 전승도 이루어지고 있다. 김치 담그기는 한국의 전역에서 전승되는 생활관습이고 문화라는 점에서 보유자나 보유단체를 인정하지 않는 공동체 종목으로 지정되었다.

⑤ 통과의례에 따른 의례음식문화가 발달되어 있다. 통과의례는 관혼상제로서 인간이면 생을 영위하는 동안 겪어야 하는 의례를 말한다. 한식은 각 통과의례 중에 만드는 음식이 매우 다양하게 발달되어 있다. 이는 각 의례가 지니는 의미를 더욱 드러나게 하며, 그 음식을 함께 먹으면서 축하와 기쁨, 슬픔, 나눔의 정서도 공유하는 것이다. 백일과 돌잔치 때의 떡이나 혼례 때의 폐백음식, 제사음식, 잔치음식, 생일날에 먹는 미역국 등은 통과의례음식이다.

표 7-12 통과의례음식의 예시

구분	의례	의례음식
일생의례	출산의례	미역국, 흰쌀밥, 정화수, 숙주나물, 삼신상
	백일	흰밥, 미역국, 백설기, 붉은 팥고물을 묻힌 수수경단
	돌	흰밥, 미역국, 백설기, 수수경단, 오색송편, 국수, 대추, 인절미
	성년례	술
	혼례	초례상: 대추, 밤, 콩, 팥, 흰떡(새떡, 달떡, 용떡 등) 폐백상: 대추, 고기, 닭 신부상: 장국, 밥,
	수연례	생과(사과, 배, 감, 귤 등) 건과(대추, 호도, 은행, 밤, 잣 등) 유과(빙사과, 매화연사, 세반연사 등) 다식(송화, 흑임자, 녹말, 오미자, 밤 등) 잡과(약과, 만두과 등) 정과(연근, 생강, 유자 등) 초(전복초, 홍합초) 강정(깨강정, 세반강정, 매화강정 등) 포(육포, 어포, 건문어 등) 편(백편, 꿀편, 승검초편 등) 적(화양적, 육적, 계적 등) 편육(양지머리, 제육 등) 전(생선, 간, 천엽 등), 신선로, 찜, 수란, 약식, 식혜, 수정과 등

추모 의례	상례	과일(사과, 배, 밤, 감, 대추 등) 탕류(어탕, 육탕, 소탕) 적과 전(어적, 육적, 소적, 육전, 어전)
	제례	편(떡), 편청(꿀) 반(밥), 갱(국) 숙채, 침채, 생채, 식혜, 포

⑥ 한식에는 한국인의 생활문화가 담긴 이야기가 있다. 생활문화는 기후를 비롯한 자연환경은 물론이고 정치경제 사회문화적인 모든 환경의 영향을 받으며 생성되고 변용되고 소멸되며, 재창조되기도 한다. 우리의 한식은 인간을 둘러싼 제반 환경의 영향을 받아 생성되어 전해지고 있다. 이런 특성을 갖고 있는 생활문화는 곧 음식의 스토리텔링으로 다양한 분야에서 새로운 창조의 소재가 된다. 한식진흥원에서 제시하고 있는 한식 스토리를 참고하여 몇 가지 내용을 살펴보면 다음과 같다.

- 탕평채 : 영조 임금이 붕당청치를 막기 위해 신하들에게 하사한 음식으로 알려져 있다. 어느 한쪽으로의 치우침 없이 조화와 화합을 중시하는 대표적인 음식이다. 이는『서경』에 나오는 '왕도탕탕(王道蕩蕩), 왕도평평(王道平平)'에서 나온 말로 당파에 휘둘리지 않겠다는 왕의 의지를 설명한 표현이다. 녹두묵의 푸르스름한 흰색, 볶은 고기의 붉은색, 미나리의 푸른색, 김의 검은색은 조선시대 권력을 잡았던 양반들의 당파로 알려진 서인, 남인, 동인, 북인을 대표하는 색이라고 한다. 탕평채가 처음 등장할 당시가 서인이 집권하던 시기였으므로 주재료로 흰색 청포묵을 쓴 것이다. 조선의 21대 임금인 영조는 궁중에서 일하는 여인 중 가장 낮은 계급에 속했던 '무수리'를 어머니로 두었던 불행한 왕이었다. 영조는 어머니가 다른 형이었던 왕 경종이 죽자 그를 독살시켰다는 오해를 받으면서 왕에 등극했다. 그러자 경종을 지지했던 소론은

영조의 정통성에 시비를 걸곤 했는데 영조의 아들인 사도세자가 소론과 가까운 사이였던 것이 불행의 시작이었다. 아들이 임금의 자리를 넘본다는 심한 오해에 시달린 왕은 급기야 사도세자를 뒤주에 가둬 죽이고 말았다. 뒤늦게 후회하게 된 영조는 자신의 죄를 뉘우치는 동시에 당파가 아닌 인물 위주로 인재를 등용하겠다는 의지를 담아 '탕평책'을 정책으로 삼았다. 한식은 오방색[黃靑白赤黑]과 음양의 기운인 목화토금수(木火土金水)의 오행을 생성했다는 음양오행사상을 구현한 것이라 보며, 비빔밥과 탕평채는 그 대표적인 음식으로 손꼽히고 있다.

- 설렁탕: 설렁탕의 유래는 두 가지 설이 있다. 첫째는 임금이 선농단[14]에서 제사를 지내고 논밭을 갈고 나서 미리 준비해 둔 가마솥에 쌀과 기장으로 밥을 하고, 소로 국을 끓여서 60세 이상 노인들에게 대접했다는 것이며, 둘째는 세종대왕이 선농단에서 제사를 지내고 경작의 본을 보일 때, 갑자기 비바람이 몰아쳐 오고가도 못하게 되어 임금의 배고픔을 달래느라 백성들이 농사짓던 소를 잡아 물을 넣고 끓였는데, 이것이 기원이 되었다는 것이다.

- 구절판: 우리나라 밀쌈의 옛 이름으로 추측되는 연병(連餠)의 최초 기록은 1894년의 『동국세시기』에서였다. 밀가루를 밀어서 기름에 지져 줄풀로 소를 넣거나 꿀에 버무린 콩과 깨를 소로 넣어 여러 가지 모양으로 말아 접은 것을 연병이라고 하였다. 이는 이후 1917년 『조선요리제법』과 1924년 『조선무쌍요리제법』, 『간편조선요리제법』에서의 내용과 유사하다. 조리법의 내용이 구절판과 같은 것이었으므로, 구절판은 밀쌈으로부터 분류·발달되었다고 해

14 선농단이란 농사의 신(神)인 신농씨와 후직씨를 제사 지내던 곳으로, 임금이 직접 이곳에서 춘분과 추분에 풍년을 기원하는 제사를 지내며, 가뭄이 심할 때는 기우제를 지내던 곳이다.

석되고 있다. 구절판이라는 명칭이 처음 기록된 곳은 1939년의 『조선요리법』이다. 임금님의 도시락 용도로 사용되었을 것으로 짐작하는 구절판 찬합이 발견된 신라시대 이후부터 조선 전기까지의 궁중에서의 구절판 사용 기록은 「진찬의궤」, 「진연의궤」, 「원행을묘정리의궤」 같은 궁중 연회기록 등에서 찾아볼 수가 없고, 한말(韓末) 궁정에서 실제 행했던 음식과 조리법을 기록한 1957년 『이조궁정요리통고』에서 처음 발견할 수 있었으므로 최초로 이용된 시기는 정확하게 알 수 없다. 『동국세시기』에는 오늘날의 밀쌈인 연병을 유두날에 먹는 음식으로 기록되어 있으며, 철 음식으로 제사에 올리기도 한다고 하였다. 각 문헌에서는 밀쌈과 구절판을 유두절식으로 기록하고 있다. 우리말의 어원 가운데 구(九)가 갖는 의미는 최대, 신비, 양극(陽極)의 뜻으로 가장 귀하게 아는 수였으며, 9족(九族)이라 하면, 모든 백성을 뜻하고, 9중천(九重天)을 뜻하는 것과 같이, 구절판의 아홉 수는 그 모두를 뜻하는 것이라 할 수 있다. 왕조시대에는 이러한 철학적 의미를 담고 있는 상징적 음식 용구인 구절판이 절대 권위자인 임금에게만 사용되었던 것으로 추정된다. 특히 상식(常食)하는 시기라기보다는 임금의 도시락과 같은 휴대 식기의 용도로 사용되었던 것이 양반가에서 놀이 음식을 담는 용기로 쓰이다가 민간에까지 사용이 일반화된 것으로 짐작된다. 구절판에는 오행설을 일상적인 음식문화에 이용하여 요리의 시각기호와 미각기호의 코드를 창출하고 있는데, 이는 한국만의 독창적인 식문화라고 평가할 수 있다. 구절판이야 말로 오방색과 오행설을 다 갖춘 음식이라고 할 수 있다.

표 7-13 구절판 재료에서 본 오방색과 오행설

오방색	쌈재료	오행설	쌈장재료
청색(東)	오이, 미나리, 호박	신맛(酸)	식초(초장)
적색(南)	쇠고기, 돼지고기, 소의 콩팥, 새우, 표고, 목이	쓴맛(苦)	겨자(겨자장)

백색(西)	닭고기, 게살, 느타리, 양파, 죽순, 숙주, 무, 도라지, 밀전병	단맛(甘)	설탕(겨자장)
흑색(北)	천엽, 전복, 해삼, 석이	매운맛(辛)	겨자(겨자장)
황색(中央)	당근, 난황, 황화채	짠맛(鹽)	간장(초장)

- 잡채 : 광해군 시절 궁중연회에서 처음 선보인 것으로 알려져 있다. 이충이라는 사람이 특별한 음식을 만들어 궁중에 올렸는데, 임금은 식사 때마다 이충의 집에서 오는 음식을 기다렸다가 수저를 들곤 했다는 기록이 있다. 그 중에서도 임금의 입맛을 사로잡았던 음식이 잡채이다. 잡채는 『음식디미방』에 갖은 재료를 채 썰어서 볶아 그릇에 담고, 그 위에 즙액을 뿌리고 천초, 후추, 생강가루를 뿌려 맛을 낸다고 기록되어 있다. 잡채에 본격적으로 당면을 사용한 것은 1930년 이후부터라고 한다.

- 불고기 : 불고기란 '각종 고기를 불에 익혀 먹는 음식'을 뜻하는데, 명칭이 다소 포괄적이고 시대에 따라 변화된 부분도 적지 않지만, 고구려 시대에 이미 '맥적(貊炙)'이라는 고기구이가 있었으니, 한민족의 전통적인 요리라고 해도 무방하다. 고려시대 불교의 영향으로 다소 축소되었다가 몽골의 영향을 받아 '설야멱(雪夜覓)' 등의 이름이 되살아났다. 이후 조선 후기에는 궁중요리 '너비아니'가 등장했고, 이것이 '불고기'로 이어진 것이다. 한국전쟁부터 1960년대에 이르기까지 전골요리의 영향으로 '육수불고기'가 만들어지면서, 현재는 한국에서 불고기라고 하면 일반적으로 육수를 넣고 끓여먹는 요리를 뜻하고 나머지 구운 고기 요리들은 부위별 명칭으로 지칭하게 되었다(이규진, 2010).

- 빈대떡 : 녹두를 맷돌에 갈아서 전병처럼 부쳐 만든 음식이다. 빈대떡이라는 명칭은 병자병(餠子餠)이 세월이 흐르는 동안에 빈자떡으로, 다시 빈대떡으로

불리게 된 것으로 추정된다. 빈대떡의 유래를 살펴보면, 빈대떡은 원래 제사상이나 교자상에 기름에 지진 고기를 높이 쌓을 때 제기(祭器) 밑받침용으로 썼는데 그때는 크기가 작았다고 한다. 그 뒤 가난한 사람들이 먹는 음식으로 바뀌면서 이름은 빈자(貧者)떡으로 바뀌고 크기도 큼지막하게 바뀌었다는 설이 있다. 두 번째 설은 서울 정동(貞洞)에 빈대가 많다고 하여 그것을 빈대골이라 했는데, 이곳에 빈자떡 장수가 많아 빈대떡이 되었다는 설이다. 조선시대에는 흉년이 들면 당시의 세도가에서 빈대떡을 만들어 서울 남대문 밖에 모인 유랑민들에게 '어느 집의 적선이요' 하면서 던져 주었다고도 한다.

■ 비빔밥: 비빔밥은 색, 맛, 계절, 지역, 자연, 인간이 어울린 조화와 융합의 의미를 담고 있다. 비빔밥에 대한 기록은 1800년대 말엽 『시의전서』에서 찾아볼 수 있다. '밥을 정히 짓고 고기는 재워 볶고 간납은 부쳐 썬다. 각색 남새를 볶아 놓고 좋은 다시마로 튀각을 튀겨서 부숴 놓는다. 밥에 모든 재료를 다 섞고 깨소금 기름을 많이 넣어 그릇에 담는다'고 되어 있다. 비빔밥의 유래로 전해오는 이야기는 세 가지이다. 첫 번째는 한국만의 독특한 제사 풍습에서 비빔밥이 시작되었다는 것이다. 밤과 고기, 생선, 나물 등을 상에 올려 정성껏 제사를 지낸 뒤 후손들이 음식을 골고루 나누어 먹었던 '음복'의 전통에서 비빔밥이 탄생했다는 것이다. 경북 안동의 경당 종택에서 경당 장흥효 선생의 후손들이 제사에 올린 음식을 비벼 나눠 먹고 있다. 둘째는 한해의 마지막 날 음식을 남긴 채 새해를 맞지 않기 위해 남은 밥을 모두 넣고 비벼서 밤참으로 먹었던 풍습으로부터 유래했다는 설이다. 셋째는 품앗이로 들에서 모내기나 추수를 할 때 음식을 들로 가지고 나가 한꺼번에 비벼서 나누어 먹었다는 것이다. 비빔밥은 각 지역 특유의 특징을 갖고 있고, 대표적으로는 전주비빔밥과 진주비빔밥이 유명하다.

전주비빔밥은 전주의 향토 음식으로 콩나물비빔밥이라고도 하며, 30여 가지의 재료가 들어가고 양지머리 삶은 육수로 밥을 짓고 녹두녹말에 치잣물을 들여 만든 노란색 황토묵을 얹는 것이 특징이다. 한편 진주지방의 향토음식인 비빔밥은 잘 가꿔진 화원을 옮겨 놓은 듯 아름답다고 하여 '꽃밥'이라고 불린다. 바지락을 곱게 다져서 참기름을 넣어 물을 붓고 자작하게 끓인 탕국을 한 숟가락 끼얹고 밥을 비벼 먹는 것이 특징이다. 또한 진주비빔밥에는 육회를 얹어 먹는 것으로도 유명한데, 비빔밥에 육회와 고추장이 올라가는 조리법은 1920년대 이후 우시장의 확산이 기여한 바가 크다. 1920년대 이전의 조리서에 소개된 비빔밥의 양념은 모두 간장이었다.

- 신선로: 신선로는 『수문사설』에 의하면 '열구자탕'으로, 『송남잡지』에는 '열구지', 『규합총서』, 『시의전서』, 『동국세시기』 등에는 '신선로'라고 기록되어 있다. 신선로는 들어가는 재료가 호화롭다. 삶은 고기와 생선, 고기, 천엽, 미나리, 달걀, 버섯 등을 일일이 전으로 부쳐서 적당한 크기로 썰어 조화롭게 담는다. 잣과 호두를 얹어서 마무리하는데 담백한 육수를 부어서 즉석에서 끓여 먹는다.

  『조선요리학』에 기록된 바로는 신선로의 유래는 조선시대 연산군 때로 거슬러 올라간다. 이때에 시문에 능하고 음양학에 밝은 정희량이라는 사람은 스스로 점을 쳐서 자신의 운명과 수명을 미리 알고 일찍이 속세를 피해 은둔할 뜻을 품었는데, 임금의 눈 밖에 나 귀양을 다녀온 후에는 깊은 산중에 들어가 버렸고 전국을 방랑하면서 신선처럼 살았다고 한다. 정희량은 화로를 하나 만들어 가지고 다니면서 거기에다 여러 가지 채소를 함께 넣어 익혀 먹곤 했는데, 그가 신선이 되어 속세를 떠난 뒤에 세상 사람들이 그 화로를 신선로라고 불렀다는 것이다. 신선로가 등장한 16세기 초반에는 갑자사화, 중종반정, 을묘사화 등 정치적 투쟁사 속에서 많은 선비들이 벽지로 적송되거나 또는 은둔하는 예가 많았는데 이러한 정치, 사회상을 배경으로 하여 유래된 것이라는 이야기도 있지만, 이는 정희량의 일화에서 근거한 것으로 보인다(한복선, 1995).

2) 한식의 세계화

한식[15]은 K-Food로 전 세계에 알려져 있다. 이 배경에는 방탄소년단, 영화 기생충, 미나리, 킹덤, 오징어게임 등이 세계인들의 주목을 받는 한국의 콘텐츠로 인기가 높아진 것을 빼놓을 수 없다. 각종 언론과 SNS로 확산된 한국의 콘텐츠는 부흥기를 맞고 있다. 세계인들의 관심은 이미 K-drama, K-movie, K-Pop과 함께 한국문화, 한글, 한국인들이 살아가는 일상의 생활문화까지 관심이 넓어졌다. 특히 한국 음식에 대한 관심도는 '먹거리' 관광으로 확산되었다. 이러한 관심은 언제부터일까? 2003년부터 2004년까지 MBC드라마로 방영되었던 〈대장금〉은 한국 음식을 전 세계에 널리 알리는 계기가 되었다. 그리고 2009년에 미국에서 한국음식문화를 소개했던 MBC '무한도전'팀이 뉴욕타임즈에 '비빔밥(BIBIMBAP)'이란 제목의 전면 광고를 시도한 것도 많은 주목을 받았다. 세계인에게 한식의 대표 음식인 비빔밥을 알리고 한국음식점을 소개해서 외국인들의 방문을 유도하고자 했던 것이었다. 그리고 2010년에는 뉴욕의 타임스퀘어에 비빔밥 홍보 영상도 시도되었다.

현재도 각종 영화나 드라마에서 보이는 한국 음식은 세계인들의 호기심을 불러일으키고 있으며, 그 음식을 판매하는 곳들은 새로운 관광지로 부상한다. 2021년

15 한식은 우리의 음식으로 그와 관련된 유무형의 자원이며 활동과 식문화를 총괄하는 용어로 사용된다. 전통음식이란 전통식품인 국산 농수산물을 주원료 또는 주재료로 하여 예로부터 전승되어 오는 원리에 따라서 제조하고 가공 조리되어 우리 고유의 맛과 향과 색을 내는 식품을 말한다. 한편 K-Foods는 Korean-Food의 약자로 사용되고 있고, 한국식품을 의미하며 한식의 재료, 한식, 가공식품을 포함한 개념이다.

에는 한류스타가 참여하는 '김치의 역사', '김치의 문화' 등 김치의 세계화를 위한 영상 제작도 진행되었다. 엔터테인먼트 콘텐츠를 세계인이 즐기는 현시점에서는 특히 우리의 음식문화가 하나의 자원으로 콘텐츠화되며, 국가의 브랜드는 물론 식품산업에서도 부가가치를 창출하고 있다.

2019년 문화체육관광부 해외문화홍보원이 실시한 대한민국 국가이미지 조사 발표에 따르면, 한국의 음식문화가 주목받고 있다는 것을 재확인할 수 있다. 외국인들이 한국에 대해 가장 많이 접할 수 있는 분야는 한류, 기초예술 등 '현대문화'(36.2%)이며, 경제(18.1%), 안보(17.8%), 문화유산(10.7%) 순이었다. 정보를 습득하는 매체는 SNS(누리소통망), 인터넷 등 온라인 매체(46.6%), 방송(33.4%), 신문잡지(9.5%) 순이었다. 그리고 '한국' 하면 떠오르는 이미지는 '한식(40%)'으로 나타났고, 이어서 K-pop(22.8%), 한국문화(19.1%), K-beauty(14.2%) 등으로 조사되었다. 그리고 대한민국에 대한 이미지는 한국 국민보다 외국인들이 긍정적으로 평가(80.3%)하는 것으로 나타났다(주영애, 2022).

표 7-14 한식의 세계화 SWOT 분석

Strengths	Weakness
• 건강학적, 영양학적 우수성 등으로 세계화 잠재 가능성 • 경쟁력 있는 전통식문화 • 국가 신인도, 경제력 상승 • 잠재력 있는 인적자원 보유	• 세계화 아이템 개발 미흡 • 음식업체의 낮은 국제경쟁력 • 음식원료의 높은 해외 의존도와 안정적 원료 농산물 공급체계 미흡
Opportunities	**Threats**
• 한류열풍에 의한 한국문화 관심고조 및 우리 음식의 인식 확대 • 세계 외식시장 성장 • 웰빙 열풍과 건강식 확산 • 우리 음식의 해외진출 성공사례 확대 • 한식진흥원의 한식세계화 노력	• FTA 시장개방 가속화 • 타국의 우리 음식 모방 추세 • 타국의 자국 음식 세계화 노력 확대

한식은 저열량, 친환경 웰빙음식이며, 식재료와 조리법이 발효식품을 만드는 슬로푸드가 기본을 이루는 친환경적인 요소를 갖고 있어 세계적 트렌드에 부합하는 특징을 갖고 있다. 한식 세계화에 대한 SWOT 분석을 해보면, 성장의 가능성을 찾아볼 수 있다. 한식진흥원은 국내외 한식당의 경쟁력을 강화하고 한식 전문공공기관으로 외식산업, 문화관광산업 등 관련 산업을 발전시키고, 대한민국 이미지를 향상시키는 역할을 하고 있다. 또한 해외 한식당 협의체를 구성하여 활동한다. 미동부 한식세계화추진위원회, 미서부 한식세계화협회, 미동남부 한식세계화협의회, 서북미 한식협의회, 민단한식넷협의회, 연변조선족 전통음식협회, 홍콩한인요식업협의회, 재영요식업협회, 재불식문화협회, 호주 한국음식진흥협의회, 재뉴한인음식업협회, 인도네시아 외식업협의회 등이 활동하고 있다.

한편 한식원형복원 및 산업화 연구자료로는 대장금의 궁중상차림 영문판, 근대한식의 풍경, 조선 왕실의 식탁 등이 발행되어 온라인으로 검색할 수 있으며, E-Book의 형태로도 소개되고 있다. 맛있고 재미있는 한식 이야기는 국어는 물론이고 영어, 중국어, 불어 등으로 소개되어 있다. 특히 한식메뉴의 외국어 표기가 되어 있어, 세계화를 위한 기초적인 자료로 활용될 수 있도록 하고 있다. 이 뿐만 아니라 팔도음식지리지 자료를 중심으로 사찰음식, 궁중음식, 종가음식, 농가맛집, 음식축제, 장문화, 전통시장, 지역특산품, 주류, 우수외식업지구, 전통식품명인, 우수농어촌식생활체험공간 등을 안내하고 있으므로, 국내외국인들이 손쉽게 한식에 관한 정보를 이용할 수 있다. 이와 같은 한식세계화를 위한 공공기관의 노력은 앞으로 민 · 관이 함께 노력하면서 큰 시너지 효과를 올릴 것으로 기대되고 있다.

한편 2022년에는 사찰음식이 세계 3대 요리학교로 꼽히는 '르 꼬르동 블루' 파리 본교의 채식전문과정 정규 과목으로 채택되었다. 사찰음식(寺刹飮食)이란 불교의 기본정신을 바탕으로 간단하고 소박한 재료를 이용하여 자연의 풍미가 살아 있는 독특한 맛으로 승려들의 음식이다. 그러나 사찰음식은 육식과 인공조미료를 전혀 넣지 않는 음식이므로 채식 위주의 식단을 선호하는 비건(vegan)의 라이프스타일을 추구하는 사람들이 많아지면서 더욱 관심을 받고 있다. 사찰음식의 예를 들면 떡, 장아찌, 부각, 김치, 두부, 버섯, 산채나물, 전 등이 있다. 김치로는 백김치, 보쌈김치, 고들빼기김치, 갓김치, 죽순김치, 우엉김치, 깻잎김치 등이 있다. 사찰음식은 현대인들에게 웰빙음식으로 인식되어 확산되고 있다.

표 7-15 사찰음식의 예시

봄철 음식	아욱죽, 애쑥탕, 고소겉절이, 우엉지짐, 죽순버섯볶음, 쑥수제비, 진달래 화채, 머위대나물, 씀바귀나물, 참가죽나물, 취나물된장무침, 애쑥튀김, 죽순장아찌, 참나물생절이, 두부무청무침, 취나물쑥완자탕, 산더덕삼색물김치 등
여름철 음식	애호박나물, 느타리버섯나물, 콩나물잡채, 흑임자두부튀김, 가지냉국, 오이냉국, 유부버섯조림, 감자보리밥, 표고버섯밥, 흑임자죽, 두부감자탕, 오미자화채, 인삼야채말이, 깨즙냉콩국수, 들깨생콩가루칼국수, 표고버섯찹쌀전병무침 등
가을철 음식	연자죽, 들깨죽, 은행밥, 고구마밥, 표고버섯탕, 청국장찌개, 산초장아찌, 깻잎부각, 고추부각, 녹두빈자병, 두부소박이, 표고버섯양념구이, 우엉김치, 고사리두부탕, 무청나물 등
겨울철 음식	잣죽, 호박김치, 연근죽, 느타리버섯밥, 무밥, 늙은호박국, 장김치, 두부다시마말이, 고추장아찌, 연근조림, 버섯잡채, 수정과, 다식, 연근지짐, 배추전 등

한식 세계화에 일조하는 국내 한식당

- 석파랑: 서울 종로구 홍지동
- 고가 한정식: 경기도 김포시 고촌읍
- 세종문화회관 삼청각: 서울 성북구 대사관로
- 메이필드호텔 한식당 봉래헌: 서울 강서구 방화대로 메이필드호텔
- 쉐라톤 그랜드 워커힐 온달: 서울 광진구 워커힐로 쉐라톤 워커힐호텔
- 롯데호텔 한식당 무궁화: 서울 중구 을지로 롯데호텔서울
- 진사댁: 서울 중구 명동
- 레스토랑 콩두: 서울 중구 덕수궁길

- 한정식전문점 예당: 서울 강남구 신사동
- 품: 서울 용산구 후암동/모던한식과 문화가 어우러진 복합문화공간
- 정식당: 서울 강남구 신사동/뉴코리안 요리의 정수/모던 한식당
- 비채나: 서울 한남동/모던 한식 레스토랑
- 오늘: 서울 용산구 동빙고동

출처: 한식진흥원 자료.

4. 식생활문화와 삶의 질

생활이 풍요롭게 되면서 먹거리에 대한 관심도 높아지고 있다. 음식의 맛과 질, 안전성 등을 중시하면서 보다 좋은 분위기와 품격 있는 식생활문화를 영위하고 싶은 욕구도 커졌다. 오늘날 셰프, 푸드코디네이터는 각종 먹거리 방송 프로그램과 더불어 인기 있는 직업군이 되었고, 유명 셰프가 운영하는 맛집을 찾아다니는 라이프 스타일을 추구하는 사람들이 늘어나고 있다. 이들은 새로운 문화트렌드를 주도하기도 한다. 뿐만 아니라 다양한 기호음료시장이 성장하면서 커피, 차, 홍차, 와인 등 전문화된 매장을 찾는 사람들도 많아졌고, 커피바리스타, 와인소믈리에, 티소믈리에 등의 직업이 인기를 얻고 있고, 창업으로 이어지고 있다. 삶의 질이 높아지면서 식생활문화는 더욱 고급화, 전문화, 건강중심문화를 지향한다. 따라서 비싸지만 건강에 좋은 유기농식품을 선호하고, 채식이나 자연식 중심의 식생활을 택하고, 체질에 맞는 다이어트 식생활을 하는 등 식생활문화는 진화하고 있다. 바람직한 식생활문화를 만들어가기 위하여 다음과 같은 실천적인 노력이 요구된다.

① 건강한 식생활의 원칙을 지키도록 한다. 예로부터 음식만 잘 먹어도 약이

된다고 하였다. 즉, 한국인들은 오랜 세월 동안 약식동원(藥食同源)이라는 의식을 갖고 살아왔다. 음식은 자신의 체질에 맞는 음식을 먹어야 한다고 하여, 편식의 식생활을 권하는 경우도 있지만, 건강한 식생활의 원칙은 골고루, 알맞게, 싱겁게, 제때에 먹는 것이며 규칙적인 운동을 함께 해야 한다는 것이 기본이다. 아침을 거르게 되면 혈당치 저하로 무기력해지며 집중력이 떨어진다. 이는 점심과 간식의 과식으로 이어져 영양불균형을 초래하며 불규칙한 식사가 지속될 경우 소화기질환이 발병하여 건강을 해치게 된다. 우리의 몸에 필요한 탄수화물, 지방, 단백질, 무기질, 비타민 등의 영양소(nutrient)를 골고루 섭취해야 한다. 항상 건강의 문제는 과식을 하거나 짜고 매운 자극성 있는 음식을 즐기고, 제때에 먹지 않고 운동을 하지 않기 때문에 발생한다. 또한 가정의 형편과 상황을 고려하여 외식의존도의 식생활문화를 개선하고 직접 식품을 구매하여 조리과정을 거친 가정식을 섭취하는 방안도 강구해야 한다.

② 소비자로서 식품안전에 대하여 깊은 관심을 갖는다. 오늘날 먹거리가 풍부해졌음에도 불구하고 식품안전의 문제나 사고 등은 지속적으로 발생하고 있다. 최근에도 지속적으로 AI병원균으로 인한 가금류의 감염, 살충제 달걀문제, 불법 원산지 표시문제 등이 사회적으로 큰 이슈가 되고 있다. 안전한 식품에 대한 소비자로서의 알권리를 보장받기 위해서 식품안전정보포털(식품안전나라, www.foodsafetykorea.go.kr)을 이용하면 식품안전정보, 위해예방정보, 건강영양정보, 식품전문정보, 식품의 생산과 유통 등 전반적인 안전시스템에 관한 정보를 얻을 수 있다. 즉 안전하게 구매할 수 있는 정보는 물론이고 현재 위해식품으로 분류되어 회수되고 있는 식품도 알 수 있고, 해외식품안전정보 사이트를 활용할 수도 있다. 특히 식품건강영양정보를 이용하면 식품안전 섭취가이드를 얻을 수 있고, 어린이 청소년 식생활 안전관리에 대한 정보를 활용할 수 있다. 뿐만 아니라 나트륨과 당류를 줄인 조리법과 가공식품의 영양표시 등 각종 정보를 얻을 수 있다. 그

리고 전문정보로는 식품안전 법령과 식품안전 기준규격, 잔류유해물질 정보 등 다양한 식품 전문정보를 볼 수 있다.

식품의 안전한 조리를 위한 WHO의 10대 원칙

1. 안전하게 가공된 식품을 선택할 것(Choose foods processed for safety)
2. 철저하게 가열 조리할 것(Cook food thoroughly)
3. 조리된 식품은 즉시 섭취할 것(Eat cooked foods immediately)
4. 조리된 식품은 주의하여 보관할 것(Store cooked foods carefully)
5. 일단 조리되었던 식품은 철저하게 재가열할 것(Reheat cooked foods throughly)
6. 생식품과 조리된 식품의 접촉을 피할 것(Avoid contact between raw foods & cooked foods)
7. 손을 자주 씻을 것(Wash hands repeatedly)
8. 부엌의 모든 접촉 표면(조리대)을 청결하게 유지할 것(Keep all kitchen surfaces meticulously clean)
9. 식품을 곤충, 쥐, 기타 동물이 접근하지 못하도록 보호할 것(Protect foods from insects, rodents, and other animals)
10. 안전한 물을 사용할 것(Use safe water)

③ 생애주기에 맞는 맞춤식 영양교육에 관심을 갖고 정보를 활용하도록 한다. 2022년 국민건강통계플러스 자료에 따르면 우리나라 국민은 성과 연령을 고려한 차별화된 비만 예방 및 관리가 필요한 것으로 나타났다. 비만을 질병으로 인식하고 예방 관리를 통해 건강과 삶의 질을 향상할 수 있도록 인식 전환이 요청된다. 우리나라 국민의 비만유병률은 남자에서 증가하였고, 특히 남자 전 연령 및 여자 20~30대에서 증가하였다. 복부비만의 유병률은 남녀 모두 증가되었는데, 남자는 전 연령에서 여자는 60대 이상에서 증가하였다. 남자는 비만 및 2단계 이상 비만 유병률이 전 연령에서 공통적으로 높은 교육수준, 사무직, 고위험음주를 하는 경우에 높았다. 연령별로는 19~39세는 흡연, 근력운동 미실천, 40~50세는 근력운

동 미실천, 지방 과잉섭취, 앉아 있는 시간이 하루 8시간 초과한 경우 비만유병률이 높았다. 여자는 전 연령에서 공통적으로 낮은 교육 및 소득수준인 경우 비만유병률이 높아 남자와 차이가 있다. 연령별로는 19~39세는 흡연, 40~59세는 고위험음주, 근력운동 미실천, 낮은 식생활 질(식생활평가지수), 60대 이상은 근력운동 미실천, 앉아 있는 시간이 하루 8시간 초과한 경우에 비만유병률이 높다. 코로나19 유행 후 남자 비만지표 모두 유행 전에 비해 악화되었고, 여자는 복부비만유병률만 이전에 비해 증가하였다.

우리 국민의 하루 평균 음료류 섭취량은 최근 10년간 약 2배 증가하였고 남자 19~29세에서 소비량이 가장 높았다. 음료류를 통한 당 섭취량은 전체 당 섭취량의 약 21%에 해당하는 12.1g이었고, 음료류 섭취군은 미섭취군에 비해 에너지 및 당 과잉섭취자 비율이 더 높았다. 가장 자주 섭취하는 음료는 6~18세는 탄산음료, 19~29세는 커피였다. 탄산음료를 비롯한 가당음료 섭취는 비만 및 만성질환의 위험요인이므로 음료류 섭취에 대한 지속적인 관리가 필요하다.

한편 청소년의 최근 10년간 현재 음주율은 지속적으로 감소하였으나 현재 음주자의 위험음주율은 큰 변화 없이 높은 수준을 유지한다. 현재 음주자의 위험음주율은 여학생이 남학생보다 높았고 고등학생이 중학생보다 높았다. 현재 위험음주를 하는 학생들은 술을 마시지 않는 학생들에 비해 주류 구매 용이성, 가정 내 음주 허용 등 음주 조장 환경에 더 많이 노출되었으며, 현재 흡연율이나 아침 식사 결식률과 같은 바람직하지 않은 건강행태 비율도 높았다.

우리 국민의 식생활 현황을 통해서 주목해야 할 사항은 식품안정성을 확보하고, 포화지방산과 나트륨의 적정 섭취, 과일 및 채소 1일 500g 이상 섭취, 가공식품 선택 시 영양표시 이용, 건강식생활실천, 칼슘과 비타민A 적정 섭취, 노인의 영양 섭취 부족 등이다.

④ 건강을 위해서 일반적으로 외식, 가공식품 및 편의식품 섭취의 감소 노력을

기울인다. 그러나 최근에는 1인가구의 증가와 더불어 그들의 라이프 스타일에 맞춘 가공식품과 편의식품 생산이 크게 확대되고 있다. 오히려 편의점의 질 좋은 도시락이 1인가구로 살아가는 사람들에게는 더 효율적인 식생활이 되기도 한다는 것이다. 영양의 질적 향상을 위해서 가공식품과 편의식품에 대해서는 식품 표기사항과 식품안전, 첨가물 등을 철저하게 점검하고 선택하는 노력이 필요하다. 유전자변형식품(GMO)[16]이나 알레르기 유발 식품원재료, 나트륨을 비롯한 가공재료 함량 표기 등을 살펴볼 필요가 있다.

⑤ 전통적인 한식의 장점을 살리고, 어린이나 젊은 층의 식생활에 맞는 전통음식을 개발하고 응용하며, 소비자는 이러한 식품과 음식을 이용할 수 있도록 한다. 오랜 세월 동안 조상들로부터 이어져 우리 몸에 코드화되어 있는 한식은 한국인이 처한 환경과 체질에 적합한 음식 중의 하나이다. 한식이 갖고 있는 자연식, 발효식, 친환경 웰빙식, 저열량 등의 강점을 살려, 세계인이 즐겨 섭취할 수 있는 한식의 세계화 노력도 필요하다.

⑥ 일상 식사에 의해 발병할 수 있는 생활습관병을 예방하고, 질환에 따른 식이요법과 주의해야 할 음식에 대하여 알아두고 식생활에 반영하도록 한다. 일반적으로 성인들의 만성질환인 비만과 심혈관계질환, 고혈압, 당뇨, 골다공증 등을 예방하기 위해서는 식사량의 조절과 비만 예방을 위한 저열량식품 섭취, 짜게 먹는 식습관 바꾸기 등을 실천해야 한다.

16 GMO는 Genetically Modified Organism의 약자로 유전자변형농산물로서 일반적으로 생산량 증대 또는 유통 · 가공상의 편의를 위하여 유전공학기술을 이용, 기존의 육종방법으로는 나타날 수 없는 형질이나 유전자를 지니도록 개발된 농산물을 말한다. GMO 식물체가 본격적으로 환경단체나 소비자단체의 주목을 받기 시작한 것은 1996년 미국 몬산토사가 개발한 'Round-Up Ready Soybean'이라는 상표명의 대두와 스위스 노바티스사가 개발한 병충해에 내성을 가지도록 개발된 'Btmaize'라는 상표의 옥수수가 본격적으로 상품화되면서부터이다(네이버 지식백과, GNEW 경제용어사전, 2006.4.7, 미래와경영 참조).

표 7-16 질환별 식사요법

질환	식사요법	식사 시 요령 및 기타 고려사항
고혈압	• 염분 섭취를 줄인다. • 복합당질로 섭취한다. • 섬유소를 충분히 섭취한다. • 지나친 단백질 섭취를 피한다. • 양질의 단백질을 섭취한다. • 불포화지방산을 사용한다. • 칼슘과 마그네슘 섭취를 증가시킨다. • 카페인 함유 음료, 술 섭취를 줄인다.	• 소금과 간장의 양을 평소의 1/2로 줄인다. • 식초, 레몬즙 등 신맛 내는 소스를 이용한다. • 겨자, 후추, 고추냉이 등의 향신료를 이용한다. • 생선은 조림보다 구이로 조리한다. • 국, 찌개 등 국물류의 섭취를 줄인다.
당뇨병	• 식사량은 목표체중에 도달하고, 표준체중을 유지한다. • 식사횟수와 시사간격을 일정하게 한다. • 설탕, 꿀 등 단순당의 섭취를 피한다. • 섬유소가 많이 들어 있는 현미, 잡곡밥, 채소 등을 섭취한다. • 소금 섭취를 줄인다.	• 저혈당 대처요령에 관해 알아둔다. • 설탕이 많이 든 음료수만을 마시면 급속히 혈당 상승이 일어난다. • 동물성 기름보다 식물성 기름을 섭취한다. • 술과 담배는 피한다.
고지혈증	• 포화지방산보다는 불포화지방산을 이용한다. 가금류와 생선을 먹는다. • 동물성보다는 식물성 단백질로 섭취한다. • 차, 양파, 적포도주, 포도주스 등 황산화효과가 있는 식품을 즐긴다.	• 과다한 칼로리 섭취가 되지 않도록 한다. 식사조절에 주의한다. • 튀김요리대신 굽기, 찌기, 삶기 등의 조리방법을 사용한다. • 지방이 적은 음식을 선택한다.
비만	• 식사는 거르지 않는다. • 설탕이 많이 들어간 음식은 피한다. • 튀김, 부침요리는 피한다. • 섬유소가 많은 음식을 먹는다. • 천천히 식사한다.	• 규칙적인 식사와 운동을 한다. • 식사일기를 기록하여 그릇된 식습관의 원인을 파악한다. • 충분한 수분을 섭취한다. • 알코올을 제한한다.
골다공증	• 칼슘과 비타민D 섭취를 충분히 한다. • 싱겁게 먹는다. • 섬유소가 많은 음식은 피한다.	• 카페인과 알코올을 제한한다. • 골격성장기 때에 칼슘 섭취를 최대화하는 것이 좋다.

Problems & Discussion

1 식생활문화에 영향을 미치는 요소에 대하여 예를 들어 설명해 보세요.

2 전통적인 우리나라의 식생활문화의 계승을 위한 강점과 약점은 무엇인지 토의해 보세요.

3 식생활문화와 삶의 질 관계를 설명해 보세요.

4 식품안전정보포탈을 이용하여 필요한 식생활정보를 살펴보세요.

5 가족의 건강상태를 살피고, 생활습관병이 있다면 어떻게 식생활습관을 개선할 것인지 생각해 보세요.

CHAPTER 08

주생활문화

1. 주생활문화의 이해
2. 한옥과 주생활문화
3. 주생활문화와 삶의 질

1. 주생활문화의 이해

1) 주생활문화와 영향 요인

주생활은 의생활, 식생활과 더불어 삶을 위한 가장 기본적인 요소이다. 주생활은 생존을 위한 필수조건으로 개인의 욕구와 가치를 반영한 것이며, 자연을 비롯하여 시대와 사회문화적 특징에 따라서 그 형태와 양식이 변화한다. 주거는 보호와 휴식의 의미, 자산증식과 투자의 의미, 사회적 관계형성과 자아표현을 매개하는 의미를 갖고 있다. 같은 국가나 지역에 거주하더라도 주거에 대한 가치관과 주거욕구, 주거규범[01] 등에 따라서 주생활문화는 달라진다.

일반적으로 주생활문화를 형성하는 요소로는 크게는 자연환경적인 요소, 기술적 요소, 문화적 요소가 있다. 지역의 온도나 습도 · 바람 · 눈 등 환경적인 조건은 주생활문화에 직접적으로 영향을 미치는 자연환경적인 요소이다. 시베리아, 중동

01 주거규범이란 주거생활을 평가할 때 사용되는 기준이나 표준을 말한다. 주거규범은 개인과 가족이 성장하고 발달하는 일상생활환경으로서 주거가 갖추어야 할 필요조건이다. 가족이 달성하고자 추구하는 주거목표가 되고 동시에 가족의 일상적인 주거생활을 자극하고 주거행동의 동기가 된다. 주거공간규범은 한 가족의 생활하는 데 필요한 주택공간의 양을 의미하며, 가족 수, 가족원의 연령, 성별, 관계 등에 따라 다르다. 주거공간의 규모는 주택면적, 방 수, 침실 수로 나타낸다. 주거밀도는 1인당 주거면적, 방당 사람 수, 침실당 사람 수로 나타낸다. 공간규범은 밀도가 높은 정도, 즉 과밀을 지양한다.

지방이나 열대지방과 같이 극단적인 기후 여건은 주생활문화에 큰 영향을 미친다. 이러한 환경에 따라 인간의 삶이 결정된다는 것을 세 가지의 관점, 즉 환경결정론, 환경가능론, 환경개연론 등으로 살펴볼 수 있다. 에스키모인의 이글루는 반구모양의 구조를 갖고 있고, 천장과 벽에 동물의 가죽을 걸어서 바람을 막는 역할을 하도록 하여 춥고 바람이 센 북극의 기후에 적합하다. 열대기후에서는 차양구조가 발달되어 있고, 바닥을 높여서 해충이나 동물들로부터 보호하고, 비 피해를 피하기 위해 지붕이 가파르게 경사져 있다. 이러한 것은 자연환경에 적응하기 위한 주거이다.

표 8-1 인간과 환경 간의 세 가지 관점

환경결정론 (environmental determinism)	환경이 인간 생활의 지배자이며, 인간 행동의 방향을 결정한다고 보는 관점
환경가능론 (environmental possiblism)	인간 생활에 환경은 단지 가능성만을 제공할 뿐이며 이것이 어떻게 사용되는지는 전적으로 인간의 선택에 달려 있다고 보는 관점
환경개연론 (environmental probablism)	상식에 기초를 둔 보다 온건한 관점에서 환경과 인간의 행동 사이에는 규칙성 있는 관계가 있다고 가정하여 환경이 우리의 생활이나 행동을 위한 기회나 대안의 잠재적 가능성으로 존재한다고 보고 이를 확률적으로 보는 관점

한국은 사계절이 있는 동북아지역에 위치해 있고, 계절에 따라 동남풍과 북서풍이 분다. 전통주거의 경우, 지역에 따라 그 평면형태가 차이를 보이는 것도 계절적인 특성을 반영한 것이다. 한국의 전통주택에서 벽 재료에 따라 귀틀집이나 굴피집, 초가집 등이 존재했던 것도 자연환경적인 요소에 의한 것이다. 또한 과학기술의 발달은 주생활문화를 형성하는 데에 크게 영향을 미친다. 현재는 수십 층의 초고층빌딩에서 생활하는 것은 물론이고, 지하공간과 수중공간을 활용한 인공지능 주택이 등장하고 있다.

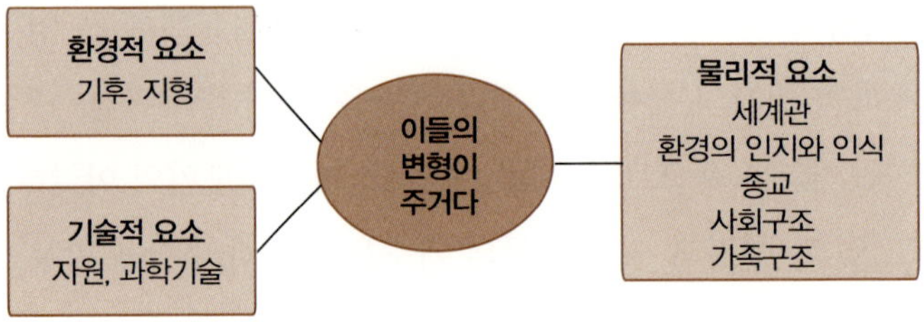

그림 8-1 주거에 영향을 미치는 요소

표 8-2 동굴주거 이후 주택의 기술적인 발달단계

1단계	• 벌집과 같은 움집 • 구덩이, 둥근형태의 지붕, 지붕과 벽체를 같은 재료로 구성
2단계	• 원뿔형 구조 • 땅 위에서 원형으로 시작하여 일정한 높이의 벽체구조를 형성, 지붕은 원뿔형
3단계	• 기술적으로 가장 정교, 복잡한 직사각형의 주택, 직각으로 평면계획 • 트러스구조를 만들 수 있는 능력과 지식으로 가능 • 직사각형 주택 유형의 실용적 장점 ① 내부공간을 능률적으로 사용할 수 있고, 기능적인 공간구획 용이 ② 직사각형 구조는 원형 구조보다 공간을 확장하는 데 용이 ③ 설비나 재료 디자인 특성에 따라 독립적으로 건축이 가능 ④ 큰 규모의 주택건설이 가능

기술적인 변화는 첨단기술인 인공지능이 결합된 주택을 탄생시켰다. 이에 따라 소비자의 라이프 스타일도 변화하여, 첨단기능을 장착한 가구와 인테리어 방식을 일상에서 일반적으로 이용하는 주생활환경이 만들어지고 있다. 즉 물리적 기술에 의한 첨단주거서비스를 받게 되고, 기후나 재난으로부터 안전한 주택, 쓰레기나 하수처리, 주택관리 등이 자동으로 조절되고 관리되는 상태를 지향한다.

문화적인 요소는 세계관에 영향을 미치고, 그것은 주택을 구성하는 데에도 영향을 미쳤다. 많은 문화권에서 주거란 지구나 우주의 심리적인 중심으로 생각해 왔다. 중앙과 변두리의 개념은 도시나 주거에서 매우 중요하게 여겼으므로, 중앙은 중요하고, 중앙으로부터 멀어질수록 그 중요성이 약해진다. 인디언은 세계를 원의 형태로 보고 하늘을 원의 형태로 인식했다. 따라서 집과 마을을 원형으로 만들었고, 고대 중국인들은 세계를 사각형으로 보고 마을형태나 궁전, 주택평면을 사각형으로 구축했다. 인류학자인 A. Rapport는 『House Form & Culture』에서 주거는 문화적 요소를 반영한다는 것에 대하여 여러 사례들을 들어 설명하였다. 주택은 그 안에서 삶을 영위하는 사람들의 세계관과 종교관, 이념, 가족구조와 사회구조 등 복합적인 문화적 요소에 영향을 받게 된다. 예를 들면, 우리나라 전통가옥인 한옥도 다양한 문화적 요소를 내포하고 있다. 풍수사상과 음양오행설[02]에 따른 배산임수(背山臨水)의 주택 위치와 방위 구성, 유교적인 이념을 반영한 사랑채, 안채, 행랑채 등 남녀 공간이나 상하 위계에 따른 구분과 가묘(家廟)[03] 등은 한옥이 담고 있는 문화적 요소이다. 종교도 주택에 영향을 미치는데, 유교나 천주교 기독교 가정에서는 종교적인 상징물로 주택을 장식하고, 주거공간에서 종교적인 의식을 행하기도 한다. 몽고족은 집안에 가족제단을 마련한다. 가족 유형이나 사회구조도 주생활에 영향을 미치는 문화적인 요소다. 전통적으로 중국의 거주공간은 확대가족의 특성을 반영하여 부모공간은 주택의 중앙에 위치하도록 했고, 공간배치에서 자녀의 성별분리가 뚜렷했다. 일본의 거주공간을 보면, 부모의 취침공간은 식사공간과 화덕에 가까이 두었고, 자녀의 성별분리가 뚜렷했다.

---

02 음양오행설(陰陽五行說)이란 우주를 비롯하여 인간의 모든 삶의 현상을 음과 양의 두 원리로 설명하는 음양설과 이 영향을 받아 만물의 생성과 소멸을 목(木), 화(火), 토(土), 금(金), 수(水)의 변화를 중심으로 설명하는 오행설을 함께 이르는 말이다.

03 조선시대 사대부가에 존재했던 고조(高祖) 이하의 조상의 위패를 모셔놓은 제사를 지내던 집안의 사당이다. 고려 말기 주자학자 정몽주 등이 가묘의 설립을 제창하여 1390년(공양왕 2년) 2월에 사대부 집안의 제의(祭儀)를 반행(頒行)하여 적장자손주제(嫡長子孫主祭)의 원칙을 밝혀, 주자가례에 입각하여 행하도록 하였고, 1391년 6월에는 가묘제도의 실행을 국내에 명하였다. 그 시행이 본격화된 것은 주자학을 근본으로 삼은 조선시대부터이며, 사대부 양반층에게 일반화되었다. 사당 안에는 북쪽의 시렁에 네 개의 감실(龕室)이 있고, 감실마다 탁자가 있어 그 위에 신주를 모셔놓는 주독(主櫝)이 있다.

2) 한국의 근대화 이후 주생활

오늘날 한국에서 한옥은 보편적인 주거형태는 아니고 일부 특정지역, 예를 들면 내외국인들이 찾는 관광장소 또는 새롭게 조성되는 한옥마을이나 일부 도서관, 관공서, 카페 등에서 볼 수 있다. 한편 공동주거시설이 증가하여 대부분의 주생활은 아파트나 주상복합아파트, 오피스텔 등에서 이루어진다. 이는 도시화와 산업화, 핵가족화로 인하여 도심지역의 집약적 공동주택 건설의 영향이며, 이를 통해 새로운 한국의 주생활문화를 형성하게 되었다.

한국은 1950년 6.25전쟁으로 많은 국토와 주택이 파괴되었고, 재건을 위한 노력을 기울여 1960년대 이후 새로운 주택과 건축의 붐을 이루어 신도시화가 이루어진 곳이 많다. 오랜 역사와 전통을 갖고 있는 한국이지만 전란의 피해로 한국 고유의 전통가옥을 유지하고 계승해 나아가는 데 어려움이 있었고, 신도시의 건설로 오늘날 한국의 주생활은 곧 아파트문화라고 할 정도로 변화하였다. 1970~1980년대 한국 사회의 발전과정에서 주택은 '사는 곳'으로 인식되지 못하고 투자를 하거나 투기하여 많은 '재산을 축적하는 수단'으로 여겨졌다. 도심지역의 높은 주택가격은 한국인의 삶의 질에 영향을 미쳤고, 사회계층화를 만드는 데에도 영향을 미쳤다.

아파트는 중산층의 대표적인 주거형태로 인식되고, 투자의 의미를 강조하는 과정을 거치면서 점차 거주자의 취향을 반영한 공간으로 거듭나고 있다. 1960년대에는 서구식 아파트가 소개되기 시작했고, 1970년대에는 경제개발계획의 영향으로 인구의 도시집중화가 가속화되었고, 주택공급이 부족하여 주택은 투기의 대상이 되었다. 1990년대에는 아파트 투자를 강조하는 것과 더불어 획일화된 아파트의 이미지 개선 노력이 이루어졌다. 1985년에 처음 등장한 오피스텔은 office+hotel의 합성어로 독신가구나 자녀 없는 부부, 신혼부부를 위한 새로운 형태의 주거로 출현했다. 한편 아파트나 오피스텔 이외에 다세대주택, 빌라, 연립주택, 단독주택을 비롯하여 고시촌, 기숙사, 상가주택, 주상복합아파트 등 다양한 형태의 주택이 공존하고 있다. 최근에는 고령화시대를 맞이하면서 노인주거에 대한 관심이 높아졌고, 노부모를 함께 모시고 살던 라이프 스타일도 변화하였으며, 부양의무에 대한 의식도 크게 달라졌다. 이에 따라 노인주거인 양로시설과 실버타운 등이 등장하였다. 한편 도심 속의 각박한 생활에 지치고, '나만의 스타일'로 풍요로운 주생활문화를 꿈꾸는 사람들은 귀촌을 선택하고, 펜션과 민박시설을 운영하면서 살기도 한다. 소외된 이웃과 파괴된 공동체, 낭비의 장소가 되어버린 사치공간의 주거, 에너지의 낭비, 활용가능한 가구와 내장재의 폐기 등 주거문화의 문제를 절감한 사람들은 새로운 주생활문화를 만들어가고 있다.

주택의 유형은 집합형식에 따라 단독주택과 집합주택으로, 공간기능에 따라서는 주거전용주택과 복합기능형 주택으로 구분된다. 구조와 재료에 따라서는 가구식 주택, 조적식 주택, 조립식 주택, 철근콘크리트 주택 등으로 구분된다. 최근 한국에는 집합주택과 조립식 주택이나 철근콘크리트 주택이 많다.

표 8-3 집합형식에 따른 주택 유형

구분	내용
단독 주택	• 한 가구가 개별적으로 실내공간과 외부공간을 사용 • 독립적인 출입구가 계획된 주택 • 장점: 프라이버시, 개성 발휘 • 단점: 대지구입 건축, 완공 후 유지관리 독자, 비경제적
집합 주택	• 2호 연립형 주택: 듀플렉스 하우스라고도 함/두 채의 주택이 하나의 벽면을 공유하는 집합주택/대지효율, 단독 장점 살리기 • 로하우스: 4개 이상의 주택이 연속해서 건축된 집합주택/여러 채의 주택이 벽을 공유하기 때문에 전면과 후면에서의 채광만 가능함/도시에서는 타운하우스라고도 부름 • 테라스하우스: 대지 경사면을 따라 입체적으로 주택을 배치한 것/위쪽으로 올라가면서 주택을 후퇴시켜 배치하여 주택 전체가 경사를 이루는 형태. 아래쪽 주택의 옥상이 위쪽 주택의 정원 테라스이므로 테라스하우스라 함. 각 주택의 후면이 경사지에 파묻혀 주택 전면에만 채광이 가능하고 통풍에 문제가 있다는 단점이 있음

<table>
<tr><td rowspan="3">집합
주택</td><td>저층형
(3층
이하)</td><td>• 파티오하우스, 아트리움하우스: 주택을 앞, 뒤 또는 옆으로 붙여 지어 주택마다 별도의 마당이 있는 형태. 파티오하우스는 ㄷ자형의 주택을 연속시켜 각 주택에 파티오가 생기게 되며, 아트리움하우스는 ㅁ자형의 주택을 연속시켜 각 주택에 중정이 생기게 됨. 장점은 집합주택이면서도 개별 마당과 개별 출입구가 있다는 점과 건축비 절감</td></tr>
<tr><td>중층형
(5층
내외)</td><td>• 여러 주택이 공동으로 출입구와 외부공간을 사용하고 주택의 아래 위 옆에 이웃이 위치하여 벽 바닥 천장을 공유하는 주택
• 일자형: 한 방향으로 배치된 일자형태
• 박스형: 건물형태가 박스형. 사방에 창을 두며 채광의 방향이 다양
• 중정형: 주택들이 ㅁ자형으로 배치되어 중정을 둘러싸는 형태로 전형적 유럽형</td></tr>
<tr><td>고층형
(10층
이상)</td><td>• 판상형: 중층형 집합주택의 일자형과 같은 형태이나 층수가 높아서 판상형으로 불림. 고밀도계획으로 대량공급 가능, 경제적, 우리나라 건축에서 많이 이루어짐
• 타워형: 20층 이상의 초고층집합주택. 건물 중앙에 코어를 계획하여 엘리베이터, 계단, 배관설비 등을 배치함. 코어 주변에 3~5호의 단위주택을 배치하는 경우가 많음. 타원인 경우에는 북향 또는 서향에 위치하는 주택은 채광에 불리</td></tr>
</table>

표 8-4 구조와 재료에 따른 주택 유형

<table>
<tr><td>가구식
주택</td><td>• 건물의 구조체인 기둥과 보를 먼저 구성하고, 2차적으로 지붕 · 벽 · 바닥을 구조체에 연결하는 방식으로 지은 주택
• 목조가구식: 기둥과 보를 목재로 짜 맞춘 후 여기에 바닥 · 벽 · 지붕을 연결시킨 주택(예: 한옥)
• 철골조가구식: 하중을 받는 구조체인 기둥과 보를 철골로 배치, 바닥 · 벽 · 지붕을 연결한 주택
• 견고함, 내구성이 크고 지진이나 바람 등에 강하다. 비용이 많이 듦</td></tr>
<tr><td>조적식
주택</td><td>• 벽돌 콘크리트 블록, 석재 등을 쌓아서 지은 주택
• 내구성, 내화성이 크고, 보온과 단열에 유리하다. 재료가 무겁고 벽이 두꺼워 건물 하중이 많이 나가고, 수평적 충격에 약해 지진이 우려되는 지역에는 사용할 수 없음
• 벽돌은 외관이 친근하고 아름다움, 가격이 비교적 저렴. 석재는 내구성 내마모성이 탁월, 고급스러움, 가공이 어렵고 가격이 비싸다는 단점</td></tr>
<tr><td>조립식
주택</td><td>• 주택부품을 공장에서 규격화하여 대량 생산한 후 건축현장에서 조립하는 주택을 말함
• 프리패브리케이션(prefabrication) 구조 주택이라고도 함
• 철근콘크리트를 이용한 조립식 주택은 벽체, 바닥판, 기둥 등의 구조체를 공장에서 생산하므로 프리캐스트 콘크리트 구조, PC구조라고도 함</td></tr>
</table>

철근 콘크리트 주택	• 모래자갈 시멘트를 물로 섞어 만든 콘크리트에 철근을 보강하여 만듦 • 내구성이 강하고, 지진 · 바람 · 화재에도 강하다. 유지관리가 쉽고, 비교적 저렴하며, 대량생산 가능 • 고층형 집합주택에 많이 활용

표 8-5 공간기능에 따른 주택 유형

주거전용 주택	• 주거생활만을 목적으로 하는 주택 • 독신자주택: 독립주거형은 취침, 식사, 작업, 휴식 등의 생활이 가능한 소규모 주택, 원룸, 빌트인 • 거주공동체형은 독신자들이 모여 살며 공동체생활을 하는 주택
	• 2세대 주택, 세대주택, 다세대주택
복합 기능형 주택	• 가족의 주거생활+업무복합, 상업복합주택 • 업무복합주택: 소규모 창업과 재택근무가 활성화되면서 나타난 주거겸용 업무공간, 건물 내에 가사와 관련된 생활지원시설인 홈오토메이션, CCTV, 컴퓨터 고속 송신 전송 전용회선 • 상업복합주택: 도시 직장인의 라이프 스타일 반영, 편리함 극대화, 주상복합주택

3) 주거생활주기

주택소유의 개념이 강한 한국에서는 부의 편중과 투기 등의 영향으로 인하여 '내 집 마련'이란 모든 사람의 꿈이자 희망이 될 정도로 자가소유가 힘들어지는 상황에 이르렀다. 국가에서는 정권이 교체될 때마다 부동산정책을 내놓았고, 강력한 부동산 정책을 통하여 '1가구 1주택'의 '진정한 주거공간'을 만들고자 한다. 이는 투기목적이 아닌 '사람이 사는 곳'으로 주생활문화를 만들어 가고자 하는 열망이 담겨 있는 것이다. 가족의 수와 삶의 과제가 상이한 생활주기에 따라 주거생활주기는 달라진다. 가족은 주거욕구, 주거공간 및 형태, 주거 위치, 주거규범 등을 반영하여 삶을 영위하는 주거를 선택하거나 이동, 정착한다. 가족이 성장하고 발전, 쇠퇴하는 과정에 따라서 주거생활주기를 가족생활주기와 연계해 보면 5단계로 구분할 수 있다.

표 8-6 주거생활주기

1단계: 주거탐색기	가족형성기에 해당하며, 결혼하여 첫 자녀를 출산하기 전까지이다. 부부만의 최소한의 주거공간에서도 생활이 가능하다.
2단계: 주거변동기	자녀출산 및 양육기에 속하며, 소득이 점차 늘어나고, 자녀들의 주거공간욕구가 커지면서 공간 요구에 따라 이동하게 된다.
3단계: 주거안정기	자녀교육기와 자녀성년기에 해당되는 시기로 주거의 규모가 확대되는 시기이다. 이 시기는 주거규모 확대기, 주거의 질 향상기, 주거 정착 안정기 등으로 구분된다.
4단계: 주거축소기	자녀의 독립이나 군입대, 결혼 등으로 가족 수가 감소하게 되어 주거공간의 축소가 필요하고, 관리도 용이하도록 주거 규모를 축소하는 시기이다.
5단계: 주거의존기	배우자의 사망, 질환 등으로 자신의 가족이 해체되고, 경제적 · 정신적 · 신체적으로 독립된 생활을 할 수 없게 되는 시기로, 자녀나 친지의 집, 시설, 양로원, 요양원, 요양병원 등에 의탁한다.

4) 주거생활양식

주거상황에 대한 의사결정이나 주거에 관한 새로운 행동의 판단기준이 되는 것을 주거가치라고 한다. 즉 주거목표나 수단, 주거양식 등을 선택하는 데 있어서 개인이나 집단이 갖고 있는 관념이다. 주거가치는 경제성, 프라이버시, 가족중심주의, 정신건강, 이타주의, 자유, 평등, 여가, 심미성, 지위 등 다양하다. 개인과 가족이 어떠한 주거가치를 갖고 있느냐에 따라 주거선택이나 의사결정이 이루어진다.

주거생활양식은 주거가치에 따라 상이하게 나타난다. 오늘날 주생활문화는 인구구조의 변화, 고령화, 소자녀화, 여성취업의 증가, 가족구성원의 변화, 1인가구의 증가 등으로 변모하고 있다. 1인가구 비율이 점차 증가하고 있으므로 주생활문화는 크게 변화할 것으로 보인다. 현재 국민주택규모[04]는 85m^2(25.7평) 이하로 정하고 있지만, 가족 수의 변화로 인하여 국민주택규모의 다양화 필요성도 제기되고 있다. 한편 공유경제 사회분위기가 확산되면서 주택공유(share house)[05]가 확대되고 있다. 공유주택에서 잠을 자고, 공유자동차로 운전하며, 공유사무실로 출퇴근하는 공유경제 사회가 현실화되고 있다. 사회가치가 바뀌면서 주생활문화와 라이프 스타일도 달라지고 있는데 공유주택은 젊은 세대들이 주로 이용하고 있지만 앞으로는 보편적인 하나의 주생활문화로 확산될 것이다.

표 8-7 주거생활양식의 분류

구분	내용
전통형, 과도기형, 현대형 주거생활 양식	• 주택바닥에 난방을 한 공간과 의자와 침대 같은 인체 지지형 가구 도입 정도에 따라 나눌 수 있음 • 모든 공간 바닥이 난방되면서도 의자 침대 소파의 도입이 많을수록 현대형에 속함 • 전통형은 좌식생활공간이 많으며 공적 이용과 사적 이용이 명확히 구분되지 않는 실도 있음
전형적 개인화된 주거생활양식	• 아파트 대량공급시기에 정형화된 평면 보급 • 중산층의 주거생활양식 국민주택규모의 자가 아파트에 텔레비전, 냉장고, 세탁기, 소파 배치, 입식화가 진행된 생활 • 개성적인 생활양식으로 고가의 가전, 개성적 가구배치 등 이용
가족중심적 직업중심적 주거생활양식	• 자녀교육과 가족 단란에 대부분 시간 사용 • 학군이 좋은 동네 선택 • 가족이 오래 머물 수 있는 거실과 부엌공간의 위치와 가구배치, 실내디자인에 관심 • 사업상 주택에 응접실 서재를 두기도 함 • 재택근무 시 가족 방해 없는 공간 만들기

04 주택건설촉진법 제3조 제1항의 규정에 의하면 '국민주택기금을 지원받아 건설되거나 개량되는 주택을 말한다'라고 되어 있으며, 주택건설촉진법 시행령 제30조 제1항 규정은 '다만 국민주택의 경우에는 1호 또는 1세대당 85제곱미터 이하로 한다'고 정하고 있다.

05 개인적인 침실은 각자 사용하지만, 입주자들이 공동으로 사용하는 취사, 휴식, 생활공간이 마련된 공동주택이다. 1~2명의 가구가 많은 일본이나 캐나다 등의 도심에 많으며, 우리나라에도 점차 확산되고 있다.

자연중심적 절충적 주거생활 양식	• 자연중심적인 소박한 비물질적 성향을 가진 사람들 선호 • 교외 농촌 산촌으로 이주 • 자급자족적인 생활 • 귀농과 귀어 • 절충주의를 도입하여 여러 문화권의 가구 주택재료 실내장식품 등을 주택 내외부에 사용, 미적감각을 만들어내며 생활

주거공간에서 개인을 포함한 가족원 모두에게 일어나는 총체적인 생활방식을 주거생활양식이라고 한다. 주거가치관, 주택평면과 관련된 행동양식, 공간사용방식, 시간이용방식, 주택구매력, 가구 및 설비의 소비성향 등을 종합적으로 살펴보아야 한다. 주거생활양식에 따라 각 개인과 가족들의 주생활문화가 형성된다.

최근에는 미니멀리즘(minimalism)[06]이 21세기 현대인들이 추구하는 현상이 문화와 예술 각 분야에서 나타나고 있다. 이는 가장 단순하고 간결함을 추구하여 단순성과 반복성, 물성 등을 특성에 따라 절제된 형태의 미학과 본질을 추구하는 것이다. 즉 '최소한주의'를 추구하여 '작은 것이 아름답다'는 믿음으로 건축분야에서도 소재와 구조를 단순화하고 효율성을 추구하는 방향으로 나타나고 있고, 패션에서도 화려한 색상을 절제하고, 단아함 속에 세련된 면모를 보여준다. 이러한 라이프 스타일을 추구하는 사람들은 주생활에 있어서도 그와 같은 생활문화를 형성해 나아간다. 작지만 효율적인 공간, 공간의 쾌적함을 높이는 미니멀 하우스의 디자인은 경제적이면서도 자원절약에도 효과적이다. 1인가구가 증가하고 풀옵션 오피스텔이 유행하면서 실용적인 거주공간을 지향하는 사람들이 늘어나고 있다. 불필요한 낭비를 줄이고 작지만 효율적이고 쾌적한 공간을 선호하는 것이다. 가구나

06 미니멀리즘은 '최소한도의, 최소의'라는 minimal에 ism을 덧붙여서 '최소한주의'라는 의미이다. 작은 것이 아름답다는 심미적인 원리에 기초를 두고 장식적인 기교나 각색을 최소화하고, 사물의 근본만을 표현했을 때에 진정한 리얼리티가 달성된다는 믿음에 근거를 두고 있다. 건축분야에서 소재나 구조를 단순화하면서도 효율성을 추구하는 방향으로 나타나고 있다.

옷장, 미니화장대 등 좁은 공간에서 효율성을 높이는 제품, 소파와 침대로 동시에 사용할 수 있는 복합제품도 활용되고 있다.

2. 한옥과 주생활문화

1) 한옥의 구성과 의미

한옥이란 서양건축이 도입된 이후 서울의 정동길에 남아 있던 기와집을 가리키는 말이 점차 하나의 용어가 되어 사용되고 있는 것으로 알려져 있다. 한옥은 '우리나라 고유의 양식으로 지은 집을 양식 건물에 상대하여 부르는 말'(삼성 새우리말 큰사전, 1975)로 한(韓)과 옥(屋)을 합하여 만든 말이며, 한국의 집, 한민족의 집을 의미한다고 할 수 있다. 한편 「한옥 등 건축자산의 진흥에 관한 법률」 제2조(법률 제12739호, 2015.6.4. 시행)에는 '한옥이란 주요 구조가 기둥 보 및 한식지붕틀로 된 목구조로서 우리나라 전통양식이 반영된 건축물 및 그 부속건축물'이라고 되어 있다. 그리고 '한옥건축양식이란 한옥의 형태와 구조를 갖추거나 또는 이를 현대적인 재료와 기술을 사용하여 건축한 것'(hanok.seoul.go.kr)을 말한다. 오늘날 한옥이라 하면 궁이나 사찰, 살림집 등을 모두 칭하는 표현으로 사용되지만, 주로 살림집을 의미한다고 볼 수 있다. 한옥건축역사학회에서는 '한옥이란 온돌과 마루, 부엌과 마당 등으로 구성된 공간조직을 바탕으로 하며, 한국의 전통적인 목구조방식을 기본으로 구축된 건축물'로 정의하고 있다. 한옥은 한반도의 기후적인 조건과 형성 당시의 사회문화적인 특성, 제도 등에 영향을 받아 형성되었다.

표 8-8 한옥에 붙여진 이름들

당(堂)	규모가 커서 다른 건물 중 으뜸인 전(殿)의 한 등급 낮은 건물 예: 양진당, 충효당, 독락당, 희정당, 양화당, 열화당
헌(軒)	살림집의 성격 또는 정자의 성격을 갖는 건물 예: 강릉 오죽헌, 도산서당 앞 암서헌
누(樓)	중첩시켜 올린 집의 의미로 활용 성격에 따라 다양하게 이용된 건물 예: 경회루, 광한루, 울산 태화루
재(齋)	제사를 드리거나 한적하고 조용히 학문을 연마하기 위한 건물 예: 다산의 사의재, 퇴계의 완락재
실(室) · 방(房)	내부공간 예: 온실, 거실, 안방, 사랑방
암(庵)	한적한 곳에 지은 초막 예: 대흥사 일지암, 통도사 옥련암, 백련암

표 8-9 한옥의 특징

- 한반도의 사계절적인 특성을 반영한 자연친화적인 생활문화를 담고 있다.
- 방, 마루, 부엌을 기본 구조로 하여 지방마다 다른 평면을 구성하고 있다.
- 난방을 위한 온돌과 시원함을 즐길 수 있는 마루가 공존하고 있다.
- 유교윤리가 반영된 남녀의 생활공간으로 구분되며, 중류와 상류주택에는 가묘가 있다.
- 신분계급에 따라 위계성을 갖는 상류주택, 중류주택, 서민주택 등의 유형으로 구분된다.
- 좌식생활공간이며, 채와 칸으로 분리되고, 전용적인 공간으로 활용된다.
- 외부로는 폐쇄적 공간으로 보이나, 내부로 갈수록 개방적인 공간으로 이루어진다.
- 목조가구식 구조로 이루어져 있으며, 창과 문은 반폐쇄적이다.

한옥은 자연주의 가치관에 따른 친환경적 생활문화를 담고 있다. 자연에 순응하며 환경과의 공생을 강조한 주택이다. 한옥은 사계절인 한반도의 생활문화를 고스란히 담고 있다. 냉난방을 필요로 하는 주택구조를 갖고 있는데, 추위를 견디기 위한 온돌과 더위를 이겨내기 위한 마루구조가 결합되어 있어 대륙성 기후와 해양성 기후가 공존하는 지역적인 특성에 순응하기 위한 독특한 형식을 이루고 있다. 한옥은 돌과 나무 짚과 흙, 한지, 콩기름을 바른 방바닥 등 자연 친화적인 재료로 이루어져 있다. 삼국시대의 한옥에 대한 기록은『삼국지(三國志)』위지 동이전에 부경(桴京)이라는 창고와 사위가 머물렀던 서옥(壻屋), 초가지붕, 온돌(장갱)[07] 등에서 찾아볼 수 있다. 고려시대의 주거에 대한 기록은 서긍의『고려도경(高麗圖經)』, 이인로의『동문선(東文選)』,『고려사(高麗史)』에서 집의 크기, 온돌마루, 가묘제를 찾아볼 수 있다. 한옥은 있는 그대로의 지형을 이용하여, 자연을 거역하지 않고, 산천초목과 어울리는 구조를 이루고 있다. 집밖의 나무를 베어 집안으로 들여오지 않고, 담장을 쌓을 때 그 나무가 보일 수 있도록 하여 차경(借景)을 이용하는 태도는 자연친화적인 한옥이 갖고 있는 아름다움을 보여주는 사례이다.

한옥에서는 각 지방의 생활문화를 엿볼 수 있다. 한반도의 지역적인 기후 조건에 맞추어 방, 마루, 부엌을 기본 구조로 하여 지방마다 다른 평면으로 구성된다. 함경도 주변의 북부지방은 외부의 강한 냉기를 막고 내부의 열을 유지할 수 있도록 방, 마루, 부엌이 겹구조를 이루었으나, 남부지방은 바람이 잘 통할 수 있도록 홑집구조로 마루가 발달되어 있다. 중부지방은 절충적인 형식으로 ㄱ자나 ㄴ자 형식의 평면이다. 이렇듯 지역의 기후에 적합하도록 주택 평면을 만들어 왔다.

한편 한옥은 유교중심의 사회문화적 배경 아래 형성된 생활문화를 그 평면과 형식에 담아내고 있다. 당시는 신분계급에 따라 규정된 범위에서의 주택과 공간을 소유하도록 되어 있었다. 중류계급 이상은 유교사상에 입각한 공간을 구성했고, 서민계급은 지역풍토에 맞는 주거공간을 구성하였다. 상류주택은 신분과 남녀, 장유의 질서를 지켜 공간이 배치되었다. 채와 칸[08]으로 구분된 한옥은 사랑채, 안채,

07 온돌은『구당서』와『신당서』의 기록에서 볼 수 있으며, 이 기록은 고구려 때 온돌이 있었다는 점을 보여주는데, 겨울철에는 모두 긴 구덩이를 만들어 밑에서 불을 때어 따뜻하게 한다(冬月皆作長坑下燃溫火亂取煖)는 것이다. 그리고 백제는 그 풍속이 고구려와 같다고 하였으며, 신라에는 겨울에 부엌을 집안에 만들고 여름에는 음식을 얼음 위에 놓는다고 기록되어 있어, 백제에도 온돌이 있었을 가능성이 많은 것으로 전해진다.

08 간(間)으로 불렸으나 시대의 변화에 따라서 현재는 '칸'으로 불린다. '칸은 건물의 기둥과 기둥 사이의

행랑채로 이루어져, 유교이념의 사회질서를 가정에서도 그대로 지킬 수 있는 생활문화를 유지하도록 하였다. 상류주택은 기와로 지붕을 올렸으나 서민주택은 볏짚으로 이은 초가지붕을 얹었다. 상류주택의 형태는 지붕 뼈대를 이루는 서까래, 지붕을 떠받치기 위해 기둥과 기둥 사이를 건너지른 보, 건물 지붕 중앙의 수평으로 된 부문인 용마루, 처마의 네 귀퉁이에 있는 큰 서까래인 추녀, 대청, 기둥 밖으로 길게 나온 처마, 건물의 기둥을 받치는 주춧돌 등은 상류주택의 특징적인 자연미를 보여준다.

한옥은 공간이 연속적으로 이어져 있고, 구성상 적극적 공간과 소극적 공간이 반복적으로 이루어지는 형태를 보인다. 한옥은 뒤가 높고 앞이 낮은 대지에 배치되어 각 공간들은 그 바닥의 높낮이와 기단[09]의 높낮이로 위계를 보여준다. 그리고 한옥의 외부에서 보면 폐쇄공간으로 보이지만, 안으로 들어가면 들어갈수록 개방공간으로 되어 있다. 집의 외부를 둘러 싼 담은 폐쇄적이나 집안에서의 벽과 창, 문 등은 공간을 분리시키기도 하지만 통합시키는 특성을 지니고 있다. 분합문은 마루나 방 앞에 설치하여 접어 열 수 있도록 만든 것으로 이러한 특성을 잘 보여준다.

한옥에서 나타나는 감성디자인적인 요소도 다양하게 볼 수 있다. 자연과 공간의 조화, 내외공간의 자연스러운 연계성, 사람들의 움직임에 기반을 둔 다양한 공간, 독립적이지만 유기적으로 연계된 공간 등을 알 수 있다.

거리를 나타내는 단위이지만 사방 거리가 1칸인 건물의 면적도 1칸이라고 하여 칸은 길이인 동시에 넓이의 단위로도 함께 사용하게 되었다. 그러나 칸은 길이가 일정하지 않고 여러 가지였다.

09 기단이란 집터를 잡고, 터를 반듯하게 다음은 뒤 집터보다 한층 높게 쌓은 단을 말한다. 이는 건물의 하중을 받아 지반에 골고루 전달하고, 빗물이나 지하수 등으로부터 건물을 보호하기 위한 것이며, 건물의 장중함과 위엄을 표시하기 위한 목적을 갖고 있다. 기단은 우리나라 한옥의 기본적인 구성요소이다. 흙으로 쌓은 토단, 돌로 쌓은 석축기단, 벽돌로 쌓은 전축기단 등이 있다. 주택이나 사찰, 궁궐의 대부분 기단은 단층기단이지만, 궁의 정전(正殿)은 다층기단으로 되어 있다.

표 8-10 한국적 공간에서 나타나는 감성디자인 요소의 특성

실내디자인에서의 감성디자인 요소	한국적 감성 요소 설명
조건반사적: 인간중심의 경험적 접근방식	• 인체치수로 방의 크기를 산정하여 아늑한 공간감을 형성함 • 유교적 사상으로 신분에 걸맞는 권위를 공간적으로 표현함 • 중용사상 등이 눈에 띄게 표현을 억제하는 데서 비롯됨
오감의 체험: 형태, 질감, 공간, 명암, 색채 중심의 감성적 디자인요소	• 사람의 움직임에 따라 시각적으로 다양한 공간의 변화를 자연스럽게 조절함 • 가구, 장식품 등 방을 치장하는 요소 • 한국 전통건축의 조형미 중 대표적인 곡선미
상징과 해학: 인간과 환경이 서로 상호작용하는 의미와 상징성	• 자연과 공간의 조화 및 어울림 • 원재료의 특성을 그대로 살려 부드러운 조화를 이룸 • 자연의 요소가 내부공간과의 교차
장면성과 연속성: 공간체험을 유도하기 위한 환경장치	• 내부와 외부공간의 경계가 자연스럽게 흐름 • 독립적이지만 유기적으로 연결됨 • 연속적인 공간을 형성하는 계획
사실적 스케일로부터의 탈피: 사실적 스케일에서 벗어나 연상적 스케일의 표현	• 미닫이 혹은 접어 올리는 문은 공간구조의 변화 가능성을 최대화함 • 비움과 채움의 공간을 통해 다른 것을 채울 수 있는 가능성 • 유기적으로 공간들이 연결됨

출처: 박지혜, 남경숙(2013). p.379 참조.

2) 한옥과 예의생활

주생활공간은 예의생활과 밀접한 관련을 갖고 있다. 오늘날 보편적인 주거형태인 아파트와 한옥에서의 생활을 비교해 보면 쉽게 알 수 있다. 요즈음 '예의가 없는 시대'라고 회자되는 것은 생활공간과도 관계가 깊다. 독립된 공간, 밀폐된 창과 문, 기능이 서로 다른 기능 공간의 배치, 같은 아파트에 거주하나 얼굴도 모르는 이웃과의 공존 등은 그 안에 거주하는 이들에게 남을 배려하는 예의범절을 지키지 않아도 '자기만의 공간'에서 '편하게 지낼 수 있다'는 부분만을 강조하고 있는 것은 아닌지 문제를 제기하게 된다. 인간이 사회공동체에 존재하기 위해서는 혼자 있거나 함께 있어도 지켜야 하는 예의범절이 있다. 따라서 주거공간에서 타인을 배려하고, 조심하고, 생활의 노출 여부를 떠나서 자기를 절제할 수 있는 태도를 익혀야 하지만, 오늘날 공간은 이런 것과는 거리가 멀다. 한편 한옥은 그 특징상 예의범절을 지키도록 하는 것과 관련이 깊다.

전통사회의 주생활문화의 특징을 살펴보면(주영애, 1995) 좌식생활, 공간의 전용성, 남녀의 공간규범, 위계성, 창호의 반 폐쇄성 등이 있다. 이러한 특징은 주거에서 일상생활 중에 지켜야 할 예의범절을 지키는 것과도 관계가 깊었다. 일상에서의 행동과 태도는 습관화되는데, 환경심리학 측면에서 보더라도 물리적인 주거공간은 인간의 행동에 영향을 미치므로, 한옥은 예로부터 한국인들이 몸에 자연스럽게 습관화된 예의생활을 하도록 영향을 끼친 구조를 갖고 있었다.

표 8-11 한옥을 중심으로 한 주생활문화와 예의생활

주생활문화	예의생활
좌식생활	• 좌식생활에 맞는 인사방법으로 몸을 낮게 하여 절하기 • 허리를 펴고 바르게 앉는 자세 강조 • 방석에 앉고 설 때에 방석을 밟지 않기 • 앉아서 무릎을 흔들거나 발가락 만지는 등의 행동 금지하기
공간의 전용성	• 공간에 입출입을 할 때는 정성스럽게 차례에 따라 움직이기 • 여러 용도로 사용되는 방 자리정돈, 소등, 날마다 청소, 물건 챙기기
남녀의 공간규범	• 남녀의 기거생활 주의하여 옷과 물건을 구분해서 수납하고, 사용하기 • 각자의 공간을 엿보는 행위 금하기 • 높은 소리로 말하거나 웃지 않기
위계성	• 문을 드나들 때 조용히 조심하여 닫기 • 어른이 기거하시는 방에서는 어느 쪽으로 누울 것인지 살피기
창호의 반 폐쇄성	• 방을 드나들 때에 인기척을 내기 • 소리가 투과되므로 문지방을 말을 하는 한계로 여기기 • 행동할 때 구슬소리가 들리는 것을 기준으로 하여 소리내는 것을 절제하기 • 빛이 투과되므로 혼자 있어도 여러 사람이 있는 것같이 행동 조심하기

출처: 주영애(1995). pp.189–198 참고

3) 한옥의 재발견

한옥이 갖고 있는 전통적인 아름다움과 강점을 살리면서도 한옥을 현대화하기 위한 노력에 관심이 모아지고 있다. 즉 한옥은 일상뿐 아니라 한국의 콘텐츠산업을 위한 배경 공간이자 문화관광장소로도 활용되고 있다. 특히 한옥마을은 한국의 문화관광을 위한 명소가 되고 있다. 서울의 북촌마을, 인사동, 성북동, 신(新) 한옥 주거단지로 구성된 은평 한옥마을, 전주 한옥마을, 공주 한옥마을, 경주 양동의 민속마을 등이 널리 알려져 있고, 내외국인들이 많이 방문하고 있다. 한옥마을 체험과 숙박이 이루어지기도 한다. 한편 고택과 종택 중에 문화재로 지정되었거나 70년 이상 된 한옥 중 종부가 직접 집안을 관리하고 운영하는 한옥에서 고유의 생활 방식과 전통문화를 체험하도록 하고 있다.

한편 한옥은 거주지로서의 한옥 이외에도 다양한 공공기관의 공간과 상업공간으로 거듭나고 있다. 예를 들면, 한옥도서관, 한옥주민센터를 비롯하여, 한옥음식점은 물론이고, 한옥병원, 한옥카페, 한옥펜션, 한옥성당, 한옥호텔, 한옥 게스트하우스 등 여러 형태로 활용되고 있다. 우리 한옥의 우수성이 세계에 알려지면서 베트남과 아프리카 알제리에도 전통 한옥 정자와 정원이 만들어졌고, 미국 조지아주에는 40여채 규모의 한옥마을이 들어선다. 친환경적이고 아름다운 한옥이 해외로 수출되면서 한국문화를 알리는 역할을 하고 있다.

국토교통부에서는 우리 전통건축인 한옥의 가치를 재조명하는 한편, 한옥에 대한 관심을 고취하기 위해 2011년부터 매년 대한민국 한옥공모전을 개최하고 있다. 2022년에는 ‘마음을 품은 한옥’이라는 주제로 한옥공모전이 이루어졌다. “한옥은 과연 어떤 건축인가? 한옥은 과연 누구의 건축인가? 마음을 품은 한옥의 모습은?” 이라는 문제 제기를 통해서 창의력, 기술력, 전통을 아우르는 ‘사람의 마음’을 담아내는 한옥에 대한 아이디어를 공모했다. 이러한 과정은 한옥의 가치를 재발견하고 우리 한옥이 과거에서 벗어나 현대적인 삶의 공간으로 폭넓게 자리 잡아가고 있음을 보여주는 것이다.

표 8-12 한옥을 중심으로 한 다양한 공간의 예시

구분	장소
한옥도서관	• 경기 군포시 '산본도서관' • 경기 안산시 '관산도서관' • 서울 구로구 고척동 '글마루 한옥어린이 도서관' • 서울 종로구 숭인동 '도담도담 한옥도서관'(전통특화도서관) • 서울 종로구 '청운문학도서관' • 울산 중구 '외솔한옥도서관' • 전남 무안군 '남악도립도서관' • 전남 무안군 '전라남도도립도서관' • 전남 순천시 '순천 한옥글방 도서관'
한옥주민센터	• 서울 성북구 혜화동 주민센터 • 서울 중구 대신동 주민센터 • 경기 김포시 한강 신도시 운양동주민센터

표 8-13 국내의 전통한옥 및 민속마을

수도권/강원도/제주	충청도/전라도	경상도
서울 중구 남산골 한옥마을	충남 아산시 아산외암마을	경북 경주시 교촌한옥마을
서울 종로구 북촌한옥마을	충남 공주시 공주한옥마을	경북 경주시 양동민속마을
서울 은평 한옥마을	전주 전주시 전주한옥마을	경북 고령시 고령개실마을
서울 성북동 앵두마을	전남 구례군 구례다무락마을	경북 대구시 대구 옻골마을
인천 송도 한옥마을	전남 구례군 구례쌍산재	경북 봉화군 봉화 달실마을
경기 부천 한옥체험마을	전남 나주시 나주도래마을	경북 성주군 성주한개마을
경기 용인 한국민속촌	전남 담양군 담양삼지천마을	경북 안동시 안동군자마을
강원 강릉시 왕산한옥마을	전남 목포시 목포외달도	경북 안동시 안동하회마을
강원 고성군 고성 왕곡마을	전남 보성군 보성강골마을	경북 영양군 영양두들마을
강원 삼척시 삼척 너와마을	전남 순천시 낙안읍성민속마을	경북 청도군 참살이 한옥체험 단나헌
강원 속초 메나리한옥마을	전남 해남군 남도한목민박마을	경남 함양군 개평한옥마을
제주 성읍민속마을	전북 완주군 오성한옥마을	경남 거창 황산전통한옥마을

출처: 한옥관광정보 및 한옥 숙박정보 참조

표 8-14 서울의 한옥마을

구분	장소
북촌	• 경복궁과 창덕궁, 종묘 사이에 위치한 곳으로 조선시대 조성된 양반층의 주거지 • 청계천과 종로의 윗동네라는 이름에서 북촌(north village)이라 불림 • 1930년대에 서울행정구역이 확장되고 변화되면서 중소규모의 한옥들이 건설되어, 가회동과 산청동 계동에 이루어진 주거지 • 전통한옥이 밀집되어 있는 서울의 대표적인 전통 주거지역
인사동	• 조선시대 한성부 관인방의 인(仁)과 대사동의 사(寺)를 붙여 만들어진 명칭 • 조선 초 도화서가 이곳에 자리 잡으면서 형성되어 미술활동의 중심지가 됨 • 1930년대 골동품, 고미술상가, 1980년대 화방, 고가구점, 민속공예품 점포가 생겨나고, 이후 전통찻집, 전통상가들이 들어서 전통문화거리가 됨
성북동	• 서울 사대문 밖에 처음으로 지정된 한옥 밀집지역 중의 하나임 • 성북동 앵두마을(1가 105-11 일대), 선잠단지(62번지 일대)
은평 한옥 마을	• 서울 북한산 자락에 위치한 곳으로 마을 서북쪽으로 진관근린공원, 북한산 둘레길 9구간 이용이 용이한 곳 • 2014년 12월 수도권에 조성된 최대 규모의 신(新) 한옥 전용 주거단지로 조성 • 전통한옥의 장점을 살린 미래형 도심 한옥의 발전을 기대하고 있음 • 마을일대에 은평역사한옥박물관, 천년고찰 진관사, 마애여래입상 문화재가 있는 삼천사, 전통한옥 홍보관, 민속문화재, 금성당 등이 있음

출처: 서울한옥포털(hanok.seoul.go.kr) 참조

한편 한옥과 함께 한국 고가구도 한옥의 실내기물로 상호 조화가 이루어지도록 만들어진 한국적인 미의식이 반영된 문화적 소산이다. 한국의 목가구는 좌식생활에 맞도록 간결함과 더불어 벽면의 여백과의 조화로움을 보여주는 특유한 아름다움을 갖고 있다. 서울 성북동에 위치한 '한국가구박물관'은 전통목가구를 중심으로 옹기, 유기 등 전통살림살이를 전시하는 전문박물관으로 운영되고 있다.

표 8-15 한국 고가구의 특징

- 한국의 목가구는 쇠못을 사용하지 않고 불가피한 부분에만 접착제와 대나무못을 사용한 결구방식을 취한다.
- 견실한 짜임새와 나뭇결을 효과적으로 활용하고 있다.
- 좌식생활에 적합하도록 규격화된 평좌식 가구이다.
- 단층장 반닫이 문갑 책상 등은 한국인의 앉은키 75cm가 합리적으로 감안된 규격이다.

표 8-16 조선시대 목가구의 종류

구분	내용
안방가구	• 여성용 필수품과 일상용구로 화려하고 금구장식이 많으며, 채색이 들어감 • 수납가구: 장, 농, 반닫이 • 장식가구: 문갑, 사방탁자, 장탁자 • 기타 소품: 경대, 빗접, 함, 궤, 반짇고리, 등촉구
사랑방가구	• 색채가 희박하고 인위적인 장식을 피하였으며, 수평과 수직이 강조된 장방형 형태와 간명한 면분할, 목재의 자연상태를 표현함 • 수납가구: 의걸이장, 서장, 경축장(머릿장) • 문방가구: 문갑, 탁자류, 서안, 연상 • 기타 소품: 고비, 함
주방가구	• 보관기물로 찬장, 장탁자, 뒤주 등은 찬마루나 찬방에 둠 • 괴목, 소나무, 버드나무, 참죽나무, 잣나무 등 자연목을 원형 그대로 사용 • 수납가구: 찬장, 찬탁자, 뒤주, 곡갑(穀匣), 찬합 • 기타 수납: 소반, 목반, 함지박, 채반

3. 주생활문화와 삶의 질

오늘날 한국 사회에서의 주생활문화는 환경오염의 최소화, 최적화된 효율적인 주거공간, 1인가구의 급증으로 인한 소규모화, 유니버설디자인의 보편화, 공동주택관리의 투명성 등을 지향하고 있다. 또한 미니멀리즘을 추구하는 라이프 스타일이나 셰어하우스에 대한 요구도 높아지고 있다. 주생활은 특히 개인과 가족의 삶의 질을 가늠하게 하는 중요한 요소이다.

① 삶의 질을 추구하는 트렌드가 주택시장에 확산되면서 친환경 중심 주생활의 필요성이 높아지고 있다. 환경오염이 인간이 삶에 중요한 과제가 되고 있는 시점에서 주거공간은 보다 친환경적인 공간이 되어야 한다. 교통으로 인한 공기 오염, 건축자재로부터 뿜어 나오는 유해물질, 미세먼지의 급증은 자연의 쾌적함을 누리고 싶은 사람들에게 친환경에 대한 더 높은 관심을 불러일으키고 있다. 따라서 '녹색 프리미엄'은 주택의 가치를 결정짓는 필수요소가 되고 있다. 도심 속에서도 숲이나 공원, 강, 산 등이 가까운 친환경 주거단지들은 편리하고 쾌적한 주생활문화를 만들어가는 좋은 곳으로 인식되고 있다.

② 어린이나 노인, 장애를 가진 사람들도 편리하게 생활할 수 있는 유니버설디자인된 생활공간을 만들어가고 있다. 주거는 기본적으로 그곳에 거주하는 사람들의 신체적인 조건과 주거욕구를 충족시킬 수 있어야 한다. 일상에서 불편함을 겪지 않는 성인을 중심으로 주거공간을 구성해 왔다면, 그곳은 이제 누구나 편리하게 생활할 수 있는 공간이 되지 못한다. 개인의 스케일을 고려하고, 기거동작에 방해를 받지 않으며, 일상생활을 무리 없이 할 수 있는 공간 구성이 되어야 한다. 우리 사회에서 각종 제도와 주거공간 구성에서도 보편적인 기준이 되지 못했던 노인이나 어린이, 여성, 장애인을 배려하는 노력이 절실하다. 어린이들의 사고는 가정에서 일어나는 경우가 가장 많다. 따라서 주거에서의 안전사고를 미연에 방지하도록 해야 한다.

표 8-17 주택에서의 안전사고 유형별 예방법

유형	예방방법
미끄러짐 사고	• 욕실의 바닥은 물기나 비눗기를 없애고 미끄럼 방지용 매트를 설치한다. • 거실이나 마루에서 미끄러질 수 있는 장난감이나 물건들은 치운다. • 계단에는 수시로 장애물이 없는지 확인한다. • 계단에서 어린이가 놀지 않도록 한다. • 출입구와 계단의 조도를 밝게 한다.
협착, 끼임 사고	• 현관문 경첩의 틈새에 손가락이 끼이지 않도록 합성수지나 고무를 부착한다. • 현관문 고정 지지대의 상태를 수시로 점검하여 불량 시에는 즉시 교체한다. • 손가락이 방문에 끼이는 것을 방지하기 위하여 방문 고정장치를 설치한다.
화장, 감전, 가스사고	• 전기코드나 전열기구는 어린이 손이 닿지 않게 한다. 벽 스위치와 콘센트에는 안전커버를 씌운다. • 부엌이나 욕실 등 습기가 많은 곳은 습기가 묻지 않은 상태에서 사용한다. • 가스의 정기 안전점검을 반드시 실시한다.
추락사고	• 베란다에는 가급적 어린이가 혼자 놀지 않도록 한다. • 베란다에 방충망을 고정, 수평 레일 대신에 수직 레일을 설치해 안전바의 역할을 할 수 있도록 한다. 수직 레일의 폭은 9cm를 넘지 않도록 한다. • 베란다 주변에 어린이들이 올라갈 수 있는 의자 등의 기구를 놓지 않는다.
전기 가전제품 사고	• 가전제품 사고의 대부분은 관리소홀, 사용법 미숙 등이므로 사용 전 충분히 사용법을 숙지한다. • 옥내 배선과 전기기구의 고장으로 인한 누전방지를 위해 누전차단기를 설치한다. • 전기누전은 주택화재로 이어질 수 있으므로 전선의 노후화, 전선품질을 살피고, 취약한 것은 교체한다. • 과부하로 전선에 열이 가해지는 경우가 많으므로 정해진 용량을 사용한다. • 벽의 콘센트에 별도의 전기선을 가배선할 경우, 멀티콘센트나 이중절연전선을 사용한다. • 한국전력공사에서 실시하는 무료 전기설비점검을 받고, 이상 발견 시 전문업체에 의뢰하여 보수한다.

③ 주거지를 중심으로 생활공동체문화의 지향성이 나타나고 있다. 동종 직업이나 취미생활을 하는 동호인 마을이 형성되고 있다. 단독주택이나 펜션을 중심으로 한 마을을 조성하거나, 공동주택인 아파트에도 같은 직종이나 같은 회사에서 일하

는 사람들이 모여 살면서 생활공동체로서 서로 의지하며 생활하는 공동체문화가 형성된다. 일찍이 조성된 대전 대덕연구단지, 이천의 SK하이닉스를 중심으로 한 아파트단지, 삼성, 엘지 등 산업단지를 중심으로 한 동탄, 기흥, 평택, 국제도시를 표방한 송도 경제자유구역 등의 예를 들어 볼 수 있다. 또한 곳곳에 생겨나는 영화인마을, 연예인마을, 교수마을 등도 있다.

④ 합리적이고 투명한 공동주택관리를 지향하고 있다. 주무부처인 국토교통부와 운영기관인 한국감정원이 관리하는 공동주택관리정보시스템(www.k-apt.go.kr) K-apt를 보면, 공동주택단지 정보는 물론이고 관리비 정보, 유지관리 및 하자 담보, 에너지 사용 정보 등을 볼 수 있도록 되어 있다. 공동주택 관리비의 투명성 제고 및 건전한 관리문화 정착도모를 위해 의무관리 대상 공동주택의 관리 등과 유지관리 이력, 입찰정보, 회계감사보고서 등 공동주택관리 정보를 공개하고, 전자입찰을 운영하는 시스템이다. 공동주택이 전체 주거공간의 70% 이상을 차지하고 있는 우리나라에서는 공동주택관리에 대한 특별한 지원체계가 필요하다. 공동주택관리법에 근거하여 이러한 정보시스템을 운영하는 것은 입주민에게 정확한 정보를 제공하며, 사회적 비용을 절감하고, 투명관리로 비리를 차단하는 등의 효과를 가져온다. 정보화사회에서 투명하고 공정한 주생활문화를 이루어 가는 시스템이다.

표 8-18 주거의 질 구성요인과 주거관리행위

<table>
<tr><th rowspan="2">구분</th><th rowspan="2">주거의 질</th><th rowspan="2">주거의 요건</th><th colspan="2">고려시점</th><th rowspan="2">관리
행위</th></tr>
<tr><th>계획
단계</th><th>관리
단계</th></tr>
<tr><td rowspan="4">주택의
물리적
측면</td><td rowspan="2">안전성</td><td>• 자연조건, 재해로부터 안전</td><td>○</td><td>○</td><td rowspan="4">유지
관리</td></tr>
<tr><td>• 일상적 사용(누전, 가스누출 등)에 대한 안전</td><td>○</td><td>○</td></tr>
<tr><td rowspan="2">보건성</td><td>• 주택의 보건성능 설비
(급배수, 급탕설비, 환기설비, 냉난방설비, 전기 가스설비, 쓰레기 처리시설, 수세설비, 취사설비, 세면, 세탁설비, 욕실설비)</td><td>○</td><td>○</td></tr>
<tr><td>• 건축물의 보건성
(단열, 차음, 흡음, 결로방지, 통풍, 방습, 일조, 채광, 차광, 청결)</td><td>○</td><td>○</td></tr>
<tr><td rowspan="5">거주자의
주생활
측면</td><td rowspan="5">편리성</td><td>• 합리적인 관리계획의 수립</td><td></td><td>○</td><td rowspan="5">생활
관리</td></tr>
<tr><td>• 주거관리에 대한 각종 제도적 지원의 활용</td><td>○</td><td>○</td></tr>
<tr><td>• 공간 활용을 위한 적절한 수납공간 확보</td><td>○</td><td>○</td></tr>
<tr><td>• 적절한 기구의 사용: 취사, 세탁, 청소기기 등</td><td></td><td>○</td></tr>
<tr><td>• 주택건축 시 적절한 주거공간의 구성과 배치</td><td>○</td><td></td></tr>
<tr><td rowspan="3">경제적
측면</td><td rowspan="3">경제성</td><td>• 주거비(각종 세금)</td><td>○</td><td>○</td><td rowspan="3">운영
관리</td></tr>
<tr><td>• 유지관리비</td><td>○</td><td>○</td></tr>
<tr><td>• 시설 설비 개보수비</td><td></td><td></td></tr>
</table>

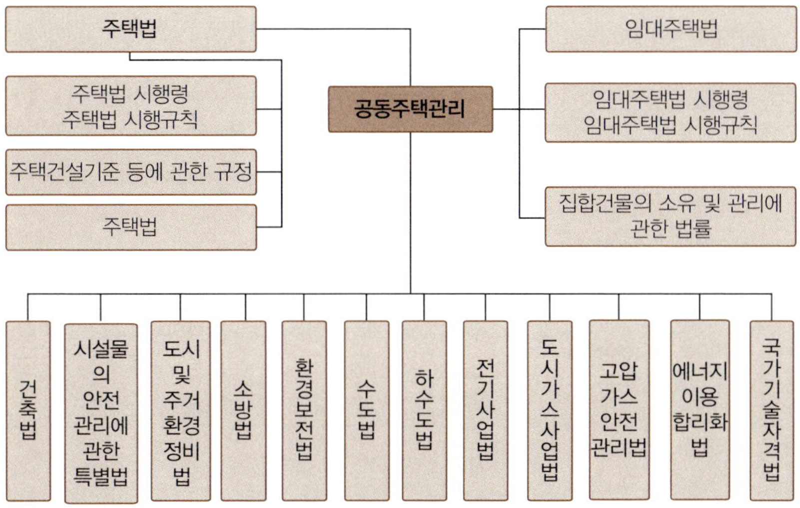

그림 8-2 공동주택관리 관련법

표 8-19 공동주택관리

유지관리	① 거주환경의 보전과 재산적 가치를 보전하는 행위 ② 건물의 현 상태 보전, 문제발생 미연방지 목적으로 계획, 실시하는 모든 활동 ③ 청소, 관리, 정리, 정돈, 수리, 개선 등	① 건물관리(도장, 관리, 단열관리) ② 전기관리(설비점검, 수변전설비, 간선설비, 자가발전설비, 중앙감시설비, 동력설비, 조명기구설비, 피뢰설비, 통신설비, 등) ③ 기계설비관리(난방, 급수, 급탕, 배수, 통기, 방화, 운송-승강기 월 1회, 가스-시설은 2년 1회, 가스누수검사는 6개월에 1회) ④ 환경관리(청소-쓰레기, 오수정화조, 청소용역, 위생-소독 살충, 방역) ⑤ 안전관리(안전관리진단, 안전교육, 안전점검-6개월마다/특별관리대상은 월 1회 책임자가) ⑥ 공동주택하자보수(설계하자, 시공상하자). 예외: 확장, 비내력벽 제거 등

운영관리	① 경영측면의 관리 ② 경제적 효율적 관리 운영을 목표 ③ 관리조직의 운영 및 주생활과 관련한 관리계획, 사무관리, 관리비용과 관련된 업무(사무관리/인사관리/회계관리–관리비, 특별수선충당금/대외업무관리)	① 입주자대표회의: 소유자를 대표하는 조직/관리업무의 의사결정) 구성은 입주자들이 과반수 이상 입주완료한 때/대표자격은 동별 세대수에 비례하여 선출한 대표자로 구성/해당 지역 6개월 이상 거주하고 있는 입주자/회장 1인을 포함한 3인 이상의 이사 및 1인 이상의 감사 ② 관리사무소: 집행기구/관리사무소장, 총무과, 기관과, 전기과, 경비반, 영선반 ③ 입주자대표회의와 관리사무소의 관계: 의결기구 대 집행기구 → 봉사직, 신분보장 ④ 공동주택관리규약: 사업주체(제안) 분양세대수의 과반수 동의, 개정은 입주자대표회의의 과반수 또는 입주자 1/10 이상의 제안 → 입주자 등 과반수 서면동의로 결정
생활관리	① 거주자 간의 원활한 공동생활과 주거문화의 가치 향상을 위한 모든 관리활동	① 입주자관리: 입주자 실태파악, 불만처리 ② 생활환경의 관리: 어린이 놀이터 관리, 거주자의 생활관리(청결, 소음, 냄새, 반려동물 사육 등), 주차장 관리

⑤ 1인가구 증가와 더불어 모던과 미니멀리즘의 주생활문화를 지향하고 있다. 최근 화두가 되고 있는 라이프 스타일은 '작은', '심플', '스몰하우스', '최소한의 것으로 최대한의 인생' 등이 키워드가 되는 삶이다. 이들의 삶은 환경, 공동체, 소통, 노동, 평화를 중요시한다. 성공이 삶의 목표가 아니라 개인을 위한 성장이나 자기관리와 같은 '삶에서의 다이어트'에 관심을 갖는다. 따라서 삶을 위해 꼭 반드시 필요한 것만을 소유하며, 보다 단순한 삶을 지향하므로 가구나 공간도 작고 최소한의 것을 선호한다. 특히 1인가구들이 선호하는 라이프 스타일이다.

⑥ 국가에서는 개인에게 맞는 주거복지서비스를 제공하고 있다. 소득이 낮아 열악한 주거환경에서 생활하는 경우나 무주택 서민의 경우, 중산층이 안정적으로 거주할 수 있는 임대주택을 원하는 경우, 대학 재학 중인 경우, 결혼한 지 7년 이내인 신혼부부 등 상황에 맞는 주거복지서비스가 있다. 행복주택은 대학생 · 청년 · 신혼부부 등을 위해 직장과 학교가 가까운 곳이나 대중교통이 편리한 곳에 짓는

임대료가 저렴한 공공임대주택을 말하는데, 임대기간을 최대 30년, 전용면적을 60㎡ 이하, 임대료 시세 60~80% 수준을 유지할 수 있는 주택이다. 마이홈(www.myhome.go.kr)을 이용하면 주거복지 지원이 필요한 통합진단을 통해서 주거문제를 해결할 수 있는 도움을 받을 수 있다. 예를 들면, 주택금융진단으로 전월세자금 마련, 구입자금 마련, 주택연금 등의 정보를 활용할 수 있다.

그리고 LH 청약센터(apply.lh.or.kr)에는 토지, 분양주택, 신혼희망타운, 상가, 주택, 매입임대 및 전세임대에 대한 가이드가 제공되고 있다. 주택공급에 따른 분류로 보면 국민주택과 민영주택으로 나누어진다. 국민주택은 국가나 지자체, LH 또는 지방공기업이 건설하는 국민주택규모(전용면적 85㎡ 이하)에 해당하고, 국가 지자체의 재정 또는 주택도시기금으로부터 자금을 지원받아 건설 개량하는 국민주택 규모의 주택을 말하며, 민영주택은 국민주택을 제외한 주택을 말한다. 그리고 공사 공급주택의 유형으로는 공공분양주택, 분양전환 공공임대주택, 국민임대주택, 영구임대주택, 민영주택 등으로 구분되어 있다.

표 8-20 공사 공급주택의 유형

구분	내용
공공분양주택	• 전용면적 85㎡ 이하의 규모로 건설 공급하는 분양주택
분양전환 공공임대주택	• 전용면적 85㎡ 이하 규모의 임대주택으로 임대의무기간(5년, 10년) 후 분양전환하는 임대주택 • 5년 10년 분납, 50년 공공임대 주택 등이 있으며, 50년 공공임대주택은 분양전환하지 않는 주택이며, 현재는 예비입주자만 모집
국민임대주택	• 무주택 저소득층(소득 1~4분위 계층)의 주거안정을 도모하기 위해 국가재정과 주택도시기금을 지원받아 건설 공급하는 임대주택 • 임대기간 30년, 전용 60㎡ 이하
영구임대주택	• 기초생활수급자, 국가유공자, 일본군위안부피해자, 한부모가족 등 사회보호계층의 주거안정을 목적으로 건설된 임대주택 • 임대기간 50년, 전용 40㎡ 이하
민영주택	• 주택도시기금 등의 지원 없이 공급하는 전용면적 85㎡를 초과하는 분양 및 임대주택

출처: LH 청약센터 참조

신혼희망타운은 신혼부부 예비신혼부부 한부모가족에게 분양형으로 공급하되, 장기임대주택을 소셜믹스하여 공급하는 특화된 주택을 말한다. 현재는 30% 우선공급으로 혼인기간이 2년 이내이거나 2세 이하(만 3세 미만)의 자녀를 둔 신혼부부, 2세 이하(만 3세 미만)의 자녀를 둔 한부모가족에게 가점을 주어 우선공급하여 이들의 주택문제를 해결하는 제도가 운영된다.

⑦ 오늘날 주생활환경은 IoT[10]와 AI[11]의 영향으로 크게 변화하고 있고, 삶의 질에 영향을 미치고 있다. 가전기기업체들은 AI를 이용한 IoT 가전으로 스마트홈을 구축하고 있으며 국내의 대표 가전사와 통신업계는 발 빠르게 관련 시장을 확대해 가고 있다. 에어컨, TV, 세탁기, 로봇청소기 등 가전제품은 음성인식을 적용한 스마트가전(Smart Appliance) 제품으로 전환되고 있다. 또한 스마트 로봇을 비롯해서 온습도 측정, 공기 측정, 보안 등 다양한 기기들과 연결해서 '스마트홈' 제품이 상용화되어 홈 IoT 환경이 만들어지고 있다. 건설업계에서는 통신업체와의 제휴를 통한 스마트 아파트 사업이 추진되고 있다. 스마트 가전제품들은 가사노동의 육체적인 부담과 시간을 혁신적으로 바꾸어 주고 있으므로 주거환경의 변화를 통하여 삶의 질을 향상시키기 위한 소비자들의 선택이 무엇보다 중요하게 되었다.

⑧ 65세 이상의 고령인구가 증가하고 100세 시대를 살게 되면서 노년 삶의 질 향상을 위한 실버타운(silver town)을 이용하려는 수요가 증가하고 있다. 실버타운

---

10 사물인터넷(Internet of Things)은 사물(가전장치)에 센서를 부착, 실시간으로 데이터를 인터넷으로 주고받는 기술이나 환경을 말한다.

11 인공지능(Artificial Intelligence)은 컴퓨터에서 인간과 같이 사고하고 학습하고 판단하는 논리적인 방식을 사용하는 것으로 인간지능을 본 딴 고급 컴퓨터프로그램을 말한다. 인공지능은 4차 산업혁명의 핵심요소로 부상되었다. 2016년 알파고(AlphaGo)와 이세돌 기사의 대국으로 인공지능에 대한 관심이 급부상되었다. 글로벌 기업인 구글, IBM, 마이크로소프트, 애플, 페이스북, 바이두, 알리바바, 삼성 등이 대거 참여하면서 인공지능 적용 분야가 의료기술 향상, 유전자분석, 신약개발, 금융거래 등으로 빠르게 확산되고 있다.

이란 양로원이나 요양원과는 다르게 입주자들의 입주금으로 운영되는 노인거주단지로 시니어타운, Retirement Community 등으로 불리기도 한다. 이곳은 경제적으로 여유가 있는 중상류층 노인들이 주로 입주하게 되는데, 한국에 처음 출현한 실버타운은 1988년 경기도 수원에 자리한 '유당마을'이다. 현재는 전국적으로 많은 실버타운이 생겨나고 있고, 이용비용도 매우 다양하다. 실버타운은 의료와 생활서비스가 월세 주거와 결합한 형태를 취한다. 식사 및 청소 등 가사활동에 대한 서비스를 제공하고, 건강관리, 운동, 여가, 문화생활까지 책임지며, 편의시설을 겸비한 곳으로 일상생활지원을 받으며 노후의 삶을 건강하고 여유롭게 지내고자 하는 이들이 주목하는 생활공간이다. 실버타운은 도심형 · 근교형 · 전원형으로 나누어 볼 수 있으며, 이용하려면 입주보증금과 더불어 월 기본생활비와 식비를 지불해야 한다. 경제적 여건에 따라 특급호텔 수준의 서비스를 받는 곳에서부터 저렴한 곳까지 선택의 폭은 넓다. 앞으로 고령사회가 되면서 실버타운 수요는 더욱 늘어날 것으로 예측된다.

Problems & Discussion

1 전통적인 우리나라의 주생활문화의 계승을 위한 강점과 약점은 무엇인지 토의해 보세요.

2 전통한옥과 한국 고가구의 미와 특징에 대하여 의견을 나누어 보세요.

3 오늘날 한국의 주생활문화의 문제점은 무엇이며, 어떻게 해결할 수 있을지 토의해 보세요.

4 새로운 대안으로 떠오르는 셰어하우스의 장단점에 대하여 토론해 보세요.

5 IoT와 AI를 활용한 스마트홈 구축은 어떻게 확장될 것인지 그 장단점에 대하여 토론해 보세요.

6 노인의 주택으로 증가하고 있는 실버타운의 실태를 조사해 보고, 장단점에 대해 토의해 보세요.

CHAPTER 09

여가 및 소비생활문화

1. 여가와 소비생활
2. 일과 가정의 조화
3. 전통세시풍속과 지역축제
4. 합리적인 여가소비생활문화

여가 및 소비생활문화

1. 여가와 소비생활

1) 여가의 개념

여가(leisure)란 학문적으로 정의할 때, '하루 24시간 가운데에 생리적 기능 유지를 위한 시간, 노동이나 학업, 가사활동 등 생활시간을 제외한 나머지 시간'을 말하며, 활동적 측면에서 보면 사람들이 자유시간에 참여하는 비노동활동으로 '자유시간에 행해지는 자발적인 모든 활동'을 말한다. 한편 여가에 대한 상태적인 정의를 보면 주관적인 정의로 '즐거움이나 행복을 느끼게 하는 자유로운 마음이 비롯된 상태'를 말한다.

여가에 대한 사전적인 정의는 '자유로운 시간'과 '그 시간에의 활동'이다. 여가는 '일하는 시간, 잠자는 시간, 그리고 기타 생활필수적인 일을 처리하는 시간을 빼고 남은 시간'(Fairchild, 1944)으로 정의되기도 하고, '일과 일상적인 가사책임으로부터 자유로우며, 건강의 회복, 휴식, 취미, 오락, 문화적 예술적 추구 등에 활용할 수 있는 시간을 말하며, 이러한 자유로운 시간을 실질적으로 점유하는 활동을 말하는 것'(고영복, 2000)이라고 정의되기도 한다.

여가를 연구하는 학문 분야는 기초사회과학 분야인 사회학, 경제학, 심리학, 철학을 비롯하여 응용과학 분야인 관광학, 경영학, 가족자원경영학, 문화산업학, 체육학 등 다양하다. 사회학이나 경제학에서는 여가의 시간과 활동 측면을 중시하여 노동과 대비한 개념으로 파악하고 제도적 관리 차원으로 접근한다. 한편 심리학이나 철학은 여가를 마음의 상태나 경험의 의미 등 행위자 중심으로 파악한다. 소비자학과 가족자원경영학, 가정학, 경영학, 관광학, 문화산업학, 체육학 등에서는 여가를 복합적인 현상으로 이해하며 응용실용적 차원에서 여가시간, 여가활동, 여가행동, 여가체험, 여가제도, 여가문화, 여가상품, 여가소비행동, 여가의 효용성, 여가제약, 여가산업, 여가관리 등 다양한 연구를 시도한다. 따라서 여가는 복합적이고 종합적인 학문의 위치에 있다.

표 9-1 여가의 정의

어원	정의	현대적 정의	추구방향
Otium	아무것도 하지 않음, 여분, 한가로움	남은 시간	정신적 · 신체적 평형상태, 이완 추구
Licere	허락됨, 자유로움	나태, 휴식, 자유시간	
Scole	평화, 학문, 철학, 명상, 창조	자유재량, 자기향상, 자기실현	발전적 긴장 추구

유한계급론에 따르면 여가를 계급 구분의 기준으로 인식하여 여가란 일종의 소비행위, 즉 과시적 · 상징적 소비 특징을 지닌다고 본다. 경제적 부를 축적한 부르주아 계급은 한가한 시간을 보낼 수 있는 사람들이며, 돈을 품위 있게 사용하는 방법에 몰두하고 소비행위 자체를 통해 인생의 만족을 추구하는 등 소비행위의 두드러진 과시적 소비(conspicuous consumption)를 하는 것으로 본다. 즉 여가는 특권계층이 누리는 것으로 자본주의가 만들어낸 향락적 현상으로 파악한다.

그러나 일반적으로 여가는 인간 누구에게나 주어질 수 있는 자유재량적인 시간이며, 지각된 자유감, 내재적 동기에 의해서 여가를 향유하는 사람들이 추구하는 궁극적인 가치, 즉 행복을 얻게 된다고 본다. 여가와 유사한 개념으로는 레크리에이션, 놀이 등의 개념이 있다. 레크리에이션은 재창조, 재활활동, 미래지향적 활동을 뜻한다. 놀이(play)란 여가활동 중에 규칙이 있는 모든 것을 말하며, 놀이의 본질은 문화의 근원이라고 본다. 문화는 놀이로부터 시작되고 인간은 인생 초기부터 이미 놀이화되어 있으며, 인류문화는 결국 놀이의 연속이며 그 결과로 파악한다.

여가활동이란 여가시간에 이루어지는 활동을 의미하며, 연구자들에 따라 여러 가지 유형으로 구분되고 있다.

표 9-2 분류기준에 따른 여가활동 유형

분류기준	연구자	여가활동 유형	활동 내용
사람의 수 규칙 정도 활동 정도	Kaplan (1960)	개인사교 vs. 단체활동 게임 vs. 예술 정적활동 vs. 동적활동	
참여 유형	김외숙 (1991)	자기계발활동 가정지향활동 종교 · 사회참여활동 사교활동 소일활동	• 강습 이외의 취미활동, 문화활동 참여 등 • 가족대화, 외식, 자녀와 놀기, 집 가꾸기 • 종교 활동, 사회봉사, 사회단체참여 • 친목회, 동창회, 친구나 친지만나기, 계모임 • TV보기, 라디오청취, 휴식, 낮잠
동기	김광득 (1997)	스포츠 및 건강활동 취미 및 교양활동 오락 및 사교활동 감상 및 관람활동 행락 및 관광활동	• 신체의 발달과 회복, 보양을 목적 • 지식의 확대와 견문을 넓히기 위한 목적 • 대인접촉과 놀이, 게임, 애정 넓히기 • 기분전환과 심미성 및 관찰을 목적 • 자연과의 친화와 휴양을 목적
활동	김영빈 (1997)	지적활동 사교활동 사회활동 신체활동 봉사활동 여흥활동	• 독서, 창작, 연설, 강연, 공부, 조사, 연구, 수집 등 • 예술, 문화, 음악, 연극, 무용, 장기자랑 등 • 대화, 놀이, 연회, 모임, 카드놀이 등 • 스포츠, 율동, 여행, 신체적 오락 등 • 자원봉사, 지역활동 참여, 복지시설 방문, 결연 • TV 시청, 라디오 청취 영화 감상, 운동경기 관람
가족여가	주영애 홍영윤 (2017)	놀이 · 오락 관람 · 감상 관광 취미 · 교양 사교	• 노래 부르기, 카드, 음주, 클럽, 게임, TV, 라디오 • 영화, 연극, 공연, 뮤지컬관람, 음악회, 전시회 등 • 놀이공원, 해외여행, 국내여행, 축제참가 등 • 공예, 바둑, 독서, 악기연주, 요리, 인터넷서핑 등 • 친구친지 만남, 카페 이용, 외식, 교제, 채팅 등

여가활동은 개인이 어떠한 즉각적이고 주관적인 경험을 얻기 위하여 비교적 자유롭게 선택하여 참여하는 모든 활동을 의미한다. 여가는 긍정적 · 부정적 기능을 갖고 있다. 여가의 신체적 · 심리적 · 사회적 기능, 교육문화적 기능과 자아실현의 기능은 긍정적 기능이며, 여가의 모방과 획일화, 위장화 · 향락화 등은 부정적 기능이다.

2) 여가의 변천과 소비

원시시대의 여가는 생활=일=놀이로 인식되어 삶에서 여가의 특별한 구분이 없었다. 원시의 여가활동이란 우상숭배나 각종 의례의 일부로 다루어졌고, 부족의 단결을 위한 오락적인 성격이었다.

(1) 서구의 여가 변천

그리스시대는 정신노동과 신체노동을 구분하여 정신노동은 귀족이나 지배층이 하는 활동이며 신체노동은 피지배층이 하는 생산노동으로 간주하였다. leisure란 그리스어의 licere에서 나온 말이며, 평온 명상, 자기개발 창조 등의 의미를 함께 갖고 있다. 플라톤의 관점에서는 인생을 유머와 낙관주의를 채워가는 것이 가장 가치 있는 삶의 모습으로 보고, 그것이야 말로 신의 모습으로 살아가는 것이라고 보았다. 그 핵심에 놀이성의 경험이 있다는 것이었다. 한편 아리스토텔레스의 관점에서는 완전한 인간상이란 건전한 사회건설에서 가장 중요하며, 이는 '교육'이라고 보았고, 교육체계에는 놀이가 그 핵심적인 역할을 한다고 보았다. 인간의 존재가치는 신에게로 가까이 가는 것이 아니라 '행복추구'에 있으며, 행복이란 보편적으로 추구해야 할 궁극적 가치이며 자연스런 욕구의 대상이었다. 즉 여가는 바람직한 삶의 산물이며 잠재력을 충분히 발휘할 수 있도록 하는 삶의 방식으로 여겼다. 여가는 덕과 선을 함축한 자기개발과 관련된 활동으로 자기실현의 기회를 제공하는 것이다. 귀족주의 사회관을 반영한 기원전 4세기 그리스시대의 사회가치관을 중심으로 인본주의적 여가의 개념을 볼 수 있다. 한편 기원전 2세기 로마시대는 그리스의 행복추구 여가관이 지배계급의 향락적 여가관으로 변모하기 시작하였다. 역사학자들은 로마제국의 멸망 원인을 향락적인 여가문화 때문이라고 보기도 한다.

중세의 여가는 그리스도 교리와 그리스 철학의 융합의 결과로 나타난다. 종교의 교리가 세상을 지배하면서 인간이 향유하게 되는 자유시간, 즉 남은 시간 여가활동도 신 중심의 양식으로 자유롭지 못하게 되었다. 여가시간은 신에게 기도하는 시간이며 신을 위한 찬미의 시간으로 인식하였다. 한편 고대 로마의 향락적인 여가문화에 대한 반발로 인식되기도 했으며, 지나친 금욕중심주의 사고로 인본주의 사상인 그리스철학과 질적으로 반대를 이루었다. 따라서 여가활동은 종교 안에서만 허락되었고, 이를 위해 각종 종교의식이 행해졌으며, 카니발이라는 사육제도 종교 교리 안에서 이루어지게 되었다.

르네상스시대는 인간의 자유의지와 경제적 가치를 중시하는 사회문화가 탄생되면서 여가시간은 여가활동의 창조 기회로 인식하는 계기가 되었고, 자유를 표현하는 다양한 인문과 예술을 강조하게 되었다. 산업혁명 이후 일터와 놀이터(가정)가 시간적 공간적으로 구분되는 생활구조를 탄생시켰고, 여가는 재충전의 시간으로 인식되었다. 한편 세계대전 이후 산업혁명의 기술발전이 급속하게 이루어지고, 교통 · 통신수단이 발달되면서 대량생산과 노동생산성이 증가하면서 소득이 증대되고, 대중여가와 대중관광현상이 나타나 휴가 개념이 제도화되기에 이르렀다. 사회적으로 여가의 가치를 긍정적으로 재해석하기 시작하였으며, 여가소비문화가 암묵적으로 표준화되는 상태가 되어 대중여가사회로 진입하였다.

표 9-3 시장구조와 일, 여가와의 관계

시대구분	일과 여가의 관계	시장구조
전통농경사회	미분화	수요>공급(소량생산)
산업사회	분화(시간, 공간)	수요>공급(대량생산)
후기산업사회	통합(재미있는 일)	수요<공급(경쟁)

(2) 우리나라의 여가 변천

전통농경사회였던 삼국시대로부터 조선시대에 이르기까지 여가는 귀족계급의 신선사상에 근거한 풍류문화에서 찾아볼 수 있다. 신라시대의 화랑들은 교육의 일환으로 명산 대첩을 유람하며 수련하였고, 조선시대 양반들은 산수와 음주가무를 즐겼으나, 서민계층은 일과 여가가 구분되지 않았다. 다만 농민들의 공동체의식을 함양하기 위하여 농번기에는 각종 축제로 길쌈, 강강수월래, 차전놀이, 종교의례와 연계된 연등제 등이 이루어졌고, 농한기에는 여가를 가졌다. 이러한 농번기와 농한기의 여가활동은 세시풍속의 일환으로 이어지면서 우리의 생활문화를 형성해 왔다. 서민계층의 여가는 노동생산을 위한 여가였다. 세시풍속을 중심으로 한 전통사회의 여가는 이후 자세히 살펴보기로 한다.

한편 일제강점기 때에는 민족문화와 가치관의 말살시기였고, 일본의 화투가 도박문화로 도입되었다. 광복과 한국전쟁 이후 한국 사회는 급격한 사회변화와 경제발전을 이루는 과정에서 여가는 노동을 위한 수단으로서의 가치만 인정하는 분위기였다. 전쟁 이후 해외여행은 국내 경제사정상 어려운 일이었고, 관계부처의 엄격한 심사하에 제한적으로 허용되었다. 1970년대까지는 해외여행이 통제되는 분위기였다. 근로만이 미덕으로 여겨졌던 시대적 상황에서 여가나 휴가에 해외여행을 한다는 것은 상상하기 어려웠던 시기였다.

독재정권의 3S정책[01]은 여가문화를 왜곡시켰다. 1970년대에는 프로레슬링, 프로복싱, 고교야구 관람, 1980년대는 프로야구, 프로축구, 영화 관람과 음주 등이 여가의 주된 내용이 되었다. 1980년대에는 해외여행 개방과 자유화가 추진되었다. 1981년에 해외여행 추천제를 원칙적으로 폐지하고, 복수여권 발급을 원칙적으로 도입하였다. 1989년부터는 병역 미필자 등 '해외여행 제한자'를 제외하고 해외여행의 전면적인 자유화가 이루어졌다.

한국 사회의 경제적인 성장, 과학기술문화의 확대, 교통수단의 발달, 도시화, 주5일제[02] 근무제도 시행, 인구구조의 변화, 교육수준의 향상, 인터넷의 발달 등은 국민들이 향유할 수 있는 여가의 변화를 가져왔고 그 시간을 확대시켰다. 노동환경의 변화는 여가생활의 구조적 요소를 변화시켰고, 노동생산성의 증대는 소비자의 소득증대로 이어져 가처분소득을 증가시켰다. 자동차 보급률의 증가, 고속전철의 등장, 국제항공기의 증가, 저가항공사의 등장, 고급선박의 개발 등은 자유여행, 해외여행, 등 여가 경험의 질적 변화를 가져왔다. 그리고 여가시간 변화에서 빼놓을 수 없는 것이 가사노동이었다. 그간 가사노동은 여성의 몫이라고 여겨왔으나 다양한 가전제품의 등장으로 여성의 가사노동이 대폭 축소되었고, 여가시간 증대에 큰 역할을 했다. 그 후 양성평등의 문화가 보편화되면서 가전제품은 여성의 전유물이 아니라 가족이 손쉽게 작동할 수 있는 기기로 인식의 변화를 거쳤다. 따라서 남녀 모두 자유로운 여가를 즐기게 되었다.

1990년대와 2000년대로 접어들면서 관람여가로 프로농구가 각광을 받게 되었고, 해외여행이 점차 보편화되기에 이르렀다. 한편 인터넷의 발달과 더불어 인터넷 게임시장과 PC방의 확대, 영화산업의 활성화, 골프의 대중화, 공연문화의 대중

01 3S정책은 섹스(sex), 스포츠(sports), 스크린(screen)의 앞글자를 딴 것으로 독재정권이 국민의 정치적 관심을 다른 곳으로 돌리기 위해 즐겨 쓴다는 우민화 정책의 하나이다.

02 주5일제 근무는 법정근로시간을 주 40시간으로 단축한 것으로 공공, 금융, 보험업종 및 1000명 이상 사업장은 2004년 7월 1일부터, 300명 이상 사업장과 모든 공공기관은 2005년 7월 1일부터 실시되었다.

화, 문화 관광산업의 확대 등은 한국인의 여가생활에 큰 변화를 가져왔다. 1995년 공영방송과 더불어 한국의 케이블 TV 방송이 시작된 이래, 채널 선택의 다양성으로 소비자들의 만족도를 높이는 새로운 형태의 방송시장이 펼쳐지게 되었다. 각 방송사 간의 경쟁이 심화되는 가운데에 TV 방송의 해외여행 프로그램은 중년층과 노년층을 비롯하여, 젊은층, 가족, 친구 등을 대상으로 다양하게 구분되어 제공되고, 홈쇼핑을 이용한 각종 여행상품 판매, 여행박람회 등 정보의 영향으로 여가로서의 여행은 크게 확대되었다. 명절이나 연간 연휴기간, 휴가 등을 활용하여 국내 여행뿐 아니라 해외여행객이 해마다 증가하여 여가소비가 급증하는 추세에 있다. 한편 대형 복합쇼핑몰은 외식, 쇼핑, 관람, 오락 등 여가생활 영위의 복합장소로 각광을 받으면서 여가소비를 확대시키고 있다. 대형 복합쇼핑몰에서의 여가활동은 계절이나 일기의 변화와도 무관하게 펼쳐진다.

표 9-4 주5일 근무제 시행 이후 소비형태

구분	주5일 근무제 시행 이전	주5일 근무제 시행 이후
성장업태	할인점의 급격한 성장 백화점 편의점 완만성장	다양한 부대시설이 있는 대형할인점 쇼핑몰(소매점이 입점한 대형할인점) 거대한 복합 쇼핑몰 확장
머천다이징	상품과 서비스의 분리 주말과 주중의 머천다이징 변화 없음 디자인, 색 및 브랜드 명성이 중요	상품과 서비스통합 주말과 주중의 머천다이징의 차이 발생 상품의 기능과 가치 중요 문화 관광, 스포츠 레저 여행상품 중요
입지	도시 중심	교외 및 부도심권, 다양한 부대시설을 겸비한 광역지역 및 도로변
서비스	쇼핑의 편리성 중시	쇼핑의 편리성과 오락성 중시 높은 고객 서비스 수준 중시

여가산업은 문화, 스포츠, 관광, 오락, 휴양 등 관련 서비스 업종을 비롯하여 여가활동에 필요한 장비와 도구를 공급하는 업종까지 다양하며, 개념적으로 합의되어 있지는 않지만, 한국표준산업분류에 의거한 여가산업의 범위는 여가용품산업, 여가공산산업, 여가서비스산업 등으로 구분된다.

표 9-5 한국표준산업분류에 근거한 여가산업의 범위 규정

산업구분	세분류 내용
여가용품산업	스포츠 및 아웃도어 여가용품업 취미 여가용품업 오락 여가용품업
여가공간산업	여가숙박업 겜블링 여가시설업 스포츠 경기관람 여가시설업 문화관람 여가시설업 운동 및 건강 여가시설업 여행 및 체험학습 여가시설업 오락 여가시설업 기타 유흥 여가시설업
여가서비스산업	여가콘텐츠제공업 여가용품 임대업 여가정보제공 서비스업 여가방송 서비스업 기타 여가 서비스업

오늘날 현대인들이 향유하는 여가는 새로운 문화를 창출하기보다는 이미 상품화된 문화를 소비한다고 할 수 있다. 즉 여가산업 속에서 획일적이고 모방적인 여가상품을 소비하며, SNS를 통해서 타인에게 보이기 위한 과시적인 여가를 보내기도 하며, 여가로 인해 상대적 박탈감을 겪기도 한다.

'국민여가활동조사'(2021년), 국민의 하루 평균 여가시간은 평일 3.8시간, 휴일

5.8시간으로 2016년 평일과 휴일 여가시간이 지속적으로 증가하는 추세를 보이나, 외부활동에 제약이 있었던 코로나19 직후인 2020년과 2021년에는 소폭 감소한 것으로 나타났다. 그러나 희망하는 여가시간은 평일 4.7시간, 휴일 6.6시간으로 실제 향유하고 있는 여가시간과는 각각 차이를 보인다.

표 9-6 평일, 휴일 여가시간 및 희망여가시간 변화 추이

(단위: 시간)

구분		2012	2014	2016	2018	2019	2020	2021
여가시간	평일	3.3	3.6	3.1	3.3	3.5	3.7	3.8
	휴일	5.1	5.8	5.0	5.3	5.4	5.6	5.8
희망 여가시간	평일	4.4.	4.4	4.0	4.0	4.3	4.5	4.7
	휴일	6.3	6.9	6.0	6.2	6.2	6.4	6.6

출처: 문화체육관광부 각 년도 국민여가활동조사

여가활동을 '삶의 필수적인 요건'으로 생각하는 비율이 매년 꾸준히 높게 나타나고 있고, 여가활동의 참여가 '삶에 긍정적인 영향을 미친다'고 생각하는 사람들이 많으며, 특히 젊은 세대일수록 여가활동이 삶을 영위하는 데 필수적인 요건으로 인식하고 있다. 그리고 여가활동의 목적은 2012년부터 2021년까지 조사에서 모두 '개인의 즐거움을 위한 것'으로 조사되었고, '마음의 안정과 휴식을 위해', '스트레스 해소를 위해' 여가를 향유하는 것으로 나타났다. 여가활동 목적은 세대별로 다소 차이를 보인다. 젊은 세대는 '개인의 즐거움을 위해', 연령이 높을수록 '건강을 위해' 여가활동을 하는 것으로 나타났다. 그리고 여가의 내용도 젊은 세대는 게임이나 인터넷 검색, SNS 활동 비율이 높지만, 노년 세대일수록 TV 시청이나 산책, 걷기 비율이 높다.

표 9-7 세대별 평소 여가활동 목적

여가활동 목적	시니어	베이비붐	X세대	M세대	Z세대
건강을 위해	36.2	27.4	18.9	9.9	4.5
개인의 즐거움을 위해	34.1	36.3	36.0	41.4	52.9
가족과 시간을 함께 하기 위해	6.2	8.5	13.0	16.6	2.9
대인관계/교제를 위해	4.6	4.4	4.7	4.9	10.2
스트레스 해소와 마음의 안정을 위해	18.3	21.9	25.2	23.7	26.2
자기계발을 위해	0.5	1.5	2.3	3.4	3.3

출처: 경기연구원(2021). 경기도민의 세대별 여가활동 특성 분석.

그럼에도 지난 10여년 동안 평일에 주로 하는 여가활동은 'TV 시청'이 가장 높았고, 산책, 걷기, 모바일콘텐츠 동영상 시청, 잡담, 통화하기, 문자보내기 등 다양하다. 한편 휴일에도 TV 시청이 많으나, 스포츠 경기 관람이나 친구만남, 이성교제, 영화관람 등을 하였다. 휴가 중에는 캠핑이나 국내외 여행, 자연명승 및 풍경관람, 온천 해수욕, 지역축제 참가, 쇼핑이나 외식, 문화유적 방문 등 매우 다양한 형태를 보인다.

2011년 이후 문화예술 · 스포츠 관람 현황을 보면, 관람횟수는 평균 8.4회에서 9.0회로 나타났으나 코로나19 이후 4.5회로 급격하게 줄어들었다. 세부항목에서는 코로나19 이전인 2019년도와 2021년만을 비교했을 때 감소폭은 영화, 음악연주회, 연극 · 마당극 · 뮤지컬, 박물관 관람, 스포츠 관람, 미술관 관람 순으로 나타났다.

표 9-8 문화예술 및 스포츠 관람 현황

구분	2011	2013	2015	2017	2019	2021
관람횟수(평균)(회)	8.4	8.9	8.4	9.0	8.4	4.5
음악연주회(%)	25.2	21.7	20.6	20.8	24.9	12.3
연극 마당극 뮤지컬(%)	25.0	24.2	22.4	22.6	24.9	12.3
무용(%)	2.6	2.4	1.8	1.9	1.6	1.6
영화(%)	81.8	85.9	88.1	88.4	88.2	67.7
박물관 관람(%)	26.4	25.8	26.6	25.1	23.7	18.0
미술관 관람(%)	20.7	19.4	19.1	20.3	19.6	19.3
스포츠 관람(%)	24.3	22.0	21.1	25.2	23.5	21.0
기타(%)	–	–	–	0.1	0.1	0.1

그리고 만 15세 이상 국민을 대상으로 조사한 '2021 국민여가활동조사'에 따르면 우리나라 스마트기기 활용시간은 2021년 기준 평일 1.9시간, 휴일 2.3시간으로 꾸준히 증가하고 있으며, 코로나19 이후 증가폭이 확대되었다. 스마트기기 활용이 확대되면서 여가생활은 크게 변화하였다. 간편결제 · 간편송금 등 서비스 이용은 물론 온라인 쇼핑의 활성화도 증가했으며, 메타버스 여행, 랜선여행이 보편화되었다. 스마트기기를 이용하는 여가로는 남성은 게임이나 인터넷방송 시청을 주로 하는 반면, 여성의 경우는 쇼핑 · 모바일 메신저 활용이 높다.

표 9-9 스마트기기 활용시간

구분	2016	2018	2019	2020	2021
평일	1.31	1.3	1.3	2	1.9
휴일	1.6	1.8	1.6	2.3	2.3

출처: 문화체육관광부 각 년도, 국민여가활동조사

한편 친환경적인 여가활동에도 관심이 높아지면서 플로깅(Plogging: 조깅하면서 동시에 쓰레기 줍는 운동), 플로빙(Ploving: 다이빙을 하며 해양쓰레기를 줍는 활동), 비치코밍(beachcombing: 해변을 빗질하듯 바다 표류물이나 쓰레기를 줍는 활동), 클린하이킹(산을 오르며 쓰레기를 줍는 활동), 클린워킹(걸으며 주변에 쓰레기를 줍는 활동), 제로웨이스트(Zero Waste: 모든 제품과 포장 및 자재를 매립하거나 버리지 않고, 재사용 및 회수를 통해 보존하는 것) 등 친환경 트렌드가 급속도로 확산되고 다양한 영역에서 캠페인이 여가활동형태가 되고 있다.

그리고 '2022 세계 행복보고서(World Happiness Report 2022)'에 따르면 한국인의 행복지수는 전 세계 146개국 중 59위이며, OECD 38개국 중에는 36위로 최하위권으로 나타나 높은 경제성장률에도 불구하고 소득의 양극화와 양질의 일자리 부족 등이 문제가 되고 있다. 더욱이 코로나로 인한 사회적 고립감과 우울감, 불안감, 무기력증 등 정신건강의 문제는 크게 주목해야 할 사회문제가 되었다. 이러한 환경에서 여가는 반려동식물 키우기에 대한 관심이 높아지고, 이는 치유를 위한 여가활동의 증대로 해석된다. 즉, 반려동물을 통한 심리적 안정과 교감, 반려식물을 키우면서 실내공기정화와 관상뿐 아니라 정서적 교감과 힐링, 행복감, 마음건강까지 확대되고 있음을 의미한다.

표 9-10 여가취미 앱을 활용한 여가활동 분야와 유형

여가활동 분야	여가활동 유형
스포츠	홈트레이닝
관광	캠핑/글램핑, 여행, 숙박
취미오락	웹툰, 롤플레잉 게임, 전략게임
휴식	반려동물 , 반려식물, 인테리어, 도서, 가상현실

2. 일과 가정의 조화

1) 가족의 여가생활

가정은 가족원들이 직장이나 학교, 사회생활에서 겪는 스트레스를 해소하고, 안정과 행복감을 느끼는 곳이다. 따라서 가정에서 가족이 함께하는 여가생활은 가족관계를 돈독하게 하며, 서로 더 많은 상호작용의 기회를 제공해 주는 의미 있는 활동이다.

가족의 여가란 여가의 주체가 개인이 아닌 가족이 기본단위가 되며, 가족이 함께 참여하는 여가를 뜻한다. 가족여가는 참여가족 수에 따라서 가족성원 모두 참여, 2인의 구성원 참여, 부모와 자녀를 포함한 2인 이상의 가족이 참여하는 것으로 구분해 볼 수 있다. 각 가정마다 가족생활주기 단계별로 여가활동의 종류와 여가행동에는 차이가 있다.

가족여가에 관한 연구들을 보면, 가족의 여가활동은 가족의 결속력과 단합을 유지시키고, 가족생활의 질과 만족을 증가시키는 역할을 한다. 가족단위의 여가는 활동에 대한 계획에서부터 실행에 이르기까지 부모와 자녀가 함께 참여함으로써 가족의 이해와 신뢰감을 형성하고, 상호작용과 의사소통이 가능하도록 도우며, 가족원으로서의 소속감을 갖게 해준다. 또한 가족여가는 자연스럽게 가정교육의 장이 되기도 한다. 가족이 함께 여가시간을 보내고, 같은 공간에서 여가활동을 즐길수록, 가족여가활동 참여를 많이 할수록 생활의 만족도가 높으며, 가족의 행복지수와 친밀감도 높아진다. 가족여가 참여시간이 많을수록 가족여가에 대한 자발적 동기수준이 높고, 가족건강성이 높을수록 가족여가 만족이 높다. 여가활동시간이 많을수록 부모와 자녀관계에 있어서 적응도가 높아지며, 여가에 대한 만족이 높을수록 부모자녀관계, 부부관계 모두 적응도가 높아진다.

'국민여가활동조사'(2021)에 따르면 가족과 함께 여가활동을 하는 비율이 높아지는 경우는 30대로 나타났고, 15~19세와 20대는 혼자서 또는 친구와 함께 여가활동을 하는 것으로 나타났다.

표 9-11 가족여가생활의 순기능

구분	내용
휴양의 기능	정신적 신체적 건강회복과 유지, 스트레스 해소, 노동력의 재생산
오락의 기능	즐거움 추구를 통해 긴장 완화, 행복감 증진
자아실현의 기능	자유의지에 의한 자기계발 활동
교육적 기능	부모와 자녀가 함께 하는 가정교육을 위한 장 전 생애주기 동안 인간발달의 기회를 제공
일탈방지의 기능	욕구불만이나 갈등, 좌절, 정서적 불안 등 해소 자살이나 일탈을 미연에 방지
가족결속의 기능	가족의 친밀감, 소속감, 유대관계 강화
문화적 기능	가족공동의 경험 축적을 통해서 가족문화 형성 건전한 가정생활문화, 사회문화 형성에 기여

표 9-12 가족생활주기별 가족여가활동의 종류와 여가행동 특성

가족 생활주기	여가활동의 종류	여가행동 특성
독신기	스포츠(축구, 농구, 야구, 요가, 필라테스, 수영, 헬스 등), 관람(영화, 공연, 전시 등), 친구동료와의 여행, 사교, 자기개발	여가활동에 많은 시간을 할애함 휴가, 여행 등 활동적 여가 즐김 여가소비 비용지출이 높음
신혼기 무자녀기	부부의 국내외 여행, 관광, 스포츠, 관람(음악회, 공연, 영화, 전시 등), 캠핑	자녀가 생기기 전 적극적인 여가활동 여행선호, 부부공동의 여가활동 적응
자녀양육기 출산, 유아기	자녀의 놀이와 교육목적 활동, 여행, 놀이공원, 관람, 산책, 공원, 놀이터, 키즈카페, 자녀중심 스포츠(수영, 산책, 축구, 야구)	자녀동반 및 자녀중심의 여가행동 라이프 스타일의 변화와 여가행동 변화 복합쇼핑몰, 문화센터, 스포츠센터 이용 여가활동

자녀교육기 초중고 재학	가족중심 여가, 교육목적 활동, 캠핑, 국내여행, 해외여행, 유적지 고궁 박물관 관람, 영화관람, 운동경기 관람, 스포츠활동(등산, 수영, 스키, 보드, 탁구, 테니스, 농구, 야구, 축구, 배드민턴, 자전거 등)	가족중심의 국내외여행과 자녀의 교육을 위한 여가행동 다양한 스포츠 영화 등 관람 활동 동적인 스포츠 활동 선호
자녀성인기 대학–결혼 전	개인적인 취미나 여가활동, 친지방문 가족공동관람활동(영화, 공연스포츠, 전시 등), 낚시, 골프, 가족해외여행 등	부모–자녀 개별적인 여가행동이 증가 각기 시간적 제약으로 인하여 가족동반 여가행동이 축소
자녀결혼기	외국 크루즈여행, 세계여행, 봉사활동 국내여행, 친구나 친지들과 단체여행 개인적 취미나 여가활동, 친지방문, 사교활동, 스포츠(골프, 등산, 수영, 댄스)	활동가능한 부부의 여가시간 확대로 여행 및 관광 등에 관심 증가, 종교를 중심으로 한 봉사여가행동 친구나 친지, 이웃과의 여가 공유
노년기	친목사교활동, 종교봉사활동, 여행, 공원 산책, 스포츠(골프, 등산, 수영, 게이트볼), 관람(박물관, 영화, 전시회, 음악회 등) TV 시청, 바둑, 카드, 악기연주, 그림 그리기, 서예 등	부부나 친지와 함께 하는 여가행동 종교를 중심으로 한 봉사여가행동 건강유지를 위한 여가활동 관심증가 정적인 활동의 여가행동 많아짐 노인복지관에서의 여가활동 참여

가족여가활동은 가족협조적인 여가와 가정서비스적 여가, 가족공헌적 여가, 가족갈등적 여가가 있다. 가족여행이나 외식 등은 협조적인 여가로 구분되며, 가정서비스적 여가는 자녀와 함께 참여하는 견학이나 유적지, 박물관 방문 등이 해당된다. 또한 집안정리정돈과 대청소, 집수리 등은 가족공헌적 여가라 하고, 개인적으로 하는 취미생활로 등산이나 낚시, 골프 등은 가족 간에 갈등을 유발시킬 수 있는 여가로 분류하기도 한다.

가족여가생활의 순기능적인 측면이 있음에도 불구하고 오늘날 가족여가에 제약을 받기도 한다. 이는 내재적 요인, 대인적 요인, 구조적 요인 등에 의한 것인데, 개인적으로 여가를 향유할 수 있는 능력이나 정보가 결핍되어 있거나, 시간이나 비용문제, 시설이나 환경의 제약, 정신적인 이유, 문화적인 이유, 그 외에도 신체적으로 피곤함, 가족여가의 공감대 부족 등으로 가족이 함께 할 수 있는 가족여가활동을 못하게 된다.

가족여가만족 연구에서는 여가활동 참여시간이 많을수록, 가족여가에 대한 자발적 동기수준이 높고, 가족건강성이 높을수록 가족여가 만족도가 높은 것으로 나타났다. 그리고 가족여가활동 유형과 여가활동 동기가 가족관계의 질에도 영향을 주어 여가활동시간이 많을수록 부모자녀 관계의 적응도는 높게 나타났다(주영애 · 홍영윤, 2017).

표 9-13 가족여가의 내용

구분	내용
교육체험지향활동	문화재 유적지 여행, 박물관 관람과 미술관 가기, 해외여행 및 체험활동, 놀이터나 놀이동산(동물원, 식물원) 가기
취미지향활동	댄스, 낚시, 장기, 바둑, 화투, 노래방 가기, 가족신문 만들기, 가족 홈페이지 만들기, 가족주말농장, 게임
사회친목지향활동	사회봉사, 자원봉사, 스포츠 관람, 종교활동 등
가정지향적활동	드라이브, 대화, 외식, TV 시청, 비디오 영화 시청, 반려식물 키우기, 반려동물 키우기, 인테리어 참여하기 등

각 가족의 바람직한 가족여가의 실천방법을 찾아볼 필요가 있다. 첫째, 가족여가 이전에 먼저 가족을 이해해야 한다. 가족의 특성과 가족의 관심 및 취미활동 등 개개인에 대한 이해부터 시작해야 한다. 둘째, 서로 배려하고 협동해야 한다. 시간이 부족하거나 가사의 부담이 클 때는 분담하며 협조하는 노력이 우선되어야 한다. 셋째, 가족여가를 방해하는 여러 가지 여가제약요인이 무엇인지 파악하고 극복해야 한다. 넷째, 가족의 고유한 여가문화를 만든다. 가족이 공동으로 향유할 수 있는 문화를 찾는 것이다. 함께 여행하기, 함께 관람과 공연 참여하기, 함께 게임과 야외활동, 등산, 외식, 스포츠 즐기기, 평생교육기관에서 배움의 기회 갖기 등 다양한 방법 모색이 필요하다. 다섯째, 지역사회복지에 이바지하는 가족여가문

화를 실천한다. 가족과 함께 하는 지역사회봉사활동은 의미 있는 가족여가가 될 수 있으며, 그 가족만의 특별한 여가문화로 발전시킬 수 있다. 여섯째, 지역의 생활문화센터, 도서관, 종합복지관, 체육시설, 주민자치센터, 가족센터 등 프로그램에 관심을 갖고 참여한다.

2) 일과 생활의 균형

여가문화는 노동과 관련성이 깊다. 산업화사회로 진입한 이후 일터와 가정은 시간적 공간적으로 분리되었다. 고도성장을 향한 직장에서의 업무로 사람들은 휴식과 여가가 필요하지만, 가정에 돌아와서도 가정 내에서의 역할 수행을 해야 하므로 여가를 갖는 데에 어려움을 겪었다. 즉 사회구조적으로 일과 가정생활의 조화

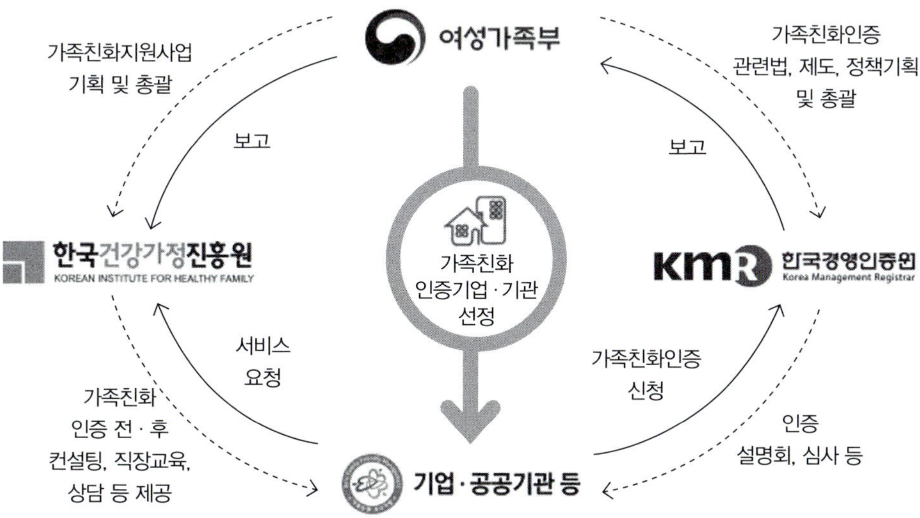

그림 9-4 가족친화지원사업 운영체계

출처: 가족친화지원사업(www.ffsb.kr)

로운 공존이 어려워지면서 일–가정 역할 갈등[03]을 경험하게 되었다. 1980년대에는 일–가정 갈등을 단순한 시각에서 보았지만, 두 영역 사이의 갈등해소가 사회적 관심의 대상으로 떠올랐다. 즉 이는 개인의 시간과 에너지는 제한된 자원이므로 역할 갈등을 초래할 수밖에 없는데, 결국 역할 갈등은 개인의 삶의 질과, 행복, 만족도, 신체적 · 정신적 · 심리적 건강에 영향을 미치고, 조직 몰입을 방해하며, 생산성 감소로 이어져 사회경제적인 효용을 떨어뜨리게 된다. 일과 가정이라는 두 가지 역할을 어떻게 조화롭게 양립하여 일–가정 양립을 이룰 것인가가 개인의 삶의 질을 좌우하는 중요한 과제로 대두된 것이다.

우리 사회는 일과 삶의 균형을 이루고, 과로사회를 종식해야 하며, 중소기업 일자리의 미스매치 등의 문제를 해결하기 위해서 후진적인 기업문화를 개선해야 한다는 요구가 지속적으로 증가되어 왔다. 일과 삶의 균형으로 가족과 개인의 권리인 휴식의 문제를 개선해야 한다.

일–생활 균형(work and life balance)이란 개인의 일과 생활이 조화롭게 균형을 유지하고 있는 상태를 의미한다. 일과 쉼의 조화로운 삶을 뜻한다. 취업주부들의 일과 가정의 양립에 대한 개념으로 사용되다가 노동관의 변화와 라이프 스타일의 변화로 인하여 일–가정 양립의 개념으로 발전하였고, 나아가 일과 생활의 균형을 지향한다. 기업에서는 일–생활 균형(일명 워라밸) 제도로 탄력적 근로시간제도, 보육이나 간호에 대한 지원, 건강촉진, 교육지원, 장기휴가제도 등이 도입되고 있다. 「남녀고용평등과 일–가정 양립지원에 관한 법률」 제20조 제1항에는 '국가는 사업주가 근로자에게 육아휴직이나 육아기 근로시간 단축을 허용한 경우 그 근로자의 생계비용과 사업주의 고용유지비용의 일부를 지원할 수 있다'고 규정하고 있고 2항에서는 '국가는 소속 근로자의 일–가정 양립을 위한 조치를 도입하는 사업주에

03 일–가정 갈등은 직업역할이 가정에서의 역할을 방해하는 경우(work to family conflict : WFC)와 가정에서의 역할이 직업 역할을 방해하는 경우(family to work conflict : FWC)로 구분된다.

게 세제 및 재정을 통한 지원을 할 수 있다'고 규정하고 있다. 또한 제22조의3 제1항은 '고용노동부장관은 일-가정 양립 프로그램의 도입 확산, 모성보호조치의 원활한 운영 등을 지원하기 위하여 조사연구 및 홍보 등의 사업을 하고, 전문적인 상담서비스와 관련 정보 등을 사업주와 근로자에게 제공해야 한다'고 규정되어 있다.

국가 주도적으로 일과 생활의 균형을 적극 지원하게 된 것이다. '가족친화지원사업'이란 여성가족부를 중심으로 근로자가 일과 생활을 조화롭게 병행할 수 있도록 다양한 일-가정 양립 제도 및 사업운영을 통해서 가족친화 직장문화를 만들어 가는 사업이다. 가족친화인증이란 「가족친화사회환경의 조성촉진에 관한 법률」 제15조에 의해 가족친화제도를 모범적으로 운영하는 기업 및 공공기관에 대하여 심사를 통해 인증을 부여하는 제도이다.

2022년 12월 기준으로 가족친화인증 기업 및 기관은 대기업 591개사, 중소기업 3,706개사, 공공기관 1,118개사로 총 5,415개사이다. 가족친화교육에서는 일-가정 양립 및 가족친화 경영 역량강화를 위해 기업(관) 임직원을 대상으로 교육을 진행하기도 한다. 가족친화지원사업은 개인과 가족이 자유재량적인 여가시간을 갖게 되는 데 매우 중요한 역할을 한다.

한국건강가정진흥원에서는 전국의 가족친화 유관기관과 함께 '가족친화문화 확산협의회'를 구성하여 일과 가정, 생활의 균형문화를 확산해 가고 있다. 이들은 가족친화인증준비컨설팅과 직장교육, 포럼, 캠페인, 정기회의를 통해서 활동을 전개한다.

가족친화 직장교육의 예를 살펴보면, 기업방문형 교육, 온라인, 개인수강형 교육 등을 통해서 전 기업(관) 근로자를 대상으로 진행한다.

표 9-14 가족친화 직장교육의 예: 기업방문형 교육

과정명	교육내용		이수시간
일반근로자1	조화로운 삶을 향한 일, 가정, 생활의 균형	일, 가정, 생활균형의 개념 및 일, 가정, 생활의 불균형을 해소하는 전략	2
일반근로자2	행복한 일터	일, 가정, 생활영역의 균형을 위한 일터 전략	2
일반근로자3	가족관계증진	일과 가정영역의 균형을 통해 행복한 가정생활을 영위하기 위한 전략	2
일반근로자4	출산 양육친화적 직장 문화조성	출산 · 양육친화적인 직장문화 조성을 위한 조직 차원의 전략	2
가족친화담당자	가족친화경영 및 가족 친화인증제도	가족친화경영을 위한 조직 차원의 제도 운영 전략	2
중간관리자	가족친화적 조직변화	가족친화경영을 위한 중간 관리자의 관리 전략	2
맞돌봄-맞살림	맞벌이 시대, 근로자의 워라밸 전략	맞벌이 시대, '맞돌봄, 맞살림' 실천을 통한 근로자의 워라밸 전략	2

출처: 가족친화지원사업(www.ffsb.kr/education/educationGuide.do)

표 9-15 가족친화 직장교육의 예(교육콘텐츠 제공형)

구분	교육내용	이수시간
기본과정	일과 가정의 균형이란 무엇인가? 직장에서의 균형, 왜 가족친화경영인가?	2
실천과정	가족친화 직장문화 조성을 위한 실천노력은 무엇인가?	2
평등한 부부의 맞돌봄 · 맞살림과정	함께하는 아내/남편 되기 프로젝트 맞돌봄, 맞살림 스킬업 프로젝트	2
성평등	어린이집에서 온 전화 지금 우리 행복한가요 양성평등을 위해 필요한 변화 성평등과 WLB	2

출처: 가족친화지원사업(www.ffsb.kr/education/educationGuide.do)

표 9-16 일-생활 균형 10대 핵심 실천 제안 과제

구분	번호	내용
직장	1	정시퇴근 YES! 퇴근 후 업무연락 NO!
	2	엄마 · 아빠의 육아휴직이 당연한 직장문화를 만듭니다.
	3	공정하게 직원을 채용하고 평가하며, 성별에 따라 임금을 차별하지 않습니다.
가정	4	집안일을 함께 하고 함께 쉽니다.
	5	육아는 엄마 · 아빠가 공동으로 함께 합니다.
경영자	6	우리 사회의 가족친화기업 문화 확산에 솔선하겠습니다.
	7	근로자가 눈치 보지 않고 가족친화제도를 이용하도록 하겠습니다.
	8	우리 회사에 맞는 가족친화 프로그램을 적극 시행하겠습니다.
근로자	9	근로시간에는 업무집중도를 높여 일하겠습니다.
	10	동료의 일 · 생활 균형을 존중하겠습니다.

출처: 가족친화지원사업(www.ffsb.kr)

한편 여가친화지원사업도 일-생활 균형을 위한 사업이다. 이는 문화체육관광부와 지역문화진흥원이 사회 전반의 '일과 여가의 균형' 인식 확대를 통해서 근로자의 여가시간을 확보하도록 하고, '쉼이 있는 삶'을 영위할 수 있는 사회분위기 조성을 위해 운영하고 있는 것이다.

여가친화지원 목적

일과 여가의 균형 및 여가 활동 저변 확대로 **여가제도 기반 마련**
국민여가생활 촉진을 위한 인증사 참여를 통해 **여가권 사회적 확산**
여가 인식 개선 및 근로자의 삶의 질 향상으로 **행복한 사회조성**

'여가친화기업 인증제도'란 근로자의 '휴식 있는 삶'을 모범적으로 지원하는 제도이다. 근로자가 일과 여가생활을 조화롭게 병행할 수 있도록 모범적으로 지원하고 환경을 만들어주는 기업과 공공기관에 대한 인증제도이다. 2012년부터 실시되어 2022년까지 인증을 받은 기업의 수가 총 378개사이다.

여가친화기업 및 기관이 되면 인증결과로부터 3년 동안 정부의 포상과 인증기업 홍보 이외에 다양한 정부인증제도의 우대 및 가산점이 부여되며, 문화프로그램 제공 등의 특전을 받게 된다. 그리고 재인증은 인증유효기간이 종료된 기업, 기관 등이 2년간 받을 수 있다. 여가친화인증 신청 대상은 중앙행정기관 및 지방자치단체, 학교 및 교육기관, 공공기관 및 공기업, 기업 및 법인 등에 해당된다. 기본적으로 다음과 같은 조건을 유지해야 한다.

표 9-17 여가친화인증 배제 대상

인증 배제조건	세부내용
주 52시간 시행 미준수 기업 등	주 52시간 근무제 위반 기업 · 기관
여가친화적 근로 환경 저해 및 위반 기업 등	3년 이내 「근로기준법」을 위반한 기업 · 기관 (부당노동, 해고, 노사갈등, 악질적 임금체불, 산업재해 등)
	3년 이내 「남녀고용평등과 일–가정 양립지원법률」 위반 기업 · 기관
사회적 물의, 비윤리적 행위 발생 기업 등	3년 이내 사회적 물의, 비윤리적 행위 발생 기업 · 기관

출처: 여가친화지원(happyoffice.rcda.or.kr)

표 9-18 국민여가활성화기본법

제15조 (민간단체 등의 지원)
① 국가와 지방자치단체는 국민들의 여가 활성화를 위하여 노력하는 단체 또는 개인에 대하여 경비지원 등 필요한 지원을 할 수 있다. ② 제1항에 따른 지원의 내용 및 방법 등에 필요한 사항은 문화체육관광부령으로 정한다.

제16조 (우수사례 발굴 및 시상)
① 국가와 지방자치단체는 국민여가활성화를 위하여 모범적으로 운영하고 있는 기업이나 공공기관에 대하여 우수사례로 발굴하거나 시상할 수 있다. ② 제1항에 따른 시상의 내용 및 방법 등에 필요한 사항은 문화체육관광부령으로 정한다.

표 9-19 국민여가활성화기본법 시행규칙

제2조 (민간단체 등의 지원)
「국민여가활성화기본법」(이하 "법"이라 한다) 제15조 제1항에 따른 지원의 내용은 다음 각호와 같다.
1. 여가 활성화를 위한 사업에 필요한 경비의 지원 2. 여가 활성화를 위한 사업의 성과가 우수한 단체 또는 개인에 대한 포상 3. 여가 활성화를 위한 사업의 성과가 우수한 사례의 홍보 지원

제3조 (우수사례 발굴 절차 등)
① 법 제16조 제1항에 따른 우수사례(이하 "우수사례"라 한다)로 발굴되기를 희망하는 기업이나 공공기관은 별지 제1호서식의 신청서(전자문서로 된 신청서를 포함한다)에 제2항에 따른 기준을 갖추었음을 증명할 수 있는 서류를 첨부하여 문화체육관광부장관 또는 지방자치단체의 장에게 제출하여야 한다.
② 우수사례의 발굴기준은 다음 각 호와 같다. 1. 여가시간, 공간 및 비용의 제공 등 여가 지원제도를 운용할 것 2. 여가 관련 예산, 조직, 인력 등을 갖출 것 3. 조직원의 여가에 대한 이해도 및 여가 지원제도에 대한 만족도가 높을 것
③ 문화체육관광부장관 또는 지방자치단체의 장은 우수사례 발굴을 위하여 관계 공무원과 여가에 관한 학식과 경험이 풍부한 사람을 위원으로 한 심사위원회를 구성하여야 한다.
④ 문화체육관광부장관 또는 지방자치단체의 장은 우수사례를 발굴한 경우에는 지체 없이 이를 문화체육 관광부 또는 해당 지방자치단체의 인터넷 홈페이지에 게시하고, 우수사례로 발굴된 기업이나 공공기관에 대하여 별지 제2호서식의 여가우수사례 확인서를 발급하여야 한다.
⑤ 제1항부터 제4항까지에서 규정한 사항 외에 우수사례 발굴에 필요한 사항은 문화체육관광부장관이 정하여 고시한다.

제4조 (우수사례에 대한 시상)
문화체육관광부장관 또는 지방자치단체의 장은 우수사례로 발굴된 기업이나 공공기관에 상장과 부상을 수여할 수 있다.

3. 전통세시풍속과 지역축제

1) 전통세시풍속

(1) 세시풍속의 변천과 의미

전통 농경생활에서 세시는 축제의 한마당이었으며, 한국인들은 오랜 세월 가족과 마을공동체에서 계절별로 맞이하는 세시명절을 통해 즐거움을 나누며 공동체의식을 돈독하게 했다. 전통사회의 여가활동을 엿볼 수 있는 문화가 세시풍속이다.

우리 조상들이 세시풍속을 언제부터 지켜왔는지는 정확히 알 수 없지만, 『삼국지』의 위지 동이전 기록이나 『삼국사기』, 『삼국유사』 등의 기록으로 살펴볼 수 있으며, 조선 후기의 『경도잡지(京都雜誌)』[04], 『동국세시기(東國歲時記)』[05], 『열양세시기(冽

04 『경도잡지(京都雜誌)』는 내용으로 보아 조선 영조 · 정조 때 지어졌다고 추정되는 것으로, 유득공(1748~1807)이 18세기 말 서울 사람들의 각종 생활상에 대한 다양한 정보를 수록하였다. 2권 1책으로 되어 있다. 제1권은 풍속편으로 의복, 차와 담배, 과일, 노래와 광대, 시문, 시화 등 당시의 여러 풍속과 문물제도를 19항목으로 나누어 약술하였고, 2권은 세시편으로 정월부터 세밑까지 각 세시풍속의 내용을 당시 한양의 세시를 19항목으로 분류하여 약술하고 있다. 이 책은 그 내용이 주로 사대부의 생활문화에 국한되어 있고, 일반 백성의 생활상에 대한 기록이 없는 것과 우리 민속의 뿌리를 지나치게 중국에 결부시키려는 경향이 있는 것이 흠으로 평가되고 있다(국립민속박물관 편(2007). 조선시대세시기 Ⅲ. p.42).

05 『동국세시기(東國歲時記)』는 조선 순조 때의 학자 도애 홍석모(1781~1850)가 지은 것으로 1책으로 되어 있다. 세시풍숙 연구자들이 세시기로 가장 많이 인용하는 책이다. 책의 맨 앞에 있는 이자유의 서문이 1849년(헌종 15) 9월 13일에 쓰여진 점으로 보아 이 책은 1849년에 완성된 것으로 추정되고 있는데, 이때는 홍석모가 사망하기 1년 전이다. 이 책은 1월부터 12월까지 1년간의 세시풍속들을 월별로 순서대로 기록하고 있는데, 단오 · 추석 등과 같이 날짜가 분명한 것들은 모두 항목을 별도로 설정하여 설명하였고, 날짜가 분명하지 않은 풍속들은 매월마다 월내라는 항목을 만들어 이 안에 기술하고 있다. 『경도잡지』와 『열양세시기』에서 '경도(京都)'와 '열양(洌陽)'이 서울을 뜻하는 바와 같이, '서울'이라는 한계성이 있지만 『동국세시기』는 전국을 대상으로 세시풍속에 관한 자료를 집성한 것으

陽歲時記)』[06] 등을 통해 그 풍속 내용을 찾아볼 수 있다. 세시풍속은 민족의 풍속으로 지리적 여건과 사상, 역사가 축적되어 만들어진 전통문화로 한국인의 문화와 민족성을 표현한다.

『삼국지』 위지 동이전 기록에 의하면 부여의 영고, 고구려의 동맹, 예의 무천, 마한의 농공 시 절기인 5월과 10월에 신에게 드리는 제사, 백제의 솟대, 신라 한가위 등을 세시행사로 볼 수 있다. 『삼국사기』에는 추석과 수리(단오)의 기록을, 『삼국유사』에는 대보름의 기록을 볼 수 있다. 고려시대와 신라시대 세시풍속이 대체로 전승되어 왔다. 연등회나 팔관회와 같은 불교행사이면서 동시에 전국적인 세시행사가 되었고, 조선시대에 들어와 정착이 되었다.

우리의 세시풍속은 농경에서 공업으로, 공업에서 정보화로 변모하는 과정에서 그 의미나 풍속이 잊혀지거나 변용되기도 하고, 행사 자체가 생략되기도 하였다. 전통적으로 세시풍속은 태음력을 기준으로 역사성과 전통성에 바탕을 두고 생활의 주기도 맞물려 1개월 또는 계절별로 이루어져 왔다. 세시풍속(annual cyclical rituals) 음력 정월부터 섣달까지 해마다 같은 시기에 반복되어 전해오는 주기전승의례이며, 한국인의 생활문화이다. 이는 농경문화를 반영하므로 농경의례라고도 하며, 명절과 24절기를 포함하고 있고, 이에 따른 의례와 놀이 등이 있다.

예로부터 세시풍속은 농경생활에 적합한 행사를 통해서 공동체 사회의 유대감과 자연에 순응하는 삶의 지혜를 공유하게 한다. 세시풍속에는 기능상 종교적 기능, 윤리적 기능, 사회적 기능, 정치적 기능, 오락적 기능, 예술적 기능, 생산적 기능 등이 담겨 있다. 우리나라의 세시풍속은 다음과 같은 의의를 갖고 있음을 알 수

로 의미가 크다.

06 『열양세시기(列陽歲時記)』는 조선 순조 때 김매순(1776~1840)이 1819년 한양의 연중행사를 기록한 책으로 1권으로 되어 있다. 이 책에는 서울의 세시풍속 80여 종을 월별로 구분, 해당 절후 및 그에 따른 풍속에 함께 간략히 소개되어 있다. 주로 서울의 풍속을 다루었는데, 그 연원을 중국 풍속에서 찾았다(국립민속박물관 편(2007). 조선시대세시기 Ⅲ. p.99).

있다.

① 입춘대길(立春大吉), 건양다경(建陽多慶)을 써서 대문에 붙이고, 복조리를 나누는 등의 세시풍속 행위는 자연 속에서 삶을 영위하기 위해 계절적인 변화와 자연의 이치를 깨닫고 순응함과 동시에 이겨낼 수 없는 자연의 힘에 기복하는 형태를 보였다. 계절에 따른 자연 순응을 위한 기복적인 행위가 수반되는 것이다.

② 세시풍속은 조상숭배(祖上崇拜)의 뜻과 행위가 수반되어 왔다. 각 가정마다 명절에 지내는 차례는 계절의 변화가 올 때, 그 시기에 맞는 세시음식을 준비하여 감사와 보은의 마음으로 정성스럽게 이루어졌다.

고려 때에는 9대 속절을 지켰는데, 속절은 곧 명절을 뜻한다. 조선에서는 5대 명절을 지냈다. 고려 때에 지켰던 팔관을 조선시대에 이르러 없앤 것은 조선이 유교를 표방한 국가였기 때문이다.

- 고려 9대 속절: 원정, 상원, 상사(삼짇날), 한식, 단오, 추석, 중구, 팔관, 동지
- 조선 5대 명절: 설날, 한식, 단오, 추석, 동지

③ 세시풍속의 활동에 참여함으로써 상호의존적인 집단문화의 특성을 반영하는 공동체 사회의 유대감을 갖도록 하고 '함께 하는 문화', '나누는 문화', '우리 문화의식' 등을 심어주게 한다. 마을 중심의 세시풍속놀이나 활동, 다례, 고사 등은 민족적인 연대의식과 한민족에게 뿌리 깊게 남아 있는 '우리 의식'을 형성하는 데 크게 기여했다(주영애, 2015). 세시풍속은 집안, 마을, 사회가 함께 하는 놀이와 음식, 문화가 그 중심이 되었다. 설이나 추석 명절에 함께 만드는 음식이나 윷놀이, 줄다리기, 강강술래, 연날리기 등의 세시놀이는 매우 인간적이고 관계지향적인 교류를 바탕으로 하며, 연대의식을 함양한다. 세시풍속은 집단적 여가문화의 의미를 깨닫게 해준다.

④ 세시풍속은 자국 문화의 정체성 확립을 위한 교육의 소재가 되며, 한해의 흐름과 맞물려 있으므로, 미리 준비하고 실행하는 생활계획 실천과정을 익히는 생활문화교육이기도 하다. 유아들을 대상으로 교육하는 교사들이 세시풍속 교육을 하는 가장 중요한 이유로는 전통생활문화를 계승 발전시키고, 우리 민족의 주체성을 확립하기 위함이며, 우리 전통생활문화의 우수성을 알리기 위함이라고 보고 앞으로 세시풍속과 관련된 예의범절, 전통음식, 민속놀이, 민속행사 등에 대한 교육의 필요성을 높게 인식(주영애, 2012)하고 있다.

⑤ 세시풍속과 같은 전통문화는 역사의 전개에 발맞추어 각 시대마다 새로운 문화 창조의 바탕이 될 수 있다는 점에서 현재를 알게 하고 미래의 좌표를 제시하는 근간이 될 수 있는 것(김명자, 2004)이므로 전통문화 재창조의 바탕이 된다는 의의를 찾을 수 있다. 세시풍속은 풍요로운 삶과 더불어 사는 삶을 살기 위해 필요한 우리 민족의 특성을 담고 있는 전통문화이며, 한민족의 생활문화이다.

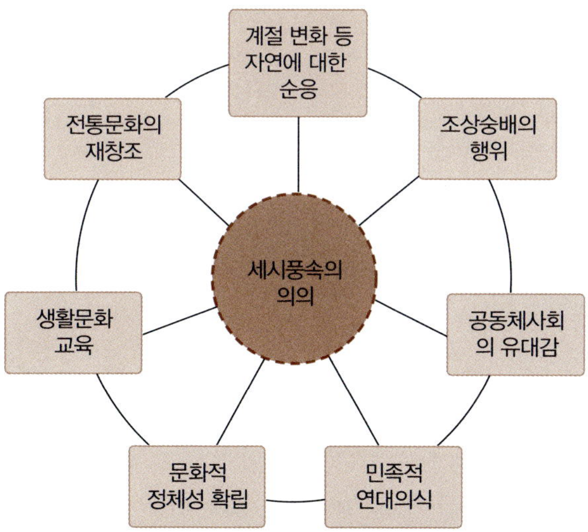

그림 9-5 세시풍속의 의의

(2) 세시풍속과 민속놀이

우리나라는 24절기[07]와 십간(十干)[08] 십이지(十二支)[09]를 기준으로 각 세시풍속이 이루어진다. 세시풍속에는 그 시기에 맞는 농가의 행사와 세시음식, 민속놀이 등이 이루어진다. 십이지는 통일신라 이래 오늘까지 이어져온 우리 민족의 신앙과 사상의 산물이 되고 있다. 한국문화에서 띠 동물에 대한 담론은 세 가지 경우로 집중되는데, 첫째는 연말연시에 새해를 맞이하면서 그 해의 수호동물인 십이지 동물로 한해의 운수를 점친다. 둘째는 자녀가 출생했을 때에 그 운명을 띠 동물과 연관지어 미래를 예지하려고 한다. 셋째는 자녀가 성장하여 결혼상대를 구할 때 배우자가 될 사람의 띠와 궁합을 맞추어 보며 띠를 거론한다. 띠 동물과 자신을 동일시하고, 동물의 덕성을 자기의 특성으로 본받으려 했던 것은 한국인에게 심리적으로 영향을 끼쳐온 것으로 보인다.

표 9-20 24절기

正月	입춘(2.4경) 우수(2.19경)	二月	경칩(3.6경) 춘분(3.21경)
三月	청명(4.5경) 곡우(4.21경)	四月	입하(5.6경) 소만(5.22경)
五月	망종(6.6경) 하지(6.22경)	六月	소서(7.8경) 대서(7.23경)
七月	입추(8.8경) 처서(8.24경)	八月	백로(9.8경) 추분(9.23경)
九月	한로(10.9경) 상강(10.24경)	十月	입동(11.8경) 소설(11.23경)
十一月	대설(12.8경) 동지(12.22경)	十二月	소한(1.6경) 대한(1.21경)

07 1년을 춘하추동의 4계절로 나누고 다시 24절기로 나누어 사용한다. 한 절기와 다음 절기 사이는 평균 15.2일 정도가 된다.

08 갑(甲) · 을(乙) · 병(丙) · 정(丁) · 무(戊) · 기(己) · 경(庚) · 신(辛) · 임(壬) · 계(癸). 한 달을 음력으로 29.5일, 즉 30일이라고 하여 열흘 단위로 끊어 초순, 중순, 하순으로 나누었다. 이 순(旬)을 십간으로 각각 표기했다.

표 9-21 띠 동물

子	丑	寅	卯	辰	巳	午	未	申	酉	戌	亥
쥐	소	범	토끼	용	뱀	말	양	원숭이	닭	돼지	개

오늘날 통상적인 세시명절은 설날, 정월대보름, 단오, 추석의 4대 명절을 꼽는다. 그리고 종교적 의미와 더불어 지키고 있는 세시는 기독교의 예수 탄생일인 크리스마스나 불교의 석가탄신일인 초파일이 있다. 요즈음 4대 명절이라고 말하지만, 1989년부터 설과 추석은 당일을 전후하여 3일씩 연휴로 지정되어 지켜지고 있어서 실제로 직업과 학업, 독립 등으로 인해 떨어져 지냈던 가족들이 함께 모이고, 명절의 분위기를 한층 즐기는 때는 설과 추석으로 집약된다. 정월대보름이나 단오는 휴일로 지정된 명절은 아니지만, 당일에 먹는 세시음식을 즐기거나 마을이나 지역문화원과 지자체에서 일련의 행사를 열어 시기에 맞는 세시놀이를 하고, 세시의례를 지내면서 세시문화를 이어간다. 한편 석가탄신일(음력 4월 8일)과 성탄절(양력 12월 25일)은 법정 공휴일로 하루씩 쉰다. 현대의 명절은 곧 휴일과 연결되어 인식되고 있어서, 현재 한국에서 지켜지는 세시는 한국 고유의 명절이나 풍속과는 다소 차이가 있다.

09 십이지는 열두 달을 표기하는 데 사용했다. 자(子)·축(丑)·인(寅)·묘(卯)·진(辰)·사(巳)·오(午)·미(未)·신(申)·유(酉)·술(戌)·해(亥)이다. 십간십이지를 배합하여 육십갑자(六十甲子)가 합성되었다. 이것으로 연대를 표기한 것은 약 2천년 전이다. 십이지를 동물로 배정한 것은 중국의 후한 왕충(27~96년경) 「논형(論衡)」에서 처음 생겼다. 논형에는 자연관, 지식론, 인성론, 운명론, 정치사상 등이 포함되어 있다.

표 9-22 현대 4대 명절과 풍속

세시명절	풍속
설날[元日] (3일 연휴)	• 세찬(歲饌)인 떡국과 세주(歲酒)를 마련하여 조상께 차례를 지내기 • 가까운 집안끼리 모여 조상의 묘에 성묘하거나 납골묘 가기 • 설음식으로 떡국과 전유어, 빈대떡, 강정류, 식혜, 수정과 등 마련 • 설빔을 입고, 웃어른께 세배, 일년 간 무탈하기를 원하며, 덕담 나누기 • 연날리기, 윷놀이, 널뛰기, 승경도놀이 등 다양한 놀이를 함 • 새해 운수를 보기도 함 • 1985년 민속의 날로 지정되어 1일간 국가적 공휴일이 되었다가, 1999년부터 3일 연휴로 지냄. 명절 연휴에 고향을 찾아 민족의 대이동이 나타남 • '새해 복 많이 받으세요'라는 인사말을 함
정월대보름 [上元]	• 대보름날 연은 액연(厄鳶)이라 하여 멀리 날려 보냄 • 약밥, 오곡밥, 묵은나물[진채(陳菜)], 김, 부럼, 귀밝이술[이명주] 등을 먹음 • 달맞이, 윷놀이, 쥐불놀이, 동제 줄다리기, 더위팔기, 등을 즐김
단오(端午)	• 일년 중 양기가 가장 왕성한 날로 음력 5월 5일에 지내는 명절임 • 수릿날, 천중절, 단양, 중요절이라고도 함 • 단오 음식으로 쑥떡, 망개떡, 익모초, 수리취떡, 앵두화채 등을 만들어 먹음 • 강릉단오제가 널리 알려져 있으며, 여러 가지 행사가 전국적으로 행해지며, 집단적 단오제로 공동체의식을 높이는 축제가 열림 • 그네뛰기, 씨름, 활쏘기 등을 즐기고 창포물에 머리를 감기도 함
추석(秋夕) (3일 연휴)	• 음력 8월 15일 보름으로, 한가위, 가위, 가베, 중추절, 중추가절이라고 함 • 풍요를 기원하며 추석 차례를 지내고, 추석 성묘를 하거나, 납골묘를 찾음 • 강강술래(중요무형문화재 제8호), 줄다리기, 씨름, 소싸움 등을 함 • 추석음식으로 햇곡식으로 만든 송편과 토란국, 화양적, 누름적 등을 먹음 • 1989년부터 추석 당일 포함 3일 연휴로 지정되어 지켜지고 있음 • 설과 유사하게 고향을 찾아 민족의 대이동이 나타남

표 9-23 현대에 지켜지는 종교적 명절

세시명절	풍속
석가탄신일 [초파일] (1일 휴일)	• 음력 4월 8일로 불교의 석가탄신일로 1975년 이후 한국의 법정 공휴일 • 설날, 추석과 함께 음력으로 셈하는 휴일 • 사찰에서는 '부처님 오신 날'로 불림 • 이 날 등불을 밝히는 불교식 축제가 신라 진흥왕 때부터 이어지고 있음 • 연등회는 중요무형문화재 제133호이며, 유네스코 인류무형문화유산임 • 불교행사가 진행되나 종교, 성별, 국적과 관계없이 하나로 즐기는 축제임
성탄절 [크리스마스] (1일 휴일)	• 양력 12월 25일로 예수그리스도의 탄생을 축하하는 기념일 • 1949년 정부수립 후 최초로 지정된 공휴일 • 기독교는 성탄예배를, 가톨릭교회는 주님성탄 대축일미사를 드림 • 성탄절을 전후하여 캐럴이 불리며, 연말연시와 더불어 분위기가 고조됨

이외에 민속으로 지켜지는 삼짇날이나 한식과 청명, 유두, 칠월칠석, 백중, 중양절, 동지, 그믐날 등은 명절의 의미보다는 계절변화에 순응하며 즐기는 풍속으로 여긴다. 이러한 세시풍속은 풍요를 기원하고, 감사를 표현하는 차례와 풍요를 상징하는 놀이, 제철에 나는 음식을 즐기는 한국인의 생활문화로 집약된다,

표 9-24 계절변화에 따른 세시풍속

세시풍속	내용
입춘	• 봄을 알리는 24절기의 첫 번째임 • 봄이 되어 크게 길하고 경사스러운 일이 많이 생기기를 기원한다는 입춘축[立春大吉, 建陽多慶]을 대문, 기둥 등에 붙임 • 궁중에서는 오신반을, 민가에서는 세생채를 만들어 먹음. 햇나물로 입춘 절식을 나눠먹는 풍속이 있음
삼짇날	• 음력 3월 3일로 상사일(上巳日), 삼진일(三辰日)이라고도 함 • 강남으로 갔던 제비가 돌아오는 봄기운이 한창인 봄날임 • 진달래 화전, 개떡 등을 만들어 먹고, 꽃놀이, 풀각시놀이 등을 함

한식	• 동지의 105일 후로 보통 4월 5~6일쯤으로, 24절기인 청명과 자주 겹침 • 조상의 묘를 찾아 제사 지내고 묘소를 돌봄 • 정월대보름 한식, 단오는 과거에는 명절이었지만, 1960~1970년대에 추석과 설날은 명절로 지키고, 이후 명절로 지내지 않고 있지 않음 • 다만 세시풍속으로 지켜지면서, 조상의 묘를 찾아뵙고, 관리하고 있음
유두	• 음력 6월 15일로 유두날이라고 불리고, 경사도에서는 '물맞이'라고 함 • 시내나 산간 폭포에 가서 머리를 감고 몸을 씻은 뒤 음식을 먹고, 서늘하게 하루를 지낸다고 하여 유두잔치를 한다고도 함 • 새로 나온 과일로 유두천신(流頭薦新)을 지내며 연중농사가 잘되길 기원함 • 유두면, 밀전병, 수단 등을 만들어 먹음
칠월칠석	• 견우와 직녀가 오작교에서 한 해에 한 번씩 만난다는 유래가 있는 날 • 음력 7월 7일로 밀전병과 햇과일 등 제물을 놓고 고사를 지내기도 함 •『동국세시기』에는 옷을 햇볕에 말리는 풍속이 기록되어 있음
백중	• 백중은 음력 7월 15일로 중원(中元), 망혼일(亡魂日) 우란분절(盂蘭盆節)이라고도 함 • 조상의 사당에 천신을 하고 천신차례를 지냈고, 농군들은 하루를 쉬며 즐김 • 마을 단위로 농사에 대한 수로를 위로하고 풍년을 기원함
중양절	• 음력 9월 9일로 중구(重九)라고도 하며, 한해의 수확을 마무리하는 때임 • 삼짇날 강남에서 온 제비가 다시 이때에 돌아간다고 함 • 추석에 햇곡식으로 제사를 올리지 못한 집에서는 뒤늦게 조상께 천신(薦新)을 함 • 국화가 만발할 때이므로, 국화주, 국화전을 만들어 먹음
동지	• 음력 11월, 양력 12월 22~23일 경임. 밤이 가장 길고 낮이 가장 짧음 • 동지를 아세(亞歲), 작은설이라 했고, 관상감에서는 새해 달력을 만들어 주었으며, 동지하례(冬至賀禮)를 행하면서 버선을 선물함. 이를 동지헌말(冬至獻襪)이라 함 • 동지팥죽을 만들어 동지 고사를 지내고, 나누어 먹음
그믐날	• 음력 12월 30일경으로 제석(除夕), 제야(除夜), 제일(除日) 등으로 부름 • 송구영신(送舊迎新)의 풍습으로 묵은 설이라 하여, 묵은세배를 올리기도 함 • 만둣국, 동치미, 골동반 등을 먹음 • 현재도 보신각에서 제야의 종을 치는 것은 한 해를 보내고 새해의 희망을 맞이하려는 통과의식임

세시민속놀이로는 정월의 윷놀이, 널뛰기, 제기차기, 연날리기, 쥐불놀이, 달맞이, 지신밟기, 줄다리기, 다리밟기 등을 볼 수 있으며, 봄철의 화전놀이, 단오의 그네뛰기와 씨름, 한가위의 강강수월래, 농한기 농번기의 명절 때 하는 농악놀이,

농사를 끝내고 하는 백중놀이 등 다양한 민속놀이가 있다.

표 9-25 세시민속놀이

구분	내용
윷놀이	선조들은 윷판을 농토로 삼고, 윷놀이를 통해 윷말을 돌려 계절을 변화시키면서 항구적인 풍년농사를 기원했다. 윷놀이는 정월의 마을축제로서 남녀노소 누구나 할 수 있는 놀이이며, 승부놀이이자 한정된 윷판 안에서 우연성의 원리가 적용되어 무궁무진한 변화와 흥미를 자아낸다.
널뛰기	널뛰기는 설과 단오 추석에 여성들이 하는 대표적인 놀이이다. 긴 널빤지의 한가운데에 짚단이나 가마니로 밑을 괴고 양 끝에 한 사람씩 올라서서 마주보고 번갈아 뛰면서 하는 놀이로 균형을 잃고 떨어지는 사람이 지게 되는 것이다. 널이 움직이지 않도록 널 가운데 사람이 앉기도 한다. 신체단련과 활발한 기상을 길러 주는 놀이였으며, 지방마다 널뛰면서 부르는 노래도 있는데, 안동지방의 널뛰기 노래에는 규중처녀들의 즐거운 설날 놀이였음을 보여준다.
제기차기	제기를 가지고 발로 차는 놀이이다. 겨울 정초에 하는 어린이들의 놀이이다. 제기차기는 축국을 우리말로 표현한 것인데, 축국이 발전해 오는 과정에서 공 대신 제기로 바뀐 형태이며, 조선시대에 이르러 아이들의 놀이로 굳어졌다. 구멍 뚫린 엽전을 얇은 종이로 싸고 종이의 두 끝을 한 구멍의 같은 방향으로 꿰어서 그 끝을 갈래갈래 찢어서 만든다. 제기를 차는 방법으로는 발들고차기, 양발차기, 외발차기, 뒷발차기 등이 있다.
연날리기	연날리기는 겨울철 농한기 때에 많이 했고, 정월대보름 즈음에 가장 절정을 이루었던 민속놀이이다. 서울특별시 시도무형문화재 4호로 지정된 놀이이다. 대보름이 되면 '액(厄) 연띄운다'라고 하여 얼레에 감겨 있던 실을 모두 풀고 실을 끊어서 연을 멀리 날려 보낸다. 한 해 동안 질병이나 사고, 흉년 등 나쁜 운이 멀리 사라지고 복이 들어오기를 기원하는 마음이 담겨 있었다.
쥐불놀이	음력 정월 대보름날 달집에 불이 붙는 것을 신호로 논과 밭에 불을 놓는데, 이는 논밭의 잡초와 잔디를 태워서 해충의 피해를 줄이고자 하는 전국적인 풍속이다. 쥐불의 크고 작음에 따라서 그 해의 풍흉과 그 마을의 길흉을 점치기도 한다. 한 해를 시작하면서 농산물의 성장과 재산 증식을 상징하는 뜻을 표현한 것이다. 『동국세시기』에는 훈서화(燻鼠火)라고 하였다.
달맞이	달맞이는 영월, 망월, 달보기, 망우리 등 다양하게 불리었으며, 대보름날 횃불을 들고 뒷동산에 올라가 달이 뜨기를 기다렸다가 달이 뜨면 횃불을 땅에 꽂고 달을 보면서 기복(祈福)하는 풍속이다. 풍년, 결혼, 출산, 풍요, 번성 등을 기원하면서 달맞이는 다른 사람보다 먼저 하는 것이 길한 것이라 생각했다.

지신밟기	음력 정초에 하는 민속놀이로 악귀와 잡신을 물리치고, 평안과 건강함을 기원하고, 풍작과 가정의 다복을 축원하는 것이다. 민속악기 풍물을 들고 탈을 쓴 사람들이 집집마다의 지신을 밟으면서 지신풀이 가사를 창하며 춤과 익살, 재주를 연희하는 것으로 마을의 지신에 대한 공연적 성격을 띤 놀이이다.
줄다리기	줄다리기는 삭전(索戰) · 조리지희(照里之戲) · 갈전(葛戰)이라고도 하는데, 많은 사람들이 두 편으로 나뉘어 줄을 만주 잡아당겨 승부를 겨루는 놀이이다. 대보름에 행하는 경우가 많으나, 동래지방에서는 단옷날에, 제주도에는 한가위에 전라도 서해안지방에서는 2월 초하룻날에 하기도 한다. 단체놀이이며 규모가 큰 놀이로, 수십 명에서 수백 명까지 이를 때도 있다. 줄다리기를 위해서 줄을 만드는 것부터 놀이에 이르는 모든 과정에서 완전한 협동심을 필요로 하며, 이 놀이를 통해서 동질감과 향토애를 기르게 된다.
다리밟기	정월 대보름날 밤 다리를 밟으면 일년 열두 달 액(厄)을 면한다고 하여, 이날 밤에는 남녀노소 할 것 없이 다리밟기[踏橋]를 하였다. 이날 저녁은 사람들이 산을 이루고 피리를 불고, 북을 치며 떠들썩했다고 하며, 통행금지를 해제해 주기도 했다고 한다. 『동국세시기(東國歲時記)』에 의하면 "혹 어떤 이는 말하기를 다리[橋]가 우리나라 말로는 다리[脚]라 발음되므로 속담에 다리밟기를 하면 일 년 동안 다리에 병이 생기지 않는다."고 하였다.
그네뛰기	나무 기둥 위에 두 줄을 매고 줄 아래에 발판을 거쳐 서거나 앉아서 몸을 앞 뒤로 움직여 날게 하는 민속놀이로 추천(鞦韆)이라고도 한다. 단오 때 하는 여성들의 대표적인 놀이이나, 노소를 막론하고 전국적으로 하는 놀이이다. 단오에는 그네뛰기 대회를 여는데, 승부는 그네 앞에 긴 장대를 세워 그 꼭대기에 방울을 매어 단 뒤, 그네를 타고 장대 방울을 발로 차서 방울소리의 크고 작음으로 가리거나, 그네의 발판에 긴 자 줄을 매달아 그네가 높이 올라갔을 때의 높이를 재는 방법으로 승부를 가린다.
씨름	씨름은 각저(角觝), 각희(角戲), 상박(相撲) 등으로도 불린다. 옛 중국 문헌에서는 우리의 씨름을 '고려기(高麗技)' 또는 '요교(撩跤)'로 불렀는데, 이는 우리의 씨름이 중국과는 다른 특징이 있다는 것을 말해주는 것이다. 씨름에 대한 우리나라의 최초 문헌은 『고려서』로 충혜왕 때 왕이 용사들에게 씨름을 시키고 친히 구경하였다는 기록이 있다. 조선에서는 씨름이 대중화되었고, 김홍도의 풍속화 중에 각력도는 이를 잘 보여준다. 씨름은 그네와 더불어 우리의 대표적인 민속놀이로 단오절에 씨름이 성행하였다. 씨름은 모래사장에 모여 두 사람이 서로의 샅바나 띠를 잡고, 힘과 기술을 이용하여 상대를 먼저 땅에 넘어뜨리는 사람이 이기는 경기이다.

강강술래	강강술래는 남서부 지역에서 널리 행해지는 풍작과 풍요를 기원하는 풍속의 하나로, 설, 대보름, 단오, 백중, 추석, 중구절 등에 행해졌으며, 특히 음력 8월 한가위에 많이 행한다. 밝은 보름달이 뜬 밤에 수십 명의 마을 처녀들이 모여서 손을 맞잡아 둥그렇게 원을 만들어 돌며, 한 사람이 '강강술래'의 앞부분을 선창(先唱)하면 뒷소리를 하는 여러 사람이 이어받아 노래를 부른다. 이러한 놀이는 밤새도록 춤을 추며 계속되며 원무를 도는 도중에 민속놀이를 곁들인다. 강강술래는 2009년 유네스코 인류무형문화유산으로 등재되었다. 흥겹고 역동적이므로 초저녁부터 달이 질 때까지 춤추기를 계속하기도 하는데, 앞소리를 하는 사람의 소리 빠르기에 따라 긴강강술래, 중강강술래, 자진강강술래(잦은강강술래)로 나뉜다. 여성들이 큰소리로 노래를 부르거나 밤에 외출하는 것이 허용되지 않았지만, 추석에는 여성들도 밝은 달밤에 강강술래를 통해 자유로운 시간을 가졌던 것이다.
화전놀이	4월 초파일 무렵 보리가 익어 벨 때가 되면 마을의 여성들이 음식을 장만하여 인근 산에 올라가 하루 정도 즐기는 꽃놀이를 말한다. 삼월 삼짇날(上巳日)에 진달래꽃을 넣고 국수와 술을 만들어 선조 제사(祭祀)에 올렸다면, 화전놀이를 하는 날은 아름다운 꽃을 찾고 멋을 찾아 유생은 유생끼리, 부인은 부인들끼리 어울려서 산천을 돌아다니며 즐기는 연중행사이다.
농악놀이	모내기 후 봄의 들녘이나 벼베기를 하던 가을, 설과 같은 명절에 마을에서는 농악놀이를 하였다. 사물놀이인 타악기가 중심이 되고, 태평소, 나발 등의 관악기가 곁들여지는 농악은 전승되는 친근한 민속놀이이다. 힘든 일을 한 후 피로를 덜기 위해 즐겼던 놀이이다. 농악은 농민음악으로 중요무형문화재 제11호로 1966년 지정되었고, 진주삼천포농악, 강릉농악, 이리농악, 평택농악, 임실필봉농악 등 다섯 지방의 농악이 지정되어 있다. 농악놀이와 함께 무병장수를 기원하고 잡귀를 쫓는다는 거북놀이, 농사의 풍요를 기원하는 소맥이놀이 등이 이루어진다.
백중놀이	음력 7월 15일 백중날 행해지던 놀이이다. 전통적으로는 농촌에서 백중(百中)을 명절로 여겨 가정에서는 차례를 모시기도 하고, 마을에서는 동제를 모시는 곳도 있다. 전국적으로 백중이 되면 호미씻이 또는 호미걸이를 한다. 여름 농사일이 거의 마무리되고 망중한의 시기를 맞게 된다. 명절이므로 일하지 않고 쉬면서 여러 가지 의례를 올리고 놀이를 즐기는데, 이들을 통칭하여 백중놀이라고 한다. 경남 밀양의 백중놀이(꼼배기참놀이)는 중요무형문화재 제68호로 1980년에 지정되었다. 이는 농신제로 시작하여 작두말타기, 춤판(양반춤, 병신춤, 범춤), 뒷놀이의 순서로 진행된다. 또한 충남의 연산백중놀이는 1991년에 충청남도 무형문화재 제14호로 지정되었다. 백중은 풍년을 일구어낸 농군들을 위하는 날이므로 머슴명절, 일꾼들 생일날, 일꾼들 잔칫날이라고도 한다.

출처: 한국민족문화대백과사전, 한국세시풍속사전, 두산백과, 한겨레음악대사전 등을 참고하여 정리한 것임.

국립민속박물관에서는 내외국인을 대상으로 하여 전통적인 세시풍속과 더불어 오늘날 지켜 나아가는 세시풍속 체험 프로그램을 다채롭게 운영한다. 또한 남산골 한옥마을에서도 설날, 입춘, 정월대보름, 삼짇날, 단오, 추석, 동지에 세시 및 절기 행사를 진행한다. 명절에 한국인들은 전국적으로 박물관이나 한옥마을 등과 같은 장소를 찾아 가족이나 친지와 함께 민속놀이 체험을 하기도 한다.

세배와 덕담으로 따뜻해지는 설맞이

우리에게 설날, 추석 등은 익숙하지만, 삼짓날, 단오, 유두, 중양절 등은 낯설다. 오히려 발렌타인데이, 화이트데이 등 데이시리즈를 더 많이 알고 기념하는 사람들이 많아, 우리의 명절보다 더 친숙하게 느낀다 해도 틀린 말은 아니다. 그러나 우리나라는 사계절이 있고, 농경생활을 기본으로 한 생활이 터전이 되어왔기에, 기후에 맞는 세시풍속은 지금까지도 자연과 더불어 사는 우리의 생활문화로 자리매김 되었다. 세시풍속 중에 4대 명절이라 하면 설, 대보름, 단오, 추석을 말할 수 있다.

설은 정월 초하루로 원일(元日)이라고 한다. 이날 세장(歲粧)이라고 하는 설빔을 입고, 조상께 차례를 지내며, 제액초복(除厄招福)을 하는 안택, 덕담 나누기, 세시음식 나누기, 놀이 등을 하며 보내게 된다. 사회가 크게 변모했지만, 지금까지 전해져 지켜오고 있는 설 풍속은 설빔, 조상차례, 세배와 덕담, 설날 음식 나누기, 설날 놀이 등이 있다. 새해맞이를 위해 준비하는 설빔은 어린 아이들에게는 더 큰 설렘이 된다. 색동옷으로 곱게 단장한 설빔을 입고, 어른께 세배하는 것은 전승되고 있는 아름다운 미풍양속이다. 또한 형편껏 마련한 설음식인 세찬(歲饌)과 1년 내내 괴질과 액이 없이 오래 살기를 희망하며 마시는 세주(歲酒)인 송백주, 도소주, 가양주 등을 준비한다.

설날 아침에는 가족들이 일찍 일어나 세수를 하고 설빔을 입고, 세찬(歲饌)과 세주(歲酒)를 준비하여 조상님께 차례를 지내고, 어른들께 새해 인사를 올리는 세배를 한다. 그 후 차례를 지낸 음식으로 아침을 먹은 후 성묘를 하고, 가까운 친지와 어른들을 찾아뵙고 세배를 하며, 송구영신(送舊迎新)하고 제액초복(除厄招福)을 하는 덕담(德談)을 나눈다.

세배는 조부모님께 먼저 하고, 부모, 형제 등 차례로 인사를 드린다. 일가친척 중에 나이가 많고 항렬이 높은 어른부터 차례로 세배를 한다. 절을 드릴 때는 받으시는 어른 한 분 한 분께 하지만 어른께서 '모두 한 번에 하거라'라고 허락하시면, 함께 세배 드리기도 한다. '새해 복 많이 받으세요'라는 말을 먼저 하거나 인사말을 하는 동시에 세배 올리는 것은 앉아계신 어른께 대한 예의가 아니므로, 절을 올린 후, 다시 자리에 앉아서 '새해에도 복 많이 받으시고, 건강하세요'라는 말씀을 드리고, 어른들께서 내려주시는 새해 덕담을 듣도록 한다. 세배한 사람이 어른일 때는 술과 음식으로 대접하고, 어린 아이들일 경우에는 세뱃돈을 주고 덕담을 하며, 새해를 복되게 지내기를 서로 기원한다.

그러나 요새 입시와 취업, 결혼 등으로 스트레스를 받는 젊은이들이 점점 세배하기를 꺼리고 있다. 어른들의 덕담이 오히려 부담이 되고, 본인들의 답답한 현실을 자극하는 말도 듣고 싶지 않다고 한다. 설맞이 세배와 덕담에도 지혜가 필요하게 되었다. 이번 설에는 젊은이들이 어른들을 뵙고 새해 인사를 드려 보는 적극적인 모습으로 새해를 맞이하길 권한다. 그리고 어른들은 젊은이들을 배려하는 감동을 주는 덕담을 해주시길 바란다. 우리가 존재하는 그 자체에도 감사할 줄 아는 여유로운 덕담을 더해 주시면 좋겠다. 특히 오늘날과 같이 조부모세대와 함께 동거하는 경우가 드물고, '내 탓이요' 보다는 '네 탓이요'를 더 외치는 각박한 시대에, 우리 가정에서부터 세배와 덕담을 통해서 어른께 대한 예의를 다하고, 아랫사람에 대한 존중과 보살핌을 서로가 표현하여, 세대 간의 유대감을 증진시키기고 돈독하게 이끌어가는 모습을 만들어 보았으면 한다. 세배와 덕담으로 따뜻해지는 설맞이를 기대해 본다.

성신여대 문화산업대학원 전통문화콘텐츠전공 주임교수 주영애

출처: 성북소리. 2016년 2월호 기획특집 2016 '설맞이 이렇게' p.8.

표 9-26 세시음식

세시	음식				
설	떡국	만두국	갈비찜	식혜	수정과
입춘	승검초산적	오신반	산갓김치	탕평채	명태순대
대보름	오곡밥	묵은 나물	원소병	귀밝이술	부럼
삼짇날	진달래화채	진달래화전	책면	두견화주	애탕국
단오	준치만두	앵두화채	수리취떡	쑥떡	증편
삼복	삼계탕	육개장	민어탕	개장국	임지수탕
백중	밀개떡	감자떡	백가지나물	호박나물	김부각
추석	송편	토란탕	송이산적	녹두나물	배숙
중구절(중양절)	메밀만두	화채	국화주	도루묵찜	황계백숙
시월무오일	변씨만두	신선로	연포탕	호박고지시루떡	밀단고
동지	팥죽	냉면	비웃구이	골무떡	타락죽
섣달그믐(납일)	골동반	설렁탕	완자탕	내장전	동치미

2) 도시의 세시풍속과 지역축제

(1) 도시 세시풍속

세시풍속은 한국 사회의 산업화와 도시화의 본격적인 사회구조적 변동과 맞물려 1960년대 이후 크게 변화하였다. 1990년대 후반부터 민속박물관을 중심으로 전통세시풍속의 현대화와 관광자원화 방안에 대한 논의와 세시풍속 사전편찬, 세시풍속의 관광 및 상업화 노력이 진행되면서 지역축제가 농촌에서 대도시에 이르기까지 고루 분포되어 세시풍속의 면모로 나타났다. 전통적으로 지금까지 전승되어온 민속적인 세시풍속이 있다면, 현대에는 매년 행해지는 연중행사가 있다. 그러나 국가가 주도적으로 지정한 공식적인 국가기념일이나 국경일을 제외하고 풍속적인 입장에서 보면 일반인들이 생활문화로 전승해 온 것은 바로 세시풍속으로 매우 자생적인 문화라 할 수 있다. 도시생활을 하는 일반 가정에서도 세시음식이나 예의범절, 놀이 등은 그대로 전승되어 지켜지고 있고, 설과 추석을 중심으로 민족의 대이동이 이루어지고 세시음식재료 등이 세시에 맞추어 판매되고 있다.

표 9-27 세시를 제외한 한국의 국경일과 기념일의 예시

구분/날짜		명칭	내용
국경일	3.1	3.1절	한민족이 일본의 식민통치에 항거, 1919년 3월 1일에 일어난 기미독립운동을 기념하는 날. 독립선언서를 발표, 세계 만방에 한국의 독립 의사를 알린 날
	7.17	제헌절	1948년 7월 17일 대한민국 헌법 공포를 기념하는 날
	8.15	광복절	1945년 8월 15일 일본으로부터 국권을 회복한 것을 기념하고, 1948년 8월 15일 대한민국 정부수립을 기념하는 날
	10.3	개천절	우리 민족의 시조 단군이 개국한 날을 기념하는 날
	10.9	한글날	1446년 10월 9일에 세종대왕의 한글 반포를 기념하고, 한글의 연구와 보급을 장려하기 위하여 정한 날

기념일	국가보훈처	3.15	3.15기념일	1960년 3월 15일 부정선거에 항의를 기념하는 날
		4.13	대한민국 임시정부 수립기념일	1919년 4월 13일 대한민국임시정부의 법통과 역사적 의의를 기리기 위해 제정한 기념일
		4.19	4.19혁명 기념일	1960년 4월 19일 학생과 시민이 중심이 되어 일으킨 반독재 민주주의 운동
		5.18	5.18민주화 운동기념일	1980년 5월 18일을 전후하여 광주와 전남 일원에서 신군부의 집권음모를 규탄하고 민주주의 실현을 요구하며 전개한 민중항쟁을 국가차원에서 기념하는 날
		6.6	현충일	국가를 위해 목숨을 바친 이들의 충성을 기념하는 날
		6.25	6.25사변일	1950년 6월 25일 새벽 북한의 불법남침으로 한국전쟁이 발발한 날
		11.17	순국선열의 날	국권회복을 위해 헌신한 순국선열의 독립정신과 희생정신을 후세에 전하고 선열의 얼과 위훈을 기리기 위해 정해진 날
	국방부	10.1	국군의 날	1950년 한국군이 남침한 북한군을 반격하여 38선을 돌파한 날로 한국군의 전투력을 국내외에 과시하고, 국군장병들의 사기를 높이기 위하여 정해진 날
	보건복지 여성가족	5.1	근로자의 날	근로자의 노고를 위로하고 근로의욕을 높임
		5.5	어린이날	어린이 사랑 정신을 함양하고 꿈과 희망을 심어주기 위함
		5.8	어버이날	조상과 어버이에 대한 은혜를 헤아려 공경하는 마음을 갖기 위함
	여성 가족부	5월 셋째 주 월요일	성년의 날	성인으로서의 자부심과 책임감을 갖도록 함
		5.15	가정의 날	가정의 중요성을 고취, 건강가정을 위한 개인, 가정, 사회의 적극적 참여분위기 조성
		5.21	부부의 날	부부가 건전한 가족문화의 정착과 가족해체 예방을 위함

보건 복지부	10.2	노인의 날	경로효친과 미풍양속의 확산
	5.11	입양의 날	건전한 입양문화의 정착과 국내입양의 활성화
외교부	10.5	세계 한인의 날	세계 각지에 거주하는 재외동포의 민족적 의의를 되새김
금융 위원회	10월 마지막 화요일	금융의 날	금융에 대한 국민의 이해를 높이고 금융의 역할과 책임을 되새기며, 금융권 종사자들의 노고를 격려
공정거래 위원회	12.3	소비자의 날	소비자의 권리의식을 신장하고, 소비자보호에 관한 인식을 높임

세시 이외에 공휴일로 지정된 삼일절, 광복절, 제헌절 등 국경일이나 국군의 날, 현충일, 5·18민주화운동 기념일 등은 국가에 공헌한 인물들의 노고와 추모의 의미가 담겨 있거나 공공적인 목적, 즉 집단 구성원에게 교훈을 주는 공공성이 담겨 있다. 그러나 법적으로 명시되어 있지 않은 기원도 알 수 없는 '날'을 일반인들은 제각기 의미를 부여하며, 일련의 행사를 하고 나눔과 교류 등을 하고 있으며 오늘날의 생활문화를 형성하고 있다. 특히 대중문화나 소비문화와 맞물려 나타나고 있는 행사나 각종 이벤트 등은 생활문화적인 측면에서 보면 현대적인 연중행사이자 세시와도 같이 반복되는 풍속적 의미를 담고 있기도 하다. 자본주의와 소비문화가 주도하는 현대사회의 특징을 반영해 보자면, 도시의 세시풍속으로 대치되는 현상이 이른바 데이 시리즈를 통해서 나타나고 있다. 즉 밸런타인데이, 화이트데이, 블랙데이, 로즈데이, 빼빼로데이 등은 새로운 소비문화를 만들어 내고 있다. 이는 기업의 데이마케팅(day marketing) 전략으로 급속도로 확산되고 있다. 관련 연구(차태훈 외, 2008)에 의하면 데이마케팅은 의례 요소를 많이 포함하고 있고, 소비행동이 의례화되는 것은 소비경험이 소비자에게 의례처럼 여겨지는 것으로 보았다. 예를 들어 밸런타인데이의 경우 상징적 의미를 띠고 있는 의례용품인 초콜릿을 주고받는데 이러한 행동들은 매년 반복되게 하고, 이러한 일부 데이는 의례화된 소비를 이룬다고 하였다. 특히 이들 데이가 갖는 특성은 상징성, 반복성, 참여자들에게

역할 부여, 사회적 진지함을 가지고 있다고 분석한 바 있다.

세대별 세시풍속에 대한 인식을 보면(주영애, 2015) 월별 세시 중에서 가장 많이 알고 있는 세시풍속은 행사와 놀이는 설날, 추석, 정월대보름, 단오, 동지로 나타났고, 사월초파일이나 삼짇날, 한식, 칠석, 중양절, 입춘, 유두 등은 인식 정도가 낮았다. 연령이 높을수록 각 세시풍속 행사와 놀이에 대한 인식이 높은 것으로 나타나, 연령이 낮아질수록 전통세시풍속에 대한 인식이 희박해지는 현상을 보이고 있다. 세시풍속은 계승가능성이 있는 것으로 보고 있는데, 이는 우리 민족의 삶의 역사이며 문화이기 때문이라고 인식하는 바가 가장 크다. 그러나 세시풍속은 실제로 지켜 나가기가 힘들고, 현대생활에도 별로 도움이 되지 않고, 시대에 맞지 않다는 견해도 볼 수 있다. 세시풍속에 대한 지식 습득은 주로 부모님을 통해서, 또는 조부모님을 통해서 이루어지는 것으로 나타났는데, 방송이나 인터넷 매체와 책을 통해서도 습득하는 것으로 나타났다. 데이시리즈에 대한 세대별 인식 차이를 보면, 20대가 각 데이에 대한 인식이 가장 높았고, 30대, 40대, 50대의 순으로 낮아지는 결과를 보였다.

새롭게 생성되는 풍속에 대해 간과할 수는 없다. 전통세시풍속이 과거의 것이라면, 오늘날 우리들이 향유하고 있는 생활양식이 미래에는 전통세시풍속이 된다는 점을 인식해야 한다. 우리의 생활문화는 역사성과 시대성을 반영하는 것이므로, 동시대에 존재하는 '전통'과 '현대' 문화에 대한 인식과 현상에 대해 관찰하고, 그 변화에 나타나는 생활문화에 대하여 탐구할 필요가 있다.

한편 북한의 세시풍속 생활문화연구(주영애 외, 2017)나 북한이탈주민이 전하는 '아직 끝나지 않은 이야기 : 북한의 일상생활문화 보고서'(국립민속박물관, 2015)를 보면, 북한의 세시풍속은 사회체제 유지와 관련된 현상을 보이고 있지만, 시대적인 변화와 남북의 이념적 차이에도 불구하고 통합문화의 가능성을 찾을 수 있다.

북한은 민속명절로 양력설, 음력설, 한식, 단오, 추석 등을 5대 명절(김종군, 2015)로 지내고 있고, 2010년 이후부터는 한식 대신에 청명절을 공휴일로 지정하여 명절로 지내고 있다. 이외에는 사회주의 국가체제 유지를 위해 설정한 국가명절이 있다. 북한에서의 국가명절이란 김일성 생일, 김정일 생일 등을 10대 명절로 앞세우고 있다.

표 9-28 북한의 주요 명절과 기념일[10]

날짜	명칭	날짜	명칭
1.1	양력설(3일 휴무)	6.6	소년단 창립절
음력 1.1	음력설(3일 휴무)	6.19	김정일 당사업 개시일
2.16	김정일 생일(광명성절, 2일 휴무)*	7.27	정전협정체결일(조국해방전쟁승리의 날)*
음력 1.15	정월대보름(1일 휴무)	8.15	광복절(조국해방의 날)*
3.8	국제부녀절*	9.9	정권창건일(조선민주주의인민공화국 창건일, 2일 휴무)*
4.5	청명절	음력 8.15	추석(한가위)
4.15	김일성 생일(태양절, 2일 휴무)*	8.25	선군절
4.25	인민군 창건일(2일 휴무)*	10.10	노동당창건일(조선노동당창건일, 2일 휴무)*
5.1	근로자의 날(국제근로자절, 5.1절)*	11.16	어머니날
음력 5.5	단오 – 휴일 아님	12.27	헌법절*

주: * 표는 북한에서 10대 국가명절로 정하고 있음
출처: 통일부. 2015 북한주요행사 예정표; 김병로(2016); 전영선(2016) 등에서 재수정 인용함.
주영애 외(2017). 연구에서 발췌함.

10 명절은 쉬는 형태에 따라 법정 공휴일, 휴식일, 기념일로 나눌 수 있다. 휴식일은 나중에 작업량을 보충해야 하는 대체 휴일이고, 기념일은 단순히 기념만 하는 날이며(전영선, 2016), 민속명절은 제도화된 명절이라기보다는 그때그때 당국의 지정에 따라 해당 명절을 앞두고 며칠 전에 쉰다는 것을 공식 발표하여 쉬게 되지만 발표하지 않고 넘어갈 수도 있다(2014 북한 이해, 2016 북한 이해). 〈표 9-28〉에서 휴일 기간을 확정하여 표시하지 않은 것은 공휴일로 지정되었으나 휴일기간 표시가 되지 않았거나, 기념일 또는 대체휴일로서 구체적이고 확정적으로 휴일기간을 언급하고 있지 않기 때문에 확인할 수 없는 경우이다.

민속명절이 되면서 북한 전역에서 윷놀이와 농악무, 민족음식 품평회를 비롯한 다양한 행사를 진행하고 씨름경기를 개최하는 등 명절 분위기를 돋우기도 한다. 그러나 대다수 주민들은 민속명절에 큰 의의를 부여하지 않는다. 대부분의 북한이탈주민들은 민속명절을 진정한 명절로 생각한 적이 없고 특별한 놀이를 한 기억이 없다고 했다. 다만 설날이 되면 "새해를 축하합니다"라는 인사말을 나누며 제사를 지내고 조상의 묘소를 찾아 성묘한다. 제사를 지낼 경우에는 김일성 · 김정일 부자의 초상화에 인사를 올리고 난 뒤 차례를 지낸다(북한이해, 2016). 북한이 매년 개최하는 '대황소상 전국민족씨름경기대회'는 추석을 앞두고 명절 분위기를 돋우며, 여성들은 윷놀이와 그네뛰기, 널뛰기를 하고 아이들은 연놀이, 팽이치기, 줄넘기를 하며 명절을 보내고 있는 것(연합뉴스, 2011.09.12)을 알 수 있다. 북한의 사회주의 생활양식에 어긋난다는 이유로 전통적인 명절을 쇠지 않다가 다시 공휴일화하고 명절로 인정한 후에 지켜지고 있는 명절 풍속인 것이다. 가을의 추석명절은 한동안은 금지되었다가 남북대화를 계기로 조상의 묘소를 찾아가 성묘하는 것을 허용하기 시작했고, 1988년 휴식일로 지정했다. 이때 가족들은 조상의 묘에 가서 꽃다발을 놓고 간단한 음식을 차려 고인을 추모하며, 묵상하거나 절을 한다. 농촌에서는 조상의 묘가 가까운 데에 있어서 묘를 찾아가는 데 문제가 없으나 도시민들에게는 국가에서 시내 운송수단을 동원해 주는 편의를 주고 있다(박종수, 2000). 겨울철 명절로는 12.22의 동지를 볼 수 있는데, 지금도 동지팥죽을 쑤어 새알심을 넣고 시절음식으로 즐겨 먹는다(박종수, 2000).

북한에는 전통적인 풍습 그대로의 명절은 없지만 완전히 소멸된 것은 아니고 오히려 1990년대 초반을 지나면서 전통적인 민속명절을 되살리려는 면을 볼 수 있다. 북한 명절의 위치를 가늠할 수 있는 중요한 단서는 북한 사람들의 생활정서인데, 북한 주민들은 조상과 웃어른에 대한 공경심이 매우 강하다(주강현, 1999)는 점이다. 또한 남한에 비해 단오가 중요하게 지켜졌는데, 이는 잡곡재배의 밭농사를 주로 하는 북부지방에서는 단오를 추석보다 큰 명절로 쇠는데 비해, 벼농사를 주로 하는 중부 이남지역에서는 모내기로 바쁜 시기라 단오를 큰 명절로 치지 않고 추석을 크게 쇠고 있다(이화형, 2014; 전경욱, 1999). 전통적으로 남쪽은 추석문화권이라면 북쪽은 단오문화권으로 파악한다(김택규, 1985).

앞으로 남북이 통일이 된다면 국토와 체제의 통합 이외에 남북한 주민의 생활에서 진정한 통합을 이룰 수 있는 '문화'를 중심으로 한 통합이 큰 이슈가 될 것이다. 이중에서도 특히 남북한의 생활문화를 중심으로 한 통합문화 모색이 절실해질 것이므로 세시풍속 생활문화를 중심으로 통합문화의 가능성을 찾는 것은 매우 의미가 있을 것이다. 이를 위해서는 세시의례 중심의 생활문화에 대한 역사적인 이해와 더불어 일상생활문화의 공감과 동질성 회복, 세시풍속 용어에 대한 상호인식의 확대와 통합, 협동과 화합의 공동체문화를 지향하는 세시풍속의 교육적 가치들이 확산되어 나아갈 필요가 크다.

표 9-29 남북한의 명절과 민속놀이 용어

남한	북한
명절: 민속명절을 뜻함	명절: 민속명절, 국가명절, 기념일 포함
구슬치기	알치기
연날리기	연띄우기
줄다리기	바줄당기기
닭싸움	무릎싸움

SNS를 중심으로 세시풍속 용어와 문화를 확산하는 젊은 세대의 노력이 기대된다. SNS의 확산은 하나의 관심사라도 전 세계로 확산시키는 큰 역할을 할 수 있기 때문이다. 그리고 유치원을 비롯한 초·중·고등교육기관과 사회교육을 통해서도 세시풍속 생활문화교육이 확대될 수 있다면 바람직할 것이다. 최근에는 유튜브 등을 통한 1인 방송이 확대되고 있고, 북한이탈주민이 운영하는 채널도 많아

졌다. 이들은 북한 사회에서 경험한 일상과 명절, 놀이, 음식 등을 다양하게 소개한다. 남북한이 분단 이후 달라진 환경에서 서로 제한된 경험 속에서 생활하면서 몰이해했던 부분들을 새롭게 인식하고 공감할 수 있는 기회를 제공한다(주영애, 2022). 열린 채널을 이용한 문화교류가 활성화된다면, 남북한 주민들이 서로의 삶을 이해하는 중요한 길이 될 수 있다.

(2) 세시풍속을 계승한 지역축제

지역축제는 신에게 풍요와 안녕을 기원하는 종교적인 제의에서 출발했다. 축제에는 제의와 놀이라는 두 가지의 성격이 담겨 있는데, 그 원형은 제천의례에 있다. 즉 하늘에 제를 지내고 음주가무를 즐기는 것으로 우리나라의 축제는 농경문화를 중심으로 유지되고 발전된 농경의례 성격을 갖고 있다. 지역공동체의 문화정체성과 전통성을 이어가려는 노력의 일환으로 민속을 바탕으로 한 축제는 지역축제 또는 향토축제라고 불린다. 특히 전통사회의 세시풍속은 오늘날 지역사회를 중심으로 특화된 지역축제로 되면서 지역발전과 관광사업화되고 있다.

우리나라에서 가장 역사가 깊은 대표축제이며, 2005년 유네스코 인류무형문화유산으로 등재된 '강릉단오제'가 유명하다. 강릉단오제는 단오를 전후하여 강릉시와 인근지역에서 해마다 열리는 향토제례의식이다. 단오제는 인기 있는 지역 축제로 유교 · 무속 · 불교의 제례의식이 공존하고 있고, 관노가면극, 그네, 씨름, 농악경연대회, 농요경창대회 등이 열리고, 단오선 만들기, 수리취떡 만들기, 창포물에 머리감기 등의 행사도 이루어진다. 강릉단오제는 영동지역 주민들에게 연대의식을 심어주고, 전통문화의 전승과 재창조의 장이 되고 있다.

제주의 '정월대보름 들불축제'는 소와 말 등 가축 방목을 위해 중산간 초지의 해묵은 풀을 없애고 해충을 구제하기 위해 마을별로 늦겨울에서 초봄 사이 목야지 들판에 불을 놓았던 '방애'라는 제주의 옛 목축문화를 재현하여 관광상품화한 문화

관광축제이다. 제주시 애월읍 봉성리 일대에서 진행되는데, 1997년부터 시작되었고 제주의 겨울철을 대표하는 축제가 되어 왔다. 달집 만들기 경연대회를 비롯하여, 오름불 놓기, 들불연날리기 등의 체험, 민속장터 등이 열린다.

보성의 다향대축제는 예로부터 차나무 자생지역인 보성에서 해마다 5월 초 한국차문화공원 및 차밭 일원에서 이루어지는 축제이다. 다신제, 한중일 들차회가 진행되고, 찻잎 따기, 차예절, 녹차천연염색 등 차문화체험 프로그램과 전국학생차예절경연대회와 문화장터 프로그램 등이 펼쳐진다. 보성과 지리적으로 가까운 하동지역의 야생차축제도 유사한 내용으로 이루어진다.

우리나라의 각 지역이 갖고 있는 특성에 맞추어 전통세시풍속의 행사와 음식, 놀이 등을 접목한 축제화 사업은 지자체의 문화관광사업으로 성장가능성이 크다. 이는 여가시간이 증대하고 있고, 새로운 여가장소, 여가체험 등을 원하는 사람들을 비롯하여 외국인들에게도 한국의 전통과 현대의 조화로운 생활의 문화를 체험하게 하는 기회가 될 수 있다.

표 9-30 국가무형문화재 축제

명칭	지정일	소재지	관리자(단체)
강릉단오제	1967.1.16	강원 강릉시	(사)국가무형문화재 강릉단오제보존회
	2005.11.25	유네스코 '인류구전 및 무형유산걸작' 선정	
	2008.	유네스코 인류무형유산 대표목록으로 등재	
경산자인단오제	1971.3.16	경북 경산시	(사)국가무형문화재 경산자인단오제보존회
	2007.3.12	(명칭변경) 한장군놀이 → 경산자인단오제	
연등회	2012.4.6	서울 종로구	연등보존위원회
법성포단오제	2012.7.23	전남 영광군	(사)국가무형문화재 법성포단오제보존회

표 9-31 국가무형문화재 놀이

명칭	지정일	소재지	관리자(단체)
안동차전놀이	1969.1.7	경북 안동시	(사)국가무형문화재 안동차전놀이보존회
영산쇠머리대기	1969.2.11	경남 창녕군	(사)국가무형문화재 제25호 영상쇠머리대기보존회
영산줄다리기	1969.2.11	경남 창녕군	(사)국가무형문화재 영산줄다리기보존회
감내게줄당기기	1983.8.6	경남 밀양시	
광주 칠석 고싸움 놀이	1970.7.22	광주광역시 남구	(사)국가무형문화재 제33호 광주칠석고싸움놀이보존회
밀양백중놀이	1980.11.17	경남 밀양시	(사)국가무형문화재 제68호 밀양백중놀이보존회
고양송포호미걸이	1998.4.13	경기 고양시	고양시
기지시줄다리기	1982.6.1	충남 당진시	(사)국가무형문화재 기지시줄다리기보존회
씨름	2017.1.4	한반도 전역에 기반, 남녀노소 보편적 공유, 전승됨 특정 보유자나 단체를 인정하지 않음	
송파다리밟기	1989.8.16	서울 송파구	

4. 합리적인 여가소비생활문화

1) 여가와 삶의 질

한국 사회에서 삶의 질을 구성하는 요인들에 대한 다양한 연구 결과들을 종합하여 보면, 세 가지 측면으로 볼 수 있는데, 첫째는 가장 기본이 되는 신체적 건강과 여가이다. 둘째는 삶의 질에 영향을 주는 핵심요인으로서 정서적 지원, 셋째는 삶의 질 향상을 위한 자원으로서 경제력과 학업이다. 대부분의 사람들은 삶의 질을 높이기 위해서는 경제적인 안정이 중요하다고 지각하고 있지만, 직장과 같은 구체적인 집단 내에서 한국 사람들의 삶의 질은 인간관계로부터 받는 정서적 지원에 의해서도 큰 영향을 받는다. 또한 모든 연령대에서 건강에 대한 우려와 관심이 크며, 삶의 질 증진에 기여하는 중요한 요소로 포함되고 있다(윤자영 · 김주리, 2014).

건강한 삶을 영위하기 위해서는 취미활동이나 시간적인 여유를 갖고 문화체험 등을 포괄하는 여가생활이 포함되어야 한다. 여가의 경험은 스트레스를 완충시켜 주고 일상탈출의 기제가 되며 정서적 이해능력과 대처능력이 생겨 삶의 질 향상으로 이어진다. 여가활동 참여는 정신건강에 매우 의미 있게 작용하게 되는데, 자긍심을 향상시켜 주고 우울이나 불안 경험자들에게는 수면 향상을 가져온다. 또한 걷기나 명상, 조깅, 산보 등은 공포나 강박, 불안 등을 감소시키는 데에도 효과를 가져온다. 즉 여가를 중심으로 한 인지적 정서적 체험은 단기적으로는 신체적 · 인지적 · 정서적 · 사회적 능력을 향상시키고, 장기적으로는 삶의 질을 향상시키게 된다. 또한 가족과의 여가활동은 가족관계를 증진시키고, 여가생활에 대한 만족은 여가이득으로 이어지므로 가족생활에 있어서도 매우 긍정적인 영향을 미친다.

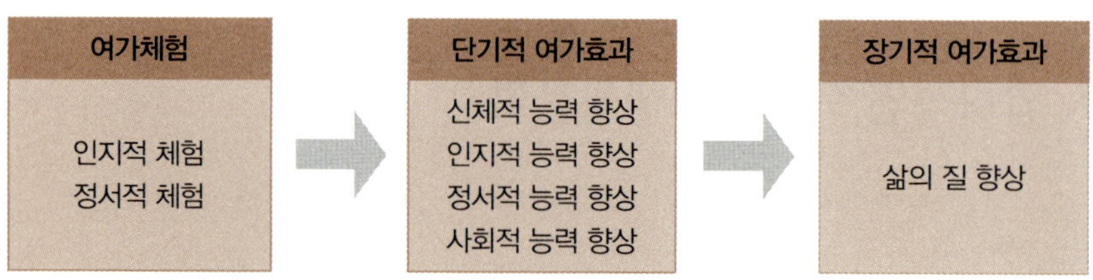

그림 9-6 여가체험과 여가효과

인간은 능동적으로 자신의 삶의 의미를 해석하고 추구하는 존재이다. 삶의 질이 높은 사람에게서 발견되는 특징은 만족, 행복, 심리적 복지(psychological well-being)와 같은 비가시적 현상이다. 심리적 복지란 매슬로(Maslow)의 욕구 위계설에서 상위 욕구인 자아실현의 욕구가 충족된 상태를 의미한다. 여가에 대한 욕구는 하위적 개념의 물질적 욕구가 충족된 이후에 요구되는 자아존중 및 자아실현의 욕구단계에 해당하는 것(임수원, 2002)이다. 즉 인간의 욕구를 최적의 조건으로 충족시켜주는 것이 복지사회의 기본명제라 할 때, 여가는 복지사회의 서비스로서의 기능과 의미도 담고 있다. 개인의 삶과 국민전체의 삶에 있어서 여가를 필연적인 요소로 그 중요성을 고려할 때, '삶의 질'은 복지라는 개념으로 바뀌게 되고, 여가는 국민들의 복지 달성을 위해 그 중요성이 재강조된다.

인간에게 행복을 주는 즐거움, 만족감, 의미 등은 여가의 본질적인 요소인 기쁨, 몰입, 삶의 의미, 일과 여가의 균형과 연계된다. 행복이 여가와 관련될 때, 진지한 여가(serious leisure), 몰입(flow), 뛰어난 장점(signature strengths), 희열(gratification)과 같은 4가지의 주제와 관련된다. 여가가 행복을 도모할 수 있지만, 여가가 행복 자체는 아니다.

중년시기의 남성과 여성은 제각각 우울증에 시달릴 가능성이 높다. 중년남성들은 자신의 생산성이 떨어진다고 생각하면서 존재가치에 대해서도 의문을 갖게 되어 심각한 우울증에 시달리게 된다. 중년기 여성도 자녀 성장과 독립에 따른 유대감의 약화로 상실감을 겪으면서 신체적 · 정서적 우울감을 갖게 된다. 이러한 중년기의 우울과 고독을 예방할 수 있는 적극적인 행위로 여가활동을 권하고 있고, 중년남성이 중년기에 하고 싶은 일은 '개인적인 여가'(김경은 외, 2011)라는 것을 보더라도 이 시기에 여가는 매우 중요한 활동임을 알 수 있다. 또한 여가활동과 사회활동 빈도가 높을수록 중년 여성의 생활만족도와 행복도, 생의 의미는 높아지며, 위기감은 낮아지는 경향을 보인다. 또한 건강스포츠 활동이 노인의 삶의 질을 높이는 활동으로 보고되고 있고, 여가활동에 참여하는 노인이 비참여 노인보다 생활만족도와 심리적 복지감이 높고, 여가참여는 삶의 만족도에 영향을 미치는 것으로 나타났다. 이는 노후생활을 보다 의미 있고 성공적으로 보낼 수 있는 것은 '여가활동'이라는 것을 보여준다.

베이비부머세대(1955~1963년생)가 은퇴하면서 이들의 여가에 대한 관심이 높아지고 있다. 노인의 여가활동 참여 정도가 증가함에 따라 자아존중감과 사회심리적 건강에 긍정적 영향을 미치며, 주관적 행복감에도 긍정적인 영향을 미친다. 중년여성의 여가활동은 여가 만족에 유의미한 영향을 미치고 심리적 안녕감에도 중요한 변인으로 작용한다. 여가활동과 자아존중감 주관적 행복감의 관계를 보면 이들 세대는 여가활동이 직접적으로 주관적 행복감에 영향을 미치지는 않으나, 여가활동을 통해서 스스로 자아존중감이 높아지게 되면 주관적 행복감을 갖게 되는 결과(박복임 외, 2020)가 나타난다. 그리고 가족과 함께 여가활동을 하는 집단이 홀로 하는 집단이나 친구와 하는 집단보다 주관적 행복감에 더 큰 영향을 미치는 것으로 볼 때 베이비부머세대, 즉 은퇴와 노년의 시기로 접어드는 때에는 더욱 가족이 동반하는 여가활동을 하는 것이 행복감을 증진시키는 데에 중요한 역할을 한다는 점을 주목할 필요가 있다.

최근 한국 사회는 노년기가 연장되고 생애주기의 변화가 나타나기 시작하였다. 100세 시대에 적합한 새로운 생애주기 설계가 필요하게 되었다. 노후에 인생의 가치를 찾고 행복한 삶을 위한 여가는 성공적인 노화의 주된 관심사가 되었다. 노년기의 적극적인 여가 형성과 노후 삶의 질 만족도를 높이기 위해서 유년기부터 생애주기별로 여가를 설계할 필요성이 높아진 것이다. 유년기부터 향유한 여가는 개인의 여가경력이 되어 중년과 노년기의 여가활동에까지 영향을 미친다. 여가는 일종의 학습된 행동이며, 전 생애주기에 걸쳐서 나타나는 계속적인 경험과 변화의 일부분이다. 이렇듯 여가는 행복과 삶의 질을 가늠하게 되는 중요한 요소가 되었다.

2) 합리적인 여가소비생활

한국인들의 소비패턴은 생존필수품을 구매하던 과거의 소비에서 벗어나 여가적 속성을 갖고 있는 감성소비시대로 변화하게 되었다. 여가생활과 직접 관련된 소비문화의 특성을 보면, 소비행동의 주요 현상은 스트레스 해소 기회를 제공하는 '쇼핑'으로 나타나기도 하고, 이성적인 구매를 하는 경제적 · 합리적 인간상을 추구하기보다는 즐거움을 향유하고자 하는 여가적 속성 추구 의미를 중요하게 여기는 현상을 보이고 있다는 점이다. 즉 소비행위 자체가 일종의 여가활동이 되었다. 여가소비시장의 범위는 여가 중시 가치관의 경향으로 더욱 확대될 것이다.

노동구조의 변화로 노동시간과 여가시간이 확연히 구분되었고, 여가현상은 적극적인 소비문화로 나타나고 있다. 또한 핵가족화와 인터넷의 발달 등으로 인하여 대중여가문화에서 개인여가문화로 변화하면서 여가소비생활도 개인화 현상이 뚜렷해지고 있다. 예를 들면, 혼자 노는 아이들, 익명성이 보장된 PC 게임, 인터넷 몰두 등이 보편화된 것이다.

앞으로 여가활동은 더욱 소비행동으로 이어질 것이다. 수면이나 TV시청 등 순수 휴식을 제외하고는 여행이나 관광, 사교, 문화예술관람, 스포츠와 오락활동 등으로 소비행위로 나타나고 있음을 볼 수 있다. 포스트모더니즘 사회에 이르러 문화와 여가, 고급문화와 대중문화 그리고 문화와 경제 등 거의 모든 분야의 경계선이 무너지게 되었고, 문화 그 자체가 여가소비상품 중의 하나로 인식되면서 여가와 문화적 경험이 강조되고 있다(주영애 · 홍영윤, 2016). 따라서 보다 합리적인 여가가 될 수 있도록 규모 있는 소비생활은 현대인들에게 매우 중요한 과제가 되고 있다. 여가는 생활문화의 하나로 개인과 가정생활을 위해서는 필수요건이 되므로, 바람직한 여가문화를 만들어가야 할 필요성이 높다. 여가는 인식하지도 못한 상황에서 향락적, 사행적, 과시적 여가문화로 고착될 위험성도 많기 때문이다. 개인과 가족의 삶의 질을 향상시킬 수 있는 합리적인 여가를 위해서는 일과 가정, 소득과 여가시간 및 여가 내용 등을 여가가치관을 기준으로 선택하고, 바람직한 소비행동으로 이어지도록 해야 한다.

단순히 여가시간이 증가한다고 하여 여가에 대한 만족과 삶의 만족이 높아지는 것이 아니다. 합리적인 여가와 소비생활을 위해서는 오랜 기간 여가기술을 습득하는 여가활동을 통해서 개인적인 만족과 즐거움을 경험하는 것이 중요하다. 이는 여가경력이 되기 때문이다. 여가경력이란 개인이 어렸을 때부터 경험한 여가활동이 성인과 노년에 이르기까기 지속적으로 유지되고 활성화되어 경력이 되는 것을 말한다. 그래서 아동기와 청년기에 익혀온 여가기술이나 관심은 노년기의 여가만족에 영향을 미치게 된다. 예술과 스포츠분야에서 보면, 정기적으로 클래식 연주회를 관람했거나 미술관 방문을 했던 사람들은 일생 동안 계속해서 수준 높은 여가활동을 하는 경향이 매우 높다. 반면 스포츠는 예술분야와는 달리 정기적으로 스포츠 활동에 참여해도 평생 스포츠 경력으로 이어지지 못하는 경향이 있다. 성인기 동안에도 스포츠 활동이 유지되기 위해서는 초기 사회화 교육 시기나 부모시기로 전환되는 시기에도 스포츠 활동이 계속 유지되어야 한다(Roberts, 2006).

여가를 위한 소비생활이 전 생애 동안 지속적으로 이루어지고, 그것이 여가경력으로 형성되고 전문성이 획득되면 개인의 여가활동은 사회공헌활동으로서의 가치로 환원될 수 있다. 여가경력의 개발단계는 다음과 같다. 1단계는 어떠한 여가활동에 흥미를 가진다. 2단계는 흥미를 가진 활동에 몰입한다. 3단계는 정기적으로 그 활동에 참여함으로써 적극성을 가지게 된다. 4단계는 자신의 여가활동 분야에서 조직적 역할을 맡음으로써 전문성을 갖게 되고, 이를 통해 사회공동체를 위한 활동으로 확대된다.

최근 힐링과 명상 등 자기를 돌아보고자 하는 여가소비생활이 일반화되고 있다. 일상의 공간에서부터 벗어나는 것 자체가 '힐링'과 '자기돌봄'이 시작된다고 생각하므로 이러한 심리를 반영하여 나타난 이른바 '호캉스'인데, 이는 호텔에서 바캉스를 보내는 개념으로 파악되며, 이를 일반적 용어로 사용할 때 '스테이케이션

(staycation)'이라고 한다. 이는 스테이(stay)와 베케이션(vacation)의 합성어로 차로 갈 수 있는 거리에 있는 곳을 여행하고, 잠은 집에서 자는 형태의 휴가를 의미한다. 다양한 형태의 여가가 등장하고, 다양해진 라이프스타일에 맞춘 여가 향유를 희망한다. 그러나 SNS와 모방에 의존하는 여가생활을 추종하기보다는 자신의 경제적 상태와 여가 여건, 제약요소 등을 고려하여 합리적인 여가소비생활을 영위하도록 해야 한다.

표 9-32 스테이케이션의 종류 예시

호캉스	편의시설이 잘 갖춰진 호텔에서 휴가를 보내는 방법
홈캉스	북적이는 인파와 소음에서 벗어나, 집에서 편안한 시간을 보내는 것
북캉스	서점이나 도서관을 피서지로 활용하는 방법
맛캉스	맛집을 찾아 맛있는 음식을 먹으며 휴가를 즐기는 것
몰캉스	냉방시설을 잘 갖춘 쇼핑몰이나 백화점에서 피서를 즐기는 것

Problems & Discussion

1 가족친화인증이라는 제도가 개인과 가족의 여가에 어떠한 영향을 미치는지 알아보고, 가족친화인증기업(관)으로 선정된 곳 중 한 곳을 조사하여 근로자를 위한 복지제도에 대하여 파악해 보세요.

2 여가친화인증을 받은 기업에 대해 조사해 보세요.

3 각자 1주일간의 여가시간, 여가활동, 여가제약요인 등을 조사해 보고, 문제점과 개선점을 찾아 보세요.

4 우리나라 지역축제를 조사해 보고, 세시풍속을 활용한 지역축제 활성화 방안을 찾아보세요.

5 여가와 삶의 질과의 관계성에 대하여 예를 들어 설명해 보세요.

6 세시풍속을 활용한 관광문화콘텐츠를 제안해 보세요.

CHAPTER 10

의례생활문화

1. 일생의례의 개념과 종류
2. 일생의례의 어제와 오늘

CHAPTER 10 의례생활문화

1. 일생의례의 개념과 종류

1) 일생의례의 개념

사람들은 태어나서 죽을 때까지 일생 동안 겪는 분기점과 같은 시기가 있다. 이는 평생의례, 통과의례라고도 하지만, 우리나라에서는 주로 '관혼상제'라고 해 왔다. 오늘날에는 이를 일생의례 또는 가정의례라고 하여 한 개인이 출생에서부터 시작하여 인생을 살아가면서 중요하다고 생각되는 각 시기마다 치르는 의례를 말한다. 이 의례는 관혼상제(冠婚喪祭)만을 의미하는 것이 아니라 출생의례(出生儀禮)와 수연례(壽宴禮)까지 포함하고 있으므로 개인과 그 개인이 속해 있는 가족들이 처해서 겪어온 삶의 역사까지 담아내는 우리의 '생활문화'이다.

우리나라의 관혼상제는 유교문화와 중국문화의 영향을 많이 받았다. 특히 고려시대에 성리학과 함께 도입된 '주자가례'의 영향으로 우리의 관혼상제는 유교적 의례 성격이 강하다. 조선 후기에 이르러서는 그동안 맹목적으로 시행하던 주자가례의 허점을 보완하고 현실적으로 적용할 수 있는『사례편람』등을 기본으로 하면서 실생활의 관행을 예법으로 수용하며 정착하게 되었다. 우리나라의 의례는 가가례(家家禮)라고 하여 제사음식준비와 진설법(陳設法)[01], 절을 하는 방법이나 혼례 때에

01 제사상에 제물을 차리는 규칙을 말한다.

사용하는 함(函)을 싸는 보자기에 이르기까지 집안이나 지역, 학파에 따라 세부적인 부분이 서로 다른 차이를 보이는 특징이 있다.

일생의례는 거시적으로 보면, 시대변화, 문화교류, 사회변동, 문명의 발달 등에 따라 영향을 받으며 변화하고, 미시적으로 보면, 혼인을 통하여 서로 다른 두 가정의 의례가 혼재하면서 변화하기도 한다. 우리나라의 전통적인 일생의례는 갑오경장 이후에 급격한 변화과정을 거쳐왔다. 즉, 의례는 문화적 충돌과 수용, 통합과 변용, 계승으로 진화한다.

전통적으로 관혼상제란 한민족의 일생의례를 규정하는 규범이었지만, 오늘날 관혼상제만으로는 한국인이 겪는 평생 동안의 의례를 설명하기에는 미흡한 점이 많다. 이를 일명 통과의례라고도 표현해 왔지만, 통과의례란 용어는 반 게넵(A. Van Gennep)이 쓴 『통과의례(Rites of Passage)』라는 책의 명칭에서 따온 것으로 우리 한민족의 일생의례에서 강조해온 관혼상제가 아니라, 본인을 중심으로 하여 태어나서 죽을 때까지 겪는 의례를 말한다. 제례의 경우는 사례(四禮)에는 속하는 중요한 의례이기는 하지만 자신이 주최가 되는 의례가 아니고 기독교 문화권에서는 간과되었던 것으로 통과의례에는 포함되지 않은 것으로 보인다. 그런 의미에서 보면, 일생의례란 한국인들의 삶의 모습을 포괄적으로 설명할 수 있는 것이며, 현시대에 적합한 용어라 할 수 있다. 경우에 따라서는 일생의례를 출생의례, 관례, 혼례, 수연례까지 포함시키고, 상장례와 제례는 추모의례로 구분하기도 한다.

한국인들의 일생의례에는 한국인들의 삶의 방식이 포함되어 있으며, 관행적으로 수행해 왔던 각 의식과 절차 등 많은 내용이 많이 담겨 있다. 따라서 일생의례는 그 시대와 사회문화적인 배경에 따라 매우 다양하게 표현된다. 조선 말 개항과 더불어 서구문물의 유입으로 인하여 전통적인 일생의례는 변화하기 시작하였다. 더욱이 일제강점기가 되면서 혼례에서는 일본식 예식장 혼례가 도입되었고, 제사는 4대봉사가 약화되었으며, 상례는 일본식 화장이 도입되는 등 변화가 있었다. 1934년 조선총독부가 근대화를 명분으로 하여 '의례준칙'을 공포함으로써 혼상제만을 의례로 인정했고, 상례도 3년상을 축소하여 14일로, 상복으로는 양복을 제시하였다. 이러한 변화 속에서도 유교식 문화전통은 쉽게 바뀌지 않았다. 이후 1969년 「가정의례준칙에 관한 법률」과 함께 '가정의례준칙'이 공포되었고, 1999년에는 '건전가정의례준칙'으로 개정되었다. 이를 통해서 성년례와 더불어 종교식 혼례, 제례, 회갑연 등이 의례로 인정되었다. 2012년 2월 1일에는 약칭 가정의례법인 「건전가정의례의 정착 및 지원에 관한 법률」이 공포되었고, 당해 5월 1일에는 시행령이 공포되었다. 이 법은 가정의례(家庭儀禮)의 의식절차를 합리화하고 건전한 가정의례의 보급 정착을 위한 사업과 활동을 지원 조장하여 허례허식(虛禮虛飾)을 없애고 건전한 사회 기풍을 조성하는 것을 목적으로 한다.

오늘날 각 의례는 사회환경의 변화에 따라 급변하고 있다. 출생의례만 하더라도 전통적인 출산의례로 기자의례인 산전 속, 산후 속 등의 모습은 보기 어려워졌고, 병원과 산후조리원을 중심으로 변화된 새로운 형태의 출생의례가 이루어지고 있다. 또한 성년 됨을 인정하는 관례나 계례 등 전통성년례 형식은 사라지게 되었고, 국가차원에서 성년주간을 지정하여 행사가 이루어지고 있다. 혼례도 전통적인 절차나 혼례 복식 등이 일부분 계승되고 있지만, 서구식 결혼형식이 도입되고, 종교형식의 결혼식이나 셀프 웨딩 등 다양한 형태를 보이고 있다. 한편으로는 결혼식을 하지 않고 부부생활을 시작하는 경우도 있다. 또한 전통상례나 제례의 모습도 종교적인 형식이 도입되어 간소화되면서 변화되었다. 이와 같은 의례형태의 변화는 사회변동과 시대성을 반영하여 다양하게 나타난다. 전통적인 일생의례의 의미나 가치를 일부 유지하고 있고 계승발전시키고 있지만, 일생의례의 변화된 외형적 특성을 보면, 간소화, 편리화, 사회화, 수행을 위한 전문가 의뢰 등의 양상을 보인다. 앞으로 '한국의 문화적 속성'을 반영한 일생의례문화 형성을 위한 연구와 실천적 노력이 필요하다.

표 10-1 사례(四禮)와 통과의례(通過儀禮), 일생의례(一生儀禮)

구분	출산의례(出産儀禮)	관례(冠禮)	혼례(婚禮)	수연례(壽宴禮)	상장례(喪葬禮)	제례(祭禮)
사례(四禮)		●	●		●	●
통과의례(通過儀禮)	●	●	●		●	
일생의례(一生儀禮)	●	●	●	●	●	●

2) 일생의례의 종류

일생의례의 종류는 지역과 풍습에 따라 차이가 있다. 그러나 한민족이 지켜왔던 일생의례는 일반적으로 출생의례, 삼칠일, 백일, 돌, 관례, 혼례, 수연례, 상장례, 제례가 있다. 그리고 일생의례를 하는 의미는 동일하다 하더라도 시대에 따라 의례를 치르는 형식은 변모하고 있다.

표 10-2 일생의례의 종류

구분	내용
출생의례	아기의 출산을 전후하여 행하는 의례이다. 산모와 아기가 모두 건강하고 안전하게 출생하기를 바라는 마음으로 이루어졌던 풍속이다. 전통적으로는 기자치성, 태몽, 태중금기, 출산준비, 출산, 탯줄 자르기, 태처리, 삼신상 차리기, 금줄치기, 산후조리, 작명 등이 이루어진다. 현대에는 대부분 병원에서 출산하고 산후조리원에서 산모와 아기가 회복기간을 갖는다.
삼칠일	아기가 출생한 후 7일이 되면 초이레, 14일이 되면 두이레, 21일이 되면 세이레라고 하며, 21일 동안 금줄을 쳐서 아기가 출생한 집에 외부인의 출입을 금하도록 한다. 현대에는 형식적이고 외견상 삼칠일을 강조하지는 않지만, 산모와 아기의 건강과 안전을 위해서 조심하는 기간으로 여긴다.
백일	아기가 탄생한 지 100일이 되는 날로, 그동안 무사히 자란 것에 대하여 대견하게 여기면서 잔치를 벌여 축하해 준다. 백일 떡을 만들어 일가친척과 축하객에게 나누어준다. 현대에는 백일잔치를 간단히 가정 내·외에서 하고 백일 떡을 만들어 나누어 먹는다.

돌	아기가 탄생한 지 일 년이 지나 첫 생일을 기념하는 풍속이다. 아기의 무병장수를 기원하며, 돌상을 차려주고, 돌복을 입히고, 돌잡이행사를 한다. 현대에는 가족과 친지 친구들이 모여 돌잔치(또는 돌 파티)를 하며, 전통형식과 현대형식을 접목한 형태로, 이루어지며 호텔이나 뷔페식당, 전용 돌잔치 장소에서 이루어진다.
관례, 계례	15세가 넘어 성인이 되는 남자에게는 상투를 틀어 관을 씌우는 관례를, 여성에게는 비녀를 꽂아 주는 계례를 하여 사회적으로 성인됨을 인정해 주는 의례이다. 현대에는 가정에서 개별성년례를 하거나 학교나 사회에서 집체 성년식을 한다.
혼례	성인이 된 남녀가 원가족을 떠나 사회적으로 인정받는 부부로 맺어지는 의례와 절차이다. 현대 혼례형식은 전통형식을 비롯하여 일반예식, 교회예식, 스몰웨딩 등 다양한 형식으로 이루어진다.
수연례	60세 이후의 회갑, 칠순, 팔순, 구순 등 생신과 특별한 날에 장수를 축하하는 의미에서 펼쳐지는 수연(회혼례, 회방)과 관련된 의례이다. 현대에는 특별히 회갑이나 칠순잔치는 하지 않고, 간단히 가족 모임으로 진행하고 자손들이 부모님의 장수를 기원하면서 여행을 보내드리는 경우가 많다.
상장례	상장례란 죽음을 맞이한 고인의 시신을 처리하는 의례이다. 현대 상장례는 유교식을 기본으로 하고, 종교에 따라 절차는 불교식, 기독교식, 천주교식 등 다양한 형식이 있으며, 매화장형식도 매장, 화장, 수목장 등 다양하다.
제례	조상에 대한 일련의 종교적인 신념을 담은 행위이며, 제사를 지내는 의례이다. 죽은 조상과 살아있는 자손은 제례를 통하여 상호관계를 유지한다. 오늘날 제례형식은 전통형식으로 이루어지기도 하고, 각 가정의 종교에 따라 불교식, 기독교식 추도예배, 천주교의 연미사 등으로 이루어진다.

가정의례에 대한 여대생들의 공감과 적용에 관한 연구(주영애, 2011)에서는 전통적인 가정의례의 공감수준이 상례>제례>생일의례>성년례>혼례 순으로 나타났고, 적용은 상례>제례>혼례>생일의례>성년례 순으로 나타났다. 또한 가정의례에 대한 공감과 적용의 차이는 성년례>생일의례>제례>상례>혼례 순이었다. 성년례의 필요성을 인식하고 있으나 오늘날 적용하기에는 어려운 것으로 보고 있으며, 생일의례나 상례, 제례도 의식적으로는 수용하고 있지만 현실적인 괴리감이 있다고 여기는 것을 알 수 있다. 그러나 전통혼례는 현실에서도 적용가능성이 높은 의례로 나타났다. 즉 여대생들의 가정의례에 대한 인식에는 전통성과

현대성이 공존하고 있으며, 변화를 수용해야 한다는 인식과 전통적인 가치를 고수해야 한다는 이중성이 나타나고 있다. 앞으로 여대생들을 위한 의례교육이 필요하고, 가정의례 중에는 상례에 대한 교육적 요구가 높다는 것을 알 수 있다.

2. 일생의례의 어제와 오늘

1) 출생의례

가정을 이루고 자녀를 출산하는 것은 인간의 삶에 있어서 매우 중요한 과정이다. 특히 오늘날 한국 사회에서 저출산이 문제가 되는 환경에 직면하게 되면서 자녀출산은 국가적 과제가 되었다. 농경사회였고, 자녀출산에 있어서 위험성이 높았던 전통사회에서는 건강한 자녀를 많이 낳는 것이 다복(多福)의 근원이라고 생각했지만, 오늘날은 자녀출산을 기피하는 환경에 놓였다. 이는 인구감소로 이어지고 있어 장기적으로 보면 국가의 건실한 존립이 문제가 되는 상황이 된다. 국가적으로도 자녀를 많이 낳을 수 있는 사회적 제도적 장치를 마련하는 것이 중요한 이슈가 되고 있다. 이렇듯 과거나 현재나 자녀출산은 가정적으로나 국가적으로도 중요한 과업이다.

출생의례로는 임신과 태교, 출산, 삼칠일, 백일, 돌 등으로 나누어 볼 수 있다. 부모됨의 준비는 부모 자신이 자녀에게 모범이 될 수 있도록 수신(修身)과 인격수양(人格修養)이 전제가 되어야 한다. 도덕적인 부모로서의 자세는 자녀양육에도 지속적으로 영향을 미치기 때문이었다. 또한 건강하게 자녀를 잉태하여 신체적으로나 심리적으로 최선을 다해서 태어날 아기를 정성스럽게 맞이하고자 아버지와 어머니로서 태교에 힘썼다. 오늘날은 자녀 잉태가 어려워서 인공수정을 시도하는 부부도 많다. 부모로서 신체적으로 건강함을 유지하고 정절을 지키는 부부간의 신의는 태어나는 자녀에게도 귀감이 되는 바른 태도이다. 태교와 출산은 3장의 가족생활문화를 참고하도록 한다.

출산 이후에 처음 맞이하는 의례는 첫이레이다. 즉 7일이 지나면 첫이레, 14일이 지나면 두이레, 21일이 지나면 세이레가 된다. 세이레는 '삼칠일'이라고 하며, 전통사회에서는 이때 흰쌀밥에 미역국으로 삼신상을 차리고, 산모가 이를 먹는다. 삼신상에 올렸던 국밥은 산모만 먹는 관습이 있었다. 미역은 접거나 끊지 않은 길이가 긴 미역인 장곽을 쓰는데, 이는 아기의 수명장수(壽命長壽)를 기원하고 앞날의 길함을 기원하는 뜻이 담겨 있는 것이었다. 삼칠일이 되면 아기의 배꼽이 떨어지고, 산모의 몸이 어느 정도 회복된다. 출산 후 대문에 걸쳐 놓았던 금줄도 치우게 된다. 요즈음에는 출산 후 산후조리원에서 산모의 몸조리가 이루어진다. 과거의 금줄과 같은 모양을 모형으로 만든 출산 선물액자 등이 상품화되어 판매되고 있다. 이렇듯 전통사회의 문화적 요소를 반영한 문화상품이 다각도로 개발되고 있다.

아기가 태어난 지 백일이 되면 백일잔치를 한다. 100이라는 숫자는 온전하다는 의미를 갖는다. 따라서 유아사망률이 높았던 전통사회에서는 백일을 넘긴 아기는 '한고비를 넘겼다'고 생각했고, 축복의 의미로 백설기를 만들어서 가족과 이웃이 함께 나누어 먹었다. 아기들은 백일을 지나면서 머리를 가누고, 사람들과 눈을 맞추면서 상호작용하며 옹알이와 미소로 반응한다. 이 시기쯤 되면 아기의 배냇머리를 깎아 주기도 한다. 오늘날 백일잔치는 별도로 치루는 경우도 있지만 일반적으로는 가정에서 가족들과 함께 간단히 하는 경향이다. 백일잔치에 필요한 아기의자, 백일상을 차리는 데 필요한 음식 모형, 병풍을 대신하는 스크린 현수막 등 도구들을 인터넷 쇼핑몰을 이용하여 대여하고, 떡집에 백일 떡을 맞추어 집으로 배달시켜 백일잔치를 하고 비디오와 기념사진을 찍는다.

표 10-3 백일잔치의 준비

백일상과 백일옷	의미
• 흰밥, 미역국, 백설기	• 무병장수 기원
• 붉은 수수경단	• 잡귀를 물리침
• 흰색의 누비바지와 저고리	• 아기의 건강을 기원
• 겨울에는 솜을 둔 옷, 봄가을에는 얇게, 여름에는 모시나 고운 무명옷	• 계절에 맞는 옷
• 백 조각 헝겊으로 만든 옷	• 옷을 탐하지 말라, 수명장수 기원

출생 후 1년이 지나 돌을 맞이하면 축하의례를 지낸다. 이는 1년간 생존의 어려움과 질병을 극복하고 잘 성장하였다는 것을 뜻하므로, 축원해 주는 돌 의례는 더 없이 뜻깊은 의례였다. 돌 의례에 대한 역사적인 자료는 『조선왕조실록』과 고문헌 기록, 실증자료를 통해서 볼 수 있다. 돌에 대한 기록은 중국 남북조시대 말기의 귀족 안지추(顔之推: 531–591)가 자손을 위하여 저술한 『안씨가훈』에서 볼 수 있다. 돌은 다른 용어로 초도일(初度日), 수일(晬日), 주일(周日), 주년(周年) 등(최배영 외, 2010)이 있다. 『정조실록』에는 원자의 돌에 돌상을 차리고 돌잡이를 하며, 돌떡을 답례로 신하들에게 돌렸다는 기록이 있다. 또한 이문건의 『양아록』을 보면, 손자를 위해 돌 의례를 했다는 기록도 있다. 김홍도의 평생도에서는 1700년대의 돌 의례 생활문화를 볼 수 있다. 돌맞이 아기가 색동 돌복을 입고 붉은색 보를 씌운 원반 위에 있는 돌잡이 용구를 잡고 있는 모습이 나타나 있다.

표 10-4 남아와 여아의 전통 돌복

남아 돌복	여아 돌복
• 연보라색이나 분홍색의 풍차바지	• 노란색 속치마
• 분홍색이나 옥색 저고리	• 빨간색 긴치마
• 금박이나 은박을 찍은 남색조끼	• 노랑저고리나 색동저고리
• 색동마고자	• 당의나 색동두루마기
• 색동두루마기(까치두루마기)나 오방장, 돌띠	• 금박이나 은박을 찍은 조바위, 굴레
• 금박이나 은박을 찍은 전복	• 타래버선
• 복건이나 호건, 타래버선, 태사혜	

표 10-5 전통 돌상차림과 의미

돌상차림	의미
• 붉은색 돌상 보와 쌀	• 잡귀를 물리치고, 부귀영화를 기원
• 백설기	• 아기의 신성함과 정결하기를 희망
• 붉은 수수경단	• 덕을 쌓고, 잡귀의 출입을 금함
• 오색송편	• 곱게 크고, 속이 꽉 차기를 바람
• 무지개떡	• 오색찬란한 꿈을 이루어가기를 바람
• 국수, 무명실	• 수명장수를 기원
• 대추	• 자손의 번창, 대를 이음, 악귀를 물리침
• 쌀, 돈	• 부귀영화를 누리기를 기원
• 책, 붓, 먹, 벼루, 종이두루마리	• 학문과 문장이 뛰어난 사람이 되길 희망
• 활, 화살(남아)	• 무예가 뛰어나고 용맹한 사람이 되길 희망
• 자, 실(여아)	• 솜씨가 좋은 사람이 되길 희망

'돌잡이'는 돌상 위에 올려진 물건들 중에 아기가 무엇을 잡는지 보는 것으로 돌잔치에 참석한 사람들에게 즐거움을 주는 것이면서, 아기의 장래에 밝은 미래가 펼쳐지기를 기원하는 흥미로운 시간이다. 종이나 붓 등을 잡으면 "문장가 나오시네"라고 하고, 활이나 화살을 잡으면 "용감한 장군 나오시네"라고 하며 아기의 미래를 축복했다. 돌잡이가 끝난 후에는 할아버지나 아버지가 아기의 손을 같이 잡고, 화살촉에 수수경단을 꽂아서 동서남북 방향으로 쏘기도 하는데, 이는 모든 악귀가 사방에서 들어오지 못하도록 한다는 상징적인 의미도 담겨 있었다.

오늘날 이루어지고 있는 돌 의례는 한국의 문화적 특성을 반영하고 상당부분 안정적으로 전승되고 있다. 돌 의례는 아기 중심의 행사로 가정에서 이루어졌으나, 현대에는 아기만을 위한 의례가 아니다. 아기를 중심으로 하지만 가족과 친지, 부모의 직장동료들과의 새로운 유대관계를 돈독히 하고자 하는 의례이며, 가족행사로 자리매김되고 있다. 아기의 돌복도 전통한복인 남아 돌복과 여아 돌복을 입히기도 하지만, 남아에게는 정장차림을 입히고 여아에게는 드레스를 입히기도 한다. 전통적인 돌상차림은 떡과 국수, 종이, 붓, 책, 활과 화살, 자, 실 등으로 차려졌으나, 오늘날 돌상차림에는 화려한 풍선과 더불어 돌잡이를 위해서 돈과 더불어 현대인들에게 인기 있는 직업을 상징하는 의사봉, 청진기, 골프공, 마이크 등을 올려놓기도 한다. 또한 돌 의례에 대한 용어는 '돌잔치', '돌이벤트', '돌 파티' 등 다양하게 사용하고 있다. 돌 의례 연구(주영애, 2014)를 보면, 부모들이 돌 의례를 하는 이유는 아기가 건강하고 오래 살기를 기원하고, 아기가 잘 자랐음을 친척과 지인들에게 보여주면서 아기의 삶에 중요한 추억이 되도록 하기 위해서라고 한다. 돌잡이 용구의 의미나 돌떡의 의미 등에 대해서는 잘 알고 있지만, 돌 의례의 의미와 형식, 전통한복인 돌복의 명칭과 의미, 돌 의례의 역사와 유래 등에 대해서는 잘 알지 못하는 것으로 나타났다. 한편 돌잔치를 집에서 할 경우는 돌상에서부터 돌잡이용품, 병풍에 이르기까지 돌 의례용품을 인터넷 쇼핑몰을 이용하여 대여해서 사용하기도 한다. 한편 돌잔치를 외부장소에서 하는 경우에는 연회장소를 정할 때에 연회장소의 주차시설과 접근의 편리성 등을 가장 우선적으로 고려하고, 하객들에게 접대할 돌잔치 음식의 위생을 비롯하여 맛과 질을 중요하게 고려한다.

2) 관례와 계례

관례와 계례는 성년이 됨을 알리는 의식으로 '어른으로서의 책임을 일깨우는(責成人之禮)' 의례이다. 정신적으로나 육체적으로 온전한 성인이 되는 것을 확인하는 기념의례이며, 성인으로서의 권리와 책임을 인식하게 하는 의례로, 『고려사』, 『국조오례의』, 『가례집람』, 『사례편람』 등에 근거하여 이루어졌고, 갑오경장까지 이어졌다. 고려 광종 16년(956년) 왕자에게 원복례(元服禮)를 해주었다는 것이 최초의 기록으로 남아 있는 것으로 보아 관례와 계례의식이 기록되어 있는 중국의 『예기』가 우리나라에 도입된 시기인 신라 신문왕 6년(686년) 때 같이 들어온 것으로 추측된다(김순진, 2003). 그 후 성년례는 고려시대를 거쳐 조선시대 사대부를 중심으로 널리 이루어졌다.

『사례편람』에 보면, 남자는 15에서 20세까지 관례를 할 수 있다고 하여, 최소 연령을 15세로 정하고 있고, 혼인과 무관하게 관례를 행함으로써 성인으로 인정한 것이다. 계례의 경우는 혼인을 정함으로써 이에 흡수되어 혼인식이 거행되는 당일 날 식전에 이루어지기도 했다. 관례와 계례를 하는 날짜는 해당하는 해에 정월 중 하루를 택하여 진행된다. 부모님의 상(喪) 중이거나 백숙부모, 형제 등의 상(喪)이 아니어야 관례를 할 수 있었다.

관례는 당일 3일 전에 사당에 알리는 고우사당(告于祠堂)으로부터 시작하여 초가(初加), 재가(再加), 삼가(三加)를 거쳐서 술의 의례인 초례(醮禮), 자(字)를 지어주는 자관자례, 현우존장 등의 절차를 거친다. 이후 비로소 어른으로서 대우를 받게 되었다. 전통 성년례의 기본적인 절차는 머리와 의복의 변화를 통하여 어른으로 변화되는 과정과 그 책임을 상징적으로 나타내고 있다.

표 10-6 전통 성년례의 절차

구분		내용
고우사당		3일 전 에 조상의 위패를 모신 사당에 성년례를 하게 됨을 아뢴다.
계빈		예법과 덕망이 있는 분을 주례자인 어른(賓)으로 모신다.
진설		관례 장소를 구하고, 돗자리, 소반, 관복 등 기구를 배설한다.
분리의례(삼가례)	초가례	머리를 올려 상투를 틀고 어른의 평상복(심의)를 입고 머리에 유건을 쓴다. 어른스러워질 것을 당부하는 글과 말씀을 내려준다.
	재가례	어른의 출입복(도포)을 입고, 머리에 갓을 씌운다. 모든 언행을 아름답게 할 것을 당부하는 글과 말씀을 내려준다.
	삼가례	어른의 예복(앵삼)을 입히고, 머리에 복두를 씌운다. 어른으로서의 책무를 다할 것을 당부하는 글과 말씀을 내려준다.
경과의례(술의례)	초례	술은 향기롭지만, 몸에 해로운 것이니, 절제하며 마셔야 한다는 예절을 가르치는 과정으로 신성한 의식이며, 정화의례이다.
통합의례(명자례)	관자례	관례자에게 자(字)를 지어준다. 제2의 탄생을 상징한다.
현우존장		관례와 계례 후에 성인으로서 웃어른을 찾아뵙고 인사를 올린다.

표 10-7 전통 관례의 축문 예시

초가례축	길한 달 좋은 날에 처음으로 관을 쓰고, 어른의 옷을 입었으니, 이제부터 어린 마음을 버리고 어른의 덕을 지녀서 건강하게 오래도록 복을 누릴지어다.
재가례축	좋은 날 좋은 때에 어른의 옷을 입었으니, 몸가짐을 삼가 의젓하게 할 것이며, 덕을 높여서 오래도록 복을 누릴지어다.
삼가례축	성년이 되는 해 길한 달 좋은 날에, 어른의 복식을 다 갖추었으니 형제간에 우애 있게 지내고 덕을 이루어 오래도록 건강하여 복을 받을지어다.
초례축	술은 맑고 향기로우나 의식을 갖추어야 하니 절하여 제주하고 받고 술은 분수를 지켜 마시되 지나칠 때에는 건강을 해치니 이를 잊지 말지어다.

표 10-8 성년례의 의미

- 성인이 됨과 동시에 사회의 일원으로 권리와 의무를 부여받게 된다.
- 가족생활에서 성인자녀가 새로운 가족을 형성하여 독립할 수 있게 준비하는 과정이다.
- 미성년에서 분리의례, 경과의례, 통합의례의 상징적인 과정을 거쳐 성년으로 거듭난다.
- 성년자는 의존적이었던 부모자녀관계에서 새로운 재조정이 필요함을 인식한다.

전통적인 성년례는 1894년 갑오경장 이후 단발령으로 인해 상투와 관(冠)으로 상징되던 관례의 형태도 그 의의를 잃게 되어 점차 사라지게 되었다. 우리 사회는 급격한 산업화와 도시화의 과정을 거치면서 종가를 중심으로 전통문화 전승의 주축을 이루고 있던 마을 단위 집성촌이 붕괴되어 종가나 마을 단위로 이루어지던 성년례마저 자취를 감추게 되었다. 그러나 1972년 3월 30일에 대통령령 제6615호에 의거, 4월 20일을 '성년의 날'로 정하고 국가차원의 성년의 날 행사를 거행하면서(1973.4.20), 성년례에 대하여 관심을 갖게 되었다. 1999년 8월 31일에는 관례를 성년례라고 하여 매해 5월 셋째 주 월요일을 성년의 날로 지정하였고, 셋째 주간을 성년주간으로 지낸다.

오늘날 성년례는 성년의 날과 성년주간을 중심으로 하여 학교나 관공서, 군대 등에서 집체성년례 또는 개별성년례 형태로 시행되고 있으며, 그 형식은 전통성년례의 특징을 살린 현대식 성년례가 공존하고 있다. 한편 성년례를 청년기의 또래 문화로 인식하거나 성(性)과 관련된 날로 생각하여, 그와 관계된 선물들을 주고받고 즐기는 날로 생각하는 사람들도 있다. 그러나 이는 성년례의 본질적인 의미와는 매우 다르다. 청소년들 스스로 자성하면서 성년의 날을 의미 있는 날로 여기고 소비향락적인 문화에서 벗어나 나눔을 실천하는 '아름다운 성년의 날 페스티벌'이라는 형식에 동참하자는 캠페인도 한다. 한국의 성년례는 가정과 사회에서 지켜나가야 할 윤리의식에 바탕을 두고 있다는 것을 올바로 이해하고, 인생에 있어서 의미 있는 의례로 수용하고 지켜가야 할 필요가 있다.

표 10-9 전통 성년례와 현대 성년례의 비교

구분	전통 성년례	현대 성년례
시기	남 15~20세/여 15세, 혼례 전	법률 만 19세 되는 해 5월 3째 주 월요일/성년주간/편리한 날
장소	가정	가정, 학교, 사회기관
주관자	부모나 초대된 큰손님	부모, 직장, 학교 기관의 대표, 종교지도자
복장	어른과 아이의 모습을 구분 의례 순서에 따라 복장이 다름 남자는 심의, 도포, 앵삼 등 예복과 유건, 갓, 복두 등을 절차에 따라 착용 여자는 다홍치마, 노랑저고리, 당의, 화관 착용 머리모양–남자는 상투, 여자는 쪽머리	공식 성년례의 경우, 의관을 갖추거나 단정한 복장(양복, 한복) 머리모양은 단정하게
자(字)	관명을 존중하는 의미에서 항상 부를 수 있는 별칭인 자(字)를 지어줌	특별한 별칭이 없음
축사 내용	성인으로 지켜야 할 가족 간의 예절과 윤리를 중심으로 함. 초가례, 재가례, 삼가례, 초례를 하면서 별도의 축사를 함	성년선서, 성년선언, 큰손님의 축사–사회인이나 직장인으로서의 역할, 남녀평등 등에 대한 내용
참여 범위	가족과 친지들이 참여	가족과 친지 외에 직장, 학교 관계자, 친구 등이 참여하고 축하연이 이어짐

표 10-10 현대 성년선서 및 성년선언의 예시

성년선서	성년선언
저는 이제 성년이 됨에 있어서 오늘을 있게 하신 조상님과 부모님의 은혜에 감사하고 자손의 도리를 다할 것과 국가와 사회의 주인으로서 정당한 권리에 참여하고 신성한 의무에 충실하여 성년으로서의 본분을 다할 것을 엄숙히 선서합니다. 년 월 일 성년자 ○○○ (서명 또는 인)	성년자 ○○○ 생년월일 ○○○ 그대는 이제 성년이 됨에 있어서 자손으로서의 도리를 다하고 국가와 사회의 주인으로서 정당한 권리와 의무에 충실할 것을 다짐하고, 서명하였으므로 성년이 되었음을 엄숙하게 선언합니다. 년 월 일 주례 ○○○ (서명 또는 인)

성년례에 관한 어머니들의 인식과 실천사례 연구(주영애, 2010)에 따르면, 어머니들의 연령이 높을수록 성년례에 대하여 잘 알고 있으며, 성인이 되어 해야 할 책임과 의무를 알려주는 의식으로 인식하고 있었다. 성년례를 가정에서 개별성년례로 진행한다면, 큰손님의 역할은 아버지나 어머니가 하고, 교훈을 주고, 술 의례와 성년선언을 하도록 하며, 성년자는 양복정장을 하고, 반지나 목걸이 등을 축하선물로 주는 것을 희망했다. 성년례는 만 19세가 되는 생일날에 가족이 모여 하는 것이 합리적일 것이라고 생각했다. 앞으로는 집체성년례뿐 아니라, 개별성년례의 모형을 기본으로 하여 가족센터나 주민자치센터, 지자체의 문화원 등에서 새롭고 의미 있는 성년례 프로그램을 지역사회의 생활문화콘텐츠로 제공하는 방안도 강구할 필요가 있다.

3) 혼례

혼례는 성인이 된 두 남녀가 정식으로 부부관계를 맺는 의례로 예로부터 인륜지대사(人倫之大事)라 하여, 사람이 맺어주는 관계에서 가장 크고 중요한 것을 의미한다. 『예기』에 따르면 '혼례란 천지(天地)의 화합을 본받아 이성(二姓)이 화합하고 백년해로하며 위로는 종묘를 섬기고 아래로는 후손을 이어 효(孝)를 실천하고 화육(化育)에 참여하는 데에 있다'고 하였다. 중국의 영향을 받은 우리나라의 전통혼례는 가문과 가문이 결합한다는 의미가 컸고, 부부의 화합과 자녀출산, 부모와 조상을 섬기는 가치를 추구한다. 이러한 혼례의 의미는 사회문화적 가정환경적 영향에 의하여 형성된 것이다. 전통사회는 유교문화 중심의 사회질서와 조상숭배의 규범을 중요시 했다. 그리고 가정 내에서는 가문을 중시하고, 대가족생활 속에서 일가들이 화목하게 지내고, 가계계승을 강조했다.

중국 『주례』는 서기 전 1100년경부터 서기 전 249년까지 약 8백년간 주나라의 정치제도와 관제 풍속 등을 적어 놓은 책으로 혼인절차에 대한 내용이 담겨 있다. 혼인절차는 납채(納采), 문명(問名), 납길(納吉), 납징(納徵), 청기(請期), 친영(親迎)으로 되어 있으며 이를 주육례라고 한다. 한편 주희(서기 1130~1200)의 『주자가례』에서는 혼례절차를 간소화하여 의혼(議婚), 납채(納采), 납폐(納幣), 친영(親迎)으로 구분하였다. 고려 말 이후 우리나라에는 주자가례에 의한 혼례가 상용화되었다. 조선 후기 이재의 『사례편람』에는 주자가례를 따르되 실생활의 관행 예법을 따른 것이다. 즉 우리의 전통혼례는 주자가례가 비교적 조선화(朝鮮化)한 행례(최배영, 1999)로 변모되어 사회 상황에 맞는 의례로 정착되었다.

표 10-11 『주례』와 『사례편람』의 혼례절차

주례(周禮)		사례편람(四禮便覽)	
납채	신랑 집에서 중매인을 신부 집에 보내 혼인의사를 전달, 승낙 후 신랑 집에서는 기러기를 준비	의혼	중매인을 통해 남자 측에서 청혼서를 보내 청혼을 하면, 여자 측에서는 이를 승낙하는 허혼서를 보낸다.
문명	신랑집에서 보낸 빈(賓)이 예물인 기러기를 들고 서서 신부의 이름을 청하여 물음	납채	남자 측에서 여자 측으로 사주단자를 보낸다.

<table>
<tr><td>납길</td><td>신부이름으로 혼인의 길흉을 점친 후, 신부집에 알리고, 예물로 기러기를 보냄</td><td rowspan="3">납폐</td><td rowspan="3">연길, 택일이라고도 하며, 사주단자를 받은 여자 측에서 혼인날을 택하여 남자 측에 전한다.
함에는 황낭, 청홍치맛감, 채단, 혼서지를 넣고, 혼서지는 검은색 겹보로 싸서 세 개의 근봉 띠를 해서 보낸다. 신부집에서는 대청이나 뜰에 화문석을 깔고 봉치 떡을 마련한 후 함을 받고 예를 갖춘다.</td></tr>
<tr><td>납징</td><td>혼인이 이루어짐을 뜻함. 혼인이 확정됨. 현훈속백(玄纁束帛)과 녹피(鹿皮) 한 쌍의 폐백을 신부집으로 보냄</td></tr>
<tr><td>청기</td><td>신부집에 혼인 날짜를 물어본 후 점을 쳐서 신랑집에서 날짜를 알려줌</td></tr>
<tr><td>친영</td><td>신랑이 직접 신부 집에 가서 신부를 맞이하는 예식</td><td>친영</td><td>신랑신부가 처음으로 대면하여 혼인식을 올리며, 대례라고도 한다. 전안례, 교배례, 합근례가 있다.</td></tr>
</table>

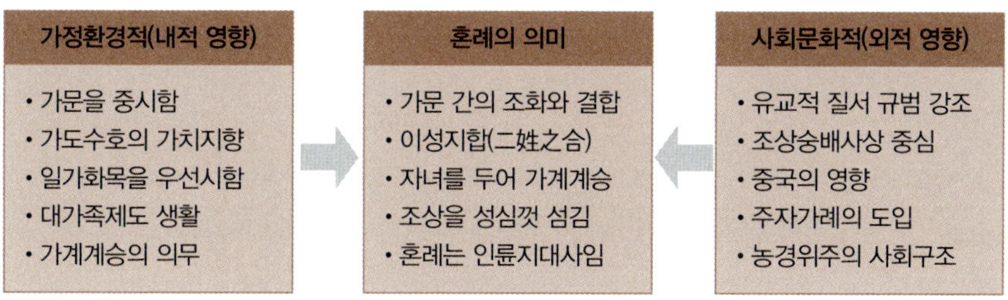

그림 10-1 전통혼례의 의미와 영향요인

전통혼례에서 중요한 정신은 삼서정신(三誓精神)이다. 즉 서부모(誓父母), 서천지(誓天地), 서배우(誓配偶)로 부모와 하늘과 배우자에게 맹서하는 것이다. 혼례절차 중에서 초자례와 초녀례를 중심으로 혼인 후 잘 살 것을 부모님께 맹서하고, 합근례를 통해서 하늘과 배우자에게 맹서한다. 혼인 당일에 해당하는 대례를 치룰 때에는 전안례(奠鴈禮), 교배례(交拜禮), 합근례(合巹禮)를 한다. 혼인식이 끝난 후에는 신랑은 신부집에서 묵고 친가로 가게 되는데, 이를 우귀례라 한다. 신부집에 머무는 기간에 따라서 당일 우귀, 삼일 우귀, 또는 몇 달이나 몇 년 후에 가는 경우도 있어, 이를 달묵이, 해묵이라고도 한다. 서류부가(婿留婦家)의 혼속(婚俗)을 보여준다. 시가에 들어간 신부는 시부모를 비롯하여 처음 뵙는 시댁의 가족들과 인사를 나눈다. 이를 현구고례(見舅姑禮)라고 하며, 일반적으로는 폐백(幣帛)이라고 한다. 폐백을 할 때에는 대추폐백과 고기폐백을 준비해 간다. 그러나 요즈음에는 고기폐백, 닭폐백, 대추폐백, 술, 안주 등을 마련하기도 한다. 점차 폐백을 올리는 절차는 생략되는 경우가 많아지고 있다.

표 10-12 전통혼례의 절차

절차		내용
혼담		혼인을 의논하는 과정으로 양가의 주혼자들에 의해 결정된다. 주로 중매인을 통해서 혼담이 오고 간다.
사주보내기		신랑의 생년월일시를 적은 사주(四主)를 써서 싸고 근봉(謹封)이라고 쓴다.
택일(연길)		신부측에서 신랑 사주를 받은 후에 혼례일을 정해서 신랑측으로 보내는 절차
납폐		예물과 혼서지를 넣어서 보내는 함보내기 절차
초자(녀)례 서부모례		신랑신부가 조상의 은덕을 기리고, 혼인 전에 부모님께 서약하는 서부모례이다. 혼인 전날 부모님께 예를 갖추고, 혼인 후 당부에 관한 말씀을 듣는다.
대례	전안례	신랑이 신부집에 도착해서 신부의 어머니께 기러기를 드리는 예 기러기는 자손의 번성과 정절을 상징함
	교배례	대례상 앞에서 신랑(동쪽에 서서 서향해서 선다)과 신부(서쪽에서 동향해 선다)가 서로 맞절을 한다. 신부가 두 번 절을 하면 신랑은 한 번 답배한다.
	합근례	신랑신부가 술을 나누어 마시는 의식
예필		혼례 예식을 마쳤다는 것을 선포함
폐백		현구고례라고도 함. 신부가 처음으로 시댁 어른들께 인사를 드리는 예식임 폐백은 시부모-백숙부모-형제자매의 순으로 드린다.
근친		신부가 혼인 후에 만 1년이 되는 때에 처음으로 친정에 가서 부모를 뵙는 것을 말함. 재행은 신랑이 처가에 가는 것을 말한다.

오늘날 혼례는 결혼, 혼인, 웨딩 등으로 표현된다. 한국의 혼례는 기독교의 전파와 서양식 교육 기회가 확대되었던 개화기 이후 지식인을 중심으로 서양식의 혼례가 도입되어 확산되었고, 동시에 일제강점기를 거치면서 광복 후 미국의 문화를 호의적으로 수용하여 점차 서구식으로 변화하였다(이향숙, 2012). 그러나 전통혼례의 풍습이나 성격이 소멸한 것이 아니라, 외형적으로는 서구화되었지만 새로운 형태로 신식혼례와 결합하여 변형이 지속되고 있다(박혜인, 1987). 이와 더불어 전통혼례가 갖고 있는 본래의 의미는 상실되거나 왜곡되고 굴절되어가는 일면도 존재한다(이향숙, 2012).

전통혼례의 시작인 의혼이란 혼례를 시작하기 이전의 절차로 반드시 중매인을 통해 남 · 녀 양가를 왕래하면서 의견을 알아보고 서로 전달하여 합의하게 되는 과정으로 남자 집에서는 여자 집의 혼인 허락을 기다린 후, '의혼'이 성립되면 납채(納采)하는 것이다. 이는 일제강점기와 산업화의 시대를 거쳐 오늘에 이르기까지도 그 형태를 유지해오고 있다. 이러한 중매의 과정은 생활문화와 맞물려 시대의 변화에 따른 변천과정을 거치면서 중매쟁이 혹은 매파라 불리는 직업군이 형성되었고, 현대에는 결혼상담원(커플매니저)이라는 새로운 직업군으로 자리매김하고 있다(문지예, 2016). 그러나 한편으로 한국 사회에서 대부분의 젊은 남녀는 자유연애를 통하여 자신의 배우자를 정하고, 부모님께 혼인을 허락받는 형식을 취하고 있다.

외형적으로 혼례는 서구화되었어도 전통혼례의 풍습에서 볼 수 있는 함을 보내거나 폐백을 올리는(주영애, 2010a) 절차 등은 일부 유지되고 있다. 여성가족부와 조선일보가 대대적으로 '작은결혼식' 캠페인을 진행했고, '1000명의 작은 결혼식 릴레이 약속'(THEPR news, 2013.2.12.) 등이 확산되면서 결혼식, 과다혼수, 예단 등의 문제해결을 위한 사회지도층의 모범이 진행되었다. 또한 서울시민청을 비롯하여 관공서를 예식장소로 개방하여 혼례문화의 변화를 꾀하고 있다. 그럼에도 불구하고 소규모이지만 호텔결혼식과 같은 호화로운 예식이 오히려 더 늘어나 정부가 추진하는 작은 결혼식의 의미와는 상반된 현상을 보이기도 한다. 오늘날 작은 결혼식 선호 연구(주영애 · 홍영윤, 2015)를 참고해 보면, 작은 결혼식에 대한 선호는 자녀와 부모세대 간에 차이를 보이는 것으로 나타나고 있다. 자녀세대는 상징적 소비와 차별화된 작은 결혼식을 선호하는 반면, 부모는 기능적 소비와 실속 있는 의미추구형 작은 결혼식이나 탈관행적 작은 결혼식을 선호하는 것으로 나타났다. 즉 '나의 결혼은 다르게 하고 싶다'는 열망을 가진 젊은 세대와 전통과 실효성을 중시하는 부모세대와의 갈등이 예견되기도 한다. 규모만 작아진 세련되고 차별화된 고급스러운 결혼식을 하고 싶어 하는 젊은이들에게 수용될 수 있는 실효성 있는 작은 결혼식 정착 방안이 강구되어야 한다.

표 10-13 갑오경장 이후 시대에 따른 한국 혼례문화 변화의 특징

시대	특징
갑오경장 이후	지식층 기독교인 중심의 신식 혼례 유행 교회, 절, 학교 등에서 간략한 절차와 적은 비용으로 혼례식
1920~1960년	평상복차림의 혼례식. 한복과 면사포, 한복과 한삼만 두르기
1961~1970년	서구식 예물에 관심 집중
1971~1980년	3無(함, 청첩장, 주례) 혼례식 권장, 검소화 지향
1981~1990년	과다혼수 문제, 약혼식 풍습 사라져감, 신혼여행은 필수로 생각함 함진아비가 신랑의 친구로 바뀜, 호텔 결혼식의 등장, 제주도로 신혼여행 1989년 해외여행 자유화에 따라 해외로 신혼여행 가기
1990년대	신혼여행은 해외로 가기, 야외촬영하기, 연애혼의 일반화, 현금으로 예단하기 예식장의 횡포, 새로운 직업군으로 웨딩플래너와 커플매니저의 등장 혼례시장이 급성장함, 새로운 혼례업 관련 직종들이 성황을 이룸
2000년 이후	결혼은 선택이라고 인식. 연상연하커플이 자연스럽게 수용됨 국제결혼이 늘어남, 물질주의 혼수 예단 비용이 증가함 과다혼수 및 결혼식 비용의 과다지출에 대한 문제의식과 사회문제화 작은 결혼식, 셀프웨딩 등장, 차별화된 특별한 결혼식 선호, 결혼식의 생략 현상 나타남

우리의 전통혼례에 대한 관심은 갖고 있지만 아직까지 전통혼례는 부정적 편견과 고정관념, 제대로 알 기회가 적음, 결혼식이 지루하고 재미없음, 번거로울 것이라는 관념(양소희, 2016) 등을 갖고 있어서 실제 결혼식을 진행할 때는 현대식으로 진행하는 경우가 많다. 전통적인 혼례형식과 절차를 따라서 결혼을 하는 사람들은 외국인들이나 다문화가정을 이루는 남녀들이 많다. 따라서 앞으로 우리의 전통혼례문화의 계승을 위해 한국인 스스로 전통혼례를 실천하는 주체적인 노력이 필요하다. 전통적인 스타일의 웨딩에 대한 선호(양소희, 2016)는 대부분 고급스럽고 세련된 분위기를 선호하고 있으므로 다양한 관련 제품 개발의 필요성이 제기되고 있다.

한편 부부생활을 중요시하는 서양에서는 결혼식을 치룬 결혼기념일에 대한 의식이 매우 강하여 이를 해마다 기념한다. 우리나라에서는 전통적으로 결혼기념일을 해마다 중요하게 여기지는 않았지만, 결혼한 지 60년이 되는 회혼(回婚)은 중요하게 여겨서 자녀들이 해로한 부모님에 대한 존경과 감사의 의례를 해드리기도 한다. 요즈음에는 '리마인드 웨딩'이라고 하여, 의미 있는 결혼기념일에 또 다시 결혼식 때의 마음가짐을 되새기는 이벤트 형식의 혼례식을 한다.

표 10-14 결혼기념일

1주년	지혼식(紙婚式)	35주년	산호혼식(珊瑚婚式)
5주년	목혼식(木婚式)	40주년	녹옥혼식(綠玉婚式)
15주년	동혼식(銅婚式) 또는 수정혼식(水晶婚式)	45주년	홍옥혼식(紅玉婚式)
25주년	은혼식(銀婚式)	50주년	금혼식(金婚式)
30주년	진주혼식(珍珠婚式)	60주년	금강혼식(金剛婚式)

4) 수연례

수연례(壽宴禮)는 의식(ceremony)을 통해서 새로운 사회적 지위를 획득하는 통과의례(rite) 측면도 있지만, 가족주의를 바탕으로 유교적 사회질서를 실현하기 위해 사람이 실천해야 할 '규범(norm)'이다(김만태, 2008). 부모와 집안어른들의 무병장수를 감사하고 축하하는 경로(敬老)의례이며 효를 실천하는 의례이다.

수연례란 사람이 태어나 60세 이후의 생신과 특별한 날에 장수를 축하하는 의미에서 벌이는 수연(壽宴)과 관련된 의례(일생의례사전)를 말한다. 즉 어른의 생신에 자손들이 수연상을 차리고 술을 올리며 장수를 기원한다. 과거에는 수연이라는 말이 없고 '헌수가장례(獻壽家長禮)라고 했고, 자손들이 폐백 예물을 드리고 헌수배례를 올렸다(송재용, 2010). 한국 사회에서 수연례란 '자식의 효심, 축수의 기원, 체면을 위한 과시, 품앗이 관행' 등이 만들어낸 문화(김만태, 2008)로 분석된다.

『고려금석문연구』(김용선, 2004)에서 보면 상류층 묘지명 320개를 분석하여 고려시대 귀족들의 평균수명을 39.7세, 고려왕의 평균수명은 42.3세, 승려는 70.2세로 분석하였다. 조선시대 임금의 평균수명은 47세로, 가장 오래 살았던 영조는 83세였고, 일반인들의 수명은 정확히 알 수는 없지만 임금들의 수명보다는 훨씬 짧았을 것이다. 평균수명은 1900년대에 이르러 36세, 1960년대에 이르러 52세였으므로, 60세 환갑을 넘어 생존하는 것은 축복받은 삶이었고, 당연히 축하를 드리는 의례로서 의미가 컸다.

이유원(1814~1888)은 『임하필기(林下筆記)』에서 "회갑 이후의 나이는 모두 하늘이 내린 것이다. 하늘의 은혜가 그처럼 넓고 크니, 다른 것이야 어찌 바랄 것이 있겠는가?"라고 기록되어 있다. 이와 같이 회갑 이후의 삶에 대해서는 오늘날에도 '덤으로 얻은 나이', '하늘이 내려준 나이', '남의 나이'로 여기는 인식이 남아 있다. 전통의례로서의 수연례로는 회갑, 진갑, 칠순 등 다양하다. 이외에 회혼례(回婚禮)나 회방(回榜)도 의미 있는 수연이었다.

표 10-15 수연례의 종류

종류	내용
육순 (六旬)	60세가 되는 생신에 가까운 친지를 모시고 잔치를 베풀어 부모님의 만수무강을 기원한다.
회갑 (回甲)	태어난 지 만 60세가 되는 나이로 자신이 태어난 간지(干支)로 돌아왔다는 뜻에서 회갑(回甲)이라고 한다. 회갑일부터는 남의 나이를 먹는다거나 세상을 두 번 산다고 말하고 회갑잔치를 산제사 지낸다고 말하기도 한다.
칠순 (七旬)	70세가 되는 생신으로 고희(古稀)라고도 한다. 고희라는 말은 두보의 시 '인생칠십고래희(人生七十古來稀)'에서 비롯된 것으로, 70세까지 살기가 힘들다는 뜻이 담겨 있다. 따라서 잔치를 베풀고 장수를 축하하는 것이다.
칠순 후 생신	80세 생신(팔순), 90세 생신(구순), 77세(희수, 喜壽), 88세(미수, 米壽), 99세(백수, 白壽), 100세(백수, 百壽) 등을 축원한다.
회혼 (回婚)	혼례를 치른 해로부터 60주년이 되는 해를 회혼이라 하여, 중요한 수연의 하나로 생각했다.
회방 (回榜)	과거급제한 해로부터 60주년이 되는 해를 말한다. 회갑, 회혼, 회방은 조선시대의 3대 수연이라 할 정도로 중요한 일생의례로 여겼다.

현재 한국에서는 앞으로 100세 시대를 넘어서 150세까지 수명이 연장될 것을 예측하고 있다. 이러한 시기가 오면 수연례를 해야 하는 연령이 크게 변화할 것이다. 현재도 과거와 비교해 보면, 수연례의 변화는 환갑에서 칠순이나 팔순으로, 잔치보다는 여행으로, 남녀의 차별 없이, 집에서 하기보다는 전문뷔페에서, 부조 없이 진행되고, 규범적 의미도 많이 약해졌으며, 임의적인 의례로 변모되고 있다. 회갑이나 칠순에는 잔치를 하지 않고 팔순이나 구순잔치를 하는 빈도가 높아지고 있으며, 회갑이나 칠순에는 부부끼리, 친구끼리 여행을 떠나는 경우가 많아지고 있다. 평균수명이 연장될수록 100세쯤 되어야 기념을 하는 수연례의 의미가 있다고 여겨질 가능성이 높다.

한편 한국에서는 노인을 존경하고 우대하며, 어려운 노인들을 국가적 차원에서 돌보아 드려야 한다는 의식은 고대사회부터 행해져온 효의 실천적 미풍양속이다.

그 근거는 고려시대에 노인에게 곡식과 의복을 하사하고 향로연을 베푼 것을 볼 수 있다. 고려 성종 10년에는 부모님께 효도하는 사람은 이웃노인도 공경하는 법이라 강조하면서 전국에 있는 80세 이상 되는 노인들에게 생활물자를 하사함으로써 경로사상을 국가의 중요한 정책 지표로 삼았다. 조선시대로 오면서 삼강오륜과 효경은 더욱 강조되었는데, 80세 이상의 백성에게는 1자급(資級)을, 90세 이상에게는 2자급(資級)을, 100세 이상에게는 3자급(資級)을 올려주고, 80세 이상의 천인(賤人)에게는 천역(賤役)을 면제하였다. 남자에게는 3품 이하의 벼슬로 여자에게는 5품 이하의 작위(爵位)로 한정하였다(한국민속대사전1, 1991). 전통사회에서는 인간이 노령에 도달하는 것을 의미하는 수(壽)를 가장 큰 복으로 삼았고, 수부귀(壽富貴)라 하여 장수하는 것을 경제적인 부와 사회적인 지위를 얻고, 더불어 인간이 추구하는 가장 중요한 목표 중의 하나로 삼았다(주영애, 2002). 일상에서도 '오래 오래 사십시오', '만수무강하세요'라는 말을 하는 것은 이를 잘 나타내 주는 것이다.

따라서 전통사회의 수명장수에 대한 축복의 의미는 가정의례 중에 수연례를 중요하게 여기도록 했으므로 지금까지도 팔순, 구순 등 장수의례가 이어지고 있으며 사회에서도 각종 경로행사가 진행된다. 노인복지프로그램으로서의 경로연이나 실버산업체를 중심으로 하는 수연례, 실버파티 등이 진행되고 있다. 요즈음에는 수연례에 대한 관심과 필요성 인식이 감소하게 되었고, 편의를 위한 여행이나 선물, 현금 등으로 축하의례가 대체되는 현상(박현영, 2016)이 대세이다. 한편 자녀세대들이 부모님께 대한 공경의 효의식과 효행이 높을수록 실버파티의 필요성을 더 크게 인식하고 실버파티를 해드리기를 원하므로, 파티기획자들을 중심으로 실버파티문화 확산 노력도 요구되고 있다.

5) 상장례

장례의 의미는 무엇인가? 효의 관점에서 보면 부모나 집안 어른의 장례를 잘 모시는 것이며, 현상은 고인의 수습과 처리를 말하고, 심리적으로는 생사(生死)의 이별과정을 겪는 것이며, 의례적으로는 가정의례이자 사회적 의례를 말한다. 또한 장례는 법적으로 사망신고를 해야 하고, 유산분배 문제도 해결해야 하는 과제가 수반된다. 즉, 장례는 슬픔과 위로를 겪으면서 의례지식을 갖고 가족과 사회에 알려야 하며, 가족관계의 변화를 받아들여야 한다. 나아가 고인에 대한 예우와 처리를 해야 하고, 상호부조와 장례서비스를 이용해야 하며, 법적인 관계가 발생하는 것에 대처해야 하는 매우 복잡하고 어려운 상황이다.

상장례는 삶의 마지막 통과의례로 경건하게 이루어져야 한다(임혜경 외, 2003). 우리나라의 상장례에 대한 기록은 삼국시대부터 남아 있다. 『위지동이전』 고구려조(高句麗條)의 “혼인하면 곧바로 죽어서 입을 옷을 만든다.”라는 기록에서 수의(壽衣), 널과 덧널의 존재에서 습(襲)과 염(殮), 그리고 장사하는 날의 택일, 집안에 차리는 빈소(殯所) 등이 있었음을 알 수 있다. 삼국이 다르긴 하지만 1년 혹은 3년의 상복제가 있었고, 신라에서는 504년(지증왕 5)에 상복법이 제정되었고, 귀족의 예장(禮葬)[02]을 시행했다. 또한, 광개토대왕(廣開土大王)과 무열왕(武烈王)의 상례에는 빈장(殯葬)[03]도 행했다. 단편적이지만 이러한 기록을 통해 유교식 상례도 있었음을 확인할 수 있다. 통일신라에서는 불교식 화장 중심의 상례가 성행했었다(일생의례사전, 2015).

02 종친이나 공신, 종 1품 이상의 문신이나 무신이 죽으면 나라에서 예를 갖추어 장사를 지내준 일을 말한다.

03 빈장이란 시신을 매장하기 전에 임시로 안치한 뒤에 본장을 치를 준비를 하는 것을 말한다. 이는 신석기시대부터 있었을 것으로 보고 있다. 삼국시대 고구려에서는 ‘사람이 죽으면 집안에 빈소(殯所)를 마련하였고, 3년이 지나면 좋은 날을 택하여 땅에 묻었다’는 기록이 있다.

상장례(喪葬禮)란 상례(喪禮)와 장례(葬禮)를 함께 이르는 말이다. 이 용어는 고려시대와 조선시대에 사용되었으며, '상례'를 일컫는 말로도 사용되었다. 상장례는 『조선왕조실록』에는 사용되었지만 예서에서는 사용되지 않았다. 1934년 조선총독부가 공포한 '의례준칙'과 대한민국의 '가정의례준칙'(1969년)에서도 '상례'라는 용어를 사용하고, 이후 1973년 개정된 '가정의례준칙'에서 상례 및 장례제식 등의 용어가 등장하였으며, 1999년 「건전가정의례준칙」이 공포되면서 상례라는 용어를 사용하였다. 그러나 장례와 상장례라는 용어가 관습적으로 상례라는 용어보다는 많이 사용되고 있다. 즉 상장례란 상례의 다른 이름으로, 죽음을 처리하는 장사(葬事)와 돌아가신 분을 조상으로 승화하고, 상주가 일상으로 돌아오는 과정을 담는 '상례'를 구체화한 것이다. 일반인들은 장사를 높여 장례라고 하였다. 즉 부모님이나 어른들의 죽음을 단순한 일[事]로만 다루기 어려워 돌아가신 분을 위해서 행하는 의례절차로 보고 '예'라고 표현했을 수도 있다.

우리나라의 상장례는 유교식 상례의 틀을 유지하고 있다. 전통에서는 부모님의 상(喪)을 당하게 되면 삼년상을 치르고, 신주(神主)를 모셨고, 4대 봉사를 기본으로 하였다. 그러나 현대에는 죽음을 처리하는 의례인 상장례가 불교나 기독교, 천주교 등의 종교적 특성과 함께 전통적인 상장례와 서로 융화된 특징을 보이고 있다.

표 10-16 전통 상장례의 절차

구분		내용
1	초종의(初終儀)	죽음의 확인 및 상례를 준비하는 절차이다.
2	습(襲)	1일째 의례로 시신을 목욕시켜 수의를 입히는 시신처리의 첫 단계이다.
3	소렴(小殮)	2일째 의례로 시신을 베로 싸서 묶는 절차이다.
4	대렴(大殮)	3일째 의례로 시신을 입관(入棺)하는 절차이다. 요즘은 목욕과 습, 소렴과 대렴을 한꺼번에 처리하며, 염습(殮襲)이라 한다.
5	성복(成服)	4일째 의례로, 상주가 상복(喪服)으로 갈아입고 정식으로 상주가 되는 절차이다.

6	조(弔)	조문을 받는 절차로, 성복 후부터 조문이 가능하다는 것을 의미한다.
7	문상(聞喪)	상주가 출타 중 부고(訃告)를 받았을 때 행하는 의례로 상가로 뛰어가는 분상(奔喪)을 한다.
8	치장(治葬)	장사(葬事)할 장소와 시간을 정하는 등 장사 지낼 준비를 하는 절차이다.
9	천구(遷柩)	발인 전날 영구를 옮길 것을 고하고, 다음날 발인 전에 고인을 영원히 보내는 견전(遣奠)을 지낸다.
10	발인(發靷)	견전을 지낸 후 상여가 장지로 떠나는 일이다. 중간에 노제를 지낸다.
11	급묘(及墓)	상여가 장지에 도착하는 절차이다. 먼저 방상시(方相氏)가 광중(壙中)의 잡귀를 몰아낸다. 하관(下棺)하고 봉문을 만들며, 신주에 글씨를 쓰는 제주(題主)를 하고 제주전(題主奠)을 올린다.
12	반곡(反哭)	새로 만든 신주와 혼백을 모시고 집으로 돌아온다.
13	우제(虞祭)	시신을 보내고 영혼을 맞이하여 편안히 한다는 의미의 제사이다. 처음으로 맏상주가 주인이 되어 지내는 흉제(凶祭)로, 고인을 조상신으로 승화하는 첫 번째 단계이다. 초우 후 유일(柔日), 혹은 다음날에 재우(再虞), 그 다음날 혹은 강일(剛日)에 삼우(三虞)를 지낸다. 삼우제 때 혼백을 산소에 묻고 성묘한다.
14	졸곡(卒哭)	삼우 후 강일에 지내는 제사로 무시곡(無時哭)을 그쳐 슬픔의 강도를 줄이는 의례이다.
15	부제(祔祭)	제주한 고인의 신주를 사당에 모시게 되었음을 고하는 의례이다.
16	소상(小祥)	1주기 제사로 추모와 상주의 슬픔을 경감하는 의례이다. 연복(練服)이 슬픔이 줄었음을 상징한다.
17	대상(大祥)	운명 후 2주기에 지내는 제사로 빈소를 철거하여 탈상한다. 소복이 슬픔의 감소를 상징한다.
18	담제(禫祭)	탈상 후 바로 일상으로 돌아갈 수 없기에 한 시절을 더 기다린다는 뜻으로 지내는 제사로 27개월째에 지낸다. 담복(禫服)이 이를 상징한다.
19	길제(吉祭)	사당의 신주를 상주의 이름으로 바꾸고, 당일에 개제한 신주를 모시고 제사를 지내며, 친진(親盡)한 신주를 체천(遞遷)하거나 매주(埋主)하는 상례의 마지막 절차이다. 『가례』에는 없으나 『의례(儀禮)』「사우례(士虞禮)」에 따라 『상례비요(喪禮備要)』와 『사례편람』에서 보충하였다. 길제를 마치면 완전히 일상으로 돌아간다.

출처: 일생의례사전(2015).

표 10-17 전통 상복

종류	기간	내용
참최	24개월(3년)	• 부모님 상에는 거친 삼베옷을 입고 아버지 상은 대나무, 어머니 상은 오동나무, 버드나무지팡이를 짚음
재최	24개월(3년) 또는 1년	• 참최복과 같은 상복을 입고 3년 상복을 입음, 어머니의 상 • 아버지가 없이 조모 상일 때는 손자가, 부친이나 조모를 대신해서 증조모나 고조모 상을 맞는 현손이 함 • 1년–아내의 상, 아버지는 살아계시나 어머니 상에는 지팡이 짚고, 조부모 형제 삼촌 상에는 지팡이를 짚지 않음
대공	9개월	• 삼베 상복을 입고, 지팡이는 짚지 않음 • 백숙부, 고모, 사촌형제의 상, 아들딸, 형제자매, 조카
소공	5개월	• 삼베 상복을 입고, 지팡이는 짚지 않음 • 증조부모의 상, 당숙의 상, 6촌 형제의 상
시마	3개월	• 삼베 상복을 입고 지팡이는 짚지 않음 • 장인 장모의 상, 8촌 형제의 상, 이종 내외종 간의 상(이모)

수의(壽衣)란 넓은 의미로는 상례 때에 시신에게 입히는 옷과 기타 부속품을 말하며, 좁은 의미로는 시신에게 입히는 옷을 말한다. 전통적인 수의는 평상시 입었던 옷이나 생전에 입는 예복에 해당하는 옷을 사용하였다. 조선시대 수의는 출토복식을 통해서 보면 조선 중기까지는 평상시 입던 의복이나 새로 장만한 의복을 사용하였고, 후기에 오면서 염습의 용도로 수의를 만들었던 것으로 보인다(한국민족문화대백과 · 한국학중앙연구원). 과거에는 3년마다 돌아오는 윤달에 수의를 짓는 관습이 있었다. 윤달은 공달이라 하여 죽은 사람의 평안을 축복한다는 뜻에서 수의를 지었고, 이 관습은 아직도 지켜지고 있다.

표 10-18 전통 갖은 수의

구분	내용	남녀수의
대렴금	대렴 때 쓰는 이불	• 남자수의: 소렴이나 대렴의 과정에서 심의나 학창의, 도포를 입히고 머리에는 복건을 입혔다. • 여자수의: 소렴과 대렴의 과정에서 원삼에 여모를 입힌다. • 이외에 베게, 버선, 습신 등이 있다.
소렴금	처음 수의를 입히고 시신을 싸는 이불	
염포	염습할 때 시신을 묶는 베	
천금	시신을 넣고 관 뚜껑 안에 덮는 이불	
지금	시신 밑에 까는 요	
과두	염할 때 시신의 배를 싸는 것	
악수	시신의 손을 싸는 것	
오낭	시신의 머리카락 손톱, 발톱을 담는 주머니	
멱목	시신의 얼굴을 가리는 것	
속포 · 장포	시신을 묶는 삼베	

표 10-19 상장례 내용의 시대적 변화

내용	전통사회	현대사회	추이
시신처리	가정에서 자녀나 친척들이 염습	장례식장에서 염사, 장례지도사	내용을 잘 모르므로 전문가인 장례지도사에게 의뢰
추모형식	유교식	전통적인 유교식이나 종교식(불교, 기독교, 천주교)	종교 특성 반영
상부상조	친족, 이웃, 지역공동체 정신적, 육체적, 물질적 부조	가족, 친척, 직장, 학연, 이웃, 같은 종교인. 물질적 부조나 육체적인 일은 도우미 협조	장례업체 서비스 이용, 부의(賻儀) 전달 방식의 변화, 장례 이후 조문객에 대해 감사인사를 온 · 오프라인으로 전달
장례방법	개인묘지, 가족묘지에 매장	개인묘지 매장, 가족묘, 화장, 납골묘, 수목장 등	화장, 수목장, 자연장, 추모공원, 매장 감소추이
장례절차	유교식	유교식, 종교식 등	표준장례절차, 종교식
장례장소	집에서 치룸 시신을 안방에 모심	집에서 치루거나 병원이나 장례식장 등 이용	장례식장 이용, 종교인들은 종교기관, 상장례의 사회화 현상 증가

한국의 상장례 문화는 산업화와 도시화가 진행되면서 크게 변화했다. 전통적인 매장문화가 유교적인 전통으로 오랫동안 유지되어 왔으나, 사회 변화와 매장지의 제한 등과 맞물려 화장문화와 납골묘 설치 등의 형태로 변모하고 있다. 통계청의 2021년 사회조사에 따르면, 장례 선호방법으로는 '화장 후 봉안(납골당, 납골묘 등)'이 34.6%로 가장 많고, 다음은 '화장 후 자연장(수목장, 잔디장 등)'이 33%, '화장 후 산, 강, 바다에 뿌림'이 22.3% '매장'이 9.4% 순으로 나타났다. 매장방법은 계속 감소 추세이다. 매장의 경우는 60대 이상이 다른 연령대에 비하여 상대적으로 선호 비율이 높다.

가정의례준칙에 따라 장례식장이 등장하여, 과거에 '집 밖에서의 죽음은 비정상적인 객사'로 간주했던 의식이 바뀌었으며, 돌아가신 분을 장례식장에 모시는 것은 당연하게 이해되고 있다. 또한 상장례에 필요한 음식이나 상복, 상장례 용어 등도 외형적으로 변화되고, 가정 내에서 이루어지는 의례에서 벗어나 사회로 이양되고 있는 현상이 뚜렷해졌다. 상장례를 전문적으로 수행해 주는 장례지도사[04]를 양성하는 대학이 생겨났고, 장례식장이나 상조업체에는 상장례서비스를 지원하는 장례지도사가 활동하고 있다.

상조업체에서 상례를 대행하면서 아들이나 딸이 했던 돌아가신 분의 시신 처리도 장례지도사가 한다. 장례식장에는 일반적으로 장례용품이 준비되어 있어서 상장례 때에 구입해서 사용할 수 있다. 입관용품으로는 수의를 비롯해서 관과 공동물품(관보, 결관포, 탈지면, 한지, 습신, 명정, 보공, 안치대 등)과 전통식의 상복과 현

04 장례지도사란 상을 당한 유족의 요청에 따라 장례절차를 주관하는 사람으로 장례상담, 시신관리, 의례지도 및 빈소설치 등 종합적으로 장례인력을 관리하는 인력을 말한다. 장례지도사는 국가자격증이 부여된 사람이다. 고용직업분류에 따르면 [1223]장례상담원 및 장례지도사로 되어 있고, 표준직업분류에 의하면 [4233]장례지도사로 되어 있다. 장례전문인력 자격제도는 1981년 '염사제도'를 운영해 왔으나 1993년 염사제도가 폐지됨에 따라 장례식장 등 현장에서는 민간자격증 취득 등 자율적인 형태로 운영되고 있었다. 2011년 8월 4일 「장사 등에 관한 법률」이 개정되면서 장례지도사 자격에 관한 내용을 처음으로 법률로 규정하였다.

대식의 상복 등이 있다. 상가(喪家)의 형편과 상황에 맞춰 대여하거나 구입해서 사용하면 된다. 조문객들을 위한 식사나 제수도 장례식장에서 주문해서 이용할 수 있도록 되어 있다.

한편 장례식장에서는 조문객들에게 음식대접을 하게 되는데, 장례식장 1회용품 사용이 연간 2억 1600만개에 이르고 있고, 장례식장의 꽃장식과 조화(弔花)도 스티로폼과 플라스틱 녹색식물류의 일회용품을 사용하고 있어 심각한 환경문제가 되고 있다. 앞으로 친환경 장례문화 확산을 위한 과제를 해결해 나가야 한다.

표 10-20 장사(장례 · 매장 · 화장 · 자연장)에 관한 법제 개관

종류	내용
매장 (埋葬)	• 매장이란 시신(임신 4개월 이후에 죽은 태아를 포함)이나 유골을 땅에 묻어 장사하는 것을 말하고, 사망 또는 사산한 때부터 24시간이 지난 후가 아니면 매장을 하지 못한다(「장사 등에 관한 법률」 제2조 제1호 및 제6조 본문). • 매장을 한 자는 매장 후 30일 이내에 매장지를 관할하는 특별자치시장 · 특별자치도지사 · 시장 · 군수 · 구청장(이하 "시장 등"이라 함)에게 신고해야 한다(규제 「장사 등에 관한 법률」 제8조 제1항).
화장 (火葬)	• 화장이란 시신이나 유골을 불에 태워 장사하는 것을 말하고, 사망 또는 사산한 때부터 24시간이 지난 후가 아니면 화장을 하지 못한다(「장사 등에 관한 법률」 제2조 제2호 및 제6조 본문). • 화장을 하려는 자는 화장시설을 관할하는 시장 등에게 신고해야 한다(규제 「장사 등에 관한 법률」 제8조 제2항).
자연장 (自然葬)	• 자연장이란 화장한 유골의 골분(骨粉)을 수목 · 화초 · 잔디 등의 밑이나 주변에 묻어 장사하는 것을 말한다(「장사 등에 관한 법률」 제2조 제3호). • 자연장을 하는 자는 화장한 유골을 묻기에 적합하도록 분골해야 하고, 유골을 분골하여 용기에 담아 묻는 경우 그 용기는 생화학적으로 분해가 가능한 것이어야 한다(규제 「장사 등에 관한 법률」 제10조).
사망신고와 관련된 법령	가족관계의 등록 등에 관한 법률 • 사망신고의무자: 사망신고는 동거하는 친족이 해야 하고, 친족 · 동거자 또는 사망 장소를 관리하는 사람, 사망 장소의 동장 또는 통장 · 이장도 사망신고를 할 수 있다(「가족관계의 등록 등에 관한 법률」 제85조).

사망신고와 관련된 법령	• 사망신고의 기간: 사망신고는 「가족관계의 등록 등에 관한 법률」 제85조에 따른 사망신고의무자가 사망 사실을 안 날부터 1개월 이내에 진단서 또는 검안서를 첨부하여 해야 한다(「가족관계의 등록 등에 관한 법률」 제84조 제1항). • 사망신고의 장소: 사망신고는 사망지 · 매장지 또는 화장지에서 할 수 있다. 다만, 사망지가 분명하지 않은 때에는 사체가 처음 발견된 곳에서, 기차나 그 밖의 교통기관에서 사망했을 때에는 그 사체를 교통기관에서 내린 곳에서, 항해일지를 비치하지 않은 선박에서 사망했을 때에는 그 선박이 최초로 입항한 곳에서 할 수 있다(「가족관계의 등록 등에 관한 법률」 제86조).
재산정리 등과 관련된 법령	민법 • 상속이란 사람이 사망한 경우 그가 살아있을 때의 재산상의 지위가 법률의 규정에 따라 특정한 사람에게 포괄적으로 승계되는 것을 말한다. • 상속인 및 상속순위: 상속에 있어서는 ① 피상속인의 직계비속 ② 피상속인의 직계존속 ③ 피상속인의 형제자매 ④ 피상속인의 4촌 이내의 방계혈족의 순위로 상속인이 된다(「민법」 제1000조 제1항). • 같은 순위의 상속인이 여러 명일 때에는 최근친을 선순위로 하고 동친(同親) 등의 상속인이 여러 명일 때에는 공동상속인이 된다(「민법」 제1000조 제2항). • 태아는 상속순위에 관해 이미 출생한 것으로 본다(「민법」 제1000조 제3항). • 상속의 개시: 상속은 사망으로 인해 개시되고, 피상속인의 주소지에서 개시한다(「민법」 제997조 및 제998조).
재산정리 등과 관련된 법령	상속세 및 증여세법 • 상속세 과세대상: 상속[유증(遺贈), 「민법」 제562조에 따른 증여자의 사망으로 인해 효력이 생길 증여(상속개시일 전 10년 이내에 피상속인이 상속인에게 진 증여채무 및 상속개시일 전 5년 이내에 피상속인이 상속인이 아닌 자에게 진 증여채무의 이행 중에 증여자가 사망한 경우의 그 증여를 포함) 및 「민법」 제1057조의2에 따른 피상속인과 생계를 같이 하고 있던 자, 피상속인의 요양간호를 한 자 및 그 밖에 피상속인과 특별연고자에 대한 상속재산의 분여(分與)를 포함]으로 인해 상속개시일(피상속인이 사망한 날을 말하며, 실종선고로 인해 상속이 개시되는 경우에는 실종 선고일을 말함) 현재 다음의 어느 하나에 해당하는 상속재산이 있는 경우에는 그 상속재산에 대해 「상속세 및 증여세법」에 따라 상속세를 부과한다(「상속세 및 증여세법」 제2조 제1호 · 제2호 및 제3조). • 피상속인이 거주자인 경우: 모든 상속재산 • 피상속인이 비거주자인 경우: 국내에 있는 모든 상속재산 지방세법 • 상속으로 부동산 · 차량 · 기계장비 · 입목 · 항공기 · 선박 · 광업권 · 어업권 · 골프회원권 · 승마회원권 · 콘도미니엄회원권 · 종합체육시설이용회원권 또는 요트회원권 등의 재산을 취득하는 경우에는 취득세가 부과된다(「지방세법」 제6조 제1호 및 제7조 제1항).

전통과 현대의 상장례 문화의 특징을 비교해 보면, 매장에서 화장으로, 가정에서 장례식장으로, 자손에서 장례지도사로, 굴건제복의 상복에서 검은색의 양복으로 변화가 이루어지고 있고, 상장례의 사회화, 간소화, 편리화, 기간의 단축 등의 특징을 보이고 있다. 전통적인 상장례를 따르는 경우에는 삼우제 이후에도 1년 상(喪)인 소상(小喪)과 3년 상(喪)인 대상(大喪)까지 지냈지만, 현대에는 고인이 돌아가신 후 3일 동안 장례를 치루며, 경우에 따라서는 5일장이나 1주일 장례를 치르기도 하고, 가족을 중심으로 불교식의 49제나 100일 탈상으로 상장례를 마무리하는 경우가 많아졌다. 장례 이후에는 조문객들에게 인사말씀을 온 · 오프라인을 통해서 전달한다. 고인의 사망신고를 할 때는 사망일로부터 1개월 이내에 사망증명서류 1부, 고인주민등록증, 신고자 도장을 준비해서 주민센터에 가서 호적을 정리하도록 한다. 또한 필요한 경우, 금융기관 등에도 사망증명서류를 제출하여 정리한다.

표 10-21 현대 3일 상장례의 일반적인 절차

<table>
<tr><th colspan="2">구분</th><th>내용</th></tr>
<tr><td rowspan="5">1일차</td><td>임종</td><td>사망 바로 전에 죽음을 맞이하고 준비하는 과정이다. 질병이 있을 경우, 대부분 병원에서 마지막을 준비하는 경우가 많다.</td></tr>
<tr><td>수시</td><td>눈을 감겨 드리고 팔다리를 매만져 가지런히 한다. 손발이 굽어지지 않게 곧게 펴서 남자는 왼손을 여자는 오른손을 위로하여 배 위에 가지런히 놓고 두 다리는 똑바로 모아 백지나 붕대로 묶는다. 머리에서 발끝까지 흰 천이나 깨끗한 홑이불로 덮는다.</td></tr>
<tr><td>발상</td><td>상(喪)이 났고, 상례를 시작한다는 것을 외부에 알린다.</td></tr>
<tr><td>장례방법 결정</td><td>가족장, 단체장 등을 고인의 사회적 지위나 활동, 유언에 근거하여 정한다. 화장이나 매장 여부를 결정하고, 장례식장에서 구체적인 장례절차 등을 상담하고 자문을 받는다(염습시간, 장지, 발인, 조문객 접대, 꽃장식, 영구차 예약 등).</td></tr>
<tr><td>부고</td><td>유족의 친척, 지인, 단체(회사) 등에 장례식장, 기간 등을 알린다.</td></tr>
</table>

2일차	염습	시신을 정결하게 씻기어 수의를 입힌다.
	입관	시신을 관에 모신다. 고인의 유품 중에 십자가나 염주, 성경 등을 넣기도 한다. 입관절차에는 유족이 참여한다.
	영좌설치	고인의 사진을 모셔 놓고, 문상객을 맞을 준비를 한다.
	성복	상복을 입는다는 뜻으로, 상주와 복인들이 상복으로 갈아입는다.
	문상	성복 후에 상주와 유족은 근신하고 애도하는 마음으로 문상객을 맞이한다. 상주는 문상객을 전송하지 않고, 영좌를 모신 자리를 지키는 것이 우선이다.
3일차	발인	영구가 장례식장을 떠나는 절차이다. 일반적으로는 발인제를 지낸다. 종교에 따라 기독교는 발인예배, 천주교는 발인미사를 지낸다.
	영결식	고인의 신분에 따라 진행한다. 예를 들어 사회장, 학교장, 협회장 등 영결식을 위한 장례위원회가 결성되어 진행되기도 한다.
	운구	영구를 장지까지 운반하는 절차이다.
	하관	장지에서 영구를 광중에 넣는 것을 말한다.
	성분 및 봉분	묘를 만들고 흙을 올려 잔디를 입힌다. 봉분이 끝나면 지석(誌石)을 묘의 오른쪽 아래에 묻는다.
	반우제	장지에서 위령제가 끝나면 집으로 돌아와 영혼을 집에 맞아들이는 의식이다. 고인을 장지에 모신 후 3일째 되는 날 묘에 다시 가서 살피고, 삼우제를 지내며 삼일 장례를 마친다.
장례 후	〈조문객들에게 전하는 인사말씀〉을 온라인이나 오프라인에서 전달한다. (예시) 금번 저희 아버님 장례에 바쁘신 중에도 불구하고 찾아주시어 많은 위로의 말씀을 전해 주시고 물심양면으로 도와주심으로 장례를 잘 마치게 되어 진심으로 감사드립니다. 직접 찾아 뵙고 인사드림이 도리이나, 우선 서면으로 대신하오니 혜량하여 주시옵고, 댁내의 대소사에도 연락주시어 보답의 기회를 주시기 바랍니다. 내내 건강하시고, 귀댁에 항상 행운이 함께 하시길 기원합니다. ○○○○년 ○월 ○일 ○○○배	

표 10-22 종교별 상장례 의식

기독교식	불교식	천주교식
1. 임종예식 2. 입관예식 3. 발인예식 4. 하관예식	• 승려는 다비장례법(茶毘葬禮法)의 절차를 따르지만, 신도는 유교식 상례와 절충하여 진행되기도 한다. • 천수경, 무상계, 법성계, 금강경, 아미타경, 미륵상생경, 장엄염불 등을 독송하며 고인의 왕생을 축원한다.	• 장례기간 동안, 신자들이 돌아가면서 성가와 연도(기도)를 바친다. 각 성당마다 연령회가 활동하므로, 신자가 돌아가셨다는 부고를 알게 되면, 자발적으로 상가의 연도에 참여한다.
〈영결예식〉 1. 예식사 2. 기도 및 찬송 3. 성경봉독 4. 집례자의 말씀 5. 고인의 약력 6. 조사와 조가 7. 찬송 8. 신앙고백 9. 축도 10. 호상의 인사와 안내 〈하관예배〉 1. 예식사 2. 찬송, 기도, 성경봉독 3. 취토, 마감기도와 축도	1. 개식 2. 삼귀의례(三歸依禮) 3. 약력보고 4. 착어(著語) 5. 창혼(唱魂) 6. 헌화(獻花) 7. 독경(讀經) 8. 추도사(追悼辭) 9. 소향(燒香) 10. 사홍서원(四弘誓願) 11. 폐식 12. 화장 13. 쇄골 봉안 14. 장례 후 49제	1. 종부성사 2. 임종예식 3. 연도 4. 수시 및 입관예식 5. 장례미사 6. 장례 후 연미사

상가(喪家)에 조문(弔問)을 할 때에는 일반적으로 고인(故人)이 돌아가신 지 이틀째 되는 날에 찾아뵙는다. 그러나 요즈음에는 병원이나 장례식장에서 상례를 치르고 있어서 부고(訃告)가 나면 곧바로 영좌(靈座)를 설치하는 경우가 많으므로, 상황에 맞추어 조문한다. 조문을 할 때에는 기본적으로 지켜야 할 예법을 지키도록 하며, 고인(故人)을 잃은 유족들과 슬픔을 같이한다는 마음가짐으로 임하면 된다. 상(喪)을 당한 가정의 종교에 따라 조문의 방식이 다를 수 있으므로, 종교별 차이를

표 10-23 기본적인 조문 예절

구분		내용
종교식 예절	기독교 형식	빈소에 들어가서 상주와 가볍게 목례를 한 후, 준비된 국화꽃을 들고, 영정 앞에 헌화하고, 뒤로 한 걸음 물러서서 고개를 숙여 잠시 동안 묵념자세를 취하여 기도한다. 이후 상주와 맞절이나 인사를 하고 상중에 드리는 위로의 말씀을 전한다.
	천주교 형식	빈소에 들어서서 상주와 가볍게 목례를 하고, 준비된 국화꽃을 들고 영정 앞에 헌화한 후, 기도하고 향에 불을 붙여서 끈 후에 향로에 꽂고, 일어나 물러서서 절을 올린다. 그 후 상주와 맞절을 하고 상중의 위로 말씀을 전한다.
	유교나 불교 형식	빈소에 들어서서 상주와 가볍게 목례를 하고, 영정 앞에 무릎을 꿇고 향에 불을 붙인 후 끄고 향로에 꽂고, 한걸음 뒤로 물러나 절을 올린다. 그 후 상주와 맞절을 하고, 상중의 위로 말씀을 전한다.
헌화방법		꽃 머리 부분이 드리는 사람을 향하게 하고, 꽃대 줄기가 영정 앞쪽을 향하도록 드린다. 화병이 있을 경우에는 꽂아 놓는다.
공수법		손을 맞잡을 때에 남성은 오른손이 위로 가게 하고, 여성은 왼손이 위로 가게 하여 잡는다.
절하는 방법		오늘날은 일반적으로 남녀 모두 영정 앞에서 두 번 큰절을 하고, 상주와는 한 번 평절을 한다.
위로의 말씀		삼가 조의를 표합니다. 얼마나 슬프십니까? 얼마나 상심이 크십니까? 어떻게 위로 말씀을 드려야 할지 모르겠습니다. 얼마나 가슴이 아프십니까?

익혀 상가의 종교에 맞추어 조문을 하는 것이 바람직하다. 자신의 종교방식만을 고집하여 조문을 하는 것은 오히려 상가에 부담을 줄 수도 있다. 조문할 때의 옷차림은 검은색 정장으로 하며, 남성들은 검은 넥타이를 착용한다. 여성들은 액세서리나 짙은 화장은 피하도록 한다. 한편 부의를 보낼 때는 전통사회에서는 향이나 초, 과일, 옷감 등 현물로 전달했지만, 오늘날에는 대부분 금전으로 부의(賻儀)를 전달한다. 조문을 위해 상가나 장례식장에 도착하면 우선 영좌를 찾아뵙고, 상주들을 위로한 후에 부의를 전달하는 것이 바람직하나, 요즈음에는 부의함(賻儀函)을 마련해 놓아 미리 부의를 전달하고 영좌를 찾아뵙는 경우가 많다. 비록 알고 있는 상장례 예법과 다른 경우를 보더라도 상가나 장례식장에서는 '장례 예법이 맞다,

틀리다' 등의 말을 하면서 혼란스럽게 하는 행동을 하지 않도록 한다. 상장례의 기본은 고인을 잃은 슬픔을 유족들과 조용히 나누는 것이 우선되어야 한다.

코로나19로 인하여 한국의 장례문화도 많이 변모하였다. 장례에 참여하는 조문객이 제한되었고, 장례식을 온라인으로 중계하는 경우도 나타났다. 그동안 진행되었던 한국의 장례문화가 큰 변화에 직면하였다. 가족의례이자 사회적인 의미의 의례가 되어왔던 장례문화가 간소화된 스몰장례식이라는 가족의례로 축소되는 형태가 확대되었다. 부의금을 보내는 형식도 달라지고 있다. 직접 현금으로 전달하는 경우가 많지만 은행계좌로 입금하거나, 모바일 온라인송금 방법도 병행된다. 한국의 장례문화가 앞으로 어떤 형태로 바뀔 것인가를 숙고할 상황에 이르렀다. 장례문화는 돌아가신 고인을 위한 것인가, 유족을 위한 것인가에 대한 장례서비스의 점검도 필요하다.

6) 제례

제례(祭禮)는 제사를 지낼 때의 예절로 조상숭배사상을 담고 있다. 조상의 돌아가신 날을 기리며, 받드는 의식과 예절로 우리 고유의 미풍양속으로 이어져 오고 있다. 제례는 조상의 사후(死後)에 효를 계속하기 위함으로(이정우 · 김명나, 1990) 강조되어 왔고, 무엇보다 정성(精誠)과 공경(恭敬)의 마음을 다하여 지내는 것이 근본이었다. 예로부터 제례는 지나치게 형식적인 면을 우선시하게 되면 그 본질적인 가치와 정신을 잃게 되므로 정성을 다하는 기본 마음가짐을 강조했고, 이는 제수 마련에도 잘 나타났다. 제수는 음식을 매개로 하여 정성과 염원을 조상님께 전달하고, 위로하고 가호(加護)를 기원하는 것이다(주영애, 2011). 우리 사회에서 제례는 유교식의 제례가 16세기경부터 정착되었고, 19세기에 이르러서는 일반화된 것으로(문옥표, 2007) 보고 있다.

전통적인 제례의 근본 뜻은 조상을 추모(追慕)[05]하고 그 근본에 대해 보답하고자 하는 정성의 표시이다. 제례는 '돌아가신 조상이 마치 살아 계신 듯이 모신다(事亡如事存)'라고 하여, 신주를 사당에 모시고, 집안의 대소사가 있을 때에 아침저녁으로 안부 인사를 드리는 것처럼 찾아뵈었다. 명절에 차례를 지내고, 절기마다 천신(薦新)[06]하며, 시제(時祭)를 지내고, 기일(忌日)에는 기제(忌祭)를 모셨다. 한국인들에게 조상들은 죽어서도 살아계신 존재인 것이다. 조상은 돌아가신 후에도 제사를 통해서 영원한 삶을 산다고 믿었으며, 후손과의 혈연적인 연대감이 그대로 이어진다고 여겼다. 조선시대는 「가례」[07]의 제례를 수용하여 사대부들의 실천윤리로 삼았고, 각 지방이나 문중에 따라서 제례행례 방식은 각기 다른 가가례(家家禮)를 형성했다.

표 10-24 제례의 종류

종류	내용
시조제(始祖祭)	자기의 성씨 시조에 대한 제사. 매년 동지에 지낸다.
선조제(先祖祭)	자기의 5대조 이상의 모든 조상에 대한 제사로 매년 입춘에 지낸다.
기제(忌祭)	4대조 이하의 조상들이 돌아가신 날 지내는 제사이다.
녜제(禰祭)	음력 9월 중 길일(吉日)을 택하여 돌아가신 부모를 위해 올리는 제사. 실제 관행에서는 이행되지 않아서 격몽요결이나 상례비요에서는 생략되어 있지만 사례편람에는 예제를 설정하였다.
차례(茶禮)	설, 한식, 단오, 추석 등 명절에 지내며, 신년차례와 단오의 천신제는 사당에서 지내고, 한식과 추석차례는 묘제(墓祭)[08]로 지낸다.

05 추모(追慕: cherish memory)란 고인(故人)을 생각하고 그 분이 살아 있을 때의 인품과 공덕을 사모하고 그리워하는 것이다.

06 천신이란 새로 농사지은 곡식이나 과일을 먼저 조상께 감사하는 뜻으로 드리는 의식이다.

07 성리학을 완성한 중국 송대(宋代) 주희(朱熹)의 저작으로 알려진 관혼상제의 가례서이다. 우리나라에 도입된 시기는 고려 말경으로 추정된다. 권1~권5까지 모두 다섯 권으로 되어 있으며, 1권은 통례이며, 관혼상제가 수록되어 있다.

표 10-25 전통 제례 절차-사례편람의 기일 제사를 중심으로

구분		내용
1	강신(降神)	조상이 강림하시는 의식으로 제주가 향을 피운다. 강신 잔에 술을 따라 모사기에 따르고 재배(再拜)한다.
2	참신(參神)	조상을 뵙는다는 의미로 제주 이하 참석자들은 재배한다. 여성들은 사배(四拜)한다.
3	진찬(進饌)	제사상에 음식을 내오는 절차이다. 따뜻한 음식은 이때에 내어온다.
4	초헌(初獻)	첫 번째 술을 올리는 절차이다. 제주가 올리며, 재배한다.
5	독축(讀祝)	집사자가 축문을 읽는다. 축문 후에는 제주가 재배한다.
6	아헌(亞獻)	두 번째 술을 올리는 절차이다. 주부가 잔을 올린 후, 사배한다.
7	종헌(終獻)	집안의 어른 중 한 분이 세 번째 마지막 잔을 올린 후, 재배한다.
8	유식(侑食)	조상이 음식을 흠향하는 시간으로 메에 숟가락을 꽂고, 젓가락은 음식 위에 놓는다. 삽시정저(插匙正箸)라고도 한다.
9	합문(闔門)	조상이 음식을 흠향하는 시간 동안에 제사를 지내는 곳의 방문을 닫고 밖에서 기다린다. 또는 문을 닫지 않고 병풍을 치기도 한다.
10	계문(啓門)	제주가 세 번 기침을 하고 문을 열고 들어간다.
11	사신(辭神)	조상신을 배웅한다는 의미로 참석자들이 모두 재배한다.
12	납주(納主)	신주(神主)를 사당으로 모신다. 신주 대신 지방을 사용했을 경우에는 지방을 불태운다.
13	철상(撤床)	제사상의 음식을 내리고 거두어 치운다.

제사를 지낼 때에는 제사음식을 마련하여 진설을 한다. 일정한 원칙은 있지만, 가가례(家家禮)의 가장 대표적인 사례는 제물과 진설법으로 집안에 따라 준비된 진설도(陳設圖)를 보고 진설하기도 한다. 진설의 원칙은 음양(陰陽)의 원리를 따라서 준비했으며, 하늘은 양(陽)이므로 하늘에서 나는 것은 홀수로, 땅은 음(陰)이므로 땅에서 나는 것은 짝수이므로, 어육은 홀수, 과일과 채소는 짝수로 하도록 했다. 『격몽요결』, 『상례비요』, 『사례편람』 등 조선시대의 예서에서는 진설법을 제시하고 있다.

제사의 지역적인 차이를 크게 보여주는 곳은 제주도이다. 조선시대 제주도의 경우, 육지와는 다르게 일반인들에게까지 유교가 도입되기에는 시간이 많이 걸렸고, 조선초기에는 남녀의 무속제례가 있었고, 조선 후기인 18세기에 이르러 비로소 유교식 제례가 정착되었다. 기제사나 명절 때에 제사상차림은 『사례편람』의 원칙을 중시했지만, 제주도의 제사음식[08] 조리법은 차이가 크다.

표 10-26 제사음식의 진설

격몽요결(擊蒙要訣)[10]	상례비요(喪禮備要)	사례편람(四禮便覽)
율곡 이이/조선 중기	신의경/김장생, 김집/조선 중기	도암 이재(李縡)/조선 후기
• 1열: 시접, 반, 잔반, 갱 • 2열: 면, 육, 적, 어, 병 • 3열: 다섯 종류의 탕 • 4열: 채소, 식혜, 포 • 5열: 다섯 종류의 과일	• 1열: 밥, 잔반, 시저, 초, 국 • 2열: 면식, 육, 적간, 어, 미 • 3열: 포해, 소채 각 2기씩 • 4열: 여섯 종류의 과일	• 1열: 반, 잔반, 시저, 초첩, 갱 • 2열: 면, 육, 적, 어, 병 • 3열: 포, 소, 장, 침채, 해, 식혜 • 4열: 과일

이러한 제례는 인구가 도시 환경에서 생활하는 비율이 높아지면서 변화가 나타났다. 2000년도에 이루어진 전국 규모의 한 조사에 의하면 전체 조사대상의 78.3%가 유교식 제례를 지낸 것으로 나타나 있고(한국보건사회연구원, 2000), 가정의례 중에서도 가장 전통적인 형태로 유지되고 있는 것을 알 수 있다. 그러나 제례는 현재 유교식뿐 아니라 그 형식상 종교적인 특성을 반영하여 불교식, 천주교식,

08 제주도의 서귀포에서는 제사를 '식게'라고 하며, 제사에 참석하며 음복하러 간다는 것을 '식게 먹으러 간다'라고 한다. 메를 '식게밥'이라고 했으며, 갱은 옥돔이나 북바리 등 비늘생선 또는 쇠고기에 무나 미역을 넣고 끓인다. 전은 조상이 제사음식을 싸 가지고 갈 보따리를 의미한다. 계란전이나 초기전[표고버섯]을 사용한다. 메밀가루 반죽을 숟가락으로 떠 놓아 동그란 모양의 메밀전을 부치기도 한다(향토문화전자대전 참조).

09 격몽요결은 이이(李珥)가 초학자들을 위해 편찬한 책이다. 서문과 10개 장으로 구성되어 있는데, 이 중 6장에는 상제(喪祭)와 7장에는 제례(祭禮)의 내용이 실려 있다.

기독교식, 각 종교와 유교가 혼합된 형식 등 다양한 제례형식이 공존하고 있다. 제례의 형식과 방법은 전통식과는 차이가 있지만, 고인의 삶을 회고하고 자손으로서 올바른 삶을 다짐하는 의례로서의 의미는 지속되고 있다(주영애, 2011). 그러나 전통적인 형식의 제례를 모시기 위한 가사노동이나 시간 및 비용 측면에 대해 부정적인 부담과 갈등 등이 공존하고 있어서, 제례의 긍정적 기능을 살리면서도 의례의 부담감을 완화시킬 수 있는 방법을 모색(구숙회 · 최배영, 2011)하는 것이 필요하다. 명절에 올리는 제례는 차례라고 하며, 보통 순서, 시간, 옷차림, 음식 등은 기제사와 차이가 있다.

표 10-27 현대 제례 절차

구분		내용
1	신위봉안	흰 종이를 제사상 위에 깔고, 제사음식을 진설하고, 지방을 써서 붙인다. 제주가 분향을 하고, 모사에 술을 부은 뒤, 제주와 참여자가 일제히 신위 앞에 두 번 절을 한다.
2	초헌	고인에게 첫 번째 술을 올리고, 두 번 절을 한다.
3	독축	축문을 읽고 두 번 절을 한다.
4	아헌	독축 후 주부가 두 번째 잔을 올리고, 네 번 절을 한다.
5	종헌	제주의 근친자가 세 번째 잔을 올리고, 두 번 절을 한다.
6	삽시	고인의 영혼이 제사음식을 드시도록 기원하면서 숟가락을 밥에 꽂고 모든 참여자들은 고개를 숙이고 묵념을 한다.
7	헌다	제사상에서 국을 내리고 숭늉이나 물을 올리고, 밥을 조금씩 세 번 떠서 물에 만 다음 수저를 물그릇에 놓고 일어선다.
8	사신	참여자들이 신위 앞에서 작별의 인사로 큰절을 올린다.
9	철상	지방을 내리고 축문과 함께 불로 사르고, 제사상을 물린다.

표 10-28 기제사와 차례의 형식 비교

형식	기제사	차례
순서	세 번 술잔을 올리고 축문을 읽는다.	한 번 술잔을 올린다.
시간	돌아가신 날 밤에 지낸다.	명절 아침에 지낸다.
옷	검소한 옷차림을 한다.	화려한 옷차림도 가능하다. 명절에 입는 화려한 한복을 입는다.
음식	밥, 국 등 제사상 차림	명절 음식상 차림
기타	촛불을 켠다.	촛불을 켜지 않는다.

시대와 종교에 따라 추모의례의 형식은 변모하지만 정서적으로나 교육적인 면에서 본질적 의의는 변화될 수 없다. 아래와 같이 추모의례의 모델(구숙회 · 최배영, 2011)에서 제시한 형태의 의례를 시도하는 것은 시대적으로 의미가 있다. 이는 한국인들이 오랫동안 이어온 정신문화로서 고인을 추모하는 의례문화 유산이 될 수 있다.

표 10-29 가정에서의 추모의례 모델

장소	주관자의 가정			
형식	유교식 기제	기독교식 추도예배	유교식+천주교식 요소	유교식+불교식 요소
대상범위	1대 혹은 2대			
주관자	맏이/신앙이 좋은 자녀/자녀들이 돌아가며 주관			
참석자	부부, 자녀, 형제자매와 배우자			
날짜/시간	기일/기일을 앞두고 가족이 모이기 가능한 날의 저녁시간			
복장	정장차림/단정한 복장			
준비용품	제례용품	성경, 찬송가	제례용품, 십자가, 기도서, 성가집	제례용품, 반야심경
음식	집에서 직접 만들기/구입하기/분담해서 마련하기			
음식비용	형제들이 분담하기			

표 10-30 종교기관에서의 추모의례 모델

장소	천주교: 성당	불교: 사찰
형식	연미사	천도재(薦度齋)
대상범위	1대 혹은 2대	
주관자	신앙이 좋은 맏이/자녀들이 돌아가며 주관(집례자는 성직자)	
참석자	부부, 자녀, 형제자매와 배우자	
날짜/시간	기일/기일을 앞두고 가족이 모이기 가능한 날의 저녁시간	
복장	정장차림/단정한 복장	
준비용품	미사 준비물, 영적예물	제물, 대중공양
음식	연미사 후 인근 식당에서 식사	천도재 후 공양간에서 식사
음식비용	형제들이 분담하기	

표 10-31 추모시설에서의 추모의례 모델

장소	봉안당, 산소, 수목공원
형식	묵념/기도/배례
대상범위	1대 혹은 2대
주관자	맏이/자녀들이 돌아가며 주관
참석자	부부, 자녀, 형제자매와 배우자
날짜/시간	기일/기일을 앞두고 가족이 모이기 가능한 날의 낮시간
복장	정장차림/단정한 복장
준비용품	꽃
음식	외식을 하거나 야외에서 먹을 음식을 서로 분담해서 준비하기
음식비용	형제들이 분담하기

Problems & Discussion

1 일생의례의 의미는 무엇이며, 각 가정에서 지켜지고 있는 의례형식과 특징에 대하여 조사해 보세요.

2 친지나 친척 아기의 백일과 돌잔치에 참여해 보고, 전통사회에서의 의례와의 차이점을 비교해 보고 앞으로 계승될 문화적 특성은 무엇인지 생각해 보세요.

3 전통성년례의 의미를 살린 오늘날 적용할 수 있는 새로운 한국식 성년례 콘텐츠를 구안해 보세요.

4 전통혼례의 삼서정신을 살린 전통적 스타일의 웨딩 플랜을 기획해 보세요.

5 현대의 상례절차와 조문할 때에 지켜야 할 기본예절에 대하여 설명해 보세요.

6 각 가정에서 지키고 있는 제사나 추모의례에 대하여 조사해 보세요.

CHAPTER 11

생활문화의 변화와 창조

1. 디지털혁명과 생활문화
2. 생활문화의 전망
3. 생활문화의 창조

CHAPTER 11

생활문화의 변화와 창조

1. 디지털혁명과 생활문화

1) 인간과 기계와의 소통

오늘날 우리의 생활문화는 인간 대 인간의 교류와 적응의 과정을 넘어서 인간 대 기계의 교류와 적응에 초점을 두고 변화하고 있다. 상상을 넘어선 인공지능(AI), 사물인터넷(IoT), 챗GPT, 클라우드 컴퓨팅, 빅데이터, 모바일 등 첨단 정보통신기술이 경제와 사회 전반에 융합되면서 생활문화의 혁신적인 변화가 급속도로 진행되고 있다. 이와 같은 변화는 차세대 산업혁명으로 불리는 디지털혁명은 기존의 산업혁명보다도 더 빠른 속도로 더 넓은 범위로, 더 많은 영향을 끼친다. '2016년 세계경제포럼(World Economic Forum: WEF)'에서 '4차 혁명(Fouth Industrial Revolution)'이라는 용어가 등장하기 시작했다. 이제 우리 사회는 인공지능이나 로봇기술, 생명과학이 주도하는 사회를 맞이하게 되었다.

사물인터넷(Internet of things)은 기기와 생산품 사이에 상호 소통 체계를 구축함으로써 스마트폰과 태블릿 PC를 이용하여 개별 기기를 자율적으로 제어할 수 있다. 또한 자율주행 자동차(Autonomous car)는 사람의 조작하지 않더라도 가속과 감속, 장애물 인식, 방향전환, 네비게이션 등이 가능하므로 편리성과 안전성을 확보한 생활문화를 만들어간다. 머지않아 모든 예측들이 실행가능하게 발전될 것이다. 산업분야에서는 인공지능과 사물인터넷의 접목을 통하여 농업, 수산물양식업, 유통물류관리, 가스안전관리, 지하수관리, 온실복합환경제어 등이 폭넓게 사용되고 있다. 인간이 할 수 있는 직업과 일자리가 대부분 기계로 대체될 것으로 예측되며 앞으로는 인간과 기계와의 소통이 강조되는 생활이 펼쳐질 것이다. 이에 따라 필요한 직업세계도 큰 지각변동이 이루어지고 있다.

2) 스마트홈과 삶의 질

오늘날 가정생활은 가전제품을 스마트기기로 연결해서 손쉽게 제어하는 '스마트홈 시대'가 되어 크게 변화해 가고 있다. 전자동 커피머신에 스마트폰이나 태블릿기기, 블루투스로 연결하면 커피농도 · 온도 · 물의 양을 설정해서 터치 한 번으로 커피를 맛볼 수 있으며, 음성으로 생활가전제품을 조작하는 등 소비자가 실생활에서 유용하게 활용하고, 삶의 질을 높일 수 있게 되었다. 사물인터넷과 인공지능이 접목된 실내미세먼지측정기, 공기측정기, 가습기, 디퓨저, 스피커, 조명, 온풍기, 주전자, 인덕션, 말하는 냉장고, 로봇청소기, 전기밥솥, 세탁기 등 가전제품은 생활문화를 변화시켰다. 공간의 제약이 없는 천장에 설치 가능한 빔프로젝터 스마트 키친 TV는 레시피나 요리 동영상 콘텐츠를 이용할 수 있고, TV를 보면서도 요리가 가능한 기기로 '요리'를 하는 사람에게는 일대 혁명과도 같은 생활문화가 형성되고 있다. 조명과 음향, 실내온도, 보완, 스프링클러 시스템까지 편리하게 제어할 수 있는 DICE, 공중 부양되어 있는 보완카메라 등은 이제 현실이 되었다. 가전제품의 혁명은 기존에는 가정 내의 '가사노동을 단축'시키고, 여가시간을 확대시키는 생활문화의 변화를 가져왔다면, 디지털혁명 시기의 사물인터넷과 인공지능을 접목한 가전제품은 '삶의 질을 변화'시킨다. 코로나19 확산 이후 인공지능의 발달은 더욱 가속화되었다. 재택근무와 화상회의, 온라인교육, 비대면 만남의 일상화로 집에 머무는 시간이 절대적으로 증가하면서 홈카페, 홈트 등이 유행하고, 일상생활에 필요한 인공지능이 접목된 다양한 가전제품이 빠르게 출시되었다.

이동통신사와 가전제품업체를 비롯하여 보일러업체, 인테리어업체 등이 연계하여 우리의 생활문화를 보다 편리하고, 쾌적하고, 건강하게, 소비자가 원하는 방향으로 삶을 누릴 수 있도록 하고 있다. 신축 아파트들은 스마트홈 시스템을 갖추고 있고, 이는 더욱 확산될 전망이다. 그러나 이와 더불어 사물인터넷의 보안문제는 과제로 남아 있다. 인터넷의 해킹, 악성코드, 바이러스 위험 등에 대해 알고 있듯이, 디지털 중심 시대에도 해결해야 할 부분이다.

표 11-1 디지털혁명과 생활문화의 변화

디지털혁명 이전의 생활문화	디지털혁명 도입 이후의 생활문화
• 인간관계에서 면 대 면 오프라인의 의사소통 • 가전기기 사용으로 인한 여성의 가사노동 경감과 여가시간의 증가 • 생활에서의 편리함과 합리성 추구 • 환경보호를 위한 소비문화 추구 • 가전기기, 주거공간, 인테리어 등이 개별적으로 수준 향상 • 개인이 소유한 정보의 가치가 우선 • 가족중심으로 의식주생활의 의존적 형태 • 서비스산업 일자리 추구현상 • 일–생활공간의 분리현상 • 각국 언어소통의 어려움 • 정보의 제한적 활용	• 스마트폰과 온라인을 매체로 한 의사소통 • 스마트홈 시스템의 도입과 양성평등의식의 확산으로 남녀의 가사참여와 여가의 변화 • 생활에서의 안전성과 질적 향상 추구 • 지속가능한 공존을 위한 협동소비 추구 • 스마트 홈으로 기기, 공간, 인테리어 등이 융합된 통합시스템 • 인공지능 정보의 활용 가치가 우선 • 개인중심으로 의식주생활 영위 확대 • IT산업, 빅데이터, 기술 중심의 일자리 추구 • 일–생활공간의 분리, 통합 등 다양한 형태 • 기기를 활용한 각국 언어소통의 용이 • 모든 정보의 보편화와 활용의 자유

2. 생활문화의 전망

가족생활과 의식주생활, 여가와 소비생활, 의례생활 등 생활문화는 제반 사회, 정치, 경제, 기술, 문화, 환경의 영향으로 향후 끊임없이 변화되고 창조될 것이다.

(1) 양성평등과 다양성에 대한 상호존중의 가족생활문화를 지향한다.

앞으로 한국의 가족형태는 더욱 다양해질 것이며, 사회적 규범에 의하여 남녀의 역할 구분이 뚜렷했던 시기를 넘어서 사회 전반적으로 양성평등의식이 확산되어 가정생활에 있어서도 남녀의 역할 구분이 모호해질 것이다. 더 나아가 각자의 능력과 상황에 따라 역할을 선택하는 것이 자연스러워질 것이며, 사회에서의 일-생활 균형제도가 확립되고, 직업에서의 근무유연제가 확산되어 진정한 '선택'에 의한 삶의 영위가 이루어질 것이다.

또한 결혼도 인생에 있어서 '필수'가 아닌 '선택'의 제도로 받아들이게 될 것이다. 미혼이나 비혼상태에서의 자녀출산과 입양도 증가할 것이다. 가족이 되는 경우도 '결혼을 통해서', '출산을 통해서', '입양을 통해서', '생활공동체를 통해서' 등 다양한 상황으로 구성될 것이다. 다만, 이러한 변화는 사회제도적으로 안정화되고, 업종에 따른 차이가 줄어들고, 보다 평등한 사회 분위기가 조성되어야 가능할 것이다.

그리고 평균수명의 연장으로 건강하게 오래 사는 노인들이 증가하고, 노후 생활을 안정되게 지낼 수 있는 연금제도, 노인복지제도 등에 대한 관심이 높아질 것이다. 한부모가족, 다문화가족, 1인가족, 입양가족, 북한이탈주민가족, 반려동물가족 등도 지속적으로 증가될 것이다. 개인의 삶과 가족의 삶에 있어서 각자의 라이프 스타일을 받아들이고, 상호 존중하는 가족생활문화를 만들어 나아가야 할 것이며, 다양한 가족에 대한 편견이나 차별 의식도 점차 줄어들어야 할 것이다. 가족 간의 상호 존중을 위한 기본 인성과 예의범절을 지켜야 하며, 이는 우리의 문화적 정체성과 더불어 건전한 세계시민으로서의 공존의식을 바탕으로 공고해져야 할 것이다.

(2) 개성을 존중하며, 환경과 공존을 위한 의생활문화를 지향한다.

한국의 미래 의생활 트렌드에 관한 연구(배윤지, 2016)에서는 2040년까지의 미래보고서를 중심으로 우리 사회에서의 나타나는 차별화된 트렌드를 제시하였다. 이에 따르면 사회적으로 고령화와 기술적 측면에서 IT(information technology), BT(bio technology), NT(nano technology)의 발전, 환경 측면에서는 기후의 변화와 자원의 고갈, 경제와 정치 측면에서는 남북 갈등의 완화 등으로 예측하였다. 이러한 환경 속에서 한국의 미래 의생활 트렌드는 '실버세대 중심', 'IT/BT/NT와 의복의 결합', '3D기술과 의복의 결합', '신소재의 도입', '친환경과 자원 절약의 풍조'로 나타날 것으로 보고 있다.

의생활의 소재와 품질의 고급화, 디자인의 다양화, 패션화, 첨단 신소재의 발전으로 인한 기능성 의복의 대중화, 스마트 의류의 확산 등도 이루어질 것이다. 의복은 대량생산되고 있지만 핸드메이드 제품에 대한 가치와 선호도 꾸준하게 이어질 것으로 보이며, 의류구매는 모바일, 인터넷, 홈쇼핑, 해외직구 등 다양한 의류구매 채널이 이용될 것이다. 또한 친환경의류, 라이프 스타일에 맞는 의류, 합리성 추구나 유행추구, 과시추구 등 소비자의 의류소비 성향에 따른 의류구매가 이루어질 것이다. 한편으로는 공유경제서비스 플랫폼을 통한 협력소비의 필요성에 의미를 두고, 자원순환과 환경적인 측면을 고려한 의류소비가 이루어질 것으로 보인다. 특히 아동의류 공유서비스 이용이 공유경제에 대한 인식을 높이는 계기(박미혜, 2016)를 마련하고 있다.

(3) 건강과 환경을 생각하는 먹거리를 찾고, 우리 음식의 세계화를 지향한다.

식생활에 있어서는 유전공학과 가공기술의 발달로 새로운 식품과 품종의 개발이 이루어질 것이며, 건강과 환경을 생각하는 라이프 스타일을 가진 사람들이 많아지면서 자연식품, 슬로푸드, 웰빙식품 등에 대한 선호도가 더욱 높아질 것이다. 한편 가족 유형의 변화, 가치관의 변화, 사물인터넷과 인공지능이 융합된 가전제품의 도입 등으로 인하여, 가정에서는 조리법에 대한 정보를 활용하여 자신의 의지에 따라서 즐겁게 음식 준비에 참여할 수 있게 될 것이다. 조리가 하나의 취미이자 여가활동으로 인식될 수 있다.

식생활문화와 밀접한 농업분야가 새롭게 부각되고 있다. 우리는 오늘날 푸드테크시대를 살아간다. IT, BT기술이 농업에 접목되면서 새로운 성장이 이루어지고 있다. 어그테크(Agtech)는 농업과 기술을 결합한 합성어(Agriculture Technology)로서 농업생명공학기술(Ag Biotechnology), 정밀농업(Precision Ag), 대체식품(Innovative Food), 식품전자상거래(Food E-commerce) 등을 아우르는 분야이다. 어그테크 스타트업은 지난 5년간 120억 달러 이상의 투자를 유치하며 글로벌 기업들과 투자자들로부터 크게 주목받고 있다(LG경제연구원). 식품의 전자상거래는 우리의 생활에 다양함과 편리함을 주고 있다. 일상에서 식품을 모바일로 쇼핑하고, 음식주문과 배달시스템을 자연스럽게 이용한다. 스마트팜, 인공지능과 로봇 등도 식생활 깊숙히 자리잡고 있다.

건강한 음식, 슬로푸드를 대표할 수 있는 한국 음식에 대한 관심이 높아지면서 한식의 세계화를 지향하는 실천적 제도적 노력이 지속될 것이다.

(4) 스마트홈 시대를 살아가는 개성 있는 주생활문화를 추구한다.

주거생활은 앞서 살펴본 바와 같이 첨단기술발달로 스마트홈 시대가 되며, 편리성과 쾌적성이 우선이 되는 질적인 주생활 영위에 관심이 모아질 것이다. 인간의 고유영역이라고 생각되었던 분야는 하루가 다르게 인공지능이 구현되고 있고, 인간의 수준을 능가하고 있다. 이는 우리에게 더 편리하고 쾌적하고 안전한 주거문화를 제공해 줄 수 있다. 앞으로 친환경주거, 신재생에너지 등을 고려하는 자연친화적인 주거문화가 보편화될 것이며, 개인과 가족의 주생활양식에 따라 과시나 호화로움을 추구하기보다는 개성 있는 주생활문화를 추구하게 될 것이다.

우리나라에서 집은 재산증식의 주요 수단으로 인식되어왔다. 그러나 향후 집을 소유하고 재산을 증식하는 수단으로 여기기보다, 진정한 '삶'을 담아내는 곳으로서의 이해가 폭넓게 자리 잡혀야 할 것이며, 공동생활 주거가 많아지는 한국 사회에서는 더욱 이웃과 공존하는 주거생활문화가 필요하다. 집을 중심으로 부의 계층화가 급격히 이루어지고 있는 한국의 사회환경에서 이를 극복할 수 있는 주거정책과 정책의 지속성 등이 강구되어야 할 것이다. 한편으로는 우리나라 한옥의 가치를 재조명하는 노력과 더불어 문화적 정체성을 함축하는 공간으로서의 한옥을 거주공간뿐만 아니라 다양한 공공시설, 상업시설, 숙박시설 등으로 활용할 수 있도록 하며 고유의 주생활문화로 계승하는 노력도 필요하다.

(5) 능동적인 소비자로서의 책임의식이 필요하며, 개성 있는 여가문화를 향유한다.

개인과 가족이 소비하는 제반 생활용품들은 다양한 채널을 통해서 구매되고 소비된다. 소비는 더 빨게 더 개별적으로 이루어지게 된다. 맞춤형 정보를 제공받는 소비자, 엔지니어 못지않은 지식을 갖춘 컨슈니어(컨슈머+엔지니어), 스마트슈머(스마트+컨슈머)[01]가 등장할 것이다. 기술과 소비 트렌드가 급격히 바뀌면서 제품과 서비스의 수명이 매우 짧아질 수 있다. 문화콘텐츠를 예를 들면, 직접 제작하고 유

01 한국콘텐츠진흥원 보고서(2017). '4차산업 혁명과 콘텐츠산업 경쟁력 제고 전략'을 참고하여 제시함.

통하는 생산자이자 향유자인 소비자가 나타나게 될 것이다. 1인 미디어를 비롯한 다양한 플랫폼은 소비자들이 창작자로 활동하게 한다.

앞으로 이러한 시기에는 현명하고 합리적인 소비 행동이 중요하며, 개인의 삶만을 위한 소비보다는 공동체를 위한 소비, 협력소비를 지향할 것이다. 삶의 위한 안전, 위생, 건강, 힐링과 치유, 의료보건서비스에 대한 관심과 공연문화예술, 스포츠 관람 및 참여, 문화관광 및 여행, 게임을 주로 하는 메타버스 서비스 플랫폼, 취미와 여가의 다양화 등에 관심이 높아질 것이다. 따라서 삶에 있어서 일과 여가의 균형적인 생활을 추구하며 무엇보다 여가시간과 여가활동에 대해 매우 중요하게 여기게 될 것이다. 소비자로서의 권한과 책임의식을 갖도록 해야 하며, 자신의 개성 있는 여가문화 향유와 더불어 타인의 여가문화에 대한 수용과 이해를 통하여 상호 공존하는 지혜를 찾아가야 한다.

(6) 한국문화의 정체성을 담은 일생의례문화의 의미를 계승한다.

태어나면서부터 죽을 때까지 일생 동안 경험하게 되는 의례문화는 한국인들의 삶의 역사와 문화를 상징한다. 한국인으로서의 정체성은 이러한 의례문화를 통하여 계승된다. 출산의례, 백일잔치, 돌잔치, 관혼상제 등은 시대에 맞춘 새로운 의례 형태를 보이기도 하지만, 여전히 한국적인 요소들이 담겨 전승되고 있다. 의례를 중심으로 한 의복과 음식, 절차, 의미 등을 가정과 학교 사회를 통하여 교육하고, 계승하는 방법을 모색해 가야 한다. 근거를 알 수 없는 화려하고, 감각적이며, 편리함만을 추구하는 의례보다는 문화원형에 대한 이해를 바탕으로, 재해석하고 그 절차와 내용에 담긴 의미를 잘 부각시켜 나갈 수 있는 방안들이 강구되어야 한다. 의례문화를 연계하고 이를 사회화시키는 커플매너저, 웨딩플레너, 베이비플래너, 파티플레너, 의례지도사, 장례지도사 등 전문가들의 활동도 활발하게 전개될 것으로 보인다.

현대사회에서는 의례 중에서도 특히 혼례와 상례에 가장 많은 비용을 소요하고 있고, 주변의 친구와 친인척, 이웃, 동료들이 참여하는 가정행사로 인식된다. 외형적으로만 화려한 행사가 아닌 실속 있고 의미 있는 의례가 될 수 있도록 의례에 대한 의식전환이 필요하다. 앞으로 일생의례는 소규모화, 고급화, 차별화가 이루어질 것이다.

표 11-2 생활문화의 전망

구분	내용
가족생활문화	양성평등과 다양성에 대한 상호존중의 가족생활문화 지향
의생활문화	개성을 존중하며, 환경과 공존을 위한 의생활문화를 지향
식생활문화	건강과 환경을 생각하는 먹거리를 찾고, 우리 음식의 세계화를 지향
주생활문화	스마트홈 시대를 살아가는 개성 있는 주생활문화를 추구
여가소비생활문화	능동적인 소비자로서의 책임의식이 필요하며, 개성 있는 여가문화를 향유
의례생활문화	한국문화의 정체성을 담은 일생의례문화의 의미를 계승

3. 생활문화의 창조

우리의 생활문화는 주변 환경의 영향을 매우 크게 받으며, 변용되고 소멸되고, 또한 새롭게 창조된다. 앞으로 생활문화는 몇 가지의 방향성을 지향하면서 창조되어야 할 것이다.

(1) 지속가능한 공존을 위한 생활문화를 창조해 나가야 한다.

산업화와 과학기술의 발달 등 삶은 풍요로워지고 있지만, 우리가 생존해야 하는 자연환경은 훼손과 오염으로 우리를 위협하고 있다. 발전의 단계에서 항상 따라오는 역작용의 부정적 영향을 다각도로 검토하는 자세가 필요하다. 따라서 의식주를 비롯하여 소비생활에 있어서 공존을 위한 양보와 배려, 때로는 희생을 감수한 나눔까지도 필요할 경우가 있다. 이러한 인간 삶의 본질이 변화하지 않고 지속가능한 공존이라는 가치지향적인 태도를 가질 때 우리의 삶 속에서 생활문화는 보다 바람직한 모습으로 창조되어 갈 것이다.

(2) 지역사회공동체와 나눔의 생활문화를 확장시켜 나가야 한다.

인간의 욕구는 무한하지만 그 욕구를 채워줄 수 있는 자원은 항상 제한적이다. 그러나 제한적인 자원을 나눔으로써 더 큰 상위단계의 욕구를 채울 수 있게 된다. 나눔활동은 심리적 · 정서적인 풍요로움을 안겨주는 것으로 금전으로는 살 수 없는 큰 자산이다. 개인과 가족이 함께 참여할 수 있는 지역사회 봉사는 우리 민족이 오래도록 유지해 왔던 마을단위의 나눔공동체 문화를 계승하는 뜻깊은 일이 되며, 후손들에게 전수해야 할 값진 생활문화이기 때문이다. 지역이 갖고 있는 특수한 문화전통을 발굴하고, 이를 이어가는 일상에서의 실천적인 나눔활동을 통한 생활문화의 창조는 현 시대를 살아가는 우리들의 과제이다.

(3) 개인과 가족이 사랑받고 존중받을 수 있는 생활문화를 창조한다.

다양한 가족형태를 수용하는 자세가 필요하다. 가족은 결혼으로, 출산으로, 입양으로 그리고 또 다른 이유로 구성되어 가족원으로 살게 되는 경우가 많다. 이제 한국 사회도 혈연관계만으로 가족형태가 구성되지 않는 시대를 살고 있다. 가족의 형태가 다르다는 이유로 차별이 되어서는 안 된다. 다름은 나쁜 것도 아니며 기피할 것도 아니다. 다만 차이가 있을 뿐이며, 존재 이유만으로도 그 가치를 인정받아야 한다. 그러한 삶과 라이프 스타일을 고수하게 된 개인과 가족들의 삶을 존중하는 상호문화주의 관점으로 인정할 때, 성숙한 새로운 생활문화의 창조가 이루어질 수 있을 것이다.

(4) 우리의 문화정체성을 찾고, 교육을 통하여 생활문화를 창조하고 계승한다.

오랜 역사에서 축적되어온 생활문화의 원형을 찾고, 그 가치를 인식하여, 새롭게 발전시킬 수 있는 안목을 길러야 한다. 문화의 정체성은 바르게 인식하고 생활에서 이어가려는 노력 없이는 지속성을 가질 수 없다. 결혼과 출산이 기피되는 현상에는 여러 가지 이유가 있지만, 인류 공존과 국가의 미래를 생각해 보면 매우 우려되는 바이다. 오래된 것은 낡은 것이고 버려야 할 것이 아니라, 새로운 창조를 위한 밑거름이 되는 것이라는 믿음을 가져야 한다. 가족생활 가운데 부모와 자녀가 삶을 함께 영위하는 것은 문화정체성을 찾아가는 데에 있어서 가장 기본이 된다. 가족생활 속에서 부모가 자녀에게 자연스럽게 전수하는 생활문화교육은 자녀에게 생활문화의 가치를 공고하게 인식시키는 초석이 된다.

(5) 삶의 질 향상과 가치 있고, 품격 있는 생활문화를 창조해 나가야 한다.

일과 생활이 균형 잡힌 삶, 편리성을 갖춘 다양한 기기의 활용, 의식주문화의 질적 향상, 여가문화의 향유, 글로벌 문화에 대한 이해, 한국전통문화의 가치에 대한 재인식 등을 토대로 주체적이면서도 품격 있는 생활문화를 창조해 가야 한다. 편리함과 안전성, 무한의 정보를 손쉽게 활용할 수 있는 4차 산업혁명으로 인하여 삶의 질이 향상될 것은 예견되어 있다. 다만 삶의 질 향상을 넘어 인간으로의 존엄과 가치를 지켜야 한다는 의식을 갖고, AI가 모든 생활환경에 적용되고 가상세계가 주도될 환경변화에 어떻게 대처할 것인지에 대한 숙고가 필요하다. 또한 삶을 위협하는 각종 환경재해에 현명하게 대처해 가는 데에도 깊이 있는 주목이 요청된다.

Problems & Discussion

1 사물인터넷과 인공지능이 생활문화에 미치는 긍정적, 부정적 영향에 대해서 토의해 보세요.

2 사물인터넷과 인공지능을 결합한 생활용품의 아이디어는 무엇이 있는지 서로 대화해 보세요.

3 의식주 생활문화의 미래에 대하여 전망해 보고, 보다 창조적인 생활문화를 만들어갈 수 있는 방안에 대하여 토의해 보세요.

4 미래사회 여가생활문화는 어떻게 변모하게 될지 각자의 의견을 제시해 보세요.

5 한국인의 정체성에 입각한 의례생활문화 계승을 위한 실천적인 노력에는 어떠한 것이 있는지 서로 대화해 보세요.

6 생활문화의 창조에 대한 각자의 관점에 대해서 피력해 보세요.

CHAPTER 12

생활문화산업의 이해

1. 전통생활문화와 문화콘텐츠산업
2. 연회산업과 의례전문가
3. 한국생활문화와 문화교육산업
4. 생활문화와 문화상품 개발

CHAPTER 12 생활문화산업의 이해

1. 전통생활문화와 문화콘텐츠산업

전통생활문화는 한국의 생활문화에 대하여 문화원형을 보여준다. 전통생활문화를 학습하는 것은 한민족이 오랜 시간 동안 한반도에 어떠한 환경에서 생존해 왔고, 당시의 정치, 경제, 사회문화적 특성은 어떠했으며, 어떻게 생성, 변화, 변용, 소멸, 창조되어 왔는지를 살펴보는 것이다. 그리고 그 내용에 내포되어 있는 의미를 파악하여 전승되고 있는 내용의 근원을 알고 새로운 문화 창조의 기틀로 삼는 것이다. 전통생활문화에 대한 세부 영역으로는 가족생활, 의식주생활, 예의생활, 세시풍속과 민속, 의례생활, 여가생활 등을 살펴볼 수 있다. 이러한 전통생활문화에 대한 내용은 새로운 문화콘텐츠산업으로 재탄생할 수 있는 원천적 자료가 된다.

문화산업의 협의적 · 광의적 의미를 나누어 볼 수 있다. 협의적 개념으로 문화산업은 '오락의 요소가 상품의 부가가치 형성에 커다란 역할을 하는 산업'이라고 할 수 있고, 광의적 개념으로는 '전통과 현대를 아우르는 문화와 예술분야에서 창작되거나 상품화되어 유통되는 모든 단계의 산업'을 의미한다. 즉 경제학적 의미로는 문화를 소재로 상품화하여 유통하는 산업 부문(김평수 외, 2016)이라고 할 수 있다. 또한 문화산업은 상품생산이라는 측면에서 보면, 일반 상품과 다르게 문화를 중심으로 상품을 만드는 것이므로, 그 문화가 속해 있는 국가와 역사, 정서, 가치 등이 종합적으로 반영되는 것이며, 문화정체성(culture identity)을 형성하는 데에도 기반이 되는 것이라 할 수 있다.

문화콘텐츠란 문화(culture)와 콘텐츠(contents)의 합성어이다. 문화콘텐츠란 문화적 요소를 지닌 내용물이 미디어에 담긴 것을 통칭한다. 책이나 논문 내용, 목차 등을 일컫는 말이었지만 현대에는 디지털화된 정보를 통칭하는 것(문화산업기초이론, terms.naver.com)으로 사용한다. 한국콘텐츠진흥원에서는 문화콘텐츠를 '문화, 예술, 학술적 내용의 창작 또는 제작물뿐만 아니라 창작물을 이용하여 재생산된 모든 가공물 그리고 창작물의 수집, 가공을 통해서 상품화된 결과물들을 모두 포함하는 포괄적 개념'으로 정의하고 있다.

한편 「문화산업진흥기본법」(2013)에서는 콘텐츠란 '부호, 문자, 도형, 색채, 음성, 음향, 이미지 및 영상 등의 자료 또는 정보'를 말하며, 문화콘텐츠란 '문화적 요소가 체화된 콘텐츠를 말한다'고 명시하였다. 최근에는 문화콘텐츠에 대해서 온오프라인에서 사람들이 지적 · 정서적으로 향유하는 모든 종류의 무형자산을 포괄적으로 말하기도 한다. 즉 문화콘텐츠는 문화적 내용물로 보는 것이다.

이러한 문화콘텐츠를 산업화하는 것을 문화콘텐츠산업이라고 하며, 다른 산업 분야보다도 부가가치가 매우 큰 산업으로 알려져 있다. 특히 방송산업, 영화산업, 공연산업, 게임산업, 캐릭터산업 등을 중심으로 문화콘텐츠산업의 영역이 확장되고 있다. 문화콘텐츠산업은 인문학적 배경과 산업적 기반, 경영과 마케팅 등 인문적 가치, 기술적 가치, 산업적 전략 등이 균형 있게 결합되어야 성장할 수 있는 산업이다. 전통생활문화는 방송과 영화산업, 공연산업에 있어서 기본 원형을 제공하는 인문학적 배경을 제공한다. 역사와 음식문화, 궁중문화, 지역문화 등을 기본으로 하는 방송프로그램[01]은 한류와 더불어 인기를 얻는 부가가치가 높은 산업으로

01 사랑이 뭐길래(MBC, 1991.11~1992.5, 55부작), 대장금(MBC, 2003.9~2004.3, 54부작), 겨울연가(KBS2, 2002.1~2002, 20부작), 구암 허준(MBC 2013.3~2013.9, 135부작), 별에서 온 그대(SBS, 2013.12~2014.2, 21부작), 푸른 바다의 전설(SBS, 2016.11~2017.1, 20부작), 옷소매 붉은 끝동(MBC, 2021.11~2022.1, 17부작), 태종 이방원(KBS1, 2021.12~2022.5, 32부작) 등

발전했다.

전통생활문화에 대한 원형은 각종 사료와 문집 등 고문헌연구와 유물과 유적, 구전, 설화, 고대소설, 동양화, 서예, 세시풍속 등 다양한 자료들을 토대로 찾을 수 있다. 이러한 내용은 게임이나 테마파크, 축제 등에도 스토리텔링화되고 최첨단 디지털기술과 접목되어 문화콘텐츠산업화된다. 따라서 전통사회에서의 가족생활문화, 의생활문화, 식생활문화, 주생활문화, 여가생활문화, 의례생활문화 등은 소중한 문화유산이며, 문화적 정체성을 찾는 기반임과 동시에 새로운 문화산업발전의 기틀이 될 수 있다.

대한민국의 콘텐츠 네트워크는 다양한 문화콘텐츠 정보를 제공한다. 예를 들면, 국립문화재연구원의 문화유산연구지식포털에는 고고, 미술, 건축, 보존/복원, 자연문화재 등을 상세히 소개하고 있다. 국립민속박물관의 민속아카이브에는 수집

표 12-1 대한민국의 콘텐츠 네트워크

기관	콘텐츠 네트워크	홈페이지
국립문화재연구소	문화유산 연구지식포털	portal.nrich.go.kr
국립민속박물관	민속아카이브	archive.nfm.go.kr
동북아역사재단	동북아역사넷	contents.nahf.or.kr
한국고전번역원	한국고전종합DB	db.itkc.or.kr
한국문화정보원	문화포털	www.culture.go.kr
한국저작권위원회	공유마당	gongu.copyright.or.kr
특허청	한국전통지식포탈	www.koreantk.com
담양군	한국가사문학	www.gasa.go.kr
강진군	고려청자박물관	www.celadon.go.kr
한국문화재재단	문화유산채널	www.k-heritage.tv
한국학진흥원	디지털콘텐츠	www.koreastudy.or.kr

된 사진 음원 영상, 출판물 등 민속자료를 열람할 수 있고, 각종 민속과 역사문화 도서를 자유롭게 이용할 수 있다. 그리고 한국학진흥원의 디지털콘텐츠는 매우 다양하게 구성되어 전통문화정보를 제공한다.

표 12-2 한국학진흥원의 디지털 콘텐츠 예시

<table>
<tr><td rowspan="4">스토리테마파크</td><td>테마스토리</td><td>가정, 경제, 공동체, 근대화와 식민지시대, 나라의 정치 · 외교와 사행, 전쟁 혼란의 기록, 풍류와 놀이, 여행의 기록들, 학문과 과거</td></tr>
<tr><td>인물스토리</td><td>관리, 양반, 여성, 왕실, 외국인, 중인, 하층민</td></tr>
<tr><td>배경이야기</td><td>경제, 교육과 과거, 문화, 사회, 인물, 전쟁과 외교, 정치와 행정</td></tr>
<tr><td>멀티미디어</td><td>공간자료, 사건자료, 소품자료, 인물자료, 절차자료, 참고자료, 3D, 그래픽, 애니메이션, 이미지</td></tr>
<tr><td>옛 일상 속
인간관계, 고문서</td><td>도산서원 고문서
명문가 고문서</td><td>분류별, 시대별, 발급자별, 수급자별, 생활기록, 서명별, 문중별</td></tr>
<tr><td>종가문화</td><td>종가제례음식
아카이브</td><td>종가정보, 제물분포지도</td></tr>
<tr><td>전통과 기록</td><td colspan="2">도서, 유물, 이야기, 전통마을, 전통의례, 전통사회, 전통예술, 선비문화, 교육문화, 기록문화, 역사기행</td></tr>
<tr><td>옛문서
생활사박물관</td><td colspan="2">정치생활문서, 경제생활문서, 사회생활문화, 문화생활문서, 교육생활문서, 가족생활문서 등 조선시대와 근대 자료</td></tr>
<tr><td>만인소
(만인의 청원)</td><td colspan="2">만 명이 연명하여 올린 상소, 1855년 만인소(사도세자 추존만인소), 1884년 만인소(복제개혁 반대 만인소)</td></tr>
<tr><td>조선의 가례</td><td colspan="2">관례, 혼례, 상례, 제례, 기록 속 가례, 가례체험마당, 멀티미디어 모아보기(제가례, 교배례, 천구, 납주, 활옷)</td></tr>
<tr><td>조선시대의 교육</td><td colspan="2">가정교육, 학교교육, 전문교육, 지도로 보는 서원 향교, 기록자료로 보는 서원, 조선교육체험관</td></tr>
</table>

출처: 한국학진흥원(www.koreastudy.or.kr)

4차 산업혁명을 통해 소득과 여유시간의 증대는 문화지향의 삶을 더욱 확대시키게 될 것이므로 문화콘텐츠산업의 성장기회가 증대될 것으로 예측하고 있다. 초연결성(hyper-connected)과 초지능화(hyper-intelligent)의 특성을 갖는 4차 산업혁명은 모든 것이 상호 연결되어 보다 지능화된 사회로 변화되므로 기존의 산업경제 사회 문화의 기존 개념을 파괴하는 패러다임의 변화를 예고한다.

2022년 상반기 한국콘텐츠산업의 매출은 66조 9,941억원으로 전년 동기 대비 7.0% 증가했으며, 수출도 54억 9,592만 달러로 나타났다. 영화, 음악, 만화, 캐릭터의 매출이 가장 크며, 수출은 영화, 만화, 음악, 광고 등으로 나타났다.

앞으로 문화콘텐츠 기획과 제작에 있어서 4차 산업혁명의 영향은 지대할 것으로 보고 있으며, 그 예로 AI에 의한 소설, 회화, 작곡, 창작 등 콘텐츠 영역의 혁명적인 변화도 초래할 것이라 예측하고 있다. 인공지능이 작가를 대체할 수 있다는 가능성이 현실화되었다.

한편 한국생활문화의 계절별, 지역별 특징을 잘 담아내며 전승되고 있는 것은 세시풍속문화이다. 농경생활을 기반으로 형성된 전통사회에서는 자연에 순응하면서 여유와 풍류를 즐겼고, 그러한 선조들의 삶에서 다양한 문화적 요소를 발견할 수 있다. 이는 지역문화콘텐츠와 접목되어 지역축제화의 가능성이 큰 요소이다.

문화콘텐츠를 활용하여 생활문화산업의 요구에 맞는 생활문화관련 사업 분야의 기획이나 홍보, 마케팅부서에서 활동할 수 있는 전문가의 진로를 모색할 필요가 있다. 새로운 창조적인 아이디어를 가진 인재를 요구하는 사회에서 생활문화사업 마케터로 진출하기 위해서는 라이프 스타일과 생활문화사업, 생활문화 상품기획, 지역생활문화콘텐츠, 여가생활문화, 사업개발 등을 학습하여 관련 분야로 취 · 창업을 계획할 수 있다. 또는 각 문화재단이나 문화원, 생활문화센터 등에서 문화사업을 담당하는 기회를 얻을 수 있다.

2. 연회산업과 의례전문가

한국인의 일생의례는 출생의례에서부터 시작하여 상 · 제례에 이르기까지 개인과 가정의 삶의 역사를 담아낸다. 최근에는 가정에서의 의례는 거의 이루어지지 않고 가정 외의 장소에서 대부분 이루어지며, 가족이 주관하고 진행했던 의례가 사회화되면서 직업화된 의례전문가들에 의해 이루어진다. 돌잔치전문가, 파티플래너, 웨딩플래너, 장례지도사 등이 각 의례를 맡아 진행한다. 이러한 의례를 가정 밖에서 진행할 때는 연회장소에서 하게 되는 경우가 많아 각 의례의 특성에 맞춘 전문적인 연회장소가 운영되고 있다. 전문가들은 일정한 교육과정과 소정의 자격 취득과정을 거쳐서 활동하는데, 무엇보다 실무경험이 많은 사람들이 업무 수행에 유리하다.

한국 사회에서 일생의례와 관련된 연회산업은 앞으로도 지속적으로 이루어질 것으로 보이며 더욱 전문화되고 세분화될 가능성이 높다. 한편 각 호텔에서는 돌잔치와 웨딩연회를 진행하는 부서를 별도로 두기도 한다.

우리나라에 의례전문가들이 새로운 직업으로 자리매김한 지는 오래지 않다. 그러나 급격하게 의례의 사회화가 진행되면서 전문가들의 활동 요구가 높아지고 있다. 파티플래너들은 돌잔치나 어린이 생일잔치, 웨딩파티, 리마인드 웨딩파티, 수연례, 직장에서 진행되는 가족초청파티 진행 등 다양한 분야에서 활동하고 있다. 웨딩플레너들은 결혼을 준비하는 예비부부의 결혼식 진행을 위해 스튜디오, 메이크업, 웨딩드레스 등에 대한 컨설팅을 하며, 동행서비스를 수행하면서 결혼준비에서부터 예식 마무리까지 맡아 진행을 돕는다. 웨딩플래너나 파티플레너를 희망하는 사람들은 관련 학과를 졸업[02]하거나, 각각 민간자격연수를 받기도 한다.

02 파티플래너와 웨딩플래너는 각 업체에서 진행하는 소정의 교육을 받아 활동하기도 한다. 직업전문학

장례지도사들은 일반인들이 알기 어려운 상장례의 처음부터 마무리까지 세부적인 절차와 내용을 알려주고 서비스를 제공한다. '장례지도사'는 국가자격증으로 보건복지부령에 따라 장례지도사를 교육하는 기관에서 교육과정을 마쳐야 하고, 교육과정을 이수하면 무시험으로 자격을 취득한다.

표 12-3 의례장소 및 절차 진행자의 변화

구분	전통사회		현대사회	
	장소	진행자	장소	진행자
출산의례	가정	가족	가정/병원/산후조리원	가족/의사/간호사 등
백일	가정	부모/가족	가정/음식점	부모
돌	가정	부모/가족	가정/돌전문 뷔페식당	돌잔치전문가
관례, 계례(성년례)	가정	부모/큰손님	가정/학교/사회/공공기관	부모/기관장
생일과 수연	가정	부모	가정/음식점/파티공간/호텔연회장/뷔페식당	파티플래너/가족
결혼	가정	부모/집례자	예식장/교회/공공기관/야외/기타 장소	웨딩플래너/양가부모/주례
상장례	가정	자손/호상	장례식장, 절, 교회, 성당	상조회사/장례지도사/성직자
제례(추도식)	가정	자손/가족	가정, 절, 교회, 성당	제주/성직자

교와 전문대학에는 관련 학과들이 운영되고 있다.

3. 한국생활문화와 문화교육산업

한국의 '가정생활문화'에 대한 교육은 생활문화산업을 전공하는 학생들뿐 아니라 국가자격인 '건강가정사' 자격취득과 '가정과교사' 자격취득을 위한 필수교과로 되어 있다. 교육 내용은 한국의 가족생활과 복지제도, 의식주생활을 비롯하여 소비생활, 여가생활, 의례생활, 예의생활 등에 관한 것이다.

한국생활문화는 다양한 문화교육산업으로 연계될 수 있는 내용을 다루고 있다. 그 범위를 보면 우선 해외에서 유학이나 연수로 한국을 방문하는 학생들을 대상으로 한 단기교육에 활용된다. 내용은 주로 한국의 의식주생활에 대한 이해와 전통예절에 대한 교육, 차생활문화교육 등으로 이루어진다. 또한 한국거주 외국인들을 위한 체험중심 교육으로 한복 입기와 차생활 교육 등이 빈번하게 이루어진다. 한편 한국생활문화교육은 해외에서 한국어를 배우는 세종학당 학생들이나 한국에 취업을 하려는 외국인들을 위한 문화교육에도 적용된다. 지역사회의 예절원이나 문화원에서는 유아, 청소년, 외국인, 성인을 대상으로 한국생활문화교육이 다각도로 이루어진다.

한국생활문화교육을 진행할 수 있는 전문가가 되기 위해서는 관련 학과를 졸업하거나 소정의 교육과정을 거쳐 민간자격을 취득하여 활동할 수 있다. 특히 한국어교사자격을 취득하는 사람들은 한국생활문화교육 연수과정을 통해서 실천성과 응용학문적 특성을 지닌 생활문화교육에 대한 지식과 이해의 폭을 넓혀서 활용할 수 이어야 한다. 구체적으로는 한국의 가족생활문화, 의식주생활문화, 예의생활문화로 배례법과 언어예절, 경조사예절, 한국의 가정의례로 관혼상제와 수연례, 한국의 차생활문화, 한국인의 라이프 스타일과 여가생활문화 등이다. 한편 한국생활문화교육 분야에서도 특화된 차생활문화교육 분야는 별도로 관련 협회에 자격 과정이 개설되어 있고, 대학평생교육협의회를 중심으로 운영되는 '전통차예절지도

표 12-4 한국생활문화교육 전문가의 활동 범위 예시

교육대상 및 구분	내용
외국학생 국내연수	한국의 전통예절, 차생활교육
한국 방문 외국인의 체험교육	한국의 전통예절, 차생활교육
한국어교사자격 취득과정 이수학생	전반적인 한국생활문화교육
건강가정지원센터 다문화가족	한국의 의식주생활, 절하기, 한복입기, 의례생활, 가족생활과 호칭, 언어예절, 자녀교육방법 등
유치원이나 어린이집 원아	차생활예절, 설날과 추석예절
기업체의 신입직원, 서비스업 종사자 대학생, 취업준비생, 창업자	직장예절, 서비스매너, 차문화교육
청소년	성년례교육
예비부부, 신혼부부	부부의 생활예절, 가족호칭, 부부적응과 가족생활, 태교, 자녀교육
노인복지관	가족의 이해, 가족생활예절, 손자녀양육방법

사' 자격 과정도 운영되고 있다. 관련 학과와 대학원 과정[03]을 졸업하면 그들의 활동범위는 크게 확산된다. 차산업과 차생활문화교육 분야는 슬로푸드와 자연친화적인 삶의 지향 등을 추구하는 오늘날 한국의 생활문화가 산업분야로 확산된 좋은 예이다.

한편 한국생활문화교육을 토대로 하여 사회에서 활용가능한 확대된 영역으로 서비스매너교육전문가로 활동할 수 있다. 한국의 예의생활문화를 기본으로 익히고, 서비스매너에 대한 추후 학습을 통하여 매너컨설턴트의 역할을 하게 된다. 한국기업에서 요구하는 직장예절과 비즈니스매너, 커뮤니케이션 능력 등을 갖출 수

03 전통차와 예절을 특화하여 교육하는 대학원 과정은 1999년 성신여대 문화산업대학원 예절다도학 전공이 처음 개설되었고, 현재는 한국문화콘텐츠 전공으로 이어지고 있다. 성신여대에 대학원이 개설된 이후에 성균관대학교, 동국대학교, 원광대학교 등에서 관련 전공을 개설했다.

있도록 교육하는 분야이다. 이는 민간자격 취득 이외에 추가로 국가공인 민간자격인 'CS 리더스 자격'이나 생산성 본부에서 추진하는 '서비스경영' 자격을 갖추어 두면 기업에서 근무할 때에 도움이 될 뿐 아니라 서비스매너교육을 받고자 하는 대학생, 취업준비자, 신입직원, 창업자, 각종 서비스업 종사자들에게 교육할 수 있는 전문가로 활동이 가능하다.

4. 생활문화와 문화상품 개발

생활문화는 자연환경은 물론 정치경제, 사회환경, 기술환경의 변화에 따라 변모하며, 소비생활을 통해서 생활문화의 새로운 트렌드가 형성된다. 생활문화를 반영한 문화상품개발은 향후 생활문화를 이끌어가는 견인이다. 문화상품이란 문화영역이 경제적 영역과 결합함으로써 산업적 생산 및 소비의 대상물로 나타나게 되는 모든 분야를 의미한다. 광의로는 '문화산업'의 모든 결과물을 뜻한다. 문화상품은 도서, 신문, 잡지, 음반, TV, 영화 사진, 미술품, 광고 공연, 공예 등 다양하다. 문화상품의 범주를 중심으로 재정의해 보면, 교육을 비롯하여, 영화 방송, 음악 공예, 관광, 체험, 제품 등 창의적이고 정서적인 정보와 의미를 담고 있는 생산물이 상품화된 것을 말한다. 특히 제품개발은 그 시대의 생활문화 스토리를 반영하며, 트렌드와 접목된다. 문화상품의 시대적인 흐름을 생각해 보면, 과거에 문화상품이란 지역의 민예품이나 향토물품, 수공예품 정도로 여겼다면, 현재는 시대의 문화와 산업이 연계되고 디자인이 가미된 새로운 생활공예품, 융합공예품, 공예문화상품, 관광기념품도 아우른다.

앞서 살펴보았던 각종 대한민국 콘텐츠 네트워크를 통해서 습득할 수 있는 다양한 한국문화의 스토리를 바탕으로 의식주는 물론 여가, 의례 등에 활용되는 제품을 개발할 수 있다. 소비자 분야의 베스트셀러가 된 트렌드코리아는 한국의 12간지로 상징되는 열두 동물을 토대로 해마다 소비트렌드 키워드를 제시한다. 문화를 바탕으로 기획된 주목되는 출판물이다. 이런 12간지 동물을 이용한 문화상품으로는 의례용 선물로 만들어지는 아기의 돌반지, 띠수제도장, 복주머니, 마스크팩, 팬던트, 열쇠고리, 시계, 띠머그잔 등도 있고, 각종 생활소품 디자인에도 활용된다. 자연친화적인 한국의 보자기를 활용한 전통포장제품, 한국을 상징하는 문양과 한글 등을 활용한 각종 문구류, 의류, 가방, 생활용품도 무궁무진하다. 한편 한국의 영화와 드라마, 게임 등에 등장하는 각종 소품 등은 트렌디한 문화상품으로 개발되어 판매된다. 영화 오징어게임(2021)이 전 세계의 관심을 끌면서 등장한 오징어게임 티셔츠와 트레이닝복, 가면은 물론 놀잇감 등도 큰 인기를 끌었던 문화상품이다. 킹덤(2021)에서 등장한 한국의 갓도 머리쓰개로 큰 인기를 끌었다. 따라서 앞으로 한국문화의 잠재력과 스토리를 기반으로 아이디어가 반영된 문화상품 개발은 매우 주목되는 직업 세계로 펼쳐질 것이다. 한국의 장(醬)문화와 발효식품, 김치문화, 차와 한과디저트 등을 활용한 각종 식품개발도 문화상품의 범주에서도 평가해 볼 수 있다. 즉 생활문화가 곧 문화상품화되는 상황을 보면, 이 분야의 성장 가능성은 매우 높다. 이론적 담론에 머물지 않고 생활에서 실천성을 강조하는 생활문화연구는 곧 문화상품 개발로 부가가치를 창출하게 될 것이다.

지역의 정체성을 바탕으로 개발될 수 있는 지역문화관광상품도 주목할 부분이다. 지방자치단체를 중심으로 지역의 유적과 시설, 전통문화, 종교문화 등을 접목하여 새로운 관광코스를 개발하고 이에 따른 소품 중심의 문화상품도 개발될 수 있다. 특히 구성주의적 관점에서 볼 때, 관광체험은 특정한 활동에 참여하고 성찰해 보며, 행동을 통해서 직접 경험하는 의미 있는 활동이다. 따라서 학생이나 일반 관광객들에게도 체험은 융합적 지식습득을 가능하게 만든다. 그리고 증강현실, 가상현실 등의 기술 적용을 통한 체험을 이끌 수 있도록 지역문화자원을 소재로 한

체험관광상품개발이 필요하다. 이러한 문화상품은 차별성과 잠재력, 경쟁력 요소를 함께 갖고 있어야 한다. 그리고 문화상품이 디자인 영역과 융합되고 창조성과 정보성, 독창성, 상징성 있게 개발된다면, 문화상품의 경쟁력은 매우 높아질 것이다.

Problems & Discussion

1 대한민국 콘텐츠 네트워크를 이용하여, 한국문화상품을 기획해 보세요.

2 한국의 전통생활문화가 문화콘텐츠산업과 어떠한 연계성이 있는지 설명해 보세요.

3 의례전문가로 활동하고 있는 분을 만나서 그분들의 직무에 대해 조사해 보세요.

4 한국생활문화교육 현장에서 스텝으로 활동해 보고, 그 경험을 나누어 보세요.

5 외국인들을 대상으로 한 생활문화교육을 실시할 때 필요한 교육 내용과 준비물 등을 계획해 보세요.

6 유학생을 대상으로 1박2일 테마가 있는 한국문화관광체험 기획을 시도해 보세요.

참고문헌

건국대학교 통일인문학연구단 기획(2017). 코리언의 정서소통과 통일문화. 서울: 한국문화사.

계선자 외(2009). 가족과 문화. 서울: 신정.

고정민(2009). 드라마 대장금의 경제적 효과에 대한 연구. 문화산업연구, 9(1), 19-35.

구숙회, 최배영(2011). 서울시 중년기 주부의 추모의례에 대한 인식 연구. 한국가족자원경영학회지, 15(2), 23-44.

국립민속박물관(2015). 북한의 일상생활문화. 국립민속박물관.

권미경(2017). 작은 육아, 실속육아 실태 및 인식. 한국가정관리학회 추계학술대회, 47-56.

김경미(2017). 전통문화를 적용한 태교 콘텐츠 연구. 성신여자대학교 문화산업예술대학원 석사학위논문.

김기봉(2010). 역사의 거울에 비춰본 한국인 정체성. 한국사학사학보, 21, 149-173.

김도우(2017). 노인일자리사업과 빈곤노인 완화에 관한 연구. 전북대학교 대학원 석사학위논문.

김득중(1997). 실천생활예절. 서울: 중화서원.

김만태(2008). 한국인의 삶에서 수연례가 갖는 의미 분석. 실천민속학연구, 12(12), 43-90.

김명자(2004). 세시풍속의 전승과 현대화 방안모색. 민속연구, 13, 145-166.

김미영(2017). 통일한국에 대한 문학교육의 대응. 문학교육학, 53, 9-37.

김병로(2016). 북한, 조선으로 다시 읽다. 서울대학교출판부.

김수인(2020). 1인가구의 반려동물 양육 여부가 회복탄력성에 미치는 영향. 숭실대학교 대학원 석사학위논문.

김수진(2007). 여성의복의 변천을 통해 본 전통과 근대의 젠더정치. 페미니즘연구, 7(2), 281-320.

김순종(2014). 명절스트레스에 관한 연구. 성신여자대학교 대학원 박사학위논문.

김순진(2003). 성년례의 활성화를 위한 모형개발 연구. 성신여자대학교 문화산업대학원 석사학위논문.

김신연(2001). 전통생활예절. 서울: 민속원.

김양희 외(2009). 가족과 생활문화. 파주: 양서원.

김외숙, 이기영(2013). 가족자원관리. 서울: 한국방송통신대학교 출판부.

김용선(2004). 고려금석문연구. 일조각.

김용주(2015). 어린이품 안전성 관리에 관한 국제적 비교: 한국과 외국과의 리콜사례를 중심으로. 한국디자인문화학회지, 21(4), 111-123.

김인수 외(2010). 아토피질환용 의복의 피부효능과 안전성에 대한 연구. 2010년 제62차 대한피부과학회 추계학술대회, 192.

김정민, 한정원(2016). 부모의 자녀가치와 양육스트레스가 아동의 양육태도에 미치는 자기효과와 상대방 효과: 커플관계 자료분석방법을 활용하여. 한국산학기술학회 논문지, 17(12), 437-445.

김종군(2015). 탈북민 구술을 통해 본 북한 민속의례의 변화와 계승. 한국민속학, 62, 7-34.

김주희(2007). 2000년대 도시 여성의 출산문화: 문화변동의 장. 한국문화인류학, 40(2), 253-288.

김택규(1985). 한국농경세시의 연구. 영남대학교 출판부.

김평수, 윤홍근, 장규수(2016). 문화콘텐츠 산업론. 커뮤니케이션북스.

김한곤, 서정연(2012). 대학생의 결혼과 출산의 인식과 태도-경북지역을 중심으로. 민족문화논총, 52, 175-206.

린다 시비텔로 저. 최정희 이영미 김소영 역(2011). 음식에 담긴 문화 요리에 담긴 역사(Cuisine and Culture. A History of food and People). 서울: 대가.

문옥표(1997). 가정의례에 나타난 한국인의 예절: 전통관혼상제를 중심으로. 인문과학 76-77합집, 153-180.

문재윤(2014). 조선조 왕실가훈과 국정운영의 상관관계에 관한 소고. 동양정치사상사, 13(1), 1-31.

문지예(2017). 혼인 중개에 대한 사적 고찰 및 사례연구. 성신여자대학교 대학원 박사학위논문.

박미혜(2016). 공유경제 서비스에 기반한 소비자의 협력소비 경험. 소비자학 연구, 27(4), 175-205.

박복임, 홍영윤, 주영애(2020). 중년의 여가활동이 자아존중감, 주관적 행복감에 미치는 영향. 한국가족자원경영학회 학술대회논문집, 11.

박봉선, 엄명용(2016). 취업모의 직장-가정 역할갈등이 양육태도에 미치는 영향. 한국가족복지학, 54(54), 7-40.

박신의(2017). 남한과 북한, 통일의 문화적 조건. 코리언의 정서소통과 통일문화. 건국대학교 통일인문학연구단 연구총서, 027, 3-28.

박영자(2015). 유아전통문화교육 통합프로그램 개발 및 효과: 다례와 세시풍속을 중심으로. 성신여자대학교 대학원 박사학위논문.

박종수(2000). 남북한 세시풍속의 전승실태 비교. 우리말 글, 20, 207-223. 우리말글학회.

박지혜, 남경숙(2013). 북촌 한옥게스트하우스에 나타난 한국적 감성디자인 표현 경향. 디자인지식저널, 28, 375-384.

박현명(2016). 자녀세대의 효와 실버파티에 대한 인식연구. 성신여자대학교 문화산업예술대학원 석사학위논문.

배보람(2019). 전통문화를 소재로 한 웹툰 콘텐츠 연구. 성신여자대학교 문화산업예술대학원 석사학위논문.

배윤지(2016). 미래 의생활 트렌드에 관한 연구: 2040년까지의 미래보고서를 중심으로. 한국패션디자인학회지, 16(4), 151-163.

성미애, 기쁘다(2022). 부모를 경제적으로 부양하는 미혼 1인가구 남성의 생활어려움과 관련된 가치 및 관계 변인. 가정과삶의질연구, 40(3), 75-86.

생활문화연구회(2017). 새로 쓰는 매너와 이미지메이킹. 서울: 신정.

손인수, 이원호(1984). 한국인의 가훈. 서울: 문음사.

송재용(2010). 한국의례의 연구. 서울: 박문사.

신현욱(2017). 남북민족문화상징 통합방안 연구. 코리언의 정서소통과 통일문화. 건국대학교 통일인문학단 연구총서, 027, 310-339.

심정렬(2011). 조선시대 가훈 연구. 공주대학교 대학원 박사학위논문.

안혜숙 외(2002). 한국가정의 의례와 세시풍속. 서울: 신정.

양소희(2016). 전통적인 스타일의 웨딩에 대한 인식과 사례연구. 성신여자대학교 문화산업예술대학원 석사학위논문.

원정은(2016). 장모-사위 갈등에 관련된 제 변인 연구. 성신여자대학교 대학원 박사학위논문.

유길준(2016). 조손가족 조모의 적응유연성 연구. 인문사회, 217(3), 23-40.

유연지(2006). 부부의 원가족 특성과 고부 옹서 갈등이 결혼만족도에 미치는 영향. 고려대학교 대학원 석사학위논문.

윤자영, 임주리(2014). 근로시간체제와 일가정양립. 서울: 한국노동연구원.

윤혜미, 장혜진(2012). 조손가족의 삶: 쟁점과 지원방안. 아동과 권리, 16(2), 259-288.

이금실, 남미우(2013). 주부들의 의복생동에 미치는 결혼만족도와 라이프스타일 및 심리적 변인의 영향. 한국패션디자인학회지, 13(1), 23-46.

이길표(1987). 가정생활문화의 미래와 전망. 생활문화연구. 성신여자대학교 생활문화연구소 창간호, 1.

이길표, 주영애(1999). 전통가정생활문화연구. 서울: 신광.

이리경(2017). 외국인 유학생 대상 한국 세시풍속문화 체험교육콘텐츠 연구. 성신여자대학교 대학원 박사학위논문.

이민정(2020). 한국 1인가구의 행복요인에 관한 연구. 고려대학교 대학원 박사학위논문.

이성숙(2005). 세시풍속 및 세시음식의 인지도에 관한 연구. 한국실과교육학회지, 18(3), 179-194.

이순미(2014). 가족중심주의와 개인화 사이의 한국 가족: 가족주의 및 성별에 따른 세대관계 잠재구조의 차이를 중심으로. 가족과 문화, 26(3), 1-36.

이은아(2013). 장모-사위 갈등, 자기분화가 사위의 결혼만족도에 미치는 영향. 상명대학교 복지상담대학원 석사학위논문.

이장우 외(2017). 4차 산업혁명과 콘텐츠산업 경쟁력 제고 전략. 한국콘텐츠진흥원 보고서.

이정우, 김명나(1990). 도시주부의 혼 · 제례에 대한 의식과 행동에 관한 연구. 대한가정학회, 28(1), 105-124.

이정우 외(2008). 국제매너와 생활문화. 파주: 양서원.

이종화, 손영은(2022). 반려동물이 독거노인의 삶의 만족과 스트레스에 미치는 영향: 반려동물과 사회적 지지망의 상호작용 효과를 중심으로. 보건사회연구, 42(4), 159-172.

이향숙, 주영애(2012). 경북지역 종가의 혼례문화 사례연구. 대한가정학회, 50(6), 13-32.

이호선(2020). 장모의 장서 갈등 경험. 노년교육연구, 6(2), 55-77.

이화형(2014). 민중의 현실, 생활과 의례. 푸른사상.

임정빈 외(1994). 가정관리학. 서울: 학지사.

장명선(2015). 다문화한부모가족의 사회통합을 위한 지원방안연구. 공공사회연구, 5(4), 720-106.

장영은(2017). 조손가족 조모의 적응유연성 연구-지역사회자본의 매개효과를 중심으로-. 인문사회, 218(6), 1193-1208.

장재천(2009). 세시풍속의 사회교육적 의의. 한국사상과 문화, 47, 187-214.

장훈(2017). 여가친화기업인증제 개선을 위한 연구. 한국문화관광연구원.

전경욱(1999). 함경도의 민속. 고려대학교 출판부.

정영금(2010). 가정생활문화콘텐츠 개발과 교육에 대한 시론. 대한가정학회지, 48(2), 63-74.

조희금 외(2011). 가족이 함께 하는 식사시간과 영향요인에 대한 연구. 한국가족자원경영학회지, 15(1), 1-28.

주강현(1999). 북한의 민족생활풍습. 민속원.

주강현(2000). 북한의 우리식문화. 당대.

주거학연구회(1999). 새로 쓰는 주거학. 파주: 교문사.

주영애(1992). 조선조 상류주택의 살림공간에 관한 생활문화적 고찰. 성신여자대학교 대학원 박사학위논문.

주영애(1995). 조선시대 양반가의 주생활문화와 예의생활에 관한 연구. 대한가정학회지, 33(4), 189-198.

주영애(1997). 바람직한 조문예절의 모색. 한국여성교양학회지, 4, 224-245.

주영애(2002). 경로연(敬老宴)에 관한 현대적 조명. 한국여성교양학회지, 10, 195-210.

주영애(2010a). 한국전통혼례문화의 계승을 위한 혼례절차에 대한 미혼남녀의 인식연구. 한국가족자원경영학회지, 14(1), 57-77.

주영애(2010b). 가족행사로서의 성년례 정착을 위한 방안 연구-어머니들의 성년례에 대한 인식과 실천사례를 중심으로-. 한국가족자원경영학회지, 14(4), 1-20.

주영애(2011). 가정의례에 대한 여대생의 공감과 적용을 토대로 한 가정의례교육 방향. 한국가족자원경영학회지, 15(3), 1-22.

주영애(2012). 전통생활문화교육에 대한 인식과 실행: 보육현장의 세시풍속교육을 중심으로, 한국가정관리학회지. 30(3), 193-208.

주영애(2014). 돌 의례에 대한 어머니들의 인식과 지식, 돌 의례 상품 선택에 관한 연구. 한국가족자원경영학회지, 18(1), 1-28.

주영애(2015). 세시풍속과 데이시리즈 문화에 대한 세대별 인식 비교. 유학연구, 32, 375-400.

주영애(2015). 전통생활문화교육에 대한 관심도와 실천도에 관한 연구. 유학연구, 33, 471-496.

주영애(2017). 유아인성예절지도. 서울: 신정.

주영애(2019). 한국의 태교문화. 서울: 신정.

주영애(2020). 한국의 효문화. 서울: 신정.

주영애(2022). 한국의 세시문화. 서울: 신정.

주영애, 곽미숙, 김우정(2017). 남북통일 대비 통합문화의 모색-세시풍속 생활문화를 중심으로-. 유학연구, 39, 399-434.

주영애, 원미연(2016). 조선시대 규범서에 나타난 밥상머리 예절교육 내용에 관한 고찰. 대한가정학회지, 54(4), 415-426.

주영애, 이영숙(1997). 부모와 교사를 위한 유아의 생활예절. 파주: 양서원.

주영애, 홍영윤(2015). 자녀와 부모의 소비문화와 결혼식인식이 작은 결혼식 선호도에 미치는 영향. Family and Environment Research, 53(3), 253-263.

주영애, 홍영윤(2016). 소비자의 문화소비성향과 문화서비스속성이 문화서비스만족에 미치는 영향. 한국콘텐츠학회논문지, 16(12), 244-257.

주영애, 홍영윤(2017). 여대생의 여가소비유형에 따른 가족여가활동과 가족여가만족 및 여가이득과의 구조적 관계. 한국콘텐츠학회논문지, 17(7), 634-647.

진미정(2017). 저출산의 패러독스: 가족 관점의 적용. 2017 공동춘계학술대회, 기조강연 2. 한국가정관리학회.

최배영(1999). 가례서를 통해 본「혼례」관 연구: 가례, 가례집람, 사례편람을 중심으로. 성신여자대학교 대학원 박사학위논문.

최배영, 최경희, 이경란(2010). 조선시대 첫돌의례문화. 서울: 이담.

최윤경, 박진아, 이세원(2013). KICCE 육아물가지수 기초 연구. 육아정책연구소.

한상지, 하지수(2017). 뉴실버세대 여성들의 라이프스타일과 의복스타일. 한국패션디자인학회지, 17(3), 67-81.

현인순, 박용순, 송진영(2015). 기능적 관점의 원가족 규칙이 부부적응에 미치는 영향: 일치성의 매개효과를 중심으로. 비판사회정책, 48, 430-468.

홍영윤(2017). 외국인의 한국생활문화 친숙도와 방문행동의도의 관계: 생활문화자원을 중심으로. 성신여자대학교 대학원 박사학위논문.

홍지명, 김영옥(2010). 전통문화에 기초한 유아환경교육 프로그램 개발 및 효과. 유아교육연구, 30(3), 353-379.

황병기(2014). 일상에서 읽는 한국인의 정체성. 국학연구, 24, 429-466.

가족친화지원사업 www.ffsb.kr

건강가정진흥원 www.kihf.or.kr

공동주택관리정보시스템 www.k-apt.go.kr

교육부 www.moe.go.kr

국가기술표준원 www.kats.go.kr

국립민속박물관 www.nfm.go.kr

남북하나재단 전문자료실 www.nkrf.re.kr

남산골한옥마을 www.hanokmaeul.or.kr.

다누리 www.liveinkorea.kr

다누리 배움터 www.danurischool.kr

문화산업기초이론 terms.naver.com

법제처 www.moleg.go.kr

서울디자인재단 www.seouldesign.or.kr

서울특별시 한부모가족지원센터 www.seoulhanbumo.or.kr

성북소리. 2016년 2월호 기획특집 2016 '설맞이 이렇게'

식품안전나라 www.foodsafetykorea.go.kr

질병관리청. 국민건강영양조사 knhanes.kdca.go.kr

아주경제 www.ajunews.com 2018.1.2. '주방가전도 사물인터넷으로 스마트하게'

여가친화지원 happyoffice.rcda.or.kr

여성가족부 www.mogef.go.kr 2015 한부모가족실태조사

연합뉴스 www.yonhapnews.co.kr/ 2011.09.12

유네스코와 유산 heritage.unesco.or.kr

임신육아종합포털아이사랑 www.childcare.go.kr

통일부 북한이탈주민포털 하나포털 hanaportal.unikorea.go.kr

한국건강가정진흥원 www.kihf.or.kr

한국노인인력개발원 www.kordi.or.kr

한국소비자원 www.kca.go.kr

한식진흥원 www.hansik.org/kr

한국콘텐츠진흥원 www.kocca.kr

한국토지주택공사 청약센터 apply.lh.or.kr

LG경제연구원 www.lgeri.com

KOSIS 국가통계포털 kosis.kr

주영애

현재 성신여자대학교 소비자생활문화산업학과 교수이며, 한국생활문화와 인성예절교육, 매너교육에 관심을 갖고 연구하고 있다. 동 대학교의 생활과학대학장 교양교육대학장 뷰티생활산업국제대학장, 평생교육원장, 문화산업예술대학원 한국문화콘텐츠전공 주임교수를 역임하였다. (사)한국생활문화진흥회 자문교수, (사)가정과삶의질학회 이사, (사)한국가족자원경영학회 이사 등을 맡고 있다.
「한국 가정의 생활문화」(2017), 「매너와 이미지메이킹플러스」(2018). 「유아인성예절지도」(2018), 「한국의 태교문화」(2019), 「한국의 효문화」(2020), 「한국의 세시문화」(2022) 등 다수의 저술과 논문이 있다.

한국 가정의 생활문화(2판)

초판발행 2018년 3월 10일 **1판 1쇄** | 2019년 9월 10일 **1판 2쇄**
2판발행 2023년 7월 30일 **2판 1쇄**

지은이 주영애
펴낸이 최용구 | 펴낸곳 도서출판 **신정**
주소 (04316) 서울시 용산구 원효로 89길 19 (원효로1가)
전화 02)3211-4782, 0266(영업부), 3211-4783(편집부), 3211-4784(팩스)
이메일 sjbook2002@naver.com | **홈페이지** www.sjbook.co.kr
등록 2001년 5월 11일 제13-702호
기획마케팅 최용구 장만동 최충구 송대용 | **책임편집** 석기은 황가연

ISBN 978-89-5912-860-0 93370
정가 26,000원